地方上級／国家総合職・一般職・専門職

公務員試験

新スーパー過去問ゼミ7

ミクロ経済学

資格試験研究会編

実務教育出版

新スーパー過去問ゼミ7

刊行に当たって

公務員試験の過去問を使った定番問題集として，公務員受験生から圧倒的な信頼を寄せられている「スー過去」シリーズ。その「スー過去」が大改訂されて「**新スーパー過去問ゼミ７**」に生まれ変わりました。

「７」では，最新の出題傾向に沿うよう内容を見直すとともに，より使いやすくより効率的に学習を進められるよう，細部までブラッシュアップしています。

「新スーパー過去問ゼミ７」改訂のポイント

① 令和３年度～令和５年度の問題を増補

② 過去15年分の出題傾向を詳細に分析

③ １行解説・STEP解説，学習方法・掲載問題リストなど，学習効率向上のための手法を改良

もちろん，「スー過去」シリーズの特長は，そのまま受け継いでいます。

- **テーマ別編集で，主要試験ごとの出題頻度を明示**
- **「必修問題」「実戦問題」のすべてにわかりやすい解説**
- **「POINT」で頻出事項の知識・論点を整理**
- **本を開いたまま置いておける，柔軟で丈夫な製本方式**

本シリーズは，**「地方上級」「国家一般職［大卒］」試験の攻略にスポットを当てた過去問ベスト・セレクション**ですが，**「国家総合職」「国家専門職［大卒］」「市役所上級」試験など，大学卒業程度の公務員採用試験に幅広く対応**できる内容になっています。

公務員試験は難関といわれていますが，良問の演習を繰り返すことで，合格への道筋はおのずと開けてくるはずです。本書を開いた今この時から，目標突破へ向けての着実な準備を始めてください。

あなたがこれからの公務を担う一員となれるよう，私たちも応援し続けます。

資格試験研究会

本書の構成と過去問について

本書の構成

❶学習方法・問題リスト：巻頭には，本書を使った効率的な科目の攻略のしかたをアドバイスする「**経済原論の学習方法**」と，本書に収録した全過去問を一覧できる「**掲載問題リスト**」を掲載している。過去問を選別して自分なりの学習計画を練ったり，学習の進捗状況を確認する際などに活用してほしい。

❷試験別出題傾向と対策：各章冒頭にある出題箇所表では，平成21年度以降の国家総合職（国家Ⅰ種），国家一般職（国家Ⅱ種），国家専門職（国税専門官），地方上級（全国型・特別区），市役所（C日程）の出題状況が一目でわかるようになっている。具体的な出題傾向は，試験別に解説を付してある。

※市役所C日程については令和5年度の情報は反映されていない。

テーマ別出題頻度表示の見方

テーマ別の頻出度（ひんしゅつど）をA，B，Cの3段階で評価。学習の順序や力の入れ方の参考にしよう。

各テーマの出題数を合計して表示。

平成21年度以降の過去問を
21年度－23年度
24年度－26年度
27年度－29年度
30年度－2年度
3年度－5年度
に5分割。
各期間の出題数を合算して表示した。傾向の変化を大きくつかもう。

試験名	国家総合職					国家一般職					国家専門職（国税専門官）				
年度	21-23	24-26	27-29	30-2	3-5	21-23	24-26	27-29	30-2	3-5	21-23	24-26	27-29	30-2	3-5
頻出度 テーマ 出題数	4	4	3	4	2	3	2	1	3	3	3	1	1	0	3
A 7 利潤最大化と最適生産				1			2		1		1				1
A 8 損益分岐点と操業停止点	1	1	1	1		1				1	1	1	1		1
B 9 長期費用と短期費用	2		1	1				1	2	1	1				
B 10 最適生産要素投入	1	3	1	1		2				1					1

❸必修問題：各テーマのトップを飾るにふさわしい，合格のためには必ずマスターしたい良問をピックアップ。解説は，各選択肢の正誤ポイントをズバリと示す「**1行解説**」，解答のプロセスを示す「**STEP解説**」など，効率的に学習が進むように配慮した。また，正答を導くための指針となるよう，問題文中に以下のポイントを示している。

（アンダーライン部分）：正誤判断の決め手となる記述

（色が敷いてある部分）：覚えておきたいキーワード

「**FOCUS**」には，そのテーマで問われるポイントや注意点，補足説明などを掲載。

必修問題のページ上部に掲載した「**頻出度**」は，各テーマをA，B，Cの3段階で評価し，さらに試験別の出題頻度を「★」の数で示している（★★★：最頻出，★★：頻出，★：過去15年間に出題実績あり，―：過去15年間に出題なし）。

❹POINT：これだけは覚えておきたい最重要知識を，図表などを駆使してコンパクトにまとめた。問題を解く前の知識整理に，試験直前の確認に活用してほしい。

❺実戦問題：各テーマの内容をスムーズに理解できるよう，バランスよく問題を選び，詳しく解説している。問題ナンバー上部の「＊」は，その問題の「**難易度**」を表しており（＊＊＊が最難），また，学習効果の高い重要な問題には♦マークを付している。

♦ ＊＊ **No.2**　必修問題と♦マークのついた問題を解いていけば，スピーディーに本書をひととおりこなせるようになっている。

なお，収録問題数が多いテーマについては，「**実戦問題❶**」「**実戦問題❷**」のように問題をレベル別またはジャンル別に分割し，解説を参照しやすくしている。

❻索引：巻末には，POINT等に掲載している重要語句を集めた用語索引がついている。用語の意味や定義の確認，理解度のチェックなどに使ってほしい。

本書で取り扱う試験の名称表記について

本書に掲載した問題の末尾には，試験名の略称および出題年度を記載しています。

①**国家総合職**：国家公務員採用総合職試験，
国家公務員採用Ⅰ種試験（平成23年度まで）

②**国家一般職**：国家公務員採用一般職試験［大卒程度試験］，
国家公務員採用Ⅱ種試験（平成23年度まで）

③**国税専門官，財務専門官，**
労働基準監督官：国税専門官採用試験，財務専門官採用試験，
労働基準監督官採用試験

④**地方上級**：地方公務員採用上級試験（都道府県・政令指定都市）
（全国型）：広く全国的に分布し，地方上級試験のベースとなっている出題型
（東京都）：東京都職員Ⅰ類Ｂ採用試験（平成20年度まで）
（特別区）：特別区（東京23区）職員Ⅰ類採用試験

※地方上級試験については，実務教育出版が独自に分析し，「全国型（全国型変形タイプ）」「関東型（関東型変形タイプ）」「中部・北陸型」「法律・経済専門タイプ」「その他の出題タイプ」「独自の出題タイプ（東京都，特別区など）」の６つに大別しています。

⑤**市役所**：市役所職員採用上級試験（政令指定都市以外の市役所）

※市役所上級試験については，試験日程によって「Ａ日程」「Ｂ日程」「Ｃ日程」の３つに大別しています。

本書に収録されている「過去問」について

①平成９年度以降の国家公務員試験の問題は，人事院により公表された問題を掲載している。地方上級の一部（東京都，特別区）も自治体により公表された問題を掲載している。それ以外の問題は，受験生から得た情報をもとに実務教育出版が独自に編集し，復元したものである。

②論点を保ちつつ内容を法改正に対応させるなどの理由で，問題を一部改題している場合がある。また，人事院などにより公表された問題も，用字用語の統一を行っている。

③東京都Ⅰ類の専門択一式試験は，平成21年度から廃止されている。しかし，東京都の問題には良問が多く，他の試験の受験生にも有用であるため，本書では平成20年度までの東京都の問題を一部掲載している。

CONTENTS

公務員試験　新スーパー過去問ゼミ7
ミクロ経済学

カバー・本文デザイン／小谷野まさを　書名ロゴ／早瀬芳文

経済原論の学習方法

1　経済原論に対する考え方

公務員試験受験者からは，経済原論（経済理論）に苦手意識を持っているという声を聞くことが多い。苦手科目を克服して得意科目にうまく転換できる人もいるし，苦手意識を持ちながらも平均的水準までは解けるようになんとか持っていったという人もいる。経済原論は専門試験の中でもウエートはかなり高いので，少なくとも平均水準までは解けるレベルになってほしい。最初の段階でこれは苦手科目だと感じてしまうと，かなり解けるようになってきても，なかなか苦手意識を払拭できない人もいる。

心に留めておいてほしいのは，「公務員試験では正答できればよい」ということである。これはちょっとスマホに似ている。スマートフォンという機械の構造がわからなくても，アプリが動作するメカニズムがわからなくても，日常的な使用に困ることはないし，おそらくそのようなことを気にも留めない人がほとんどのはずである。経済原論も，特に計算問題は，なぜそのように解くのかという原理がわからなくても，一定の法則で正答できるものが多い。少なくとも最初はそれでまったく問題ない。

2　公務員試験におけるミクロ経済学

ミクロ経済学が敬遠されがちな理由は、大きく2つある。

①文系科目でありながら，一定の数学的知識が必要なこと。

②テーマ間の関連が深く，前の部分の理解でつまずくと先に進みにくいこと。

マクロ経済学もだいたい同じような問題が生じるが，異なる点もあるので，その点についてはマクロ経済学の学習方法を参照してほしい。なお，ミクロ経済学→マクロ経済学のほうが通常はマスターしやすい。マクロ経済学の理論には，ミクロ経済学の発想をベースにしたものがときどき現れるからである。

3　ミクロ経済学の構成

ミクロ経済学の構造を模式図にすれば，次のようになる。

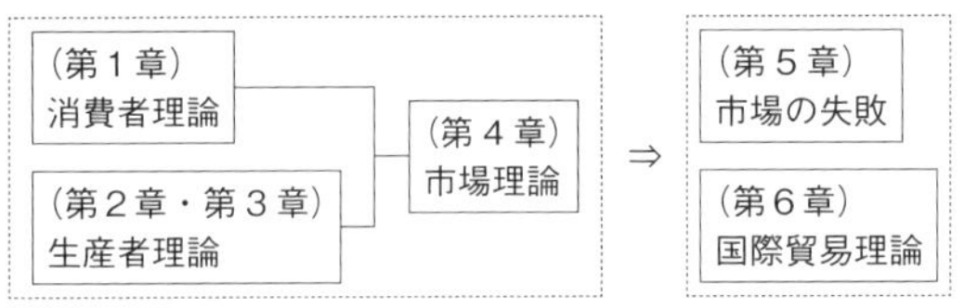

消費者理論（第１章）と生産者理論（第２章および第３章）を独立して構築したうえで，市場理論（第４章）に統合するところまでを大きく前半とみなせる。そして，単に市場に任せるだけではなく政府の介入も必要となる部分（第５章「市場の失敗」と第６章「国際貿易理論」）が後半である。

消費者理論と生産者理論は理論構造のうえで似た部分が多い。

4　ミクロ経済学の学習のポイント

初めにお断りしておくが，これを実行すればラクにみるみる解けるようになる方法などといったものは存在しない。先に，原理がわからなくても解けるようになることが大事だと述べたが，これはパターンを身につけていることが前提である。パターンを身につける練習は当然必要である。

①計算問題は反復すれば速度と精度が上がる。

計算問題はパターン化されており，意味がわからなくても正答できる。反復練習によって，パターンを身につけてほしい。計算は訓練で速度と精度が上がる。スポーツや楽器と同様である（したがって，解説を眺めるだけでなく、必ず手を動かしてほしい）。面倒な計算もあるが，反復練習によって反射的に解けるようになる。

つまり、次ページの「これだけで解ける数学基礎」を読み込んでから問題に当たるよりは，問題に当たりつつ必要な数学上の知識を習得してほしい。逆に，そうしないとレベルの高い問題でしか用いない数学まで最初からやらなければならなくなる。

なお，一番多い計算パターンが，「微分してゼロに等しいとおく」というものであり，公式の多くもこの数学的操作によって導かれている。ミクロ経済学の基礎である消費者理論と生産者理論では，消費者は効用を最大化し，生産者は利潤を最大化または費用を最小化すると考える。この場合，数学的には効用関数や利潤関数の極大点を求める，もしくは費用関数の極小点を求めることになるが，極大値も極小値もグラフの接線の傾きはゼロであるので，傾きを求める数学的操作である「微分してゼロ」とおけば，極値を求めることができるのである。

もっとも，出題者は，問題文の表現を言い換えるなどしてくるので、単純に公式に当てはめれば解けるものばかりではない。また，公式の前提を変更して直接には使えないようにしたり，複数の公式を組み合わせて解かせたりする場合もある。ある程度パターンが身についたら，解説の理論的説明や各テーマの重要ポイントによって理解を深め，応用的な出題に対処する段階に進んでほしい。

②グラフ問題は，軸にとられた変数に注意して，言葉に置き換えてみる。

計算とグラフはどちらも数学というカテゴリーでくくられがちであるが，グラフは見方がばらばらであるので，ややパターン化しづらい。たとえば，消費者理論では，効用関数は横軸から縦軸へ，需要関数は逆に縦軸から横軸にグラフを読むが，無差別曲線は因果関係にないグラフなので，どちらの軸から見てもかまわない。グラフを読むときは，軸にとられた変数に注意して，言葉に置き換えてみよう。図やグラフが視覚的に見やすくても，それが何を伝えているのかがわからなければ抽象的な図形にすぎない。つまり，計算と違って，グラフ問題は正答するのに理論の理解が必要であり，むしろ習得に時間を要するものである。

③理論問題は，まずキーワードを覚えて，通読を繰り返す。

各テーマの理論問題は，100%隅から隅まで理解できなくても，とりあえず前に進んでほしい。各章の内容は同じような構造のことが多いので，先に進んだ結果，以前の内容が理解できることも多い。初回の理解が多少粗くても大枠が理解できていれば，詳細は次回で詰めて理解すればよい。以上のことは，当然，本書の反復を推奨していることになる。公務員試験は科目数も多いうえ，直前期にならないと対策しようのない時事のような科目もあるので，早めに出題数のウエートの高い科目を片づけておこうという考え方も理解できる。しかし，最低限のキーワードをまずは覚えておけば，2度目はかなり問題文が読みやすく，解きやすくなる。難易度の高い箇所まで一気に詰め込もうとするよりは，「○か月で1サイクル」といった方針を立てて，その都度，理解の及ぶ範囲と深度を広げてほしい。

これだけで解ける数学基礎

公務員試験の経済原論では、問題を解くうえで数学の知識を使う。ここでは本書で使っている数学の基礎をまとめておく。

●変数と関数

財の価格や数量のように**一定の範囲内で数値が変化する記号を変数と呼ぶ**。また，ある変数と別の変数の間のルールを関数と呼ぶ。x の値によって y の値が決まるなら，y は x の関数であり，これを一般的に $y=f(x)$ と表す。たとえば，財の価格 p(price) の値が低下すれば財の需要量 D(demand) が決まる場合，需要量 D は価格 p の関数である。これを需要関数と呼び，$D=f(p)$，または $D=D(p)$，あるいは単に $D(p)$ のようにも表す（f は関数 function を表す)。

ただし，需要曲線は，このままでは計算できないので，$D=100-2p$ のように，あるいはより一般的に $D=a-bp$（a，b は定数）のように具体的な式で表す。これを定式化するという。定数が記号で表されていても扱いは数値と同じであるが，誤解を避けたい場合，a が定数であることを $\overline{a}$ と表すこともある。

〈特に重要な関数〉

関数 $y=f(x)$ の定式化のうち，**経済理論では，$y=ax^2+bx+c$ で表される 2 次関数が特に重要となる（a，b，c は定数)**。この関数をグラフにすると，**$a>0$ のときに極小値を，$a<0$ のときに極大値を持つ**ためである。

たとえば，生産者理論では利潤を最大化すると考える。利潤 y は生産量 x の関数であり，生産量が少なすぎても多すぎても利潤は最大にならないため，下図のような形状をとる（つまり，利潤関数 $y(x)$ を $y=ax^2+bx+c$ と定式化すれば，$a<0$ である)。この場合の最適な生産量は利潤関数 $y(x)$ のグラフの極大点に対応した水準になる。極大点では傾きがゼロ（極小点も同様）であるので，関数の傾きが重要になる。

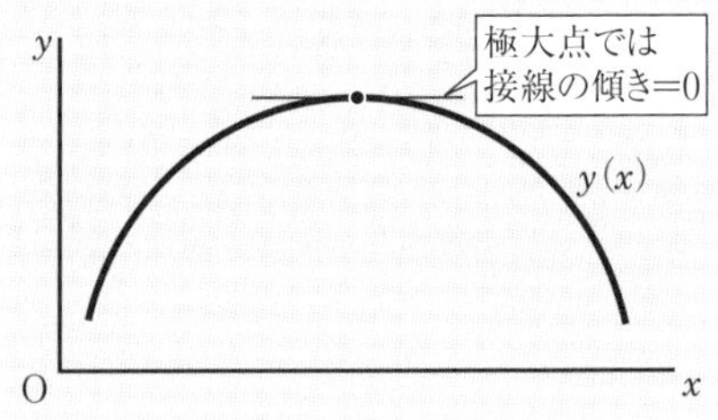

●微分

利潤関数 $y(x)$ 上の A 点における接線の傾きを調べる。横軸の x の値のごくわずかな増加分を Δx，それに対応した縦軸の y の値の変化分を Δy と表せば，両者の比 $\dfrac{\Delta y}{\Delta x}$ は A 点を通る直線の傾きを表す。

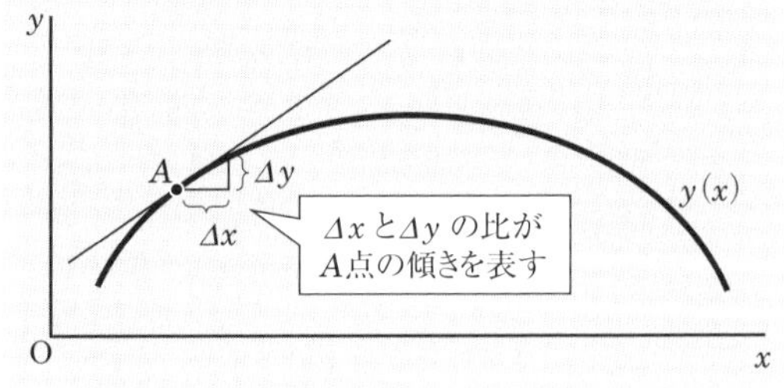

そして，この**接線の傾きを求める操作を微分（導関数を求め**

るという表現もほぼ同じ）といい，$\dfrac{dy}{dx}$と表し（y'とも表記する），$\dfrac{\Delta y}{\Delta x}$と同じ意味を持つ（厳密には，変化分）。この具体的な計算方法は次のとおりである。

微分の公式：$y=ax^n$ を x で微分すると（a，n は定数），$\dfrac{dy}{dx}=nax^{n-1}$

つまり，**微分とは，$y=ax^n$ の右辺について，①指数 n を関数の前に出して，②指数から 1 を引いて $n-1$ とするというルールである**（なお，この式の導出は，経済原論で用いる数学の範囲を超えるので省略する）。過去の出題例においては，次のような当てはめ方を知っておくと，計算が機械的に処理できるので，数学的な背景を理解するよりも使い方をマスターしてほしい。

〈基本例〉　以下の関数を x で微分する。

① $y=3x^2$ → $\dfrac{dy}{dx}=2\times3x^{2-1}=6x$

② $y=2x$ → $\dfrac{dy}{dx}=1\times2x^{1-1}=2x^0=2\times1=2$

公式に当てはめたうえで，$x^0=1$ となることを用いて解いているが，微分の結果として，$y=2x$ の傾きの 2 が得られたことに注意しよう。

③ $y=5$ → $\dfrac{dy}{dx}=0$

定数の微分はゼロである。定数は変化しないからである。

④ $y=3x^2+2x+5$ → $\dfrac{dy}{dx}=6x+2+0=6x+2$

複数の項からなる関数の場合，全体の微分は各項の微分の和になる。

〈応用例〉　以下の関数を x で微分する。

⑤ $y=\sqrt{x}$ → $\dfrac{dy}{dx}=\dfrac{1}{2\sqrt{x}}$

上記の結果を覚えてもよいが，$\sqrt{x}=x^{\frac{1}{2}}$を用いて $y=x^{\frac{1}{2}}$とすれば公式が適用できる。

$\dfrac{dy}{dx}=\dfrac{1}{2}x^{-\frac{1}{2}}=\dfrac{1}{2}\times\dfrac{1}{x^{\frac{1}{2}}}=\dfrac{1}{2}\times\dfrac{1}{\sqrt{x}}$と計算する。なお，$x^{-n}=\dfrac{1}{x^n}$との知識が必要となる。

⑥ $y=c(ax^n+b)$　（a，b，c，n：定数） → $\dfrac{dy}{dx}=c(nax^{n-1}+0)=cnax^{n-1}$

これはカッコを外した式 $y=cax^n+cb$ を微分すれば，比較的簡単に導かれる。しかし，関数に定数が掛けられている場合，関数だけ微分したものに定数を掛ければ全体の微分になると覚えておけば，計算が楽になるケースもある。

●偏微分と全微分

y が複数の変数（x_1 および x_2）の関数である場合，例として，

$$y = 2x_1 + 3x_2$$

を考える。一方の変数で微分する場合，他の変数は定数とみなす。具体的には，x_1 で微分する場合，x_2 は定数とみなして，

$$\frac{dy}{dx_1} = 2 + 0 = 2$$

と計算する。また，x_2 で微分する場合，x_1 は定数とみなして，

$$\frac{dy}{dx_2} = 0 + 3 = 3$$

と計算する。これらは特定の変数の変化の影響のみを考えているので，正しくは**偏微分**と呼ばれ，$\frac{\partial y}{\partial x_1}$（$\partial$はラウンドデルタと読む）のように表すが，本書では，誤解のない限り$\frac{dy}{dx_1}$のように，特に通常の微分と区別せずに表記している。

また，x_1 と x_2 の双方の変化が y に影響を及ぼす場合の微分は**全微分**と呼ばれ，

$$y = 2x_1 + 3x_2 \quad \rightarrow \quad dy = \frac{\partial y}{\partial x_1}dx_1 + \frac{\partial y}{\partial x_2}dx_2 = 2dx_1 + 3dx_2$$

と計算する。

例を挙げれば，2種類の製品を販売する企業があり，1個2円の製品の販売数量を x_1，1個3円の製品の販売量を x_2 とすると，企業の売上げ y は $y = 2x_1 + 3x_2$ と表せる。ここで，2種類の製品ともに販売量が増加したとき，1個2円の製品の販売数量の増加を dx_1，1個3円の製品の販売数量の増加を dx_2 とすれば，売上げの増加 dy は $dy = 2dx_1 + 3dx_2$ と表せることになる。

●指数法則

微分に際して用いた①～③に加えて，用いる機会のある法則をまとめておく。

① $x^0 = 1$

② $x^{-n} = \frac{1}{x^n}$

③ $x^{\frac{1}{2}} = \sqrt{x}$　$(x^{\frac{1}{n}} = \sqrt[n]{x})$

④ $x^n \times x^m = x^{n+m}$

⑤ $(x^n)^m = x^{n \times m}$

⑥ $x^n y^n = (xy)^n$，$\frac{x^n}{y^n} = \left(\frac{x}{y}\right)^n$

④と⑤は混同しやすいので，以下に補足しておく。

④の例　$x^2 \times x^3 = (x \times x) \times (x \times x \times x) = x \times x \times x \times x \times x = x^5$

⑤の例　$(x^2)^3 = (x^2) \times (x^2) \times (x^2) = (x \times x) \times (x \times x) \times (x \times x) = x^6$

同様に，⑥についてはこのようになっている。

⑥の例　$x^3y^3=(x\times x\times x)\times(y\times y\times y)=(x\times y)\times(x\times y)\times(x\times y)=(x\times y)^3$

$$\frac{x^3}{y^3}=\frac{x\times x\times x}{y\times y\times y}=\frac{x}{y}\times\frac{x}{y}\times\frac{x}{y}=\left(\frac{x}{y}\right)^n$$

●等比数列

無限等比数列，a，ra，r^2a，…，$r^\infty a$（a：初項，r：公比）の総和Xを，

$$a+ra+r^2a+\cdots+r^\infty a=X$$

と表す（ただし，$-1<r<1$とする）。この式の両辺をr倍すると，

$$ra+r^2a+r^3a+\cdots+r^\infty a=rX$$

になる。上式から下式の両辺を引けば，

$$(a+ra+r^2a+\cdots+r^\infty a)-(ra+r^2a+r^3a+\cdots+r^\infty a)=X-rX$$

となるが，左辺の２つ目のカッコ内は１つ目のカッコ内の第２項以下と同じなので，

$$a=X-rX$$

になる。これを整理して移項すれば，

無限等比数列の和の公式：$X=\dfrac{a}{1-r}$　　（X：総和，a：初項，r：公比）

を得る。この公式は主にマクロ経済学で用いられるが、ミクロ経済学ではテーマ13「ゲーム理論」で使う。

合格者に学ぶ「スー過去」活用術

公務員受験生の定番問題集となっている「スー過去」シリーズであるが，先輩たちは本シリーズをどのように使って，合格を勝ち得てきたのだろうか。弊社刊行の『公務員試験受験ジャーナル』に寄せられた「合格体験記」などから，傾向を探ってみた。

自分なりの「戦略」を持って学習に取り組もう！

テーマ１から順番に一つ一つじっくりと問題を解いて，わからないところを入念に調べ，納得してから次に進む……という一見まっとうな学習法は，すでに時代遅れになっている。

合格者は，初期段階でおおまかな学習計画を立てて，戦略を練っている。まずは各章冒頭にある「試験別出題傾向と対策」を見て，自分が受験する試験で各テーマがどの程度出題されているのかを把握し，「掲載問題リスト」を利用するなどして，**いつまでにどの程度まで学習を進めればよいか，学習全体の流れをイメージ**しておきたい。

完璧をめざさない！ザックリ進めながら復習を繰り返せ！

本番の試験では，６～７割の問題に正答できればボーダーラインを突破できる。裏を返せば**３～４割の問題は解けなくてもよい**わけで，完璧をめざす必要はまったくない。

受験生の間では，**「問題集を何周したか」**がしばしば話題に上る。問題集は，１回で理解しようとジックリ取り組むよりも，初めはザックリ理解できた程度で先に進んでいき，何回も繰り返し取り組むことで徐々に理解を深めていくやり方のほうが，学習効率は高いとされている。**合格者は「スー過去」を繰り返しやって，得点力を高めている。**

すぐに解説を読んでもOK！考え込むのは時間のムダ！

合格者の声を聞くと**「スー過去を参考書代わりに読み込んだ」**というものが多く見受けられる。科目の攻略スピードを上げようと思ったら「ウンウンと考え込む時間」は一番のムダだ。過去問演習は，解けた解けなかったと一喜一憂するのではなく，**問題文と解説を読みながら正誤のポイントとなる知識を把握して記憶することの繰り返し**なのである。

分量が多すぎる！という人は，自分なりに過去問をチョイス！

広い出題範囲の中から頻出のテーマ・過去問を選んで掲載している「スー過去」ではあるが，この分量をこなすのは無理だ！と敬遠している受験生もいる。しかし，**合格者もすべての問題に取り組んでいるわけではない。**必要な部分を自ら取捨選択することが，最短合格のカギといえる（次ページに問題の選択例を示したので参考にしてほしい）。

書き込んでバラして……「スー過去」を使い倒せ！

補足知識や注意点などは本書に直接書き込んでいこう。**書き込みを続けて情報を集約していくと本書が自分オリジナルの参考書になっていく**ので，インプットの効率が格段に上がる。それを繰り返し「何周も回して」いくうちに，反射的に解答できるようになるはずだ。

また，分厚い「スー過去」をカッターで切って，章ごとにバラして使っている合格者も多い。**自分が使いやすいようにカスタマイズ**して，「スー過去」をしゃぶり尽くそう！

学習する過去問の選び方

具体的な「カスタマイズ」のやり方例

本書は全169問の過去問を収録している。分量が多すぎる！と思うかもしれないが，合格者の多くは，過去問を上手に取捨選択して，自分に合った分量と範囲を決めて学習を進めている。以下，お勧めの例をご紹介しよう。

❶必修問題と💎のついた問題に優先的に取り組む！

当面取り組む過去問を，各テーマの「**必修問題**」と💎マークのついている「**実戦問題**」に絞ると，およそ全体の５割の分量となる。これにプラスして各テーマの「**POINT**」をチェックしていけば，この科目の典型問題と正誤判断の決め手となる知識の主だったところは押さえられる。

本試験まで時間がある人もそうでない人も，ここから取り組むのが定石である。まずはこれで１周（問題集をひととおり最後までやり切ること）してみてほしい。

❶を何周かしたら次のステップへ移ろう。

❷取り組む過去問の量を増やしていく

❶で基本は押さえられても，❶だけでは演習量が心もとないので，取り組む過去問の数を増やしていく必要がある。増やし方としてはいくつかあるが，このあたりが一般的であろう。

◎**基本レベルの過去問を追加**（難易度「＊」の問題を追加）
◎**受験する試験種の過去問を追加**
◎**頻出度Ａのテーマの過去問を追加**

これをひととおり終えたら，前回やったところを復習しつつ，まだ手をつけていない過去問をさらに追加していくことでレベルアップを図っていく。

もちろん，あまり手を広げずに，ある程度のところで折り合いをつけて，その分復習に時間を割く戦略もある。

掲載問題リストを活用しよう！

「**掲載問題リスト**」では，本書に掲載された過去問を一覧表示している。

受験する試験や難易度・出題年度等を基準に，学習する過去問を選別する際の目安としたり，チェックボックスを使って学習の進捗状況を確認したりできるようになっている。

効率よくスピーディーに学習を進めるためにも，積極的に利用してほしい。

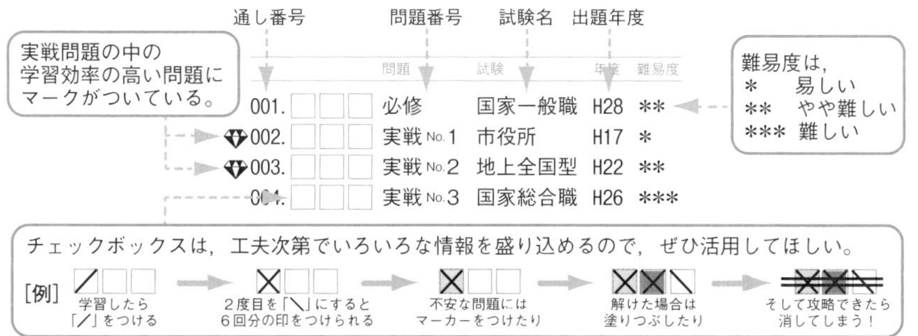

掲載問題リスト

本書に掲載した全169問を一覧表にした。□に正答できたかどうかをチェックするなどして，本書を上手に活用してほしい。

第1章 消費者理論

テーマ1 効用最大化と無差別曲線

	問題	試験	年度	難易度
001.	必修	地上特別区	H23	*
002.	実戦No.1	地上全国型	H9	**
003.	実戦No.2	労働基準監督官	H23	**
004.	実戦No.3	国家一般職	H元	**
005.	実戦No.4	国税専門官	H7	**
006.	実戦No.5	地上特別区	R2	**

テーマ2 財の分類

	問題	試験	年度	難易度
007.	必修	地方上級	H4	*
008.	実戦No.1	国家総合職	H6	**
009.	実戦No.2	地上特別区	H21	**
010.	実戦No.3	国家総合職	H24	**
011.	実戦No.4	国家一般職	H6	**
012.	実戦No.5	国家総合職	R5	*

テーマ3 代替効果と所得効果

	問題	試験	年度	難易度
013.	必修	地方上級	H25	*
014.	実戦No.1	地上特別区	R3	**
015.	実戦No.2	国家一般職	H5	**
016.	実戦No.3	国家総合職	H16	**
017.	実戦No.4	国家一般職	H27	**
018.	実戦No.5	国家一般職	H17	**
019.	実戦No.6	国家総合職	H4	***
020.	実戦No.7	地方上級	H元	**

テーマ4 需要の価格弾力性

	問題	試験	年度	難易度
021.	必修	国家一般職	H27	*
022.	実戦No.1	地上特別区	H24	*
023.	実戦No.2	地上全国型	H26	**
024.	実戦No.3	国税／財務／労基	H30	*
025.	実戦No.4	労働基準監督官	H22	*
026.	実戦No.5	国家一般職	H7	**
027.	実戦No.6	国税専門官	H19	**
028.	実戦No.7	国家一般職	H13	**
029.	実戦No.8	地上全国型	H5	**

テーマ5 最適消費の計算

	問題	試験	年度	難易度
030.	必修	国家一般職	R元	**
031.	実戦No.1	国税／財務／労基	R3	*
032.	実戦No.2	国家総合職	H21	*
033.	実戦No.3	国家一般職	H25	**
034.	実戦No.4	国家一般職	H26	**
035.	実戦No.5	国家総合職	R5	**
036.	実戦No.6	国税／財務／労基	H24	***
037.	実戦No.7	国家一般職	R3	**
038.	実戦No.8	国家総合職	H27	**

テーマ6 消費者理論の応用

	問題	試験	年度	難易度
039.	必修	国家一般職	R元	**
040.	実戦No.1	国税／財務／労基	H25	*
041.	実戦No.2	国家一般職	H23	**
042.	実戦No.3	財務／労基	R3	**
043.	実戦No.4	労働基準監督官	R2	**
044.	実戦No.5	地方上級	H18	***
045.	実戦No.6	国家総合職	R4	***
046.	実戦No.7	国家一般職	R3	**
047.	実戦No.8	労働基準監督官	R2	**
048.	実戦No.9	地上全国型	R4	**
049.	実戦No.10	国家総合職	H15	**

第2章 生産者理論（完全競争）

テーマ7 利潤最大化と最適生産

	問題	試験	年度	難易度
050.	必修	国家一般職	H25	*
051.	実戦No.1	国家総合職	R4	**
052.	実戦No.2	国家一般職	H24	**
053.	実戦No.3	地上特別区	R3	***
054.	実戦No.4	地上特別区	R元	**
055.	実戦No.5	地上特別区	H29	**

テーマ8 損益分岐点と操業停止点

		問題	試験	年度	難易度
	056.	必修	地上特別区	H28	*
♦	057.	実戦No.1	国税／財務	R4	*
♦	058.	実戦No.2	国税／財務	H26	**
♦	059.	実戦No.3	地上特別区	H26	*
♦	060.	実戦No.4	国家総合職	R2	*
♦	061.	実戦No.5	地上東京都	H13	**
♦	062.	実戦No.6	地上全国型	H15	**
	063.	実戦No.7	地上全国型	H8	***
	064.	実戦No.8	地上全国型	H9	**

テーマ9 長期費用と短期費用

		問題	試験	年度	難易度
	065.	必修	国家一般職	R2	**
♦	066.	実戦No.1	地上東京都	H11	*
♦	067.	実戦No.2	地上特別区	R4	*
	068.	実戦No.3	地上特別区	H25	**
	069.	実戦No.4	国家一般職	R3	**

テーマ10 最適生産要素投入

		問題	試験	年度	難易度
	070.	必修	国税／財務	R3	***
♦	071.	実戦No.1	国税専門官	H18	**
♦	072.	実戦No.2	国家一般職	H17	**
	073.	実戦No.3	国家一般職	R4	***
	074.	実戦No.4	労働基準監督官	R3	**
	075.	実戦No.5	地上東京都	H18	***
	076.	実戦No.6	地方上級	H2	**

第3章 生産者理論（不完全競争）

テーマ11 独占者理論

		問題	試験	年度	難易度
	077.	必修	地上特別区	R元	*
♦	078.	実戦No.1	国税専門官	H16	*
♦	079.	実戦No.2	地上特別区	H25	*
♦	080.	実戦No.3	地上特別区	R3	*
	081.	実戦No.4	市役所	H7	**
	082.	実戦No.5	国家一般職	H21	***
♦	083.	実戦No.6	国家一般職	H23	**
♦	084.	実戦No.7	国家総合職	R4	**
	085.	実戦No.8	国税専門官	H11	**

テーマ12 寡占者理論

		問題	試験	年度	難易度
	086.	必修	財務／労基	R3	**
♦	087.	実戦No.1	労働基準監督官	R元	**
	088.	実戦No.2	国税／財務／労基	H27	**
♦	089.	実戦No.3	地上特別区	H27	**
♦	090.	実戦No.4	財務／労基	R元	**
	091.	実戦No.5	地上全国型	H7	***
	092.	実戦No.6	地上東京都	H15	**
	093.	実戦No.7	国家総合職	R2	***
	094.	実戦No.8	国家一般職	H18	**
	095.	実戦No.9	地上東京都	H11	**
	096.	実戦No.10	地上特別区	H29	**
	097.	実戦No.11	国家総合職	R5	***

テーマ13 ゲーム理論

		問題	試験	年度	難易度
	098.	必修	地上特別区	H28	*
♦	099.	実戦No.1	国家一般職	H22	*
♦	100.	実戦No.2	国家一般職	R4	*
♦	101.	実戦No.3	財務／労基	H26	*
	102.	実戦No.4	地上全国型	H24	**
♦	103.	実戦No.5	国家一般職	R2	**
	104.	実戦No.6	国税／財務／労基	R2	**
	105.	実戦No.7	国家総合職	H30	***

第4章 市場の理論

テーマ14 市場の安定性

		問題	試験	年度	難易度
	106.	必修	地上特別区	H30	*
♦	107.	実戦No.1	地上特別区	H24	*
♦	108.	実戦No.2	地上全国型	H23	*
	109.	実戦No.3	国税専門官	H21	**
	110.	実戦No.4	地上全国型	H3	**
♦	111.	実戦No.5	地方上級	H15	**

テーマ15 余剰分析

	問題	試験	年度	難易度
112.	必修	国家一般職	H25	*
113.	実戦No.1	財務/労基	R4	*
114.	実戦No.2	国家一般職	H24	*
115.	実戦No.3	地上特別区	H25	*
116.	実戦No.4	国税/財務	H30	**
117.	実戦No.5	国家総合職	R元	**
118.	実戦No.6	国家一般職	H17	**
119.	実戦No.7	国家総合職	R3	**
120.	実戦No.8	国税/財務/労基	H25	***
121.	実戦No.9	国税/財務/労基	R2	***

テーマ16 パレート最適性

	問題	試験	年度	難易度
122.	必修	国家一般職	H25	**
123.	実戦No.1	地上特別区	R5	*
124.	実戦No.2	国税専門官	H20	**
125.	実戦No.3	国家総合職	R3	**
126.	実戦No.4	国家一般職	H11	**
127.	実戦No.5	国家総合職	H28	**
128.	実戦No.6	地上全国型	H16	**
129.	実戦No.7	国家一般職	R2	***

第5章 市場の失敗

テーマ17 外部効果

	問題	試験	年度	難易度
130.	必修	地上特別区	R2	**
131.	実戦No.1	地上特別区	H25	*
132.	実戦No.2	国家一般職	R元	**
133.	実戦No.3	地上東京都	H17	*
134.	実戦No.4	国税専門官	H17	**
135.	実戦No.5	国家一般職	H28	**
136.	実戦No.6	地上特別区	R5	**
137.	実戦No.7	国税専門官	H19	***
138.	実戦No.8	地上全国型	H28	**
139.	実戦No.9	国家総合職	H16	***

テーマ18 費用逓減産業と公共財

	問題	試験	年度	難易度
140.	必修	市役所	R4	*
141.	実戦No.1	地上特別区	H24	*
142.	実戦No.2	国家一般職	H26	**
143.	実戦No.3	労働基準監督官	H27	**
144.	実戦No.4	労働基準監督官	H29	**
145.	実戦No.5	国家一般職	H27	***
146.	実戦No.6	国家一般職	R3	**
147.	実戦No.7	地上全国型	H26	**

テーマ19 情報の非対称性

	問題	試験	年度	難易度
148.	必修	地上全国型	H11	**
149.	実戦No.1	地上特別区	H23	*
150.	実戦No.2	国税専門官	H5	*
151.	実戦No.3	国家総合職	H18	**
152.	実戦No.4	国家総合職	R元	***
153.	実戦No.5	国家総合職	H19	***

第6章 ミクロ貿易論

テーマ20 比較優位

	問題	試験	年度	難易度
154.	必修	国家一般職	H27	*
155.	実戦No.1	労働基準監督官	R元	*
156.	実戦No.2	地上特別区	H26	*
157.	実戦No.3	国税専門官	H21	**
158.	実戦No.4	地上特別区	H30	**
159.	実戦No.5	国家一般職	H11	**
160.	実戦No.6	地上特別区	H28	**
161.	実戦No.7	国税専門官	H18	**

テーマ21 自由貿易と保護貿易

	問題	試験	年度	難易度
162.	必修	労働基準監督官	H25	*
163.	実戦No.1	地上特別区	R元	*
164.	実戦No.2	国家一般職	H15	**
165.	実戦No.3	国税/財務/労基	H30	**
166.	実戦No.4	地上全国型	H8	**
167.	実戦No.5	地上全国型	H23	**
168.	実戦No.6	地上全国型	H28	**
169.	実戦No.7	国税専門官	H15	**

第１章
消費者理論

テーマ❶ 効用最大化と無差別曲線
テーマ❷ 財の分類
テーマ❸ 代替効果と所得効果
テーマ❹ 需要の価格弾力性
テーマ❺ 最適消費の計算
テーマ❻ 消費者理論の応用

試験別出題傾向と対策

頻出度	試験名	国家総合職					国家一般職					国家専門職（国税専門官）				
	年度	21-23	24-26	27-29	30-2	3-5	21-23	24-26	27-29	30-2	3-5	21-23	24-26	27-29	30-2	3-5
	テーマ／出題数	10	8	9	8	7	4	6	6	7	6	1	2	1	3	3
B	1 効用最大化と無差別曲線	1				1									1	
B	2 財の分類		2		1	2					1					
C	3 代替効果と所得効果				1				1				1			
A	4 需要の価格弾力性	1	1					1	2	1	1					1
A	5 最適消費の計算	5	2	3	2	2	2	3	2	3	2	1		1		2
A	6 消費者理論の応用	3	3	6	4	2	2	2	1	3	2		1		2	

消費者理論においてはテーマ1（効用最大化と無差別曲線）が全体の基盤になる。ここから，テーマ2～4の内容が派生するが，テーマ2（財の分類）とテーマ3（代替効果と所得効果）は関連が強い。テーマ5（需要の価格弾力性）は比較的独立性が高いが，やはり先行するテーマを学習してから取り組むほうが理解は進む。

一方，もし計算や数学に大きな問題がなければ，テーマ1から直接テーマ5（最適消費の計算）に進むこともできる（一部，先行テーマの知識を要する）。最適消費の計算はかなりの部分がパターン化されているので，反復によってマスターできる。なお，テーマ6（消費者理論の応用）は，消費者理論全体の応用であり，その多くが計算問題ではあり，数学的な難易度はテーマ5と大差ないものの，やはり先行するテーマをひととおり学習してからのほうが望ましい。

消費者理論はテーマ間相互の関連が深く，あるテーマのみ学習するのは望ましくない。ただし，先行するテーマを完全に理解していなければ先に進めないということではない。ある程度理解できれば，次のテーマに進むことでむしろ全体像がつかめるため，先行するテーマの理解が追いつくことも多い。

● 国家総合職（経済）

一貫した傾向として，最適消費の計算，特にその応用（テーマ6）が大変多い（ほぼ毎年度の出題）。具体的な事例に即した出題が多く，また計算の難易度はやや高いがパターン化されているため，対策は難しくない。むしろ，テーマ1～4について，数年に1度のペースで出題されるグラフや文章による理論を問う出題において難易度が高く差がつきやすいので，この点の深い理解が重要となる。

● 国家一般職

周期性や出題内容は国家総合職と類似しており，最適消費の計算およびその応用（テーマ5～6）が多い。ただし，よりパターン化された出題が多いため，過去

	地方上級（全国型）					地方上級（特別区）					市役所（C日程）				
	21-23	24-26	27-29	30-2	3-5	21-23	24-26	27-29	30-2	3-5	21-23	24-26	27-29	30-2	3-4
	4	5	2	6	4	3	3	2	3	3	3	4	5	2	1
テーマ1				2		1			1		1	1	1	1	1
テーマ2		1	1	1		1									
テーマ3							1			1					
テーマ4	2	2		2	2		1		1	1		2	1	1	
テーマ5	1		1			1		1	1	1	1	1	1		
テーマ6	1	2		1	2		1	1			1		2		

の出題例をきちんと対策すれば難易度はそれほど高くない。なお，需要の価格弾力性の出題頻度も高いが，こちらも過去のパターンを踏まえた出題が多いため，対策は難しくない。なお，ミクロ経済学5問のうち通例では2問が消費者理論に充てられており，出題上のウエートは大きい。

● 国家専門職（国税専門官）

国家総合職等に比べ，消費者理論の出題頻度は低く見えるが，ミクロ経済学は出題数が2問なので，相対的な出題頻度は高い（直近7年では必ず1問の出題）。国家一般職に比べて相対的に広範囲から出題され，出題パターン（グラフ，文章題，計算のいずれもあり）も幅広いため，幅広い学習が必要である。

● 地方上級（全国型）

おおむね2問出題されるが変動も大きい（0～3問）。国家系の試験に比べて相対的に計算のウエートが小さく，文章題，グラフ問題がほぼ等しいウエートである。ただし，需要の価格弾力性は出題頻度が高く，およそ3年に2回のペースで出題される。また，財の分類や需要の価格弾力性の性質などで正確な暗記が必要となるケースが多いが，無差別曲線のような基礎事項が問われる場合もあり，かつさまざまなテーマを絡めた総合的な出題であることも多いため，テーマ間の関連にも注意を払って学習してほしい。

● 地方上級（特別区）

ほぼ例年1問の出題であり，内容的には地方上級（全国型）に近い。難易度は比較的高くないことが多いが，出題範囲が広いことを踏まえた学習が必要となる。

● 市役所（C日程）

出題数，出題傾向ともに地方上級に近い。難解な計算問題は比較的少ないので，テーマ1～5を中心に総合的な知識を身につければ対処できる。

効用最大化と無差別曲線

必修問題

次の図は，正常財であるX財とY財との無差別曲線をU_0，U_1，U_2で，消費者の予算制約線を直線A_0B_0，A_0B_2，A_1B_1で表したものであるが，この図に関する記述として，妥当なのはどれか。ただし，直線A_0B_0と直線A_1B_1とは平行である。

【地方上級（特別区）・平成23年度】

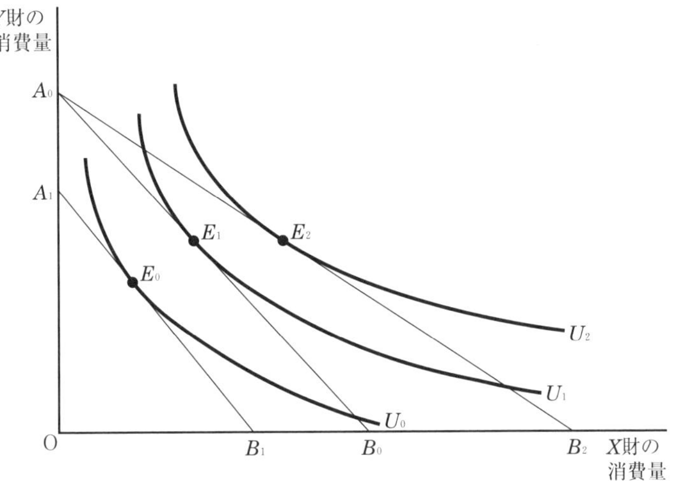

1 **無差別曲線**は効用の大きさが同一になるX財およびY財の組合せを次々と結んだもので，無差別曲線U_0上では，いずれの点も**限界代替率**は一定である。

2 X財の価格上昇のみによりX財とY財の相対価格比が変化したとき，**予算制約線**がA_0B_0からA_1B_1にシフトし，両財の消費量は減少する。

3 両財の価格が変わらないまま，所得が増加したとき，予算制約線A_0B_0は，A_0B_2にシフトし，**最適消費点**E_1は点E_2へ移動する。

4 両財の価格が変わらないまま，所得が減少したとき，予算制約線がA_0B_2からA_1B_1にシフトし，X財の消費量が減少する。

5 予算制約線がA_0B_0のとき，無差別曲線U_1との接点である点E_1では，Y財のX財に対する限界代替率は，X財とY財の**価格比**に等しい。

難易度 ＊

必修問題の解説

消費者理論における効用最大化問題の図の解釈に関する基本的出題である。後続のいくつかのテーマはこの応用であるため，内容を正確に理解しておきたい。

1 × 限界代替率は無差別曲線上の点の接線の傾き（絶対値）で表される。
無差別曲線は効用の大きさが同一になる2財の組合せを結んだグラフであり，その接線の傾きの絶対値は限界代替率である。これはX財の消費量を1単位増加する場合に代わりに減少できるY財の消費量，つまり2財の交換比率を表している。したがって，無差別曲線が直線であれば限界代替率は一定になるが，問題のグラフのように無差別曲線が右下に向けて緩やかになっていく場合，限界代替率の値は徐々に小さくなっていくことになる。

2 × X財とY財の相対価格比は予算制約線の傾きで表される。
所得をM，2財の価格をp_x，p_yとすると，予算制約線は$M=p_xx+p_yy$になる（x：X財の消費量，y：Y財の消費量）。これを縦軸にyをとった図に合わせて変形すると$y=\frac{M}{p_y}-\frac{p_x}{p_y}x$になる。$\frac{M}{p_y}$を縦軸切片，$-\frac{p_x}{p_y}$を傾きとみれば，$X$財の価格$p_x$の上昇は傾きを急にするので，$A_0B_0$から$A_1B_1$のような平行シフトではなく，横軸切片の値のみが小さくなるようなシフトになる（**重要ポイント4**参照）。

3 × 所得の増加は予算制約線を外側（右上側）に平行シフトさせる。
予算制約線$y=\frac{M}{p_y}-\frac{p_x}{p_y}x$において，所得$M$の増加は予算制約線の傾きを変化させずに右上側に平行シフトさせるから，A_0B_0からA_0B_2にはならない。なお，そのようなシフトはX財の価格p_xが低下したときに起きる。

4 × 所得の減少は予算制約線を内側（左下側）に平行シフトさせる。
所得が減少したことで予算制約線がA_1B_1にシフトしたのであれば，当初の予算制約線はA_0B_2ではなくA_0B_0であったはずである。

5 ◎ 最適消費点では，限界代替率はX財とY財の価格比に等しい。
妥当である。最適消費点では無差別曲線と予算制約線が1点で接することになる（**重要ポイント5**参照）が，無差別曲線の傾きは限界代替率であり，予算制約線の傾きはX財とY財の相対価格比であるから，最適消費点では，限界代替率は，X財とY財の価格比に等しくなる。

正答 5

FOCUS

無差別曲線と予算制約線が1点で接する場合に効用が最大化される（最適消費）のは，限界代替率が逓減する（無差別曲線が原点に対して凸）からである。無差別曲線の形状によってはこの条件が満たされないことがある。

POINT

重要ポイント 1　効用と限界効用

財の消費から得られる満足度を効用といい，**消費者は効用を最大化する**と考える。

効用をグラフ化すれば，通常，右上がりで傾きが逓減する。傾きが逓減する（徐々に緩やかになる）ことを限界効用逓減という。限界効用とは財の消費量を１単位追加したときの効用の増加分である。財の消費量をx，効用をUとすれば，効用関数は次のように表される。

限界効用MUの定義：$MU=\dfrac{\Delta U}{\Delta x}$

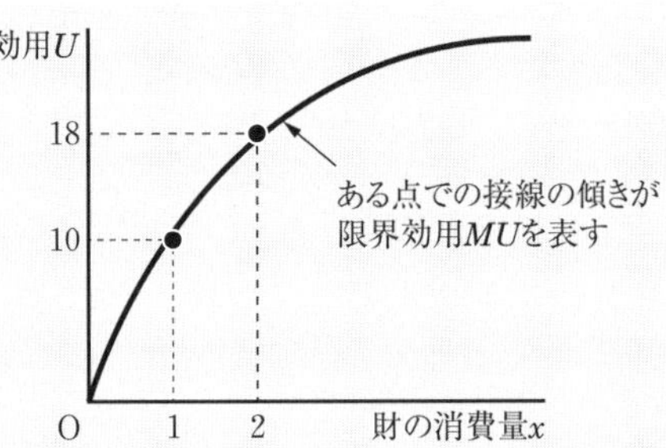

たとえば，のどが渇いた個人にとって，コップ１杯の水は大変おいしい。そして，次の１杯もまだおいしいと感じるにせよ，最初の１杯のほうがおいしく感じる。のどの渇きが癒されるにつれ，少しずつ飽きがくるからである。上のグラフでは，縦軸の効用Uに水から得られる満足度を，横軸の財の数量xにコップで測った水の量を取り，数値例として最初の１杯の水の効用を10，２杯の水からの効用を18としている。ここで，２杯目の水から得られる効用が限界効用MUであり，上の式に当てはめると，$\Delta U=18-10=8$，$\Delta x=2-1=1$より，$MU=8/1=8$である。一般に，効用関数のグラフの傾きが徐々に緩やかになっていくのは，この限界効用が徐々に小さくなることを表している。

なお，効用に関する考え方には，以下の２つがある。

基数的効用：基準となる測定単位が存在するために効用水準を数値化できる。
序数的効用：測定基準が存在しないため，効用は個人の選好（好き嫌い）を順位づけるだけのものである。また，個人間で効用水準を比較することもできない。

重要ポイント 2 無差別曲線

2種類の財を想定し，各財の消費量xおよびyの消費量を軸にとった平面上で，**効用が等しくなる2財の組合せをつないだグラフを無差別曲線という**。通常は以下のような性質を持つ。

①個々の無差別曲線は右下がり，かつ原点に対して凸型の形状をとる。
②複数の無差別曲線間では，右上のものほど効用水準が高い。したがって，互いに交差することはない。
③無差別曲線の接線の傾き（の絶対値）は限界代替率*MRS*と呼ばれ，効用を一定に保ったときの，2財の交換比率を表す。

限界代替率*MRS*の定義：$MRS=-\frac{\Delta y}{\Delta x}$

これは，X財の消費を1単位増加するときに交換できるY財の消費量を表しており，無差別曲線の傾きが，X財の消費量を増やしていくにつれて緩やかになること（原点に対して凸型であること）を限界代替率逓減という。

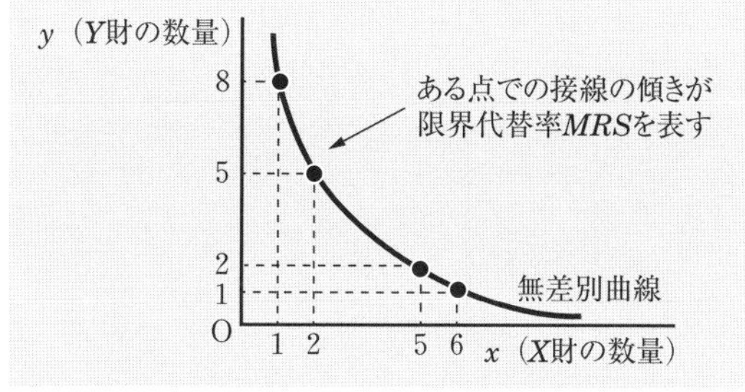

このことを，x財を水，y財をクッキーとして説明する。のどがとても渇いている人が，たくさんのクッキーを持っているのに，水をほとんど持っていないとする（図中の$x=1$，$y=8$）。このとき，コップ1杯の水をもらう代わりにクッキーを3枚提供してもよいと考えていたとする（$x=2$，$y=5$がもとの点と無差別）。しかし，この人が何杯も水を飲むうちに飽きてきて，すでに水をコップ5杯飲み，クッキーは手元に2枚しか残っていないとする（$x=5$，$y=2$）と，さらに6杯目の水をもらうのに，もはや交換に出せるクッキーはせいぜい1枚と考えることになる（$x=6$，$y=1$がもとの点と無差別）。

この例では，当初，水を1杯しか飲んでいない場合，水の1杯の追加に対してクッキーを3枚出してよいと考えていたのであるから，$\Delta x=2-1=1$に対して$\Delta y=5-8=-3$であり，限界代替率は$MRS=-(-3)/1=3$である。しかし，水を5杯飲んでいる場合，水の1杯の追加に対してクッキーを1枚しか出せないと考えていたのであるから，$\Delta x=6-5=1$に対して$\Delta y=1-2=-1$であり，限界代替率は$MRS=-(-1)/1=1$である。この例では，当初は1杯の水にクッキー3枚分の価値を見出していた人も，十分に水を飲んだ後では1杯の水にクッキー1枚分の価値しか見いだせなくなっており，これが限界代替率が逓減することを表しているのである。

重要ポイント 3 特殊な形状の無差別曲線

原点に対して凸型の無差別曲線の極端なケースとして，直線のケースが考えられる。これは限界代替率が常に一定になるので完全代替と呼ばれる。逆の極端なケースであるL字型は代替が不可能であり，完全補完と呼ばれる。

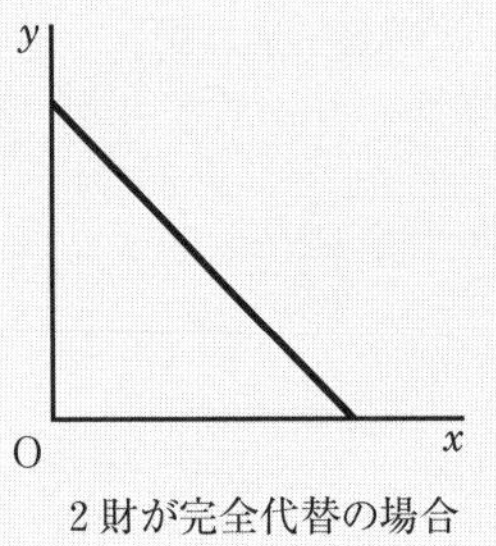

2財が完全代替の場合

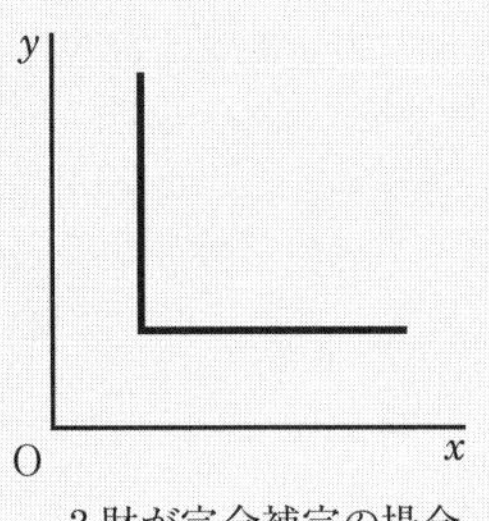

2財が完全補完の場合

2財のうち，一方の財からは効用が得られない場合，垂直または水平な無差別曲線になる。また，一方の財から負の効用を得る場合，右上がりの無差別曲線になる。

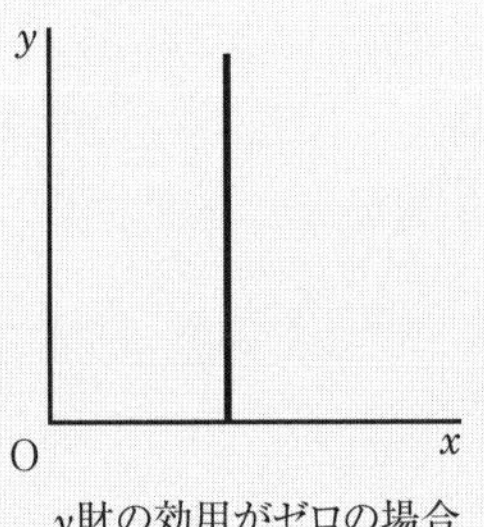

y財の効用がゼロの場合

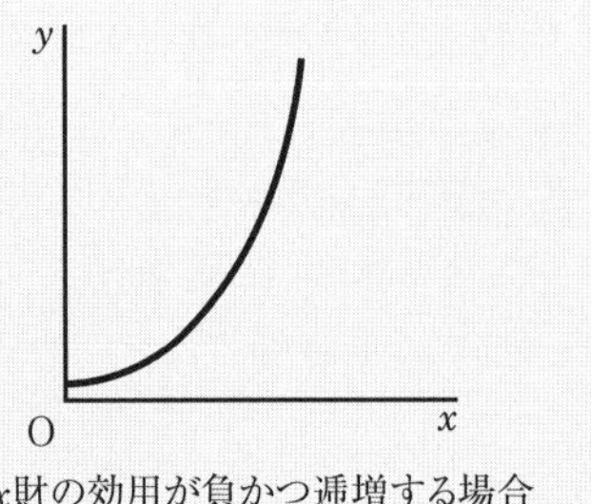

x財の効用が負かつ逓増する場合

2財から得る効用にピークが存在する場合，無差別曲線は円形になる。また，2財のうちの数量の多いほうで効用が決まる場合，無差別曲線は逆L字型になる。

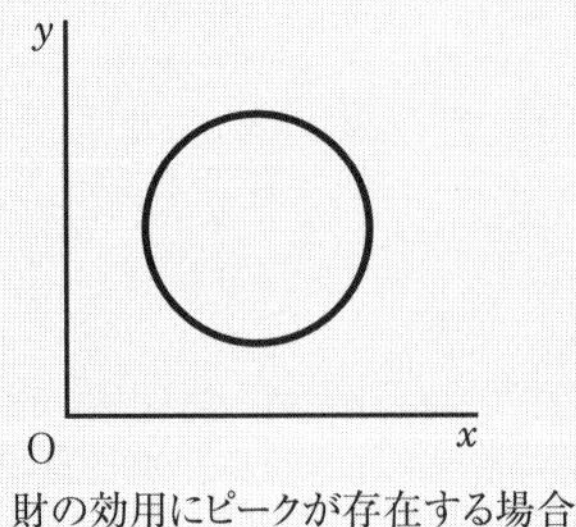

2財の効用にピークが存在する場合

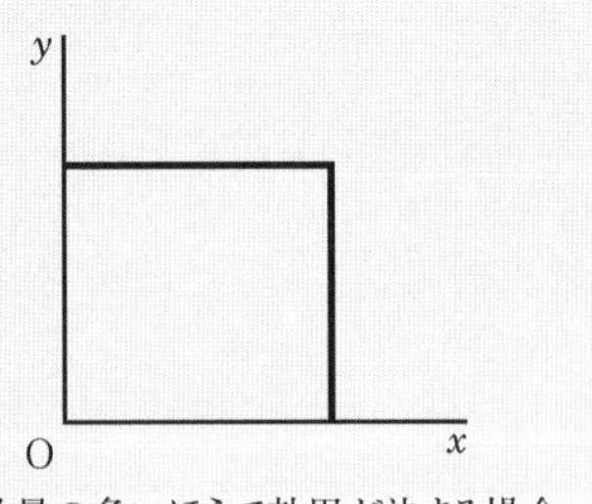

数量の多いほうで効用が決まる場合

重要ポイント 4 予算制約線

X財，Y財の２財を消費する消費者の予算の額（所得）Mと，２財の価格p_x，p_yを一定とすると，各財の消費量x，yの購入可能な範囲を表す予算制約式を，

$M \geqq p_x x + p_y y$

（所得≧X財への支出＋Y財への支出　ただし，支出＝価格×消費量）

とできる。これを無差別曲線と同じ平面に書けるよう変形すると，

$$y \leqq \frac{M}{p_y} - \frac{p_x}{p_y}x$$

となる。これを示した図の青色部分は予算の範囲で購入可能な消費可能領域である。

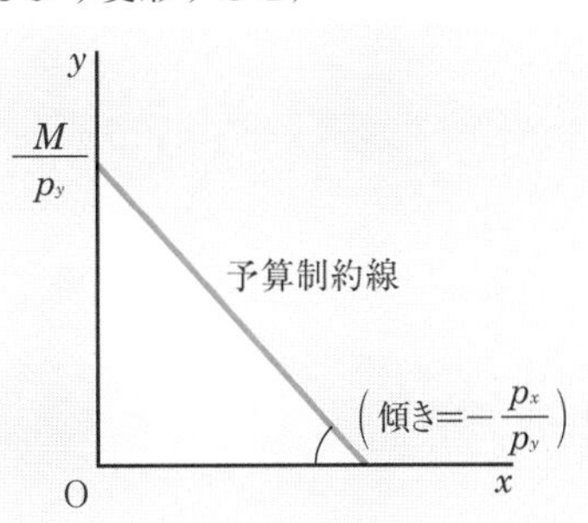

不等号を外した$y = \frac{M}{p_y} - \frac{p_x}{p_y}x$が**予算制約線**である。予算制約線の**縦軸切片$\frac{M}{p_y}$は所得Mのもとで最大消費可能なY財の数量**を表す。

また，**傾き（の絶対値）$\frac{p_x}{p_y}$は２財価格の比であり，これをX財価格の（Y財価格に対する）相対価格と呼ぶ。**

これらから，次のことがわかる。

①**所得の上昇（低下）は，縦軸切片の値を大きく（小さく）するが，傾きには影響しない。つまり，所得の上昇（低下）は予算制約線を右上（左下）に平行シフトさせる。**

②**X財価格の上昇（低下）は，横軸切片の値を小さく（大きく）するが，縦軸切片には影響しない。**

③**Y財価格の上昇（低下）は，縦軸切片の値を小さく（大きく）するが，横軸切片には影響しない。**

重要ポイント 5 最適消費点

消費者の効用最大化は，消費可能領域の範囲内で無差別曲線を最も右上まで引き上げた点で実現する。これが**最適消費点**である（図中のE点。xとyの＊は最適値を表す）。この場合，**無差別曲線と予算制約線は１点で接する**ので，両者の傾きである**限界代替率と２財価格比が等しくなる**。なお，図から明らかなように，予算はすべて２財の消費に充てられるので，予算制約式の不等号は考慮しなくてよい。

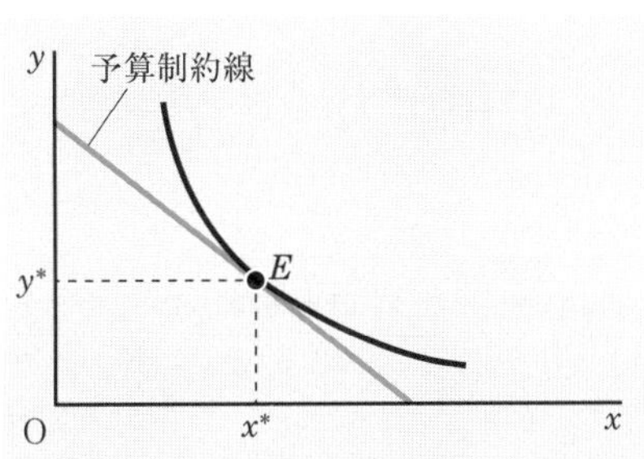

無差別曲線の形状が特殊な場合，上の条件は満たされない。たとえば，無差別曲

線が直線の場合，最適消費点は端点となり，限界代替率と２財価格比は一致しない。

左図は無差別曲線（太線）が急な（限界代替率が大きい）ため，予算のすべてをx財に充てるケースを，右図は逆に予算のすべてをy財に充てるケースを表している。

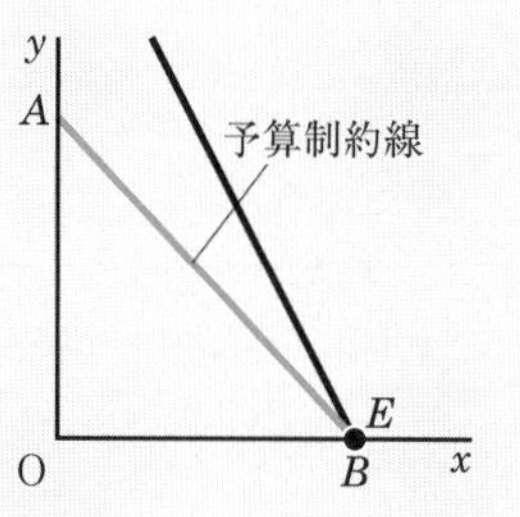

予算のすべてをx財に充てるケース

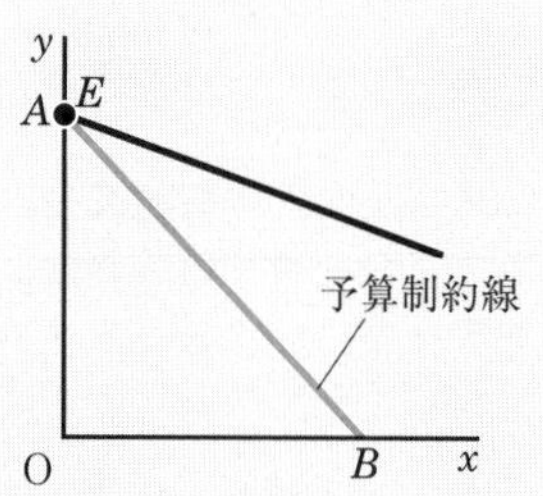

予算のすべてをy財に充てるケース

重要ポイント６ 顕示選好理論

顕示選好理論とは，消費者が与えられた価格の下で実際に選択した消費量は，選択しなかった消費量より選好順位（効用の序列）が高いはずであることを，一般的に次のように表現したものである。

顕示選好の弱公準：ある価格体系の下で選好された財の消費の組合せは，価格体系が変更された場合でも選好される。

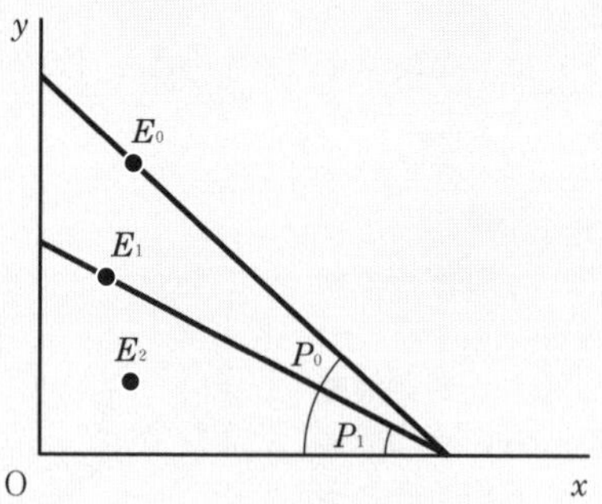

図において，y財の価格が上昇して２財価格比がP_0からP_1になったとする。当初，消費者が，E_1やE_2のような他の消費可能な点が存在するにもかかわらず，実際にE_0を選択したとする。これを**E_0を顕示選好した**という。y財の価格上昇後，E_0が消費不可能になったため，この消費者はE_1点を顕示選好したとする。この場合，この消費者の選好順位は，E_0が最も高く，E_1，E_2の順で低下する（価格比がP_0でもP_1でも選ばれないE_2は最も効用が低い）。

実戦問題1 基本レベル

＊＊
No.1 無差別曲線の形状に関する次の記述のうち，妥当なものはどれか。

【地方上級（全国型）・平成９年度】

1 縦軸に緑茶，横軸にコーヒーをとったとき，コーヒーにしか興味を示さないＡさんの無差別曲線は，横軸に対して垂直になる。

2 縦軸に心地よいクラシックの音色，横軸に隣室のバンドマンの騒音としかいいようのないギターの音をとったとき，クラシックファンのＢさんの無差別曲線は，横軸に対して水平になる。

3 縦軸にビール，横軸に日本酒をとったとき，両方を交互に飲むよりも，１種類のお酒だけを飲み続けることが好きなＣさんの無差別曲線は，原点に対して凸型になる。

4 無差別曲線が右下がりで原点に対して凸型であろうと凹型であろうと，縦軸の財に対する横軸の財の限界代替率は逓減する。

5 無差別曲線が右下がりで原点に対して凸型であるとき，財が上級財的性質を持とうと，下級財的性質を持とうと，予算制約線と無差別曲線の接点を結んでできる所得消費曲線は必ず右上がりになる。

＊＊
No.2 X財，Y財はともに，ある消費者にとって望ましい財である。この消費者の両財に関する無差別曲線I_0，I_1が交わらない理由について図を用いて説明した場合の記述として最も妥当なのはどれか。

ただし，無差別曲線は原点に凸であるとする。 【労働基準監督官・平成23年度】

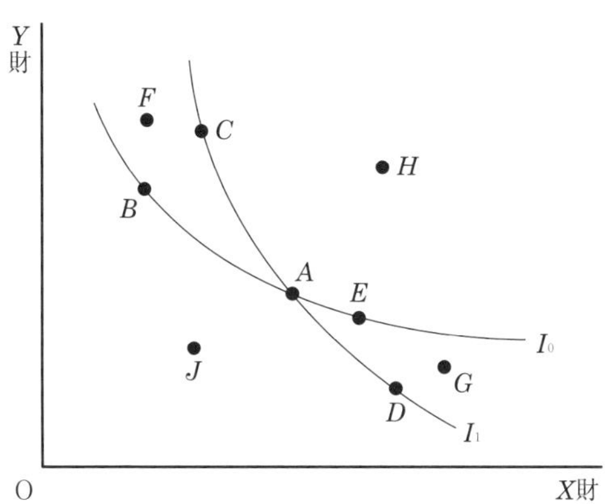

1 ２本の無差別曲線が点Aで交わるとすると，点AとI_0上の点B，点AとI_1上の点Dはともに無差別であり，したがって，点Dは，その左上方にある点Bとも無差別となってしまい矛盾する。

2 ２本の無差別曲線が点Aで交わるとすると，点AとI_0上の点B，点AとI_1上の点C

はともに無差別であり，したがって，点Bは，その右上方にある点Cとも無差別となってしまい矛盾する。

3　2本の無差別曲線が点Aで交わるとすると，点AとI_0上の点E，点AとI_1上の点Dはともに無差別であり，したがって，点Eは，その右下方にある点Dとも無差別となってしまい矛盾する。

4　2本の無差別曲線が点Aで交わるとすると，点Fは点Aよりも選好され，点Aは点Gよりも選好される結果，点Fは点Gよりも選好される。しかし，これは，2本の無差別曲線で囲まれた，点Fを含む点Aの左上方部分と点Gを含む点Aの右下方部分は無差別である，ということと矛盾する。

5　2本の無差別曲線が点Aで交わるとすると，点Hは点Aよりも選好され，点Aは点Jよりも選好される結果，点Hは点Jよりも選好される。しかし，これは，2本の無差別曲線で囲まれた，点Hを含む点Aの右上方部分と点Jを含む点Aの左下方部分は無差別である，ということと矛盾する。

＊＊
No.3　合理的な消費者のx財，y財に対する効用の無差別曲線および予算制約線がそれぞれ，図のU_1～U_3，MN_1～MN_5のように示されるとき，次の記述のうち正しいものはどれか。ただし，$U_1>U_2>U_3$であるものとする。

【国家一般職・平成元年度】

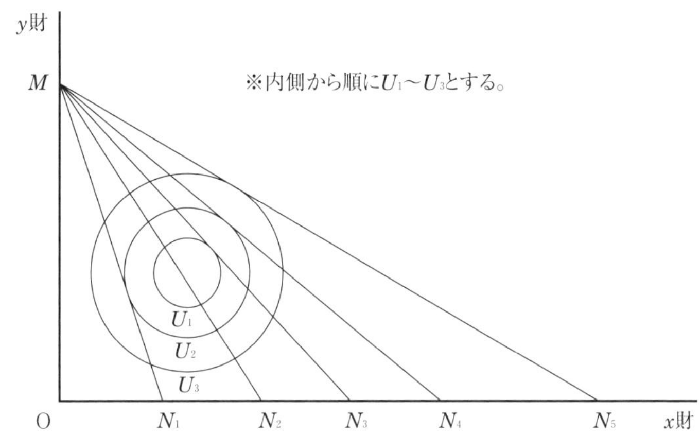

1　予算線がMN_1からMN_5にシフトしても，この消費者の効用水準は変化しない。

2　予算線がMN_1からMN_4にシフトしても，この消費者の効用水準は変化しない。

3　予算線がMN_4からMN_5にシフトしても，この消費者の効用水準は変化しない。

4　予算線がMN_1からMN_5にシフトすると，この消費者の効用水準は低下する。

5　予算線がMN_3からMN_4にシフトすると，この消費者の効用水準は上昇する。

実戦問題1の解説

No.1 の解説　特殊な形状の無差別曲線　→問題はP.27　正答 1

特殊な無差別曲線を列挙した問題である。消費者は効用を得られない財や負の効用を得る財に予算は割かない。1種類だけ消費したい場合も，もう一方の財には予算を充てない。したがって，これらは現実的ではないものの，無差別曲線の定義を確認する点では有用な問題である。

1◎ 正負いずれの効用も与えない財の場合の無差別曲線は垂直になる。

妥当である。コーヒーにしか興味を示さないということを，コーヒーからは効用を得るが緑茶から効用を得ることはないと解釈すると，横軸上のコーヒーの数量を決定した時点で効用が確定し，縦軸の緑茶の数量にかかわらず効用は変化することはないのであるから，無差別曲線は横軸に対して垂直になる（図1）。

2× 負の効用を与える財の場合の無差別曲線は右上がりになる。

横軸の財が「騒音としかいいようのないギターの音」のように負の効用を与えるなら，その増加は効用を低下させるため，効用水準を一定に保つには，「心地よいクラシックの音色」のような正の効用を与える財の消費量を増加させなければならない。したがって，この場合の無差別曲線は右上がりになる（図2）。なお，無差別曲線が水平になるのは，**1**とは逆に，縦軸の財にしか興味を示さない場合である。

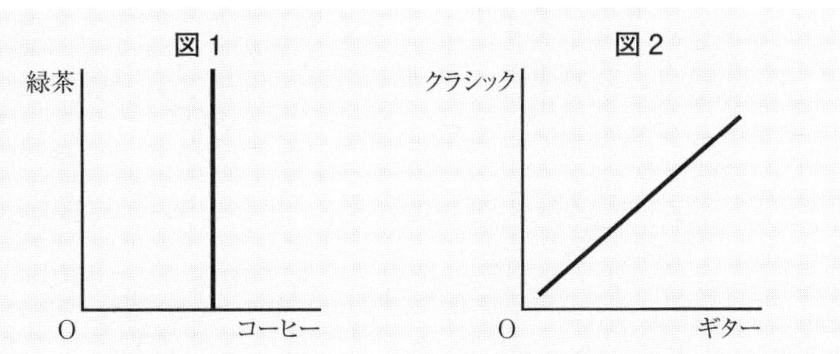

3× 2財のうち一方だけ消費する場合の無差別曲線は原点に対して凹型になる。

X財を横軸に，Y財を縦軸にとる場合，限界代替率は$MRS=\frac{\Delta Y}{\Delta X}$と表され，効用を一定に保つ場合の$X$財1単位当たりの$Y$財との交換比率である。ビールと日本酒を交互に飲むより一方のみを飲むほうが望ましいなら，横軸の日本酒の数量が少ない場合より多い場合のほうが，日本酒をビールと交換することをためらうであろう。これは，日本酒の数量の増加とともに日本酒のビールに対する限界代替率が逓増することを意味する。したがって，無差別曲線は原点に対して凹になる（図3）。

4 × **限界代替率逓減と無差別曲線が原点に対して凸型であることは同値である。**

3で説明したように，限界代替率が逓増する場合の無差別曲線が右下がりかつ原点に対して凹型になる。限界代替率が逓減する場合の無差別曲線は，右下がりかつ原点に対して凸型である（図４）。

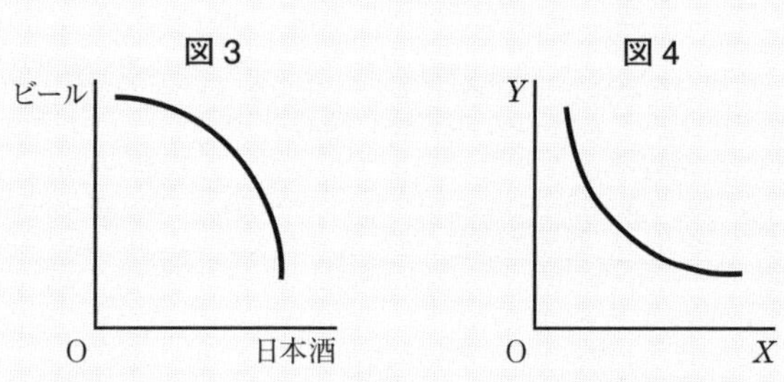

5 × **所得変化は予算制約線の傾きに影響しないため，平行シフトになる。**

たとえば，所得の増加は予算制約線を右上方向に平行シフトさせるが，これに伴って最適消費点も変化する。このように所得の増減によって変化する最適消費点をつないだグラフを所得消費曲線という（**テーマ２**参照）。また，所得の増減に対して消費量が同方向に変化する財を上級財，逆方向に変化する財を下級財という。したがって，所得消費曲線が右上がりになるのは，*X*財，*Y*財の２財ともに上級財の場合であり（図５），一方の財が下級財の場合には右下がりとなる（図６）。なお，２財モデルにおいては，２財とも下級財のケースは存在しえない。

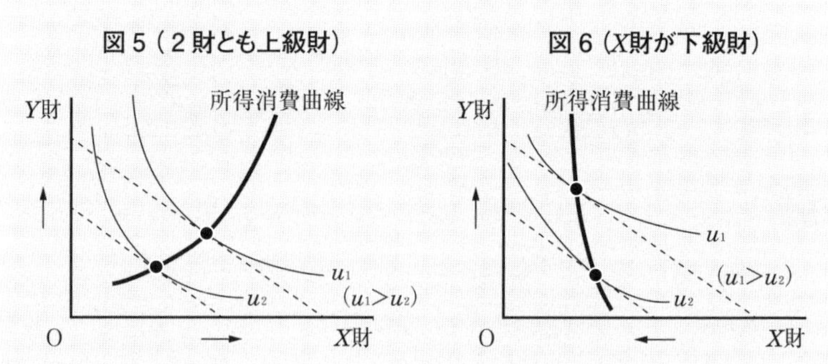

No.2 の解説　無差別曲線の性質

→問題はP.27　正答2

無差別曲線の意味を問う問題である。類題は比較的少ないが経済理論的には重要問題である。

1 ×　望ましい2財の数量がともに増加すれば必ず効用は増加する。

まず，点Aと点BはともにI_0上にあるために効用水準が無差別である。次に，点Aと点DはともにI_1上にあるために無差別であるが，さらに点CもI_1上にあるので，点Aと点Cも無差別である。以上から，点Bと点Cも無差別となることが導かれる。しかし，問題文より，X財，Y財はともに望ましい財であるので，点Bより右上にある，つまり2財とも消費量の多い点Cは，点Bより効用が高いはずである。したがって，2本の無差別曲線I_0とI_1が交わると矛盾が生じるのは，ある点と右上方にある点が無差別となってしまうからである。しかし，点Dは，点Bと比較して，Y財の数量は少ないがX財の数量が多いため，Y財の減少による効用の低下をX財の増加による効用の上昇で相殺できる。したがって，一般的には，点Bと点Dは無差別でありうる。したがって，点Bと点Dの比較では，無差別曲線が交わらないことの説明として不十分である。

2 ◎　無差別曲線どうしは交差しない。

妥当である。**1**の解説で説明したとおり，2本の無差別曲線I_0上とI_1が交わると，点Bとその右上方にある点Cが無差別となってしまうとの矛盾が生じる。

3 ×　Y財の数量減少とX財の数量増加では，効用は一定になりうる。

1における点Bと点Dの比較と同様に，点Eとその右下方にある点Dでは，Y財の数量減少による効用の低下をX財の数量増加による効用の上昇で相殺できるので，点Eと点Dは無差別でありうる。したがって，点Eと点Dの比較では，無差別曲線が交わらないことの説明として不十分である。

4 ×　無差別曲線は効用が等しい点（2財の組合せ）を結んだグラフである。

したがって，2本の無差別曲線で囲まれた2つの部分どうしを比較しても無差別曲線にはならない。なお，問題文では，点Gより点Aが，点Aより点Fが選好されるとあるが，これも必ずしも正しくない。なぜなら，2財とも望ましい財であるので，2財ともに数量が多いような点，つまり，ある点より右上の点が選好されることは必ずいえるが，より左上に位置する点，つまりY財の数量は多いがX財の数量が少なくなっているような点では，Y財から得られる効用は増大しても，X財から得られる効用は減少するため，より左上に位置する点のほうが望ましいとは必ずしもいえないからである。

5 ×　2本の無差別曲線は異なる効用を表しており，囲むことに意味はない。

4同様，無差別曲線の定義が誤っている。ただし，2財とも望ましい財であることから，点Hは点Aよりも選好され，点Aは点Jよりも選好される結果，点Hは点Jよりも選好されることは正しい。

No.3 の解説　円形の無差別曲線

→問題はP.28　正答３

円形の無差別曲線は，２財の消費量のおのおのに最適な数量が存在するケースである（アルコール飲料のように過剰消費が負の効用をもたらす財を考えるとよい）。また，２財のおのおのの最適な数量に至るまでは消費量の増加が効用水準を上昇させることから，内側に位置する円ほど高い効用を表すことになり，（問題の図には描かれていないが）円の中心が最適消費点である。したがって，予算が最適な数量を購入できる水準以下のときは，無差別曲線と予算制約線の接点で最適消費点が決定されるが，予算が最適な数量を購入できる水準を上回る場合，予算制約線内の最適消費点が選択されるので，予算は制約とはならない。

1× 予算制約がMN_1からMN_5に拡大すれば，消費者の効用水準は上昇する。

予算線がMN_1からMN_5にシフトする場合，消費者は予算線がMN_1の場合には選択できなかった，より効用の高い無差別曲線U_1上の点を選択できるようになるため，効用水準は上昇する。

2× 予算制約がMN_1からMN_4に拡大すれば，消費者の効用水準は上昇する。

予算線がMN_1からMN_4にシフトする場合，消費者は予算線がMN_1の場合には選択できなかった，より効用の高い無差別曲線U_1上の点を選択できるようになるため，効用水準は上昇する。

3◎ 予算制約がMN_4からMN_5に拡大しても，消費者の効用水準は上昇しない。

妥当である。予算線がMN_4の場合，すでに最適消費点を選択できる状態にある。したがって，さらに予算線がMN_5にシフトしても，この消費者の最適消費点は変化しないため，効用水準も変化しない。

4× 予算制約がMN_1からMN_5に拡大すれば，消費者の効用水準は上昇する。

1で解説したとおりである。

5× 予算制約がMN_3からMN_4に拡大しても，消費者の効用水準は上昇しない。

予算線がMN_3の場合，すでに最適消費点を選択できる状態にある。したがって，さらに予算線がMN_4にシフトしても，この消費者の最適消費点は変化しないため，効用水準も変化しない。

実戦問題2　応用レベル

＊＊ No.4　ある消費者の2財 X と Y についての無差別曲線の形状と最適消費に関する次の記述のうち，妥当なものはどれか。ただし，2財 X と Y の価格は変わらないものとし，図のように予算制約線 AB，$A'B'$ が示されるものとする。

【国税専門官・平成7年度】

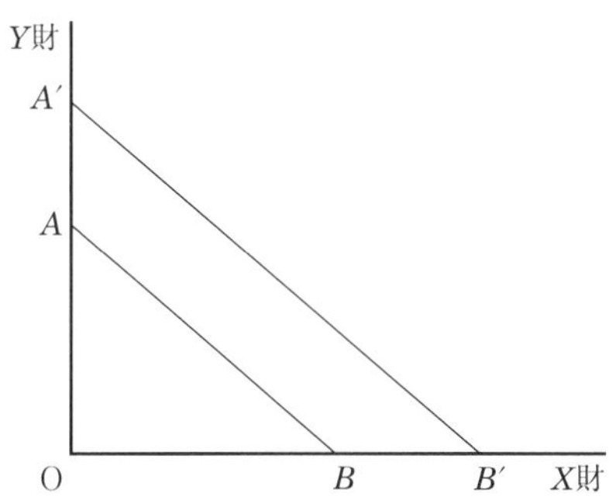

1　無差別曲線の形状が原点に対して凸の曲線の場合，無差別曲線と予算制約線 AB との交点が2つあるとしても，それぞれの交点における X と Y の組合せは予算制約線 AB の下で効用を最大にする。

2　無差別曲線の形状が原点に対して凹の曲線の場合，無差別曲線と予算制約線 AB との接点における X と Y の組合せは予算制約線 AB の下で効用を最大にする。

3　無差別曲線の形状が右下がりの直線の場合，予算制約線 AB の下でも予算制約線 $A'B'$ の下でも効用を最大にする X と Y の組合せは存在しない。

4　無差別曲線の形状がL字型で，その頂点が原点Oを通る右上がりの半直線上にある場合，予算制約線が AB から $A'B'$ に変化しても効用を最大にする X と Y の比率は一定である。

5　無差別曲線の形状が逆L字型で，その頂点が原点Oを通る右上がりの半直線上にある場合，予算制約線が AB から $A'B'$ に変化しても効用を最大にする X と Y の組合せは存在しない。

＊＊

No.5 次の図ア～エは，縦軸にY財を，横軸にX財をとり，ある家計が，予算線L^0のときには点Aを，予算線L^1のときには点Bを選択したことを表したものであるが，このうち顕示選好の弱公理と矛盾する行動をとっているものを選んだ組合せとして，妥当なのはどれか。ただし，点Aおよび点Bはそれぞれの予算線上にあるものとする。 【地方上級（特別区）・令和２年度】

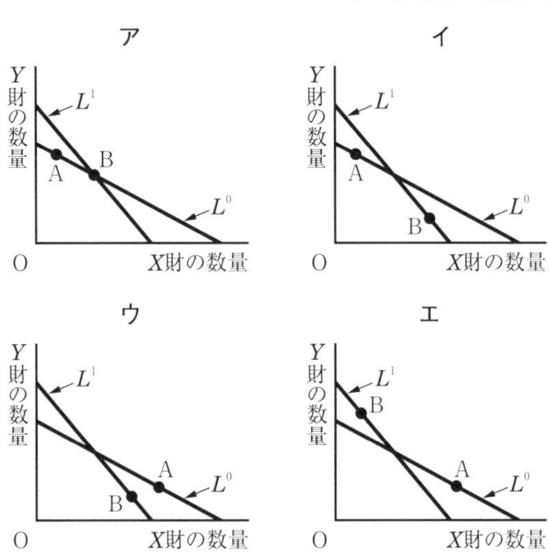

1 ア，イ
2 ア，ウ
3 ア，エ
4 イ，ウ
5 イ，エ

実戦問題2の解説

No.4 の解説　特殊な形状の無差別曲線

→問題はP.33　正答4

通常の無差別曲線（原点に対して凸型，つまり限界代替率逓減）と比べて，図1～図4のような特殊な形状の無差別曲線の場合，しばしば端点解となり，1財しか消費しないことが最適となる。この場合，効用最大化条件である限界代替率と2財価格比が等しいとの条件は必ずしも成立しない。

1× 原点に対して凸な無差別曲線と予算制約線は1点で接するときに効用を最大化する。

原点に対して凸型の無差別曲線が予算制約線と2点で交わっている場合，効用は最大化されていない。無差別曲線が予算制約線と1点で接するまで無差別曲線を右上方にシフトさせることで，効用を最大化できるからである。

2× 原点に対して凹な無差別曲線は一般に端点で効用を最大化する。

原点に対して凹型の無差別曲線が予算制約線ABと接している場合，無差別曲線を右上方にシフトさせれば効用をさらに上昇させることができるため，効用は最大化されていない。この場合，効用を最大化する最適消費点はX財またはY財のみを消費する端点解（コーナー解）となる（図1のB点）。

3× 無差別曲線が右下がりの直線であっても，右上に位置するほど効用は高い。

無差別曲線が右下がりの直線であっても，予算制約の範囲内で（予算制約線がABでも$A'B'$でも），最も無差別曲線を右上に引き上げた点で効用は最大化される。この場合，直線の無差別曲線の傾きによって，X財またはY財のみが消費される端点解となる（図2）。なお，無差別曲線が直線の場合，2財の限界代替率は常に一定であり，これを完全代替という。

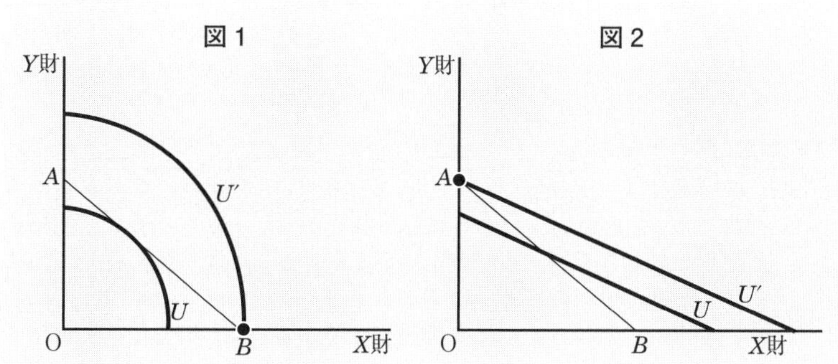

4◎ 無差別曲線の形状がL字型の場合，最適消費点は常に屈折点になる。

妥当である。無差別曲線の頂点が原点Oを通る右上がりの半直線上にあるなら，最適消費点も常にこの半直線上にある。ここから予算制約線がABから$A'B'$にシフトした場合，最適なXとYの数量は同じ比率で増加するため，2財の数量の比が一定となる（図3）。なお，無差別曲線の形状がL字型の場合，2財を常に同じ比率で消費するので完全補完という。

5 × **無差別曲線の形状が逆L字型のときも効用を最大にする組合せは存在する。**
無差別曲線の形状が逆L字型の場合，予算制約線の範囲で無差別曲線を最も右上にシフトさせた点で効用を最大にできるため，無差別曲線の頂点が原点Oを通る右上がりの半直線上にあるかどうかに依存せず，予算制約線がABのときも$A'B'$に変化したときにも，効用を最大にするXとYの組合せは存在する。なお，そのような組合せは一般に端点解となる（図４）。

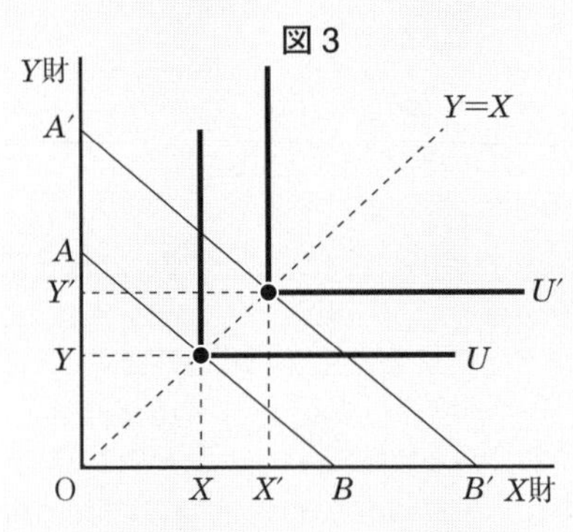

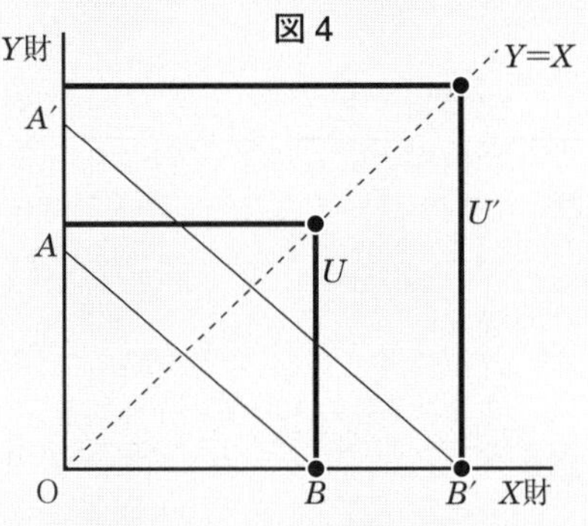

No.5 の解説　顕示選好理論

→問題はP.34　**正答 1**

顕示選好理論の出題例は比較的少ない。ただし，典型的な出題例は論理パズルの一種として解答できることが多く，本問でパターンをマスターしてほしい。

顕示選好の弱公理（弱公準）とは，合理的な，選好が首尾一貫した消費者であれば，価格変化によって，選好する財の組み合わせが影響を受けることはないというものである。

STEP❶　アのケース

この家計は，予算線L^0の下で点Ａを選択しているが，このとき点Ｂも選択可能であった。点Ａも点Ｂも選択可能であるにもかかわらず，実際に点Ａを選択した（点Ａを顕示選好した）ことから，この家計は点Ａが点Ｂよりも望ましいと考えていたことになる。

ところで，予算線がL^1に変化（Ｘ財価格の上昇とＹ財価格の低下）した場合，点Ｂを選択している。しかし，この予算線L^1の下でも点Ａが選択可能であった。これは点Ａが点Ｂよりも望ましいと考えていたことと矛盾する。つまり，この家計の行動は顕示選好の弱公理と矛盾する。

STEP❷　イのケース

この家計は，予算線L^0の下で，点Ａも点Ｂも選択可能であるにもかかわらず，実際に点Ａを選択したことから，この家計は点Ａが点Ｂよりも望ましいと考えていたことになる。

予算線がL^1に変化した場合，やはり点Ａも点Ｂも選択可能であるにもかかわらず，点Bを選択している。したがって，点Aが点Bよりも望ましいと考えていたことと矛盾する。つまり，この家計の行動は顕示選好の弱公理と矛盾する。

STEP❸ ウのケース

この家計は，予算線L^0の下で，点Aも点Bも選択可能であるにもかかわらず，実際に点Aを選択したことから，この家計は点Aが点Bよりも望ましいと考えていたことになる。

この家計は，予算線がL^1に変化した場合，点Bを選択している。この場合，予算線L^1の下では点Aが選択不可能である。これは点Bよりも点Aが望ましいが，選択できないので，選択可能な財の組合わせから望ましい点Bを選択したと考えられる。したがって，この家計の行動は顕示選好の弱公理とは矛盾しない。

STEP❹ エのケース

この家計は，予算線L^0の下で，点Bは選択不可能であり，選択可能な財の組合せのうちから点Aを選択している。したがって，この家計が点Aと点Bのいずれが望ましいと考えているかは判断できない。

また，この家計は予算線がL^1に変化した場合に点Bを選択しているが，この場合，点Aが選択不可能である。したがって，ここからもこの家計が点Aと点Bのいずれが望ましいと考えているかは判断できない。つまり，家計による各予算線の下での選択が矛盾しているか判断できず，各予算線の下で矛盾のない選択を行っている可能性もあるので，顕示選好の弱公理と矛盾しているとはいえない。

なお，下図は矛盾のないケースの例示である。予算線がL^2の場合に，点Aも点Bも選択可能であるにもかかわらず，実際に点Aを選択し，この家計が点Aを点Bより望ましいと考えているとする。ここで，予算線がL^0の場合に，点Bは選択不可能であるが，より望ましい点Aを選択し，予算線がL^1の場合に，点Aが選択不可能であるので，次善の点Bを選択したと考えれば，矛盾は生じない。

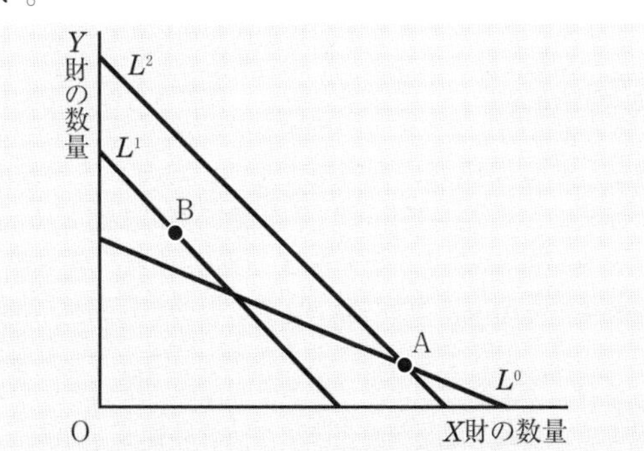

以上より，正答は**1**である。

財の分類

必修問題

図のSS曲線は，所得のすべてを使ってX財とY財を購入するある消費者の所得が変化したときの所得消費曲線を描いたものである。図の所得消費曲線上の点に関する次の記述のうち，正しいのはどれか。

【地方上級・平成4年度】

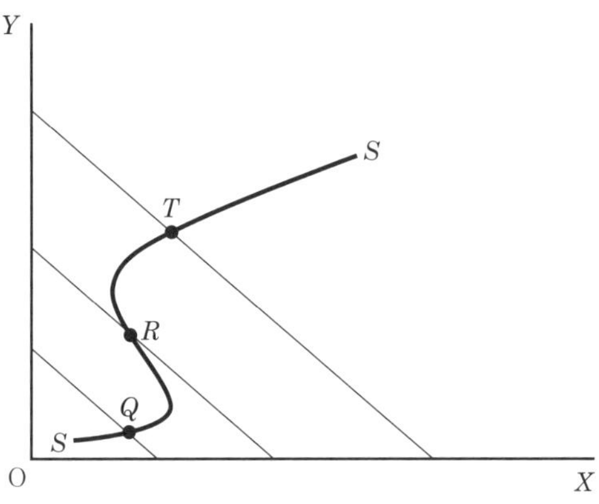

1 R点ではX財は**上級財**，Y財は**下級財**である。

2 R点ではY財は上級財，X財は下級財である。

3 T点ではX財は**ギッフェン財**，Y財は上級財である。

4 T点ではX財は上級財，Y財は下級財である。

5 Q点ではX財は下級財，Y財は上級財である。

難易度 ＊

必修問題の解説

財の分類はそれ自体が出題のテーマであるだけでなく，他のテーマ（たとえば，テーマ3の代替効果と所得効果など）の基礎知識にも当たる。定義自体はさほど難しくないが，グラフ問題では，テーマ1（最適消費）の知識が必要となる。消費者理論はテーマ間相互の関連性が強いので，包括的に身につけてほしい。

STEP❶ 上級財と下級財の定義

所得変化の消費量に与える影響によって財を分類する。

上級財（正常財）：所得変化が消費量の同方向の変化をもたらす財

下級財（劣等財）：所得変化が消費量の逆方向の変化をもたらす財

STEP❷ 所得消費曲線を用いて，財の種類を判断

所得消費曲線は，所得が変化したときの最適消費点の軌跡である。

X財とY財がともに上級財の場合，所得増加によって予算制約線が右上に平行シフト（**テーマ1**参照）すると，2財とも消費量が増加するので，所得増加後の最適消費点は当初の最適消費点より右上方向に位置する。これらをつなぐと所得消費曲線は右上がりとなる（図1）。

2財のうちの一方が下級財の場合，たとえばX財が下級財，Y財が上級財の場合，所得増加後の最適消費点は当初より左上方向に位置するため，右下がりの所得消費曲線になる（図2）。また，X財が上級財，Y財が下級財の場合，所得増加後の最適消費点は当初より右下方向に位置し，この場合も右下がりの所得消費曲線になる。

図1：2財とも上級財

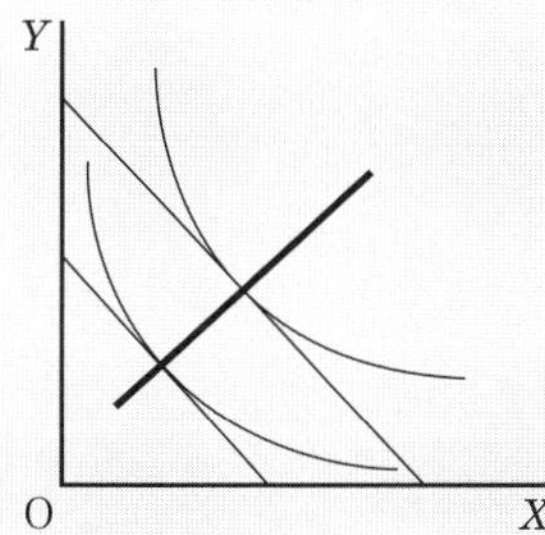

図2：X財が下級財

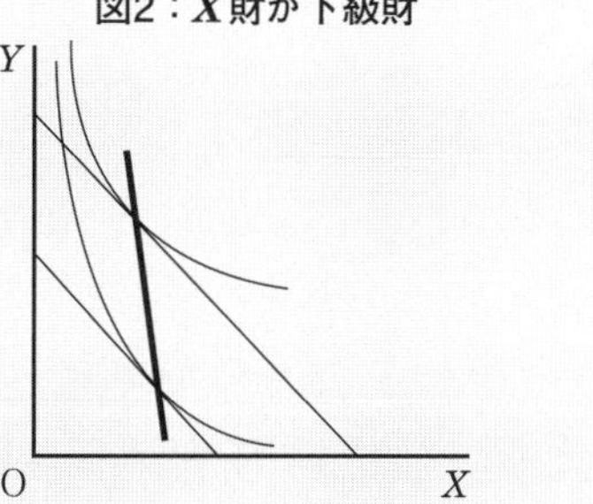

1 × **所得消費曲線が右下がりであるのは，2財が上級財と下級財の場合である。**
R点では，所得消費曲線が左上にカーブしているため，所得増加時にX財は減少し，Y財は増加している。つまり，X財は下級財，Y財は上級財である。所得消費曲線が右下がりであるのは，2財が上級財と下級財の場合である。

2 ◎ 妥当である。**1**の解説参照。

3 × **所得の変化ではギッフェン財の判別はできない。**
ギッフェン財は価格低下時に需要が減少する財である。つまり，所得変化でなく，価格変化時に定義される（**テーマ3**参照）。

4 × **所得消費曲線が右上がりであるのは，2財がともに上級財の場合である。**
T点では所得消費曲線が右上がりのため，X財，Y財はともに上級財である。

5 × **所得消費曲線が右上がりであるのは，2財がともに上級財の場合である。**
Q点では所得消費曲線が右上がりのため，X財，Y財はともに上級財である。

正答 2

FOCUS

財の分類も，独立したテーマとしてのみならず，他のテーマと関連付けて出題される。特に，テーマ3の所得効果の判定には必須の知識である。やや紛らわしい用語も出てくるものの，早いうちにしっかりと整理しておこう。

POINT

重要ポイント 1 財の分類

所得変化時の消費量の増減によって上級財と下級財を次のように分類する。

上級財（正常財）：（実質）所得の増減と財の需要の増減が同方向に変化する財
下級財（劣等財）：（実質）所得の増減と財の需要の増減が逆方向に変化する財

［具体例：今月はボーナスが出たので，豚肉を減らして，牛肉を増やす献立にした。この場合，牛肉は上級財，豚肉は下級財である。］

さらに，上級財は次のように細分できる。

奢侈財（しゃしざい）（贅沢財（ぜいたく））：所得変化率以上に財の消費量の変化率が大きい財
必需財：所得変化率以下にしか財の消費量の変化率が変化しない財

簡単化して言えば，所得が高くても低くても消費量があまり変化しないような財を必需財と，所得が増加して初めて需要を増加させるような財を奢侈財と定義している。なお，単位を変化率で考えているのは，所得と消費の単位をそろえるためである。

重要ポイント 2 所得消費曲線による財の分類

右上がりの**所得消費曲線**（X財とY財がともに上級財）がX財の側にカーブしている形状の場合，X財が奢侈財であり，Y財は必需財である。

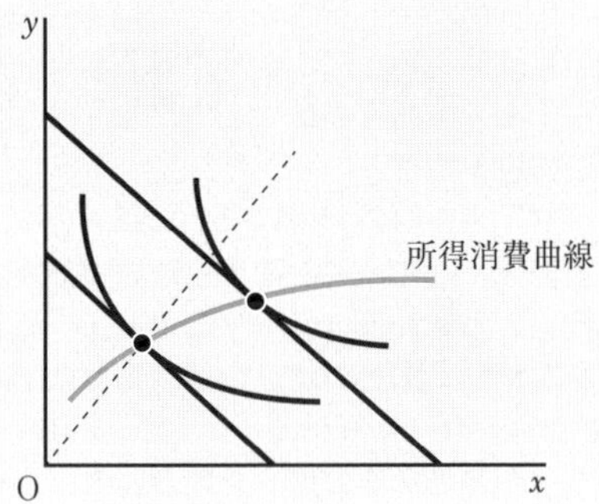

当初の予算制約線の下での最適消費点と原点と結んだ補助線を引く。仮に，所得が2倍になった場合に各財の消費量も同じ2倍になったとすると，新たな最適消費点はこの補助線上に位置するはずである。実際の所得消費曲線がX財の側にカーブしているなら，X財の需要は2倍より大きく，Y財の需要は2倍より小さくなっているから，所得の変化率より需要の変化率が大きいX財を奢侈財，所得の変化率より需要の変化率が小さいY財を必需財とできる。

重要ポイント3 需要の所得弾力性と財の分類

所得Mの変化率を分母に，消費（需要）Dの変化率を分子にとったもの，つまり所得１％の変化に対する需要の変化率を**需要の所得弾力性 e_M** と定義する。

$$e_M=\frac{\Delta D/D}{\Delta M/M}$$ （D：需要量，M：所得，ただし，Δは変数の変化分）

このとき，需要の所得弾力性の値によって，各財を整理できる。

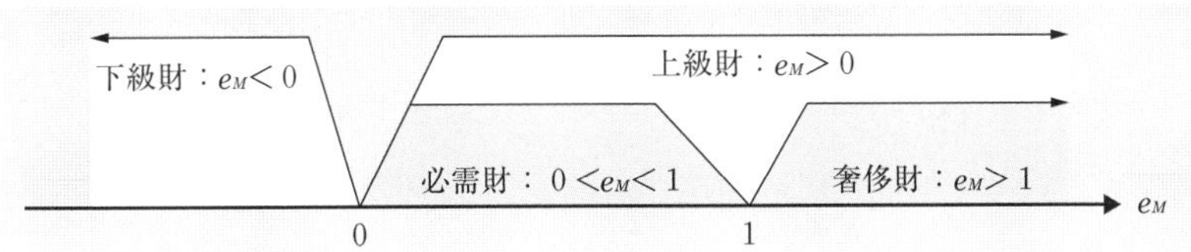

上級財：所得が増加するとその変化率$\frac{\Delta M}{M}$は正値であり，そのとき需要が増加するとその変化率$\frac{\Delta D}{D}$も正値であるので，両者の比であるe_Mは正である（$e_M>0$）。

下級財：所得が増加するとその変化率$\frac{\Delta M}{M}$は正値であり，そのとき需要が減少するとその変化率$\frac{\Delta D}{D}$は負値であるので，両者の比であるe_Mは負である（$e_M<0$）。

奢侈財：所得の増加率$\frac{\Delta M}{M}$（分母）より需要の増加率$\frac{\Delta D}{D}$（分子）が大きいので，両者の比であるe_Mは１より大きくなる（$e_M>1$）。

必需財：所得の増加率$\frac{\Delta M}{M}$（分母）より需要の増加率$\frac{\Delta D}{D}$（分子）が小さいので，両者の比であるe_Mは１より小さくなる（$0<e_M<1$）。

重要ポイント4 エンゲル曲線

横軸に所得Mを，縦軸にある財（X財）の最適消費量をとった平面上に，両者の関係をグラフに描いたものを**エンゲル曲線**という。

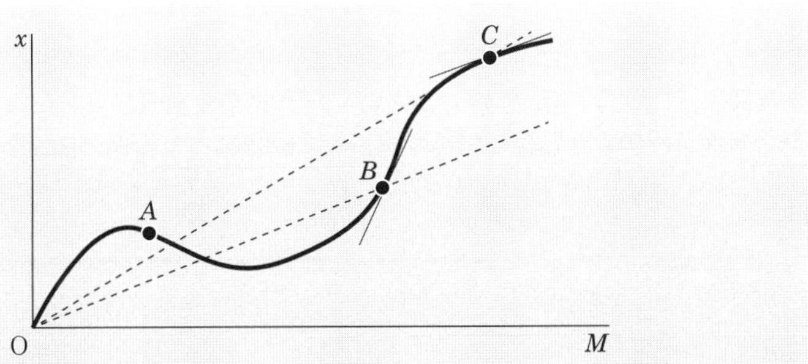

エンゲル曲線の見方

・A点のような右下がりの場合に下級財。

・B点やC点のような右上がりの場合に上級財。

さらに，上級財では，B点のように原点と結んだ補助線より傾きが急な場合に奢侈財に，C点のように原点と結んだ補助線より傾きが緩やかな場合に必需財になる。

奢侈財と必需財を需要の所得弾力性と関連付けて説明する。たとえば，B点では，接線の傾き$\frac{\Delta D}{\Delta M}$と，原点と結んだ直線の傾き$\frac{D}{M}$を比較すると$\frac{\Delta D}{\Delta M}>\frac{D}{M}$である。これは移項すると$\frac{\Delta D}{\Delta M}\cdot\frac{M}{D}>1$であり，整理すると$\frac{\Delta D/D}{\Delta M/M}>1$つまり$e_M>1$であるから，$B$点が奢侈財を表すことになる。必需財は不等号を逆にすればよい。

重要ポイント 5 ギッフェン財

ある財の価格低下が当該財の需要を減少させるため，**需要曲線が右上がりになる**財を，**ギッフェン財**という。これは下級財のうち，代替効果を所得効果が上回るケースで生じる（**テーマ３**参照）。

重要ポイント 6 連関財

X財の価格変化がY財の需要に影響する場合，２財は次の関係にある。

粗代替財：X財の価格が上昇したときにY財の需要が増加した。
　→　Y財はX財の粗代替財である（X財とY財は粗代替関係である）。

粗補完財：X財の価格が上昇したときにY財の需要が減少した。
　→　Y財はX財の粗補完財である（X財とY財は粗補完関係である）。

具体例：X財をコーヒー，Y財を紅茶とすれば，コーヒー価格の上昇は，コーヒーの需要の減少と代替財としての紅茶の需要の増加をもたらすであろう。一方，Y財を砂糖とすれば，コーヒー価格の上昇はコーヒーの需要の減少と合わせて甘味を補完する砂糖の需要をも減少させるであろう。

理論上，「粗」が付くのは，全部効果（**テーマ３**参照）で考えるということである。また，粗代替財と粗補完財については，需要の交差弾力性e_cを用いて，粗代替財を$e_c>0$，粗補完財を$e_c<0$と定義できる（**テーマ４重要ポイント７**参照）。

実戦問題

No.1 ＊＊ **ある消費者はその所得のすべてを使って*X*財と*Y*財を購入するが，図の*Q*点は予算線*BB′*の下での，この消費者の2財の需要量を示している。また，図の曲線*SS′*は所得が変化するときの2財の需要量の軌跡を表す所得消費曲線である。曲線*SS′*上の*Q*点と*R*点に関する次の記述のうち妥当なのはどれか。**

【国家総合職・平成6年度】

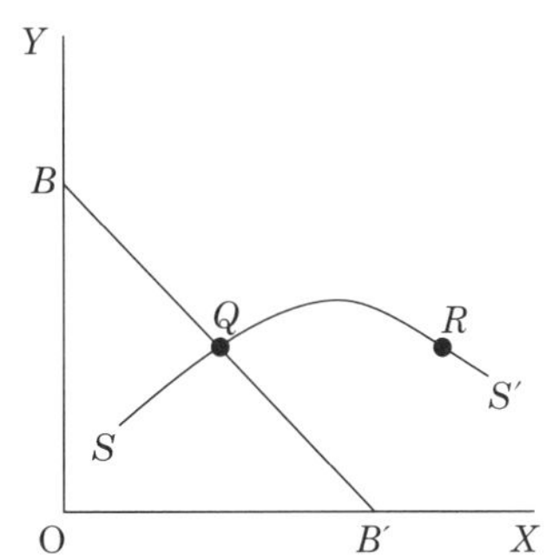

1 *Q*点では*X*財は上級財であり，*Y*財は下級財である。
2 *Q*点では*X*財はぜいたく品であり，*Y*財は必需品である。
3 *R*点では*X*財は下級財であり，*Y*財はぜいたく品である。
4 *R*点では*X*財は上級財であり，*Y*財は必需品である。
5 *R*点では*X*財はギッフェン財であり，*Y*財は下級財である。

No.2 ＊＊ **次の文は，*X*財の価格の上昇が，*Y*財の需要量に及ぼす影響に関する記述であるが，文中の空所A～Dに該当する語の組合せとして，妥当なのはどれか。**

【地方上級（特別区）・平成21年度】

*X*財の価格の上昇が，*Y*財の需要を［ A ］させるような関係にあるとき，この2財を［ B ］と呼び，その例としては，コーヒーと砂糖が挙げられる。また，*X*財の価格の上昇が，*Y*財の需要を［ C ］させるような関係にある場合，この2財を［ D ］と呼び，その例としては，コーヒーと紅茶が挙げられる。

	A	B	C	D
1	増加	代替財	減少	補完財
2	増加	補完財	減少	代替財
3	減少	補完財	増加	代替財
4	減少	ギッフェン財	増加	補完財
5	増加	代替財	減少	ギッフェン財

第1章 消費者理論

＊＊
No.3 **ある消費者はすべての所得で*X*財と*Y*財を購入する。図の曲線*ee′*は，この消費者の*X*財に関するエンゲル曲線を表したものである。これに関する次の記述のうち，妥当なのはどれか。** 【国家総合職・平成24年度】

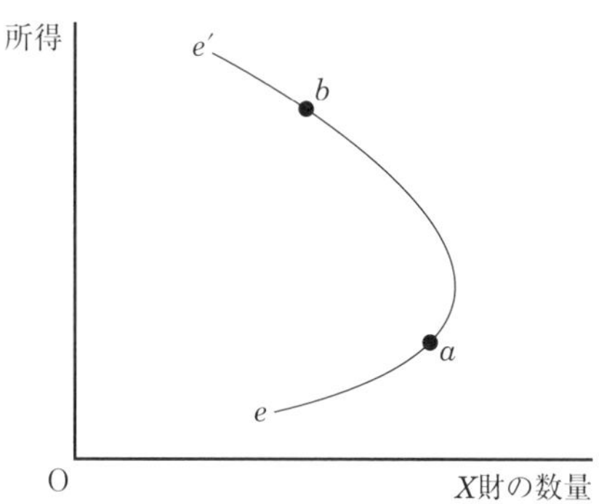

1 *a*点では，*X*財は上級財であり，*Y*財は必需品である。

2 *a*点では，*X*財は奢侈品であり，*Y*財は下級財である。

3 *a*点では，*X*財は上級財であり，*Y*財は下級財である。

4 *b*点では，*X*財は奢侈品であり，*Y*財は上級財である。

5 *b*点では，*X*財は下級財であり，*Y*財は奢侈品である。

＊＊
No.4 **図1および図2は，X財とY財の2財を消費する合理的な消費者A，Bについて価格不変の下で所得が変化した場合の消費行動を示したものである。AとBの消費行動に関する記述のうち，妥当なのはどれか。なお，図中の点線は予算制約線を，u_1〜u_4は無差別曲線を，OM_1，OM_2は所得消費曲線を表すものとする。**

【国家一般職・平成6年度】

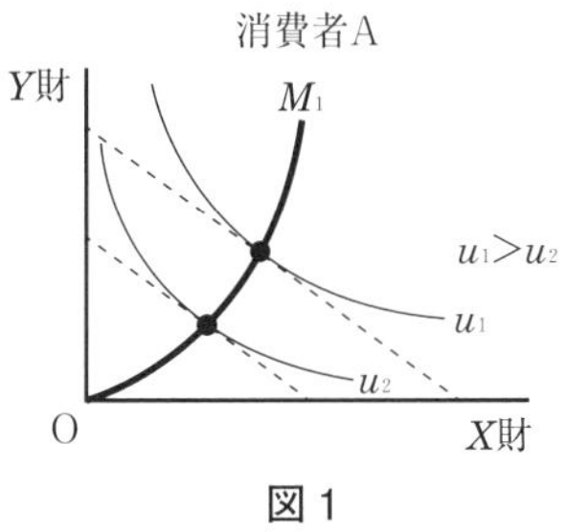

図1

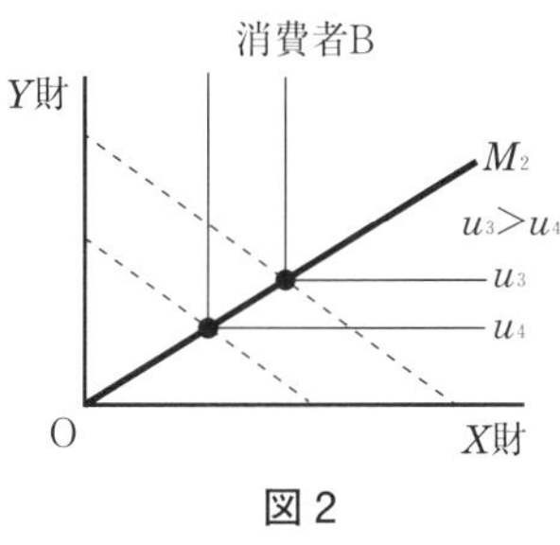

図2

1 消費者AにとってはXは正常財（上級財），Yは劣等財（下級財）である。

2 消費者Aの場合，所得に占めるY財への支出額の割合は，所得が増加するのに応じて上昇する。

3 消費者Aの場合，所得が増加するに応じて消費から得られる効用は上昇するが，Bの場合，所得が増加しても消費から得られる効用は上昇しない。

4 消費者Bの場合，所得に占めるY財への支出額の割合は，所得の増加に応じて低下する。

5 消費者Bに対してX財は正常財（上級財），Y財は劣等財（下級財）である。

＊
No.5 **X財とY財の2種類の財のみを消費する消費者を考える。この消費者の効用関数は，以下のように与えられる。**

$u=x^{\alpha}y^{1-\alpha}$　〔u：効用水準，x：X財の消費量，y：Y財の消費量，$0<\alpha<1$〕

X財の価格を$p(>0)$，Y財の価値を$q(>0)$とする。この消費者の所得を所与とすると，X財に対する需要とY財に対する需要は，それぞれ所得の関数として表される。

所得が変化するとき，最適な消費量の組合せ（x，y）の軌跡をとった曲線は「所得消費曲線」と呼ばれているが，この消費者の所得消費曲線を表す式として最も妥当なのはどれか。 【国家総合職・令和5年度】

1 $y=\dfrac{(1-\alpha)px}{\alpha q}$

2 $y=\dfrac{\alpha px}{(1-\alpha)q}$

3 $y=\dfrac{(1-\alpha)qx}{\alpha p}$

4 $y=\dfrac{\alpha qx}{(1-\alpha)p}$

5 $y=\dfrac{\alpha q}{(1-\alpha)px}$

実戦問題の解説

No.1 の解説 所得消費曲線 →問題はP.43 正答2

所得消費曲線は上級財と下級財の区別だけでなく，上級財のうちの奢侈財（ぜいたく品）と必需財（必需品）の判別にも使える。

1 × 所得消費曲線が右上がりになるのは，2財がともに上級財の場合である。
Q点では所得消費曲線は右上がりなので，X財とY財はともに上級財である。

2 ◎ ぜいたく品は需要の所得弾力性が1より大きい（必需品は1より小さい）。
妥当である。原点からQ点を通る補助線を引くと，所得消費曲線はこの補助線より緩やかな傾きを持つ。これはQ点において所得がわずかに上昇したとき，所得の増加率に対して，X財の需要量の変化率がそれよりも大きく，Y財の需要量の変化率がそれよりも小さくなることを表している。したがって，Q点ではX財は需要の所得弾力性が1よりも大きくなるぜいたく品，Y財は需要の所得弾力性が1よりも小さくなる必需品である。

3 × ぜいたく品は，上級財（需要の所得弾力性が0より大きい）の一種である。
R点を通るような予算制約線（BB'に平行に描く）を引き，ここから所得がわずかに上昇したときの予算制約線も引く（図中の点線）すると，所得消費曲線との交点はR点より右下方向に移動する（R'点）。これは，所得の上昇に伴って，X財は需要量が増加し，Y財は需要量が減少することを表しているから，X財は上級財，Y財は下級財となる。つまり，Y財は上級財の一種であるぜいたく品ではありえない。

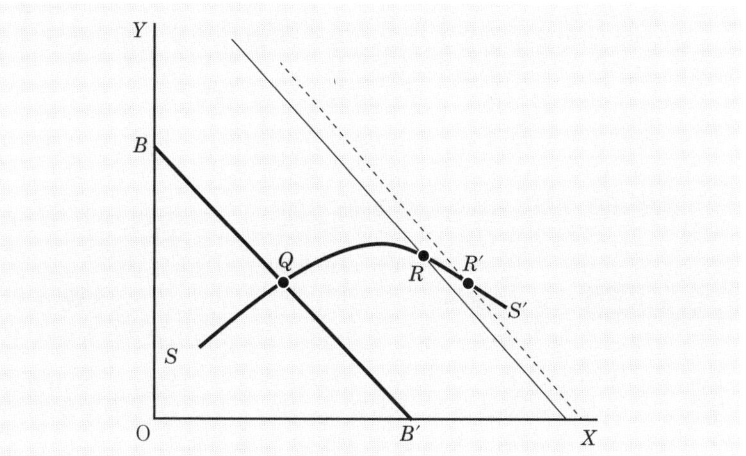

4 × 必需品（需要の所得弾力性が0と1の間）は，上級財の一種である。
3で確認したように，R点ではY財は下級財であり，上級財の一種である必需品ではない。

5 × 2財モデルにおいて，2財がともに下級財であることは論理的にありえない。
X財とY財にすべての所得を支出する場合，2財がともに下級財であることは論理的にありえない。所得が増加したとき，2財がともに下級財であれば2財ともに需要量を減少させることになるが，そうであれば所得のすべてを使い切れないからである。なお，ギッフェン財は下級財の一種である。

No.2 の解説　粗代替財と粗補完財

→問題はP.43　**正答3**

財の分類のうち，粗代替財と粗補完財については需要の交差弾力性を用いて判別する。粗代替財については代用品を，粗補完財についてはセット販売される製品を，おのおの具体的に思い浮かべて考えるとよい。なお，「粗」概念は，価格変化の代替効果のみではなく全部効果で判断することを表している（テーマ3参照）。

STEP❶　粗補完関係の確認

AとBについて具体例から考える。X財をコーヒー，Y財を砂糖とすれば，コーヒーの価格上昇によってコーヒーの需要を減少させるとそれに投入する砂糖の需要も減少する。

これはコーヒーに対して砂糖をセットとして補完的に消費していることになるので，一般にX財の価格上昇によってX財の需要が減少したとき，Y財の需要も減少するような関係を2財が補完財であると定義できる。以上より，Aには減少が，Bには補完財が当てはまる。

STEP❷　粗代替関係の確認

CとDについて具体例から考える。X財をコーヒー，Y財を紅茶とすれば，コーヒーの価格上昇によってコーヒーの需要を減少させる場合，代わりに代用品の紅茶の需要は増加する。

これはコーヒーに対して紅茶を代替財として消費していることになるので，一般にX財の価格上昇によってX財の需要が減少したとき，Y財の需要が増加するような関係を2財が代替財であると定義できる。以上より，Cには増加が，Dには代替財が当てはまる。

よって，正答は**3**である。

No.3 の解説　エンゲル曲線

→問題はP.44　**正答5**

重要ポイント4の図とはエンゲル曲線の軸のとり方が逆であるが，いずれのケースの出題もあるので，軸を入れ替えて考えられるようにしよう。

1 ×　エンゲル曲線の傾きが右上がりであれば，その財は上級財である。

a点では，所得Mの上昇に伴ってX財の消費量も増加しているから，X財は上級財である。また，a点では原点と結んだ直線の傾き$\frac{M}{X}$よりエンゲル曲線の接線の傾き$\frac{\Delta M}{\Delta X}$が急である。この$\frac{\Delta M}{\Delta X}>\frac{M}{X}$となっている状態は，$1>\frac{\Delta X}{\Delta M}\frac{M}{X}$と書き換えればわかるように，需要の所得弾力性が1より小さいため，X財が必需品であることを表している。ここからY財は奢侈品となる。なぜなら，所得が増加したときにX財に所得増加率より少ない割合でしか所得を充てないのであれば，Y財に所得増加率より多い割合で所得を充てないと所得の増加分のすべてを使い切れないからである。

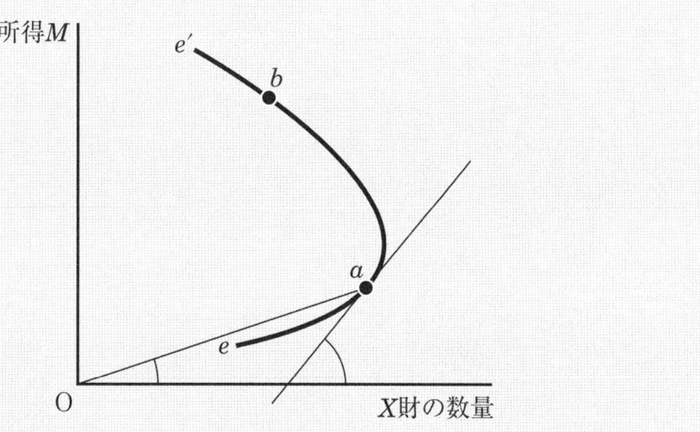

2 × **a点では，X財は奢侈品ではなく必需品である。**
また，Y財は上級財の一種である奢侈品であるため，下級財ではありえない。

3 × **a点では，Y財は奢侈品であるから，下級財ではありえない。**
奢侈品は上級財の一種である。

4 × **エンゲル曲線の傾きが右下がりであれば，その財は下級財である。**
b点では，所得の増加に伴って数量が減少しているため，X財は下級財である。この場合，所得増加時にX財の数量を減少させればX財への支出（＝価格×需要）も減少するので，必然的にY財への支出は増加する。価格に変化がなければ，これはY財の需要の増加を意味するから，Y財は上級財である。

5 ◎ **b点では，X財は下級財であり，Y財は奢侈品である。**
妥当である。b点では，X財は下級財であるから，所得が増加すれば，X財への支出は減少する。2財モデルであれば，X財支出の減少分もY財に支出するので，Y財への支出額の増加は所得の増加額以上のものとなる。これは所得の増加率よりY財の需要の増加率が大きいことを意味するから，Y財は必ず奢侈品になる。

No.4 の解説　所得消費曲線

→問題はP.45　正答２

1 ×　所得消費曲線が右上がりの場合，２財はともに上級財である。

図１では所得消費曲線M_1は右上がりであるから，消費者AにとってはX財もY財も上級財である。

2 ◎　所得消費曲線が湾曲する側の財は，上級財の中でも奢侈財である。

妥当である。消費者Aの場合，所得が増加する際，所得消費曲線はY財側にカーブする。これはX財の消費量よりもY財の消費量が大きく増加するということであるから，X財が必需財，Y財が奢侈財になる。奢侈財は所得の増加率より需要の増加率が大きいので，財の価格が不変であれば，所得の増加率よりY財への支出額（＝価格×消費量）の増加率が大きくなることになり，所得に占めるY財への支出額の割合は上昇する。

補足：仮に当初の最適消費点がA_2点であるとし，所得が２倍になったとする。原点からA_2点を通る補助線を引けば，所得増加後の予算制約線とA_0点で交差する。もし，X財とY財の消費量がA_0点であれば，２財の消費量がちょうど２倍になるはずであるが，実際の消費はA_1点であり，X財の消費は２倍を下回り，Y財の消費は２倍を上回っている。ここから，所得消費曲線がY財側にカーブしていれば，所得の増加率に比べて，X財はそれを下回る増加率に，Y財はそれを上回る増加率になっていることがわかる。

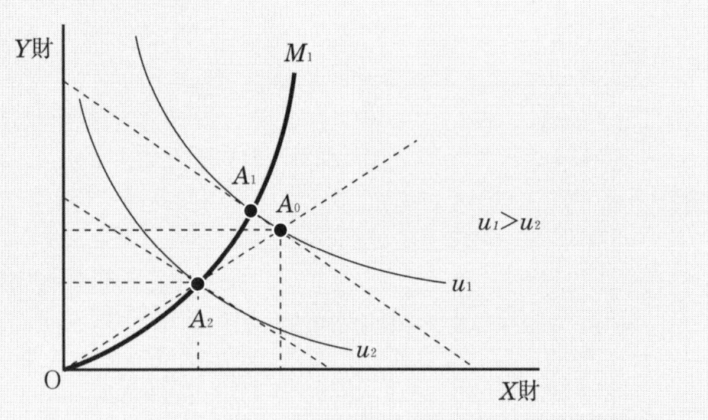

3 ×　無差別曲線は，右上方に位置するものほど効用の水準が高い。

消費者Ａについても Ｂについても，所得の増加（予算制約線の右上方へのシフト）に伴い，無差別曲線は右上方へ移動しているので，効用は上昇する。

4 ×　消費者ＢのＬ字型の無差別曲線は，２財が完全補完関係にあることを表す。

この場合，所得が増加してもX財とY財を同じ比率で増加させるので，２財の消費量の比率は変わらない（所得消費曲線M_2が原点を通る右上がりの直線であるから，X財とY財の消費量は比例する)。この場合，所得の増加率と２財の消費量の増加率は等しくなり，２財の価格が不変であれば，所得に占める両財への支出額の割合も変化しない。

5 × **所得消費曲線が右上がりの場合，2財はともに上級財である。**

所得消費曲線M_2は右上がりなので，消費者BにとってX財もY財も上級財である。

No.5 の解説 所得消費曲線

→問題はP.46 **正答 1**

STEP❶ 最適消費量の計算

所得消費曲線は，問題文にあるように「最適な消費量の組合せ（x，y）の軌跡」である（たとえば，**重要ポイント2**の図を参照）から，まずは最適消費量を求める。

所得をIとおけば，予算制約式は，

$$I=px+qy$$

になる。効用関数はコブ=ダグラス型であり，この型の効用関数の指数は各財への支出の分配率を表すことから，

$$\alpha I=px \quad \cdots\cdots①$$

$$(1-\alpha)I=qy \quad \cdots\cdots②$$

が成立する。これらを$x=\cdots$，$y=\cdots$の形に整理すれば，2財の最適な消費量を得る。

STEP❷ 所得消費曲線の導出

所得消費曲線はX財とY財の数量を軸に取った平面上のグラフであるから，yをxの関数として表すことを考える。ここで，①式および②式を，おのおの，

$$I=\frac{px}{\alpha} \quad \cdots\cdots①'$$

$$I=\frac{qy}{1-\alpha} \quad \cdots\cdots②'$$

として，①′式と②′式を連立すれば，

$$\frac{px}{\alpha}=\frac{qy}{1-\alpha} \quad \Leftrightarrow \quad y=\frac{(1-\alpha)p}{\alpha q}x$$

と，所得消費曲線を得る。

よって，正答は**1**である。

代替効果と所得効果

必修問題

下の図は2つの財X，Yの購入に所得すべてを充てている個人の予算制約線（AB，AC）と無差別曲線（U_1，U_2）を表したものである。この図の説明文の空欄ア～エに当てはまる語句の組合せとして妥当なものはどれか。ただし，図中の直線ACとDFは平行であるものとする。

【地方上級・平成25年度】

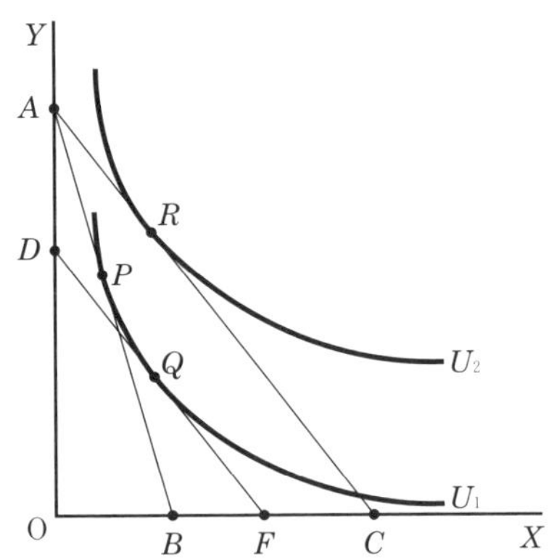

Pから［ア］への移動は［イ］効果であり，［ウ］からRへの移動は［エ］効果である。

	ア	イ	ウ	エ
1	R	所得	A	代替
2	Q	代替	Q	所得
3	Q	代替	A	所得
4	Q	所得	Q	代替
5	R	代替	A	所得

難易度 ＊

必修問題の解説

本問は，価格変化による全部効果である***P***から***R***への移動を，***P***から***Q***への移動と，***Q***から***R***への移動に分解し，これを代替効果と所得効果との用語で説明するものである。

問題文は，「***P***から［ア］への移動…，［ウ］から***R***への移動」という構文であるので，***X***財価格の低下の影響を問うていることがわかる。なぜなら，最適消費点が***P***から最終的に***R***へと移動するのは，予算制約線が***AB***から***AC***へとシフトするときであるが，このシフトは***X***財価格の低下を表しているからである。また，消費者は無差別曲線上の点で消費することを考慮すれば，アとウにはともに***Q***が当てはまる（この点を見抜くことができれば，正答は選択肢**2**か**4**の二択になる）。

STEP❶　代替効果と所得効果の意味を確認する

ある財の価格低下の最適消費に与える影響は，次の２つである。

・代替効果：価格が変化しない他の財と比較して割安になる

・所得効果：価格低下によって予算に余裕ができる

STEP❷　代替効果と所得効果の意味を図で表現する

予算制約線$M=p_xx+p_yy$を$y=\frac{M}{p_y}-\frac{p_x}{p_y}x$と変形して考える。

（M：所得，x，y：２財の消費量，p_x，p_y：２財の価格）

・代替効果の与える割安感は，相対価格$\frac{p_x}{p_y}$の低下，つまり傾きが緩やかになることで表される。問題の図では，直線*AB*から直線*DF*へのシフトによって生じる。

・所得効果によって予算（所得）に余裕ができることは縦軸切片$\frac{M}{p_y}$が大きくなることで表される。つまり，問題の図の直線*DF*から直線*AC*へのシフトで生じる。

STEP❸　代替効果と所得効果を特定する

代替効果によって予算制約線が直線*AB*から直線*DF*にシフトすると，最適消費点は*P*から*Q*に移動する（**ア**には*Q*が，**イ**には代替が入る）。そして，所得効果によって予算制約線が直線*DF*から直線*AC*にシフトすると，最適消費点は*Q*から*R*に移動する（**ウ**には*Q*が，**エ**には所得が入る）。

正答 2

FOCUS

代替効果と所得効果の問題は，慣れるまでは難しく感じる。なじみにくい場合は，まずはグラフの見方を覚えよう。それから，フローチャートや表にまとめる作業を繰り返して，解法パターンを身につけると，理解は後から追いつくことが多い。

POINT

重要ポイント 1 価格消費曲線

2財モデルの図においてX財価格が低下すると，**横軸切片が右に移動するように予算制約線はシフトする。**このとき，価格変化に伴う最適消費点E点からE'点への変化の軌跡を**価格消費曲線**という。

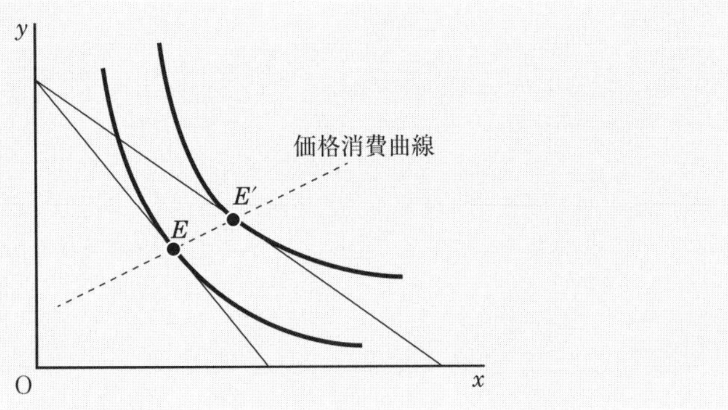

価格消費曲線上の最適消費点の移動は，価格変化の全部効果である。**全部効果は，代替効果と所得効果に分離できる。**

①**代替効果は相対価格の変化による影響である。**

たとえば，X財価格の低下（とY財価格に変化のない状況）は，X財価格を割安に，Y財価格を割高にする。これをX財のY財に対する相対価格の下落，Y財のX財に対する相対価格の上昇という。この相対価格の変化による影響が**代替効果**である。

②**所得効果は実質所得の変化が与える影響である。**

たとえば，X財価格の低下によって生じる予算の剰余はX財だけでなくY財にも充てられる。一般に，ある財の価格低下による物価低下が所得の購買力を高めて２財の消費に回せるようになることを，実質所得の増加という。この実質所得の変化による影響が**所得効果**である。

具体例：ある消費者は紅茶もコーヒーも同様に好きなので双方を消費しているが，ある日，紅茶のみ価格が半額になっていた。もちろん，紅茶はこれまでの２倍消費できるようになるが，この消費者は，(*a*) 価格が低下していない割高感のあるコーヒーをやめて安い紅茶に乗り換えれば，さらにより多くの紅茶を楽しむことができると考えた。一方で，(*b*) 紅茶の消費をあえて1.5倍の増加にとどめれば差額が生じるので，その浮いた差額をコーヒーに回すと，値下がった紅茶だけでなく値下がっていないコーヒーまでより多く消費できるとも考えた。この消費者の (*a*) の考え方が代替効果を，(*b*) の考え方が所得効果を表しているのである。

重要ポイント2 所得効果と代替効果の図示

「変化後の予算制約線と平行」であり，かつ「変化前の無差別曲線に接する」ような補助線を引く。すると，変化前後の最適消費点（EからE'）に加え，補助線上の消費点（e）が打てる。

この結果，EからE'への全部効果を，**傾きの変化に対応したEからeへの代替効果と平行シフトに対応したeからE'への所得効果**に分解できる。

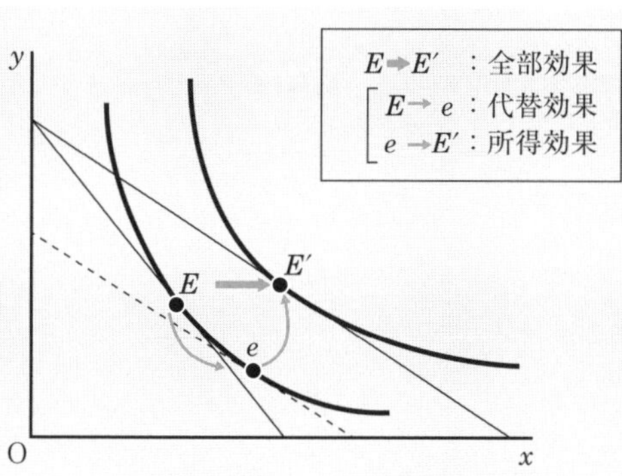

重要ポイント3 財の性質による代替効果と所得効果の判断（2財モデル）

理論上，代替効果は相対価格で，所得効果は実質所得で，これらに財の性質を考慮することで影響を分析できる。この場合，フローチャートの利用が有益である。

上級財：（実質）所得の増減と財の需要の増減が同方向に変化する財。

（例①）X財価格の低下のケース

p_x↓
- 代替効果
  - X財の相対価格 $\frac{p_x}{p_y}$↓ → （割安な）X財の需要↑
  - Y財の相対価格 $\frac{p_y}{p_x}$↑ → （割高な）Y財の需要↓
- 所得効果 → 物価低下で実質所得 $\frac{M}{p}$↑
  - → 上級財の需要↑
  - → 下級財の需要↓

相対価格は自己価格と他の財価格の比であり，ある財が他財の何倍高いかという割高感を表している。

実質所得は名目所得Mを物価水準pで割ることで所得の購買力を表している。また，財の性質について，次のことを確認する（**テーマ２重要ポイント１**）。

上級財：（実質）所得の増減と財の需要の増減が同方向に変化する財。

下級財：（実質）所得の増減と財の需要の増減が逆方向に変化する財。

以上より，全部効果による需要量の変化は次のようになる。

(p_x↓)	代替効果	所得効果		全部効果
X財	増加	(上級財)	増加	増加
		(下級財)	減少	増加
		(ギッフェン財※)	減少	減少
Y財	減少	(上級財)	増加	不確定
		(下級財)	減少	減少

※ギッフェン財は自己価格の変化についてのみ定義されるので，**Y**財については定義されない。
また，**X**財の欄での下級財はギッフェン財を除くものとする。

(例②) Y財価格の上昇のケース

p_y↑
- 代替効果
  - X財の相対価格 $\frac{p_x}{p_y}$↓ ⟶ (割安な) X財の需要↑
  - Y財の相対価格 $\frac{p_y}{p_x}$↑ ⟶ (割高な) Y財の需要↓
- 所得効果 ⟶ 物価上昇で実質所得 $\frac{M}{p}$↓
  - ⟶ 上級財の需要↓
  - ⟶ 下級財の需要↑

(p_y↑)	代替効果	所得効果		全部効果
X財	増加	(上級財)	減少	不確定
		(下級財)	増加	増加
Y財	減少	(上級財)	減少	減少
		(下級財)	増加	減少
		(ギッフェン財※)	増加	増加

※ギッフェン財は自己価格の変化についてのみ定義されるので，**X**財については定義されない。
また，**Y**財の欄での下級財はギッフェン財を除くものとする。

重要ポイント4 財の性質による代替効果と所得効果の判断（3財以上）

（例）X財価格の低下のケース

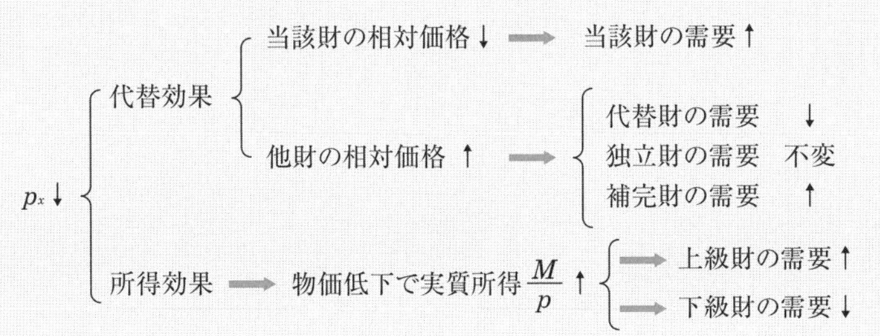

重要ポイント5 需要曲線

①個別需要曲線

X財の価格がP_x低下すると，最適消費点のE_0からE_1への移動に伴ってX財の最適消費量がx_0からx_1へと増加する。これを最適消費量x_0およびx_1を需要量D_0およびD_1と読み替えたうえで，**財の需要量を横軸に，財の価格を縦軸**にとることで書き直したものが**需要曲線**である。

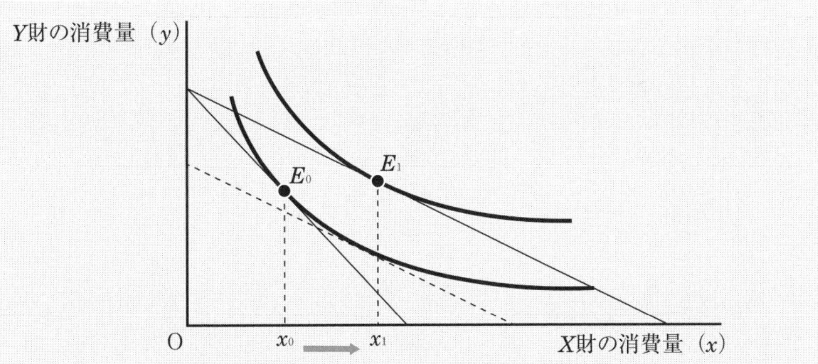

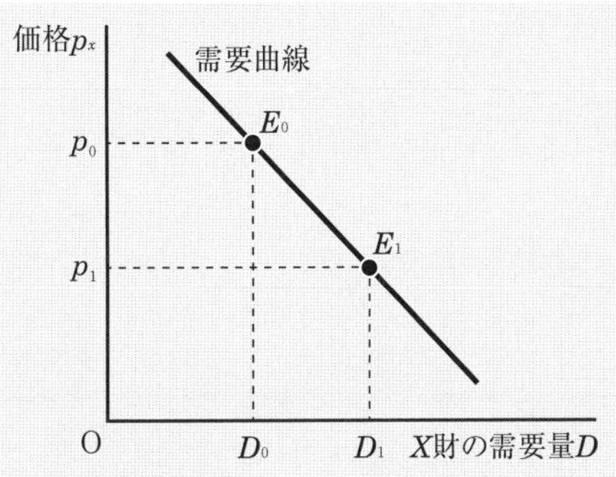

②市場需要曲線

ある価格の下での個々の消費者の需要量の総和をとれば，その財に対する市場全体の需要曲線が導ける。これは個別需要曲線を水平方向に足すことで得られる。

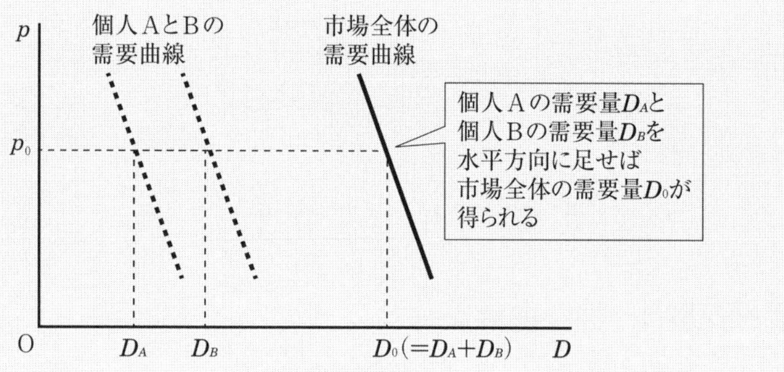

③補償需要曲線

需要曲線を代替効果のみから導いたものが補償需要曲線（ヒックス需要曲線）である。これは，**全部効果から導いた需要曲線（マーシャル需要曲線）**から，所得効果の影響を除いたものである。たとえば，上級財の場合，価格低下時に，代替効果で需要が増加し所得効果でも需要が増加するので，後者の影響を除けば需要の増加幅は小さくなる。したがって，次のことが言える。

- **上級財の補償需要曲線D_H：通常の需要曲線D_Mより傾きがより急なものになる。**
- **下級財の補償需要曲線D_H：通常の需要曲線D_Mより傾きがより緩やかなものになる。**

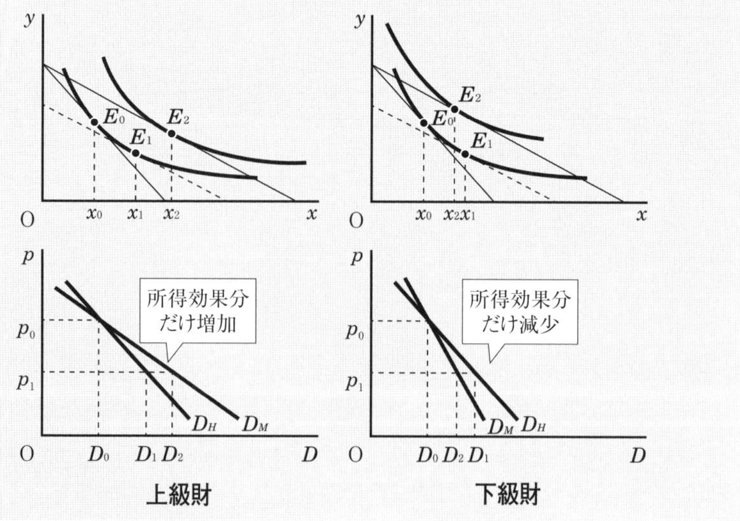

重要ポイント 6 ギッフェン財の条件

テーマ2重要ポイント5で取り上げた**ギッフェン財は需要曲線が右上がりになる**が，これは価格低下時の全部効果がマイナスであるときに起きる。

X財およびY財の２財モデルの図（左図）においてX財がギッフェン財であり，その価格p_xの低下によって予算制約線がABからAB'にシフトしたとする。この場合の全部効果（$E_0 \to E_2$）は補助線CC'によって代替効果（$E_0 \to E_1$）と所得効果（$E_1 \to E_2$）に分離される。ここで，X財の数量に着目すれば，代替効果（$x_0 \to x_1$）はX財の相対価格が低下するためにプラスである。

したがって，**全部効果（$x_0 \to x_2$）がマイナスになるには，所得効果（$x_1 \to x_2$）がマイナスであり，かつ代替効果のプラスを打ち消すほど大きいことが条件となる。**このとき，価格低下で需要量は減少するから，需要曲線が右上がりになる。右図は**重要ポイント５**同様に，左図から需要曲線を導出したものである。なお，X財価格の低下は実質所得を増加させるから，所得効果がマイナスとなるX財は下級財である。つまり，**ギッフェン財は下級財の特殊ケース**といえる。

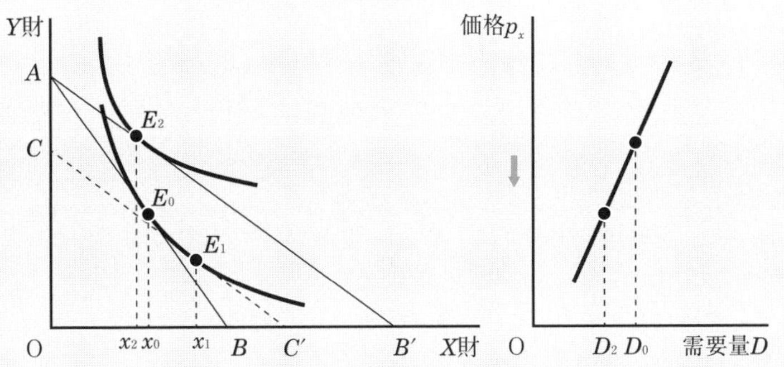

ギッフェン財

・需要曲線が右上がりである。

・下級財のうち，価格変化時の所得効果の大きさが代替効果の大きさを上回る。

実戦問題1　基本レベル

💎 **No.1** ＊＊ **次の図は，X財とY財との無差別曲線をU_0およびU_1，予算線PT上の最適消費点をE_0，予算線PQ上の最適消費点をE_2，予算線PQ上と平行に描かれている予算線RS上の最適消費点をE_1で示したものである。今，X財価格の低下により，予算線PTが予算線PQに変化し，最適消費点がE_0からE_2へと移動した場合のX財の需要変化および説明に関する記述として，妥当なのはどれか。**

【地方上級（特別区）・令和３年度】

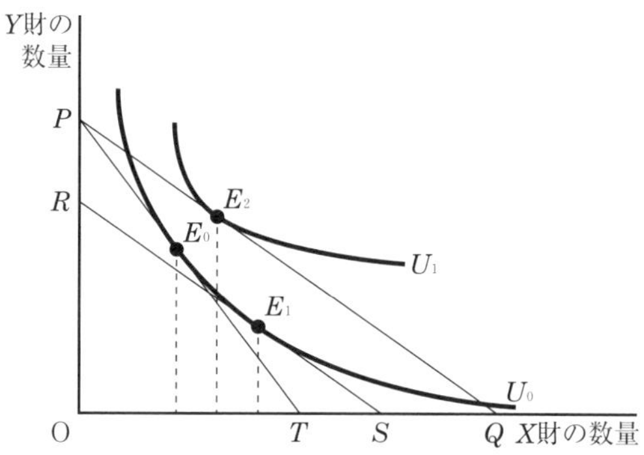

1　E_0からE_1への移動は代替効果，E_1からE_2への移動は所得効果といい，X財への全体効果はプラスであり，X財は上級財である。

2　E_0からE_1への移動は所得効果，E_1からE_2への移動は代替効果といい，X財への全体効果はマイナスであり，X財は上級財である。

3　E_0からE_1への移動は代替効果，E_1からE_2への移動は所得効果といい，X財への全体効果はプラスであり，X財は下級財である。

4　E_0からE_1への移動は所得効果，E_1からE_2への移動は代替効果といい，X財への全体効果はマイナスであり，X財は下級財である。

5　E_0からE_1への移動は代替効果，E_1からE_2への移動は所得効果といい，X財への全体効果はマイナスであり，X財はギッフェン財である。

💎 **No.2** ＊＊ **ある合理的な消費者は，所得をすべて２財X，Yに支出するものとする。今，X財が下級財，Y財が上級財である場合，X財の価格が下落し，Y財の価格および所得が不変であるとすると，この消費者の２財の需要量の変化に関する次の記述のうち，妥当なのはどれか。**

【国家一般職・平成５年度】

1　X財の需要量は，代替効果により減少し，所得効果により増加する。

2　X財の需要量は，代替効果により増加し，所得効果によっても増加する。

3　Y財の需要量は，代替効果により減少し，所得効果によっても減少する。

4　Y財の需要量は，代替効果により減少し，所得効果により増加する。

5 Y財の需要量は，代替効果により増加し，所得効果によっても増加する。

＊＊
No.3 **価格変化が需要量に与える影響に関する次のA～Dの記述のうち，妥当なもののみをすべて挙げているのはどれか。** 【国家総合職・平成16年度】

A：下級財であるX財の価格が低下すると，X財の需要量は必ず増加する。

B：ギッフェン財であるX財の価格が低下すると，X財の需要量は必ず増加する。

C：共に上級財であるX財とY財が補完財である場合，X財の価格が低下したときのY財の需要量の増減は不確定である。

D：上級財であるX財と下級財であるY財が代替財である場合，X財の価格が低下すると，Y財の需要量は必ず減少する。

1 A

2 D

3 A，C

4 B，D

5 C，D

＊＊
No.4 **家計Aと家計Bの需要曲線が，それぞれ$x_A=20-p$（ただし，$p>20$では$x_A=0$），$x_B=40-5p$（ただし，$p>8$では$x_B=0$）で示されているとする。ただし，x_AはAの需要量，x_BはBの需要量，pは価格である。**

このとき，この2つの家計の需要量を足し合わせた需要量をXとしたときの需要関数として正しいのはどれか。ただし，$p\geqq 0$とする。 【国家一般職・平成27年度】

1 $X=\begin{cases} 0 & p>10 \\ 60-6p & p\leqq 10 \end{cases}$

2 $X=\begin{cases} 0 & p>20 \\ 20-p & 5\leqq p\leqq 20 \\ 40-5p & p<5 \end{cases}$

3 $X=\begin{cases} 0 & p>10 \\ 30-3p & p\leqq 10 \end{cases}$

4 $X=\begin{cases} 0 & p>20 \\ 20-p & 8\leqq p\leqq 20 \\ 60-6p & p<8 \end{cases}$

5 $X=\begin{cases} 0 & p>20 \\ 60-6p & 8\leqq p\leqq 20 \\ 20-p & p<8 \end{cases}$

実戦問題1の解説

No.1 の解説　代替効果と所得効果　→問題はP.60　正答3

X財価格の低下によって生じる全体効果（全部効果）の代替効果と所得効果への分離に関する問題である。分離に必要な補助線は，価格変化後の予算制約線の傾きを持ち，当初の無差別曲線と1点で接するように引かれる（図中の予算線RS）。

1 ×　実質所得の増加に対して需要が減少するX財は下級財である。

E_0からE_2への全体効果を，補助線としての予算線RSを用いて，E_0からE_1への移動とE_1からE_2への移動に分離して考える。

後者（E_1からE_2）は予算線の平行シフトに対応している。この平行シフトはX財価格の低下がもたらす実質所得の増加を意味しており，E_1からE_2への移動は所得効果を表している。このとき，予算線の平行シフトに伴ってX財の需要は減少している。実質所得の増加に対して需要が減少しているX財は下級財である。なお，上級財と下級財の識別は全体効果の増減（プラスかマイナスか）で判断されるものではない。

前者（E_0からE_1）では同一の無差別曲線上での移動であり，対応する予算線はPTからRSへと傾きの絶対値が低下している。予算線の傾きの絶対値はX財の相対価格（2財価格比）を意味しており，E_0からE_1への移動は代替効果を表している。なお，X財の全体効果がプラスである点は正しい。

2 ×　E_0からE_1への移動は代替効果，E_1からE_2への移動は所得効果である。

1の解説を参照。また，X財への全体効果はプラスである。

3 ◎　実質所得の増加に対して需要が減少するX財は下級財である。

妥当である。**1**の解説を参照。

4 ×　X財への全体効果はプラスである。

1の解説を参照。

5 ×　価格低下時に全体効果で需要が増加するX財はギッフェン財ではない。

ギッフェン財は，価格低下時に需要が減少する（マイナスになる）財である。

No.2 の解説　代替効果と所得効果　→問題はP.60　正答4

フローチャートを用いて，X財が下級財，Y財が上級財である場合の，X財の価格が低下の影響を整理する。

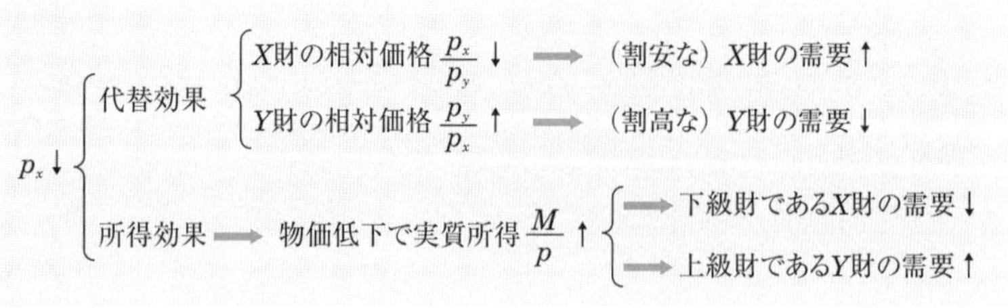

p_x↓
- 代替効果
  - X財の相対価格 $\frac{p_x}{p_y}$ ↓ ⟶ （割安な）X財の需要↑
  - Y財の相対価格 $\frac{p_y}{p_x}$ ↑ ⟶ （割高な）Y財の需要↓
- 所得効果 ⟶ 物価低下で実質所得 $\frac{M}{p}$ ↑
  - ⟶ 下級財であるX財の需要↓
  - ⟶ 上級財であるY財の需要↑

1 × **自己価格が低下した財の代替効果は必ず増加である。**
したがって，X財の需要量は代替効果で増加する。また，所得効果は減少である（**2**の解説参照）。

2 × **下級財は実質所得増加時に所得効果で減少する。**
X財価格低下によって消費者の実質所得は増加する。このとき，下級財であるX財は所得効果によって減少する。代替効果で増加する点は正しい。

3 × **2財モデルでは他財価格低下時の代替効果は必ず減少である。**
X財価格低下によって相対価格が上昇したY財の需要量は，代替効果により減少する。また，実質所得は増加しているので，上級財であるY財の需要量は所得効果によって増加する。

4 ◎ **上級財は実質所得増加時に所得効果で増加する。**
妥当である。**3**の解説参照。

5 × **Y財の需要量は，代替効果で減少し，所得効果で増加する。**
3の解説参照。

No.3 の解説 財の性質

→問題はP.61 **正答2**

2財が代替財か補完財かは代替効果で判別する。これを所得効果を含めた全部効果でみる場合，2財は粗代替財もしくは粗補完財と呼ばれる（**テーマ4重要ポイント4**参照）。

A × **下級財であるX財の価格が低下する際，X財の需要量の変化は不確定となる。**
X財の価格が低下すると，X財の相対価格も低下するために代替効果で需要量は増加する。一方，価格の低下がもたらす実質所得の上昇は下級財であるX財の需要量を減少させる。つまり，全部効果では需要量は2つの効果の大小関係で増加も減少もありうる。なお，所得効果による減少が大きいために，全部効果で減少となる場合がギッフェン財である。

B × **ギッフェン財の価格低下は需要量を減少させる。**
Aの解説参照。

C × **X財価格が低下すると，補完関係にあるY財は代替効果で需要量が増加する。**
X財は上級財であるから，その価格低下によって需要量は増加する（相対価格低下による代替効果で需要量が増加し，物価低下による実質所得上昇による所得効果でも需要量は増加する）。一方，Y財はX財と補完関係にあるために代替効果で需要量が増加する。また，X財価格低下を通じた実質所得増加は，上級財であるY財の需要量を増加させるため，Y財の需要量は全部効果では必ず増加することになる。

D ○ **X財価格が低下すると，代替関係にあるY財は代替効果で需要量が減少する。**
妥当である。X財は上級財であるから，その価格低下によって需要量は増加する（ここまでは**C**と同じ）。一方，Y財はX財と代替関係にあるから代替効果で減少する。また，X財価格低下を通じた実質所得増加は，下級財であるY財の需要を減少させるため，Y財の需要量は全部効果では必ず減少することになる。
　よって，正答は**2**である。

No.4 の解説　個別需要曲線の集計

→問題はP.61　**正答4**

　個人の効用最大化問題から導かれる個別需要曲線とそれを集計した市場需要曲線の区別はおろそかにされがちであるうえ，本問は正確に作図して場合分けしないと正答できない。選択肢を場合分けのヒントとして活用しよう。

STEP❶　個別需要曲線のグラフ化

個別需要曲線のグラフを縦軸に価格をとった$p=20-x_A$，$p=8-0.2x_B$として描く。

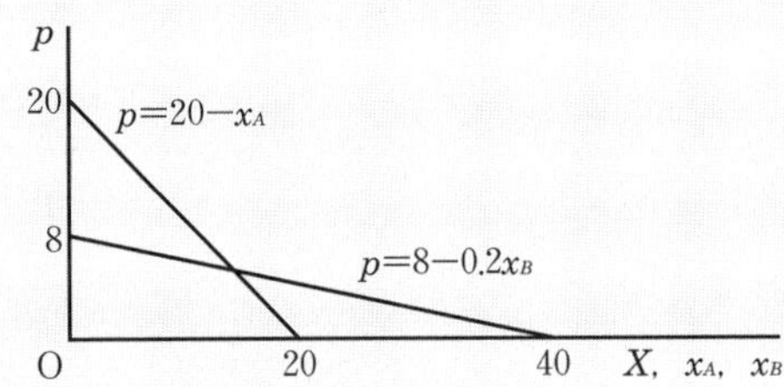

STEP❷　市場需要曲線のグラフ化

個別需要曲線を集計して市場需要曲線を求める。価格は各家計に共通であるから集計できないが，市場の需要量は個別の家計の需要量の和であり，$X=x_A+x_B$になる。

ただし，集計された需要曲線が単純に，$X=x_A+x_B=20-p+40-5p=60-6p$にはならない。$8\leqq p<20$の場合，家計Bの需要量は0になるため，場合分けが必要となる（この点は，選択肢がヒントになる）。

・$p>8$の場合，家計Aの需要が市場の需要であるため，$X=x_A+0=20-p$となる。

・$0<p<8$の場合，両家計が財を需要するので，需要曲線は上の$X=60-6p$になる。

　以上のように場合分けされた需要曲線は，次の図の太線で示されており，これを正しく表現しているのは**4**である。

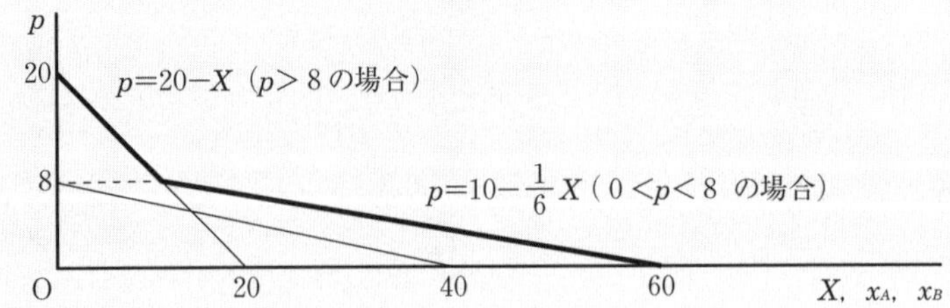

実戦問題❷ 応用レベル

＊＊
No.5 X財とY財の2財について，所得変化および価格変化が需要量に与える効果に関する次の記述のうち，妥当なものはどれか。 【国家一般職・平成17年度】

1 X財が下級財の場合には，その財の需要の所得弾力性は1より小さくなり，X財とY財の間に描くことができる所得消費曲線は右上がりとなる。

2 X財，Y財ともに上級財であり，両財が代替財の関係にある場合，X財の価格が低下するとY財は代替効果によっても所得効果によっても需要量が減少するので，Y財の全部効果はマイナスとなる。

3 X財が下級財の場合，その財の価格が低下すると，代替効果により需要量が減少するが，所得効果によって需要量が増加するので，X財の全部効果は2つの効果の大きさに応じてプラスの場合もマイナスの場合もある。

4 X財とY財が連関財の関係にある場合，X財の価格が変化するときY財の交差弾力性がプラスの値をとるとすれば，両財は粗代替財の関係にあるといえる。

5 X財がギッフェン財であるとき，その財の価格が低下すると，代替効果による需要量の減少が所得効果による需要量の増加を上回るので，X財の全部効果はマイナスになる。

＊＊＊
No.6 所得のすべてをX財，Y財とZ財の3財に支出する合理的な消費者がいるとする。今，X財の価格が上昇したとき，この消費者のY財に対する需要の変化に関する次の記述のうち，妥当なものはどれか。 【国家総合職・平成4年度】

1 Y財がX財の代替財で，かつ上級財であるとき，必ず需要は増加する。

2 Y財がX財の代替財で，かつ下級財であるとき，需要は減少も増加もありうる。

3 Y財がX財の独立財で，かつ必需品であるとき，必ず需要は増加する。

4 Y財がX財の補完財で，かつ奢侈品であるとき，必ず需要は減少する。

5 Y財がX財の補完財で，かつ下級財であるとき，必ず需要は減少する。

No.7 ＊＊ 図A，B，Cは，上級財（正常財），下級財，ギッフェン財についてのマーシャルの需要曲線（DD）と，補償された需要曲線（$D'D'$）を示したものである。図に該当する財を正しく示したものの組合せは次のうちどれか。

【地方上級・平成元年度】

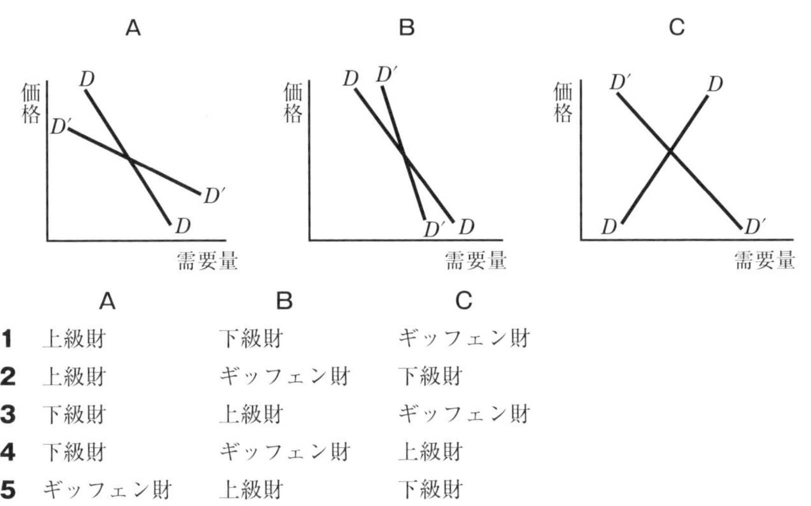

	A	B	C
1	上級財	下級財	ギッフェン財
2	上級財	ギッフェン財	下級財
3	下級財	上級財	ギッフェン財
4	下級財	ギッフェン財	上級財
5	ギッフェン財	上級財	下級財

実戦問題2の解説

No.5の解説 財の性質

→問題はP.65 正答4

1 × 下級財の場合，需要の所得弾力性は負の値となる。

また，X，Yの2財モデルにおいて一方の財が下級財の場合，所得消費曲線は右下がりとなる。

2 × X財価格が低下するとき，Y財の全部効果は不確定である。

X財価格が低下するとき，Y財については代替効果によって需要量は減少し（Y財はX財の代替財），物価低下による実質所得の上昇のもたらす所得効果によって需要量は増加する（Y財は上級財）。したがって，Y財の全部効果は代替効果と所得効果の大小によって増加も減少もありうる。

なお，X財については相対価格の低下のもたらす代替効果によって需要量は増加し，物価低下による実質所得の上昇のもたらす所得効果によって需要量は増加する（X財は上級財）ため，全部効果はプラスである。

3 × 下級財Xの価格が低下すると，代替効果は増加，所得効果は減少する。

X財価格が低下すると，相対価格低下のもたらす代替効果によってX財の需要量は増加し，物価低下による実質所得の上昇のもたらす所得効果によってX財の消費量は減少する（X財は下級財である）。なお，X財の全部効果が2つの効果の大きさに応じてプラスの場合もマイナスの場合もある点は正しいが，マイナスの場合がギッフェン財である。

4 ◎ 需要の交差弾力性は値が正なら2財は粗代替，負なら粗補完の関係である。

妥当である。

5 × ギッフェン財は自己価格低下時に代替効果より所得効果が大きくなる。

X財がギッフェン財であるとき，X財価格の低下は，相対価格の低下のもたらす代替効果によって消費量は増加し，物価低下による実質所得上昇のもたらす所得効果によって消費量は減少する（ギッフェン財は下級財の一種）が，所得効果のほうが代替効果よりも大きいので，全部効果はマイナスとなる。

No.6 の解説　代替財と所得効果（3財のケース）　→問題はP.65　正答4

まず，X財の相対価格の上昇は，代替効果によりX財の需要を減少させることと，物価上昇に伴って実質所得を低下させることの2点を確認しておく。

1 × **Y財がX財の代替財かつ上級財の場合，Y財の需要変化は不確定である。**
需要の減少したX財の代替財であるY財は代替効果で需要が増加する。
所得効果では，上級財であるY財は実質所得の低下によって需要が減少する。したがって，Y財の需要は全部効果で増加も減少もありうる。

2 × **Y財がX財の代替財かつ下級財の場合，Y財の需要は増加する。**
需要の減少したX財の代替財であるY財は代替効果で需要が増加する。所得効果では，下級財であるY財は実質所得の低下によって需要が増加する。したがって，Y財の需要は全部効果で必ず増加する。

3 × **Y財がX財の独立財かつ上級財（必需品）の場合，Y財の需要は減少する。**
X財の独立財であるY財は，X財価格上昇の代替効果で需要は変化しない。所得効果では，必需品，すなわち上級財でもあるY財は実質所得の低下によって需要が減少する。したがって，Y財の需要は全部効果で必ず減少する。

4 ◎ **Y財がX財の補完財かつ上級財（奢侈品）の場合，Y財の需要は減少する。**
妥当である。需要の減少したX財の補完財であるY財は代替効果で需要が減少する。所得効果では，奢侈品，すなわち上級財でもあるY財は実質所得の低下によって需要が減少する。したがって，Y財の需要は全部効果で必ず減少する。

5 × **Y財がX財の補完財かつ下級財の場合，Y財の需要変化は不確定である。**
需要の減少したX財の補完財であるY財は代替効果で需要が減少する。所得効果では，下級財であるY財は実質所得の低下によって需要が増加する。したがって，Y財の需要は全部効果で増加も減少もありうる。

No.7 の解説　通常の需要曲線と補償需要曲線　→問題はP.66　正答3

マーシャル需要曲線（通常の需要曲線）が価格変化の全部効果で表した需要曲線であるのに対して，ヒックス需要曲線（補償需要曲線）は価格変化の代替効果のみで表した需要曲線である。つまり，ヒックス需要曲線（補償需要曲線）は価格変化の所得効果を含んでいない。たとえば，価格が低下して実質所得が増加した際に，上級財の所得効果は増加，下級財なら減少するが，その効果を考慮しないのがヒックス需要曲線である。

STEP❶　上級財の判別

上級財の場合，価格低下時に需要は代替効果で増加し，所得効果でも増加するので，後者の影響を除けば需要の増加幅は小さくなり，上級財の補償需要曲線はマーシャルの需要曲線より傾きがより急になる。つまり，Bが上級財である

STEP❷　下級財の判別

下級財の場合，価格低下時に需要は代替効果で増加し，所得効果で減少するので，後者の影響を除けば需要の増加幅は大きくなり，下級財の補償需要曲線はマーシャルの需要曲線より傾きがより緩やかになる。つまり，Aが下級財である。

STEP❸　ギッフェン財の判別

マーシャル需要曲線（通常の需要曲線）が右上がりのCはギッフェン財である（解答する際は，まずこれを見つけよう）。ギッフェン財は価格低下時に，代替効果で増加，所得効果で減少し，かつ後者の効果が大きいために全部効果で減少するから，代替効果のみで考えるヒックス需要曲線は右下がりとなる。

よって，正答は**3**である。

需要の価格弾力性

必修問題

ある財の需要曲線と供給曲線が，それぞれ以下のように与えられている。

$D = 120 - 3p$

$S = 2p$

ただし，Dは需要量，Sは供給量，pは価格である。このとき，均衡点における需要の価格弾力性（絶対値）はいくらか。

【国家一般職・平成27年度】

1 0.5
2 1
3 1.5
4 2
5 3

難易度 ＊

必修問題の解説

需要の価格弾力性は計算，グラフの読み取り，文章の正誤判別とミクロ経済理論の基本的な出題パターンのほとんどを網羅するうえ，どのパターンの出題も多いため，手を抜けないテーマである。本問はそのうちの計算に関する典型問題である。

STEP❶ 需要の価格弾力性の定義

需要の価格弾力性 e は $e=-\dfrac{\Delta D/D}{\Delta p/p}$ と定義される（Δは変化分を表す）。これは，価格変化時の需要の反応の大きさの指標であり，価格１％の変化時の需要の変化率を表したものである。

STEP❷ 点弾力性に変換

本問のように，変化しない１点の弾力性（点弾力性）を求める場合，

$$e=-\frac{\Delta D/D}{\Delta p/p}=-\frac{\Delta D}{D}\cdot\frac{p}{\Delta p}=-\left(\frac{\Delta D}{\Delta p}\right)\cdot\frac{p}{D}$$

と変形し，点の座標（p，D）の値と，需要曲線上の点の傾き $\dfrac{\Delta D}{\Delta p}$ を需要曲線の微分 $\dfrac{dD}{dp}$ で置き換えて代入する。

ほとんどの計算問題はこの点弾力性の公式を用いる。定義とともに覚えたい。

STEP❸ 具体的な計算

以上の理論的な準備を踏まえ，具体的に計算する。

均衡点では需給が一致して，$D=S$であるから，需要曲線と供給曲線を等しいとおけば，$120-3p=2p$より$p=24$，$D=48$を得る。また，本問の需要曲線は直線であるから傾きは（均衡点も含め）常に-3である。これらを需要の価格弾力性の式に代入すれば，

$$e=-\left(\frac{dD}{dp}\right)\cdot\frac{p}{D}=-(-3)\times\frac{24}{48}=\frac{3}{2}(=1.5)$$

になる。

正答 3

FOCUS

経済理論においては，ミクロ経済学，マクロ経済学を問わず，XのY弾力性という用語が頻出する。これは，XのYの変化に対する反応の大きさを表す指標であり，$\dfrac{X\text{の変化率}}{Y\text{の変化率}}$の形$\left(\dfrac{\Delta X/X}{\Delta Y/Y}\right)$で表される。規則性を覚えておけば知らない弾力性表現が出題されても対応できる。

POINT

重要ポイント 1 需要の価格弾力性の定義

ある財の価格の1％の変化に対して需要が何％変化するかとの指標を**需要の価格弾力性e_D**といい，次のように定義する。

$$e_D = -\frac{\Delta D/D}{\Delta p/p} \quad \left(\begin{matrix}\boldsymbol{D}\text{：需要量，}\boldsymbol{p}\text{：価格，}\\ \Delta\text{：変数の変化分}\end{matrix}\right)$$

右辺にマイナスを付すのは，通常，価格変化と需要変化は正負が逆方向なので，弾力性の値を正値で示すための調整である（このため絶対値をとる定義もある）。

多くの計算問題では，次の**点弾力性の公式**に変形して用いる。

$$e = -\frac{\Delta D}{\Delta p}\cdot\frac{p}{D}$$

pとDには需要曲線上の点の値を，$\frac{\Delta D}{\Delta p}$には需要曲線の微分$\frac{dD}{dp}$を代入する。

重要ポイント 2 需要の価格弾力性のグラフの特徴

(1)直線の需要曲線

・**需要曲線が右下がりの直線$D=a-bp$（a，bは定数）**の場合，**需要の価格弾力性は，需要曲線上で右下に位置する点ほど小さな値をとる。また，中点において1になる。**したがって，需要曲線の中点より左上では1より大きな値，右下では1より小さな値をとる。

・**需要曲線が垂直の場合には常に0，水平の場合には常に無限大の値をとる。**

《参考》

①よく用いられる図

しばしば，需要の価格弾力性は次のような需要曲線として表される。

(i)需要の価格弾力性の値が1より大きい：傾きの緩やかな需要曲線

(ii)需要の価格弾力性の値が1より小さい：傾きの急な需要曲線

需要の価格弾力性が無限大のときに需要曲線が水平となることは(i)の，**需要の価格弾力性がゼロのときには需要曲線が垂直になる**ことは(ii)の，おのおの特殊ケースとして理解することもできる。

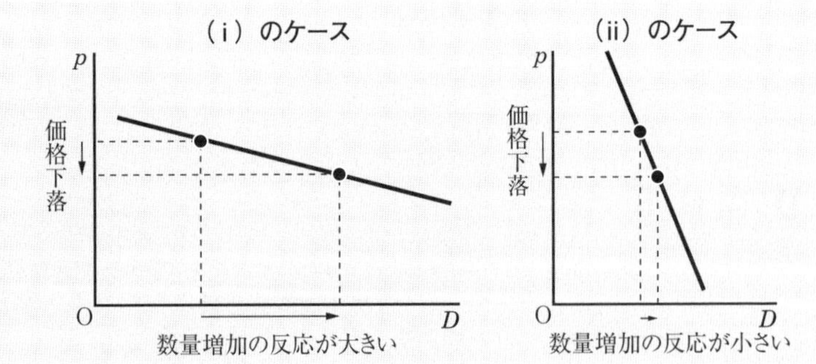

《参考》

上のことは，次のようなグラフのうち，中点の片側のみ（円で囲まれた部分）に注目したケースであると考えればよい。

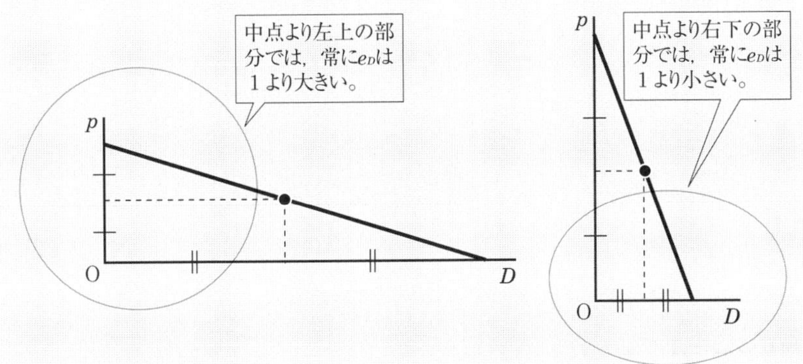

したがって，左図では1より大きな値のうちで，右図では1より小さな値のうちで，需要曲線の左上から右下にかけて弾力性の値は小さくなっていくことになる。

②需要の価格弾力性が右下ほど小さい値をとる理由

図において，価格がE点から$-\Delta p$だけ低下する場合とE'点から$-\Delta p$だけ低下する場合を比較すると，おのおのの需要量の増加である$x_0'-x_0$と$x_1'-x_1$は等しいので，これをΔxとする。

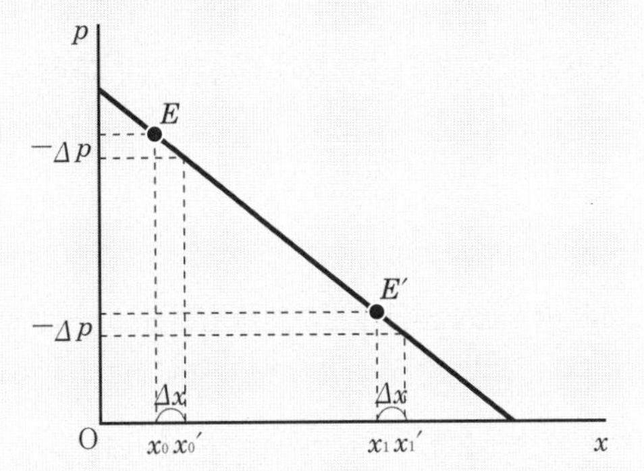

しかし，同額の価格低下であっても，変化率で考えるともとの価格が高い水準にあるE点から$-\Delta p$だけ低下する場合の変化率（低下率）のほうがE'点から$-\Delta p$だけ低下する場合の変化率より小さい（たとえば，100円からの1円の値下がりは1％の低下であるが，10円からの1円の値下がりは10％の低下である）。同様な考え方によって，同じΔxの需要増加であっても，E点からΔxだけ増加する場合の増加率はE'点からΔxだけ増加する場合の増加率よりも大きい（たとえば，10単位からの1単位の増加は10％の上昇であるが，100単位からの1単位の増加は1％の上昇である）。

以上のことから，$-\dfrac{需要の変化率}{価格の変化率}$で求められる需要の価格弾力性は，E点で1より大きく，E'点で1より小さくなっており，徐々に小さくなることがわかる。

③需要の価格弾力性が中点で１になる理由

直線の需要曲線を$D=a-bp$とする。中点は，需要量が$\frac{a}{2}$のとき，価格が$p=\frac{a}{2b}$である（$D=\frac{a}{2}$を需要曲線に代入すれば求まる）。これらの座標と傾き$-b$を，１点の点弾力性の公式に代入して，需要の価格弾力性を計算すれば，次のようになる。

$$e_D=-\frac{dD}{dp}\cdot\frac{p}{D}=-(-b)\cdot\frac{\frac{a}{2b}}{\frac{a}{2}}=b\cdot\frac{\frac{a}{2}\cdot\frac{1}{b}}{\frac{a}{2}}=1$$

(2)反比例の需要曲線

需要曲線が直角双曲線$D=\frac{A}{p}$（Aは定数）の形の場合，以下の特徴を持つ。

①需要の価格弾力性は常に１で一定となる。

《参考》

需要の価格弾力性を点弾力性の公式に，$D=\frac{A}{p}$と$\frac{\Delta D}{\Delta p}=-\frac{A}{p^2}$を代入すれば，$e_D=-\frac{dD}{dp}\cdot\frac{p}{D}=-\left(-\frac{A}{p^2}\right)\cdot\frac{p}{A/p}=\frac{A}{p^2}\cdot\frac{p^2}{A}=1$と計算できる。

なお，$\frac{\Delta D}{\Delta p}$について，$D$の式の$p$による微分で置き換えて計算する場合，指数法則$x^{-n}=\frac{1}{x^n}$を用いて需要曲線を$D=Ap^{-1}$と変形しておくと，次のように微分しやすくなる。

$$\frac{dD}{dp}=-1\times Ap^{-1-1}=-1Ap^{-2}=-\frac{A}{p^2}$$

②当該財への支出は常に一定額となる。

これは，需要曲線を変形すれば$pD=A$となることから直ちに導かれる。

重要ポイント３ 需要の価格弾力性と支出額の関係

たとえば，需要の価格弾力性が１より大きい場合，ある財の価格pが低下しても価格低下率を上回る率で需要Dが増加する。その結果，支出額pDはむしろ増加する。

このような需要の価格弾力性と支出額の関係は図を用いると整理できる。

需要の価格弾力性が１より大きい場合（左図）

当初，価格がp_0，需要量がD_0のとき，需要曲線上の点であるE_0点と原点によって囲まれる□$p_0E_0D_0$Oの面積は支出額を表す。価格がp_1に低下し，需要がD_1に増加した場合の支出額は□$p_1E_1D_1$Oである。両者を比較すると，価格が低下したときに，それによって支出が減少した以上に数量増加によって支出が増加しているので，結局，支出額は当初より増加する。

需要の価格弾力性が1より小さい場合（右図）

当初は価格がp_0，需要量がD_0であるから，支出は□$p_0E_0D_0$Oで表される。価格がp_1に低下し，需要がD_1に増加した場合の支出額は□$p_1E_1D_1$Oであるから，両者を比較すると，価格が低下したときに，数量増加によって支出が増加しても，それ以上に価格低下によって支出が減少するので，結局，支出額は当初より減少する。

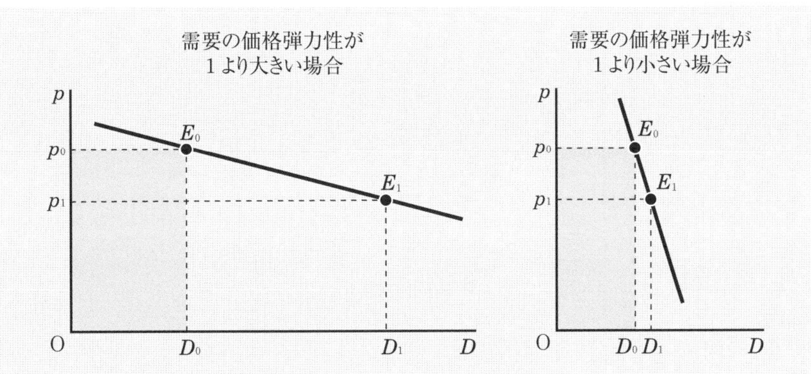

重要ポイント 4 需要の交差弾力性と連関財・独立財

ある財価格（p_x）の変化率と別の財の需要（D_y）の変化率の比が**需要の交差弾力性 e_c** である。これは数式では次のように定義される。

交差弾力性：$e_c=\dfrac{\Delta D_Y/D_Y}{\Delta p_X/p_X}=\dfrac{\Delta D_Y}{\Delta p_X}\cdot\dfrac{p_X}{D_Y}$

価格変化を通じて他財の需要に影響を与える2財を連関財というが，交差弾力性の概念を用いると，これを粗代替財と粗補完財に整理できる。

粗代替財：$e_c>0$
粗補完財：$e_c<0$

粗代替財とは，ある財の価格上昇によって，（需要の減少する当該財の代替として）別の財の需要が増加するケースである。つまり，$\Delta p_X>0$のときに$\Delta D_Y>0$となるから，上の定義に照らして，$e_c>0$がいえる。

粗補完財とは，ある財の価格上昇によって，（需要の減少する当該財とセットで）別の財の需要が減少するケースである。つまり，$\Delta p_X>0$のときに$\Delta D_Y<0$となるから，上の定義に照らして，$e_c<0$がいえる。

$e_c=0$のときは**独立財**であり，2財の関連がない。

なお，ここでの「粗」は価格変化の影響を全部効果で判断することを表しており，代替効果のみで判断する場合には「粗」は付かない。

実戦問題❶　基本レベル

*
No.1　**下の図は，２つの財A，Bの需要曲線D_A，D_Bを重ねて描いたものである。この図における需要の価格弾力性または消費者の総支出額に関する記述として，妥当なのはどれか。ただし，需要曲線D_Aは右下がりの直線，需要曲線D_Bは直角双曲線であるとし，点bは直線D_Aの中点であるとする。**

【地方上級（特別区）・平成24年度】

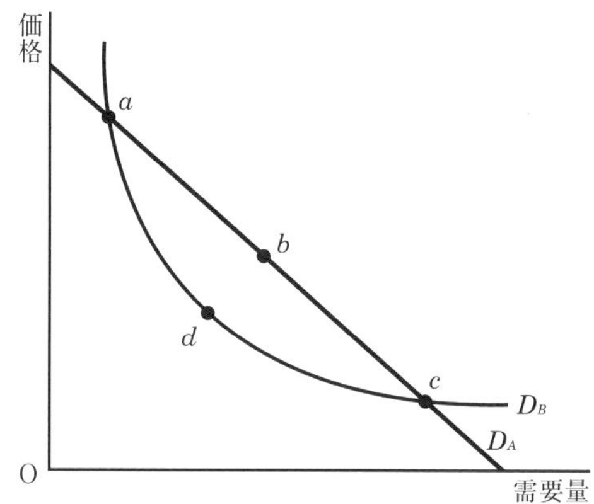

1　点aにおいてA財の価格が上昇すると，A財に対する消費者の総支出額は増加する。

2　点bにおける需要の価格弾力性は0.5である。

3　点cにおいて，A財の需要の価格弾力性は，B財の需要の価格弾力性よりも大きい。

4　B財の需要の価格弾力性は，点cよりも点dにおいて，より大きい。

5　A財の需要の価格弾力性は，点aよりも点bにおいて，より小さい。

**
No.2　**ある市場の需要曲線と供給曲線が次の式で表されている。**

$D=48-p$

$S=0.6p$

〔D：需要量，p：価格，S：供給量〕

この式が表す内容として，妥当なものは次のうちどれか。

【地方上級（全国型）・平成26年度】

1　需要の価格弾力性は，価格が高くなるほど大きくなる。

2　需要の価格弾力性は，常に１である。

3　供給の価格弾力性は，価格が高くなるほど大きくなる。

4　供給の価格弾力性は，常に0.6である。

5　市場均衡点では，需要の価格弾力性と供給の価格弾力性は等しい。

No.3 ＊ ある財の需要量をD，価格をPとすると，その財の需要関数は$D=\frac{25}{P}$で示される。
この場合の需要の価格弾力性はいくらか。

【国税専門官／財務専門官／労働基準監督官・平成30年度】

1 $\frac{1}{2}$

2 $\frac{1}{4}$

3 1

4 4

5 8

No.4 ＊ 図Ⅰ～図Ⅲにおける需要曲線上の点A～Eにおける価格弾力性（絶対値）の大小関係の組合せとして最も妥当なものはどれか。

【労働基準監督官・平成22年度】

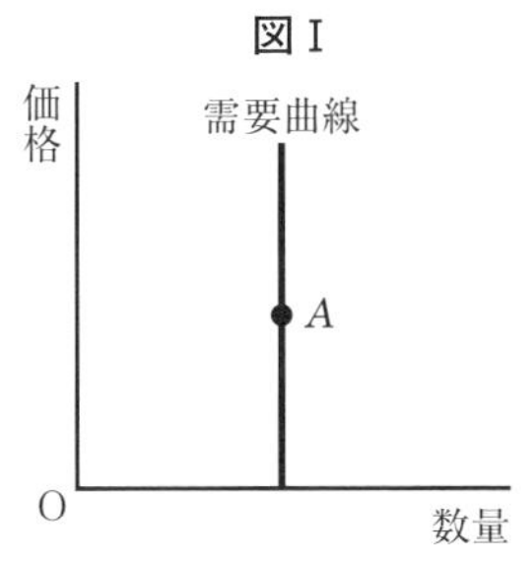

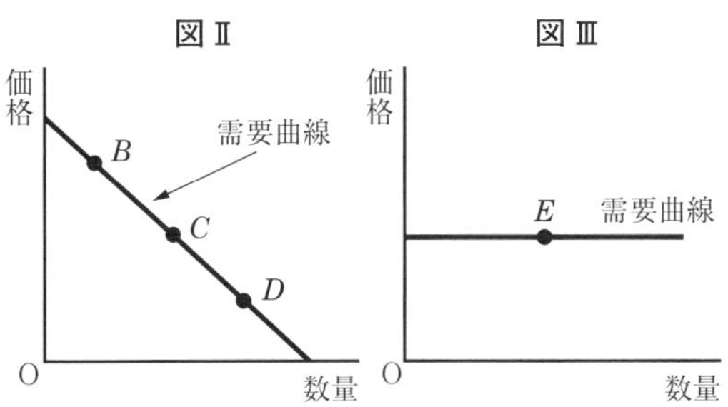

1 $A>B>C>D>E$

2 $A>D>C>B>E$

3 $E>B>C>D>A$

4 $E>B=C=D>A$

5 $E>D>C>B>A$

実戦問題1の解説

No.1 の解説　需要曲線の形状と需要の価格弾力性　→問題はP.76　正答5

需要曲線が直線の場合，傾きは一定であるが需要の価格弾力性は一定ではない。需要曲線が直角双曲線（反比例）の場合，傾きは一定ではないが需要の価格弾力性は一定となる。これを知っているだけでもある程度の判断はできる。

1× 点aはD_Aの中点より左上に位置するので需要の価格弾力性は1より大きい。
つまり，価格が1％上昇する場合に需要量は1％より大きな比率で低下する。したがって，A財に対する総支出（＝価格×需要量）は，価格上昇要因の増加よりも需要減少要因のほうが大きく表れ，結果として減少することになる。

2× 直線の需要曲線D_Aの中点である点bでは需要の価格弾力性は1である。
重要ポイント2①参照。

3× 点cはD_Aの中点より右下に位置するので需要の価格弾力性は1より小さい。
一方，直角双曲線（反比例）の需要曲線D_Bの場合，点cに限らず，常に需要の価格弾力性は1である。つまり，A財の需要の価格弾力性のほうが小さい。

4× 需要曲線が直角双曲線の場合，需要の価格弾力性は常に1である。
B財の需要曲線D_Bは直角双曲線であるから，点cでも点dでも（他の点でも）需要の価格弾力性は常に1である。

5◎ 直線の需要曲線では，右下の点ほど需要の価格弾力性の値は小さくなる。
妥当である。重要ポイント2①参照。

No.2 の解説　需要の価格弾力性の性質

→問題はP.76　正答 1

1 ◎ 直線の需要曲線上では価格が高いほど需要の価格弾力性は大きな値をとる。

妥当である。需要曲線のグラフは縦軸に価格をとる習慣上，需要曲線は$p=48-D$と変形して描かれる。このグラフにおいて，需要曲線は左上ほど需要の価格弾力性の値は大きいので，価格が高くなるほど需要の価格弾力性は大きくなる。

2 × 直線の需要曲線では，中点以外の点では需要の価格弾力性は 1 ではない。

重要ポイント2①参照。

3 × 正比例の供給曲線の場合，常に供給の価格弾力性は 1 になる。

供給の価格弾力性e_S（**テーマ8重要ポイント5**参照）を，価格の変化率と供給の変化率の比として，$e_S=\dfrac{dS/S}{dp/p}$と定義し，需要の価格弾力性同様に$e_S=\dfrac{dS}{dp}\cdot\dfrac{p}{S}$と変形する。ここに，供給曲線$S=0.6p$と傾き$\dfrac{dS}{dp}=0.6$を代入すると$e_S=0.6\times\dfrac{p}{0.6p}=1$となり，価格$p$によらず，供給の価格弾力性が 1 になることがわかる。この結果は，$S=ap$のような正比例の供給曲線の場合には常に成り立つ。

4 × 原点を通る直線で表される供給の価格弾力性は常に 1 である。

供給の価格弾力性は，$e_s=\dfrac{\Delta S}{\Delta p}\cdot\dfrac{p}{S}=\dfrac{p}{S}\cdot\dfrac{\Delta S}{\Delta p}=\dfrac{p}{S}\div\dfrac{\Delta p}{\Delta S}=\dfrac{\frac{p}{S}}{\frac{\Delta p}{\Delta S}}$と変形できる。

$\dfrac{\Delta p}{\Delta S}$は供給曲線上の点の接線の傾きを，$\dfrac{p}{S}$は供給曲線上の点を原点を結んだ直線の傾きを表しているので，原点を通る直線の場合，これらは常に等しくなり，供給の価格弾力性は常に 1 になる。

5 × 需要の価格弾力性は，傾きが一定でも，座標が異なれば値も異なる。

需要の価格弾力性$e=-\left(\dfrac{\Delta D}{\Delta p}\right)\cdot\dfrac{p}{D}$は，微分と実際の価格および数量の値を代入したものであるから，傾き$\dfrac{dD}{dp}$が一定でも，座標によって値は変化する。

均衡点における需給一致条件$D=S$より$48-p=0.6p$なので，$p=30$，$D=18$を得る。また，需要曲線の傾きは-1である。これらを需要の価格弾力性の式に代入すれば，$-\dfrac{dD}{dp}\cdot\dfrac{p}{D}=-(-1)\times\dfrac{30}{18}=\dfrac{5}{3}$になる。

供給の価格弾力性は**3**より$e_s=1$であるから，等しくはならない。

No.3 の解説　需要の価格弾力性の性質

→問題はP.77　正答3

計算問題ではなく，単純な知識問題である。STEP❶の知識は必須である。

STEP❶　反比例の需要曲線に関する性質

需要曲線が反比例の式で表される場合，需要の価格弾力性は常に1となる。

STEP❷（補足）反比例の需要曲線に関する性質の証明

本問で需要の価格弾力性を計算する場合，需要曲線が直線ではないので傾きが一定ではない。このような場合，$\frac{dD}{dp}$はDの式のpによる微分で求めることになる。

需要曲線を$D=\frac{25}{p}=25p^{-1}$とすれば，$\frac{dD}{dp}=-25p^{-2}=-\frac{25}{p^2}$である（**重要ポイント2**⑵①の参照より）。需要の価格弾力性e_Dは点弾力性の公式より$e=-\frac{dD}{dp}\cdot\frac{p}{D}=-\left(-\frac{25}{p^2}\right)\cdot\frac{p}{25/p}=\frac{25}{p^2}\cdot\frac{p^2}{25}=1$となる。

よって，正答は**3**である。

No.4 の解説　需要曲線の形状と需要の価格弾力性

→問題はP.77　正答3

需要曲線の形状と需要の価格弾力性の関係を問う出題である。本問のように，直接に知識を問われる問題も多いが，支出額との関係を問う問題や消費課税の効果を問う問題などにも応用される。ここで取り上げられていない反比例の場合などと合わせて，知識を整理しておきたい。

STEP❶　需要曲線が垂直のケース

図Ⅰでは需要曲線は垂直である。この場合の需要の価格弾力性はゼロである。

STEP❷　需要曲線が右下がりの直線のケース

図Ⅱのように右下がりの直線で表される需要曲線については，縦軸切片から需要曲線上を右下に進むにつれて，需要の価格弾力性は小さくなる。また，中点において1の値をとる。これらは無限大よりは小さく，ゼロよりは大きい（需要の価格弾力性は負にはならない）。したがって，$\infty>B>C>D>0$である。

STEP❸　需要曲線が水平のケース

図Ⅲでは需要曲線は水平である。この場合の需要の価格弾力性は無限大である。

以上のことより，$E>B>C>D>A$がいえる。

よって，正答は**3**である。

実戦問題2　応用レベル

＊＊
No.5 ある財の需要曲線が，

$X=-aP+2.5b$　〔X：需要量，P：価格，a，bは正の定数〕

で与えられたとき，$X=2b$であるときの需要の価格弾力性はいくらか。

【国家一般職・平成7年度】

1 0.2
2 0.25
3 0.5
4 1.0
5 1.2

＊＊
No.6 図において，DDは需要曲線を表し，afはDDとc点で接する直線である。このとき，c点における需要の価格弾力性を表すものとして，正しいのはどれか。

【国税専門官・平成19年度】

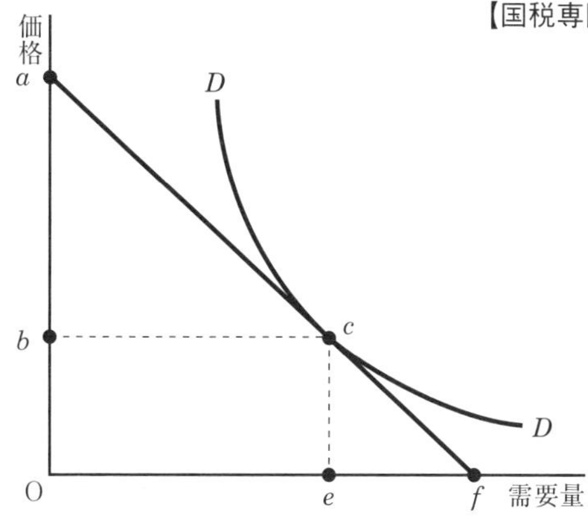

1 $\dfrac{Oe}{Ob}$

2 $\dfrac{Of}{Oa}$

3 $\dfrac{ef}{Oe}$

4 $\dfrac{cf}{af}$

5 $\dfrac{ab}{ef}$

＊＊
No.7 **ある財の需要関数が，**

$x=180-4p$〔x：需要量，p：価格〕

で与えられるとする。ここで，$p=25$とすると，価格が４％上昇した場合に需要量は何％変化するか。 【国家一般職・平成13年度】

1　４％低下
2　４％増加
3　５％低下
4　５％増加
5　６％低下

＊＊
No.8 **ある消費者はすべての所得を*X*財と*Y*財を購入するために支出するものとする。図は，所得が一定という条件の下で*X*財の価格が変化したときの消費者の*X*財と*Y*財の需要量の変化を描いたものである。図中の曲線*DD′*上の点*P*～*T*に関する記述として適切なのはどれか。** 【地方上級（全国型）・平成５年度】

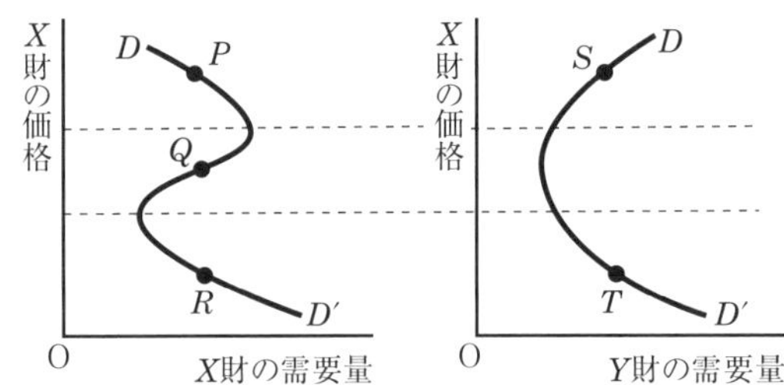

1　*P*点では，*X*財はぜいたく品である。
2　*Q*点では，*X*財はギッフェン財である。
3　*R*点では，*X*財はギッフェン財である。
4　*S*点では，*Y*財は*X*財の粗補完財である。
5　*T*点では，*Y*財は*X*財の粗代替財である。

実戦問題2の解説

No.5 の解説　需要の価格弾力性の計算

→問題はP.81　正答2

点弾力性の公式$e_D=-\frac{dX}{dp}\cdot\frac{p}{X}$に機械的に代入すれば解ける。問題文中の需要関数は記号を含んでいるが，選択肢は数値解であるから，先に記号を消去しようと考えるかもしれない。しかし，記号が残っていてもそのまま代入すれば，最後の段階できれいに数値が得られる。まずは基本に忠実に解答することを心掛けよう。

STEP❶　需要関数の変形

需要関数$X=-aP+2.5b$に$X=2b$を代入すれば，$2b=-aP+2.5b$より，

$P=\frac{0.5b}{a}$となる。また，この需要関数の傾きは$\frac{dX}{dp}=-a$である。

STEP❷　点弾力性の公式への代入

$X=2b$，$P=\frac{0.5b}{a}$および$\frac{dX}{dp}=-a$を点弾力性の公式に代入すれば，需要の価格弾力性e_Dを，

$$e_D=-\frac{dX}{dp}\cdot\frac{p}{X}=-(-a)\times\frac{\left(\frac{0.5b}{a}\right)}{2b}=a\times\frac{0.5b}{a}\div 2b=a\times\frac{0.5b}{a}\times\frac{1}{2b}=0.25$$

と計算できる。

よって，正答は**2**である。

No.6 の解説　需要の価格弾力性の図形的意味

→問題はP.81　正答3

需要の価格弾力性の点弾力性の公式$e_D=-\frac{dD}{dp}\cdot\frac{p}{D}$は，$\frac{dD}{dp}$を傾きで，価格$p$と需要量$D$を点の座標で求める。本問では$c$点に対応した傾きと座標を考えればよい。

STEP❶　座標の表示

まず，座標を求める。c点では価格はb，需要量はeであるから，これらを原点からの距離としてOb，Oeとできる。次に，傾きは需要量Dの変化分に対する価格pの変化分の比率$\frac{\Delta D}{\Delta p}$であるから，たとえば，$c$点から$f$点への変化に際して，価格の変化が$ce=bO$であり，需要量の変化は$ef$であれば，

$\frac{\Delta D}{\Delta p}=\frac{ef}{bO}=-\frac{ef}{Ob}$と表せる（2つ目の等号は，価格に関して向きを入れ替えて，$bO=-Ob$としている）。

STEP❷　点弾力性の公式への代入・整理

以上を点弾力性の公式に代入して，次のように需要の価格弾力性を計算する。

第1章 消費者理論

$$e_D=-\left(-\frac{ef}{Ob}\right)\cdot\frac{Ob}{Oe}=\frac{ef}{Oe}$$

よって，正答は**3**である。

No.7 の解説　需要の価格弾力性の計算　→問題はP.82　正答3

問題に従って，価格が４％上昇する前後の需要量を求め，その変化率を計算してもよい。しかし，価格の変化率が与えられており，需要の変化率が問われているのであるから，両者の比である需要の価格弾力性に関する問題でもある。

STEP❶　代入で解く

価格が$p=25$から４％上昇すると，$p=25\times(1+0.04)=26$になる。この場合，需要関数$x=180-4p$より，需要量は，価格が$p=25$のときの$x=80$から，価格が$p=26$のときの$x=76$になる。したがって，需要量の変化率（％）を$\frac{76-80}{80}\times100=\frac{-4}{80}\times100=-5$（５％の低下）と計算できる。

STEP❷　点弾力性の公式を用いて解く（別解）

点需要の価格弾力性の公式に，$p=25$に対応した$x=180-4\times25=80$と需要曲線$x=180-4p$の傾き$\frac{dx}{dp}=-4$を代入すれば，需要の価格弾力性e_Dの値を，

$$e_D=-\frac{dx}{dp}\cdot\frac{p}{x}=-(-4)\times\frac{25}{80}=-\frac{-5}{4}=\frac{5}{4}$$

とできる。需要の価格弾力性の本来の定義である$e_D=-\frac{\Delta D/D}{\Delta p/p}$と見比べると，価格の４％の上昇に対して，需要量は$-5$%の変化（５％の低下）になることがわかる。

よって，正答は**3**である。

No.8 の解説　需要曲線と需要の交差弾力性

→問題はP.82　正答2

ギッフェン財の需要曲線が右上がりであることを知っていれば，正答すること自体は容易であるが，むしろ他の選択肢がなぜ誤っているかを確認してほしい。語句問題で財の性質を判断する出題例は多いが，本問のようにグラフの形状から財の性質を判断する出題例は相対的に少ないので，本問のグラフを通じて視覚的に理解を深めておこう。

STEP❶　左側のグラフ

左側のグラフは，通常のX財の需要曲線である。需要曲線は，ギッフェン財でない限り，上級財でも下級財でも右下がりである。

1 ×　*P*点では，*X*財がぜいたく品であるかどうかの判断ができない。

*P*点では，需要曲線は右下がりである。したがって，ここで*X*財はぜいたく品の可能性はある。しかし，上級財でもギッフェン財でない下級財でも需要曲線は右下がりであるから，*X*財はぜいたく品でない上級財，つまり必需財の可能性もあり，ギッフェン財でない下級財の可能性もある。つまり，*P*点で*X*財がぜいたく品であることは保証されない。ぜいたく品と必需品の分類は，需要の所得弾力性でなされるから，所得の変化がわからない本問では判断できない。

2 ◎　*Q*点では，需要曲線が右上がりなので，*X*財はギッフェン財である。

妥当である。

3 ×　*R*点では，*X*財の需要曲線が右下がりなのでギッフェン財ではない。

STEP❷　右側のグラフ

右側のグラフは，縦軸に*X*財の価格，横軸に「*Y*財」の需要量をとっていることから，需要の交差弾力性を用いて連関財の性質が判断できる。

4 ×　*S*点では，*Y*財は*X*財の粗代替財である。

*S*点では，グラフが右上がりになっているので，*X*財の価格が上昇すると*Y*財の需要量は増加する。つまり，$\Delta p_X>0$のときに$\Delta D_Y>0$となるから，需要の交差弾力性$e_c>0$がいえる。したがって，*Y*財は*X*財の粗代替財である。

5 ×　*T*点では，*Y*財は*X*財の粗補完財である。

*T*点では，グラフが右下がりになっているので，*X*財の価格が上昇すると*Y*財の需要量は減少する。つまり，$\Delta p_X>0$のときに$\Delta D_Y<0$となるから，需要の交差弾力性$e_c<0$がいえる。したがって，*Y*財は*X*財の粗補完財である。

最適消費の計算

必修問題

効用を最大化する，ある消費者を考える。この消費者は，所得のすべてをX財とY財の購入に充てており，効用関数が以下のように示される。

$u=xy$（$x\geqq 0$，$y\geqq 0$）〔u：効用水準，x：X財の消費量，y：Y財の消費量〕

この消費者の所得は120であり，当初，X財の価格は3，Y財の価格は15であったとする。今，Y財の価格は15で変わらず，X財の価格のみが3から12に上昇したとすると，価格の変化前の効用水準を実現するのに必要な最小の所得はいくらか。　【国家一般職・令和元年度】

1　200

2　240

3　280

4　320

5　360

難易度　＊＊

必修問題の解説

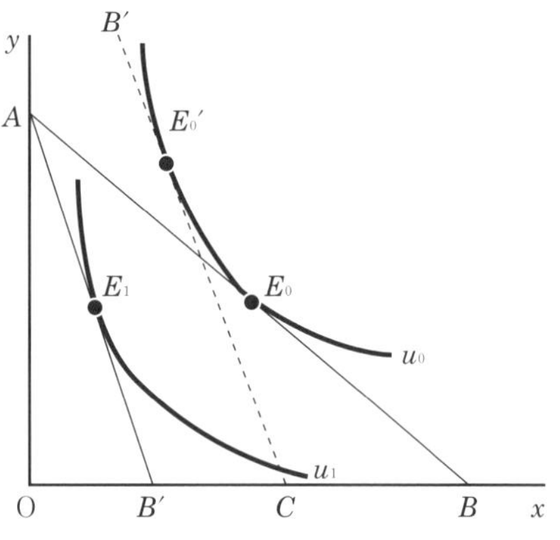

問題の意図を図で確認する。価格変化前，予算制約線$\boldsymbol{AB}$の下で最適消費点は$\boldsymbol{E_0}$であり，効用は無差別曲線$\boldsymbol{u_0}$の水準である。$\boldsymbol{X}$財の価格上昇は予算制約線を$\boldsymbol{AB'}$にシフトさせ，そのままでは最適消費量は$\boldsymbol{E_1}$となり効用が無差別曲線$\boldsymbol{u_1}$の水準に低下するので，所得を増加させて予算制約線を$\boldsymbol{B'C}$まで平行シフトさせれば，価格変化前の当初の効用を回復する。

本問は増加させた後の所得が問われているが，そのためには２度最適消費を計算する必要がある。その分やや煩雑になるが，近年増えつつあるタイプの問題でもあり，最適消費の求め方をマスターするよい機会である。

効用を求めるための代表的な３つの手法を挙げる。もちろんどの解法でも解けるが，出題形式によって使い勝手のよい解法は異なる。解法１は最も経済理論で幅広く活用できる。解法２は最適消費の図を最も活かせる。解法３は最も計算が簡便である（ただし，効用関数の形状によっては使えない）。

【解法１：変数を減らす】

予算制約式$M=p_xx+p_yy$（M：所得，p_x：x 財の価格，x：x 財の数量，p_y：y 財の価格，y：y 財の数量）を$y=\frac{M}{p_y}-\frac{p_x}{p_y}x$と変形して効用関数に代入すると，$y$ 財の数量が消去されて x 財の数量のみの１変数だけの効用関数になる。この効用関数の極大値を求めれば，効用最大化に対応した x 財の最適消費量を求められる。y 財については変形した予算制約式に x 財の最適消費量を代入すればよい。

【解法２：消費者理論を用いる】

最適消費点の条件$\frac{MU_x}{p_x}=\frac{MU_y}{p_y}$（加重限界効用均等法則）を用いる。ただし，$x$ 財と y 財の２つの変数を求めるために，２本目の式としての予算制約式と連立する。

【解法３：コブ=ダグラス型効用関数の公式を用いる】

コブ=ダグラス型効用関数$u=Ax^ny^m$の最適消費の公式$x=\frac{n}{n+m}M\div p_x$および$y=\frac{m}{n+m}M\div p_y$に数値を当てはめる。なお，この公式の適用は見た目よりはるかに易しいので，ぜひ実際の問題で使ってほしい。

STEP❶　価格変化前の最適消費を求める

〈解法１による計算〉

予算制約式$120=3x+15y$を$y=8-0.2x$と変形して，効用関数に代入すると$u=xy=x(8-0.2x)=-0.2x^2+8x$になる。この効用関数は極大値（最大値）を持つので，頂点では傾きがゼロであることを用いて，微分して傾きを求めて＝0とおく。

$$\frac{du}{dx}=2\times(-0.2)x+8=0$$

ここから，効用 u を最大化する x 財の最適消費量を$x^*=20$と求められる。y 財の最適消費量は，予算制約式より，$y^*=8-0.2\times20=4$である。

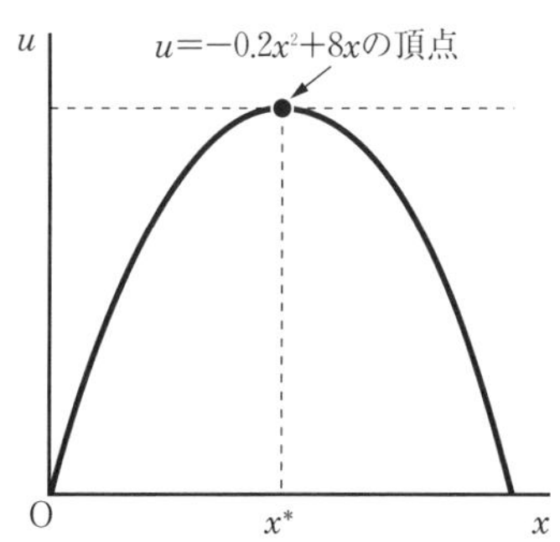

〈解法２による計算〉

加重限界効用均等法則$\frac{MU_x}{p_x}=\frac{MU_y}{p_y}$（最適消費において，各財から得られる１円当たり効用は等しくなる）を用いるため，X財の限界効用MU_xとY財の限界効用MU_yを求める。

限界効用は財の消費が１単位増加したときの効用の上昇分として$MU_x=\frac{\Delta u}{\Delta x}$のように定義されるが，計算上は効用関数の財の消費量による（偏）微分として次のように求める。

$$MU_x=\frac{\partial u}{\partial x}=y,\ MU_y=\frac{\partial u}{\partial y}=x$$

これを用いると加重限界効用均等法則は$\frac{y}{3}=\frac{x}{15}$になる。これを整理した$x=5y$と予算制約式$120=3x+15y$を連立すると，$x^*=20$，$y^*=4$が求まる。

〈解法３による計算〉

本問の効用関数$u=xy$は一般的なコブ=ダグラス型効用関数$u=Ax^ny^m$において$A=1$，$n=1$，$m=1$としたものである。また，$p_x=3$，$p_y=15$であるから，公式より$x^*=\frac{1}{1+1}\times 120\div 3=20$，$y^*=\frac{1}{1+1}\times 120\div 15=4$になる。

STEP❷　価格変化後の最適消費を求める

〈解法１による計算〉

当初の効用$u=xy=20\times 4=80$を維持するのに必要な所得をMとおく。X財価格上昇後の予算制約式$M=12x+15y$を$y=\frac{M}{15}-0.8x$と変形して，効用関数に代入すると$u=x\left(\frac{M}{15}-0.8x\right)=\frac{M}{15}x-0.8x^2$になる。これを効用関数を微分して=0とおくと，$\frac{du}{dx}=\frac{M}{15}-1.6x=0$になる。ここから効用$u$を最大化する$x$財の最適消費量を$x^*=\frac{M}{24}$と求められ，予算制約式に差し戻せば$y$財の最適消費量は，

$$y^*=\frac{M}{15}-0.8\times\frac{M}{24}=\frac{2M}{30}-\frac{M}{30}=\frac{M}{30}$$

である。

〈解法2による計算〉

加重限界効用均等法則$\frac{MU_x}{p_x}=\frac{MU_y}{p_y}$は$\frac{y}{12}=\frac{x}{15}$になる（限界効用はSTEP❶と同じ）。これを整理した$4x=5y$と予算制約式$M=12x+15y$を連立すると，$x^*=\frac{M}{24}$，$y^*=\frac{M}{30}$が求まる。

〈解法3による計算〉

求めたい所得をM，価格を$p_x=12$，$p_y=15$，また$n=1$，$m=1$を公式に代入すれば，$x^*=\frac{1}{1+1}\times M\div 12=\frac{M}{24}$，$y^*=\frac{1}{1+1}\times M\div 15=\frac{M}{30}$になる。

STEP❸ 増加後の所得を計算する

価格変化後の最適消費量と当初の効用$u=80$を効用関数に代入すれば，

$$u=\frac{M}{24}\cdot\frac{M}{30}=\frac{M^2}{720}=80$$

となり，これを整理した$M^2=80\times720=80\times80\times9=80^2\times3^2=(80\times3)^2$を解けば，$M=240$を得る。

正答 2

FOCUS

最適消費の計算は出題頻度が高い。ここでも，なぜこのような計算をするのかといった理解は後から付いてくるものなので，まずはパターンを覚えよう。問題によって最適な解法が異なることがあるが，まずは自分の得意なパターンで解くのがよい。

POINT

重要ポイント 1 効用最大化条件：加重限界効用均等法則

2財（x, y）モデルにおける**効用最大化条件**は，**無差別曲線と予算制約線が1点で接すること**，つまり両者の傾きである**限界代替率と2財価格比が等しいこと**である（**テーマ1重要ポイント5**）。

限界代替率MRSは，効用を一定に保つ場合に，x財1単位と交換できるy財の数量を表すものである$\left(MRS=-\frac{\Delta y}{\Delta x}\right)$が，これは限界効用比$\left(\frac{MU_x}{MU_y}\right)$とも表せる（詳細は〈参考1〉参照）。ここから効用を最大化する最適消費の条件を**限界効用比と2財価格比が等しいこと**$\left(\frac{MU_x}{MU_y}=\frac{p_x}{p_y}\right)$と言い換えられる。この式を変形すれば，

$$\frac{MU_x}{p_x}=\frac{MU_y}{p_y}$$ **（加重限界効用均等法則）**

が導かれる。

加重限界効用均等法則は，**貨幣1単位当たり（1円当たり）の限界効用が2財で等しくなることが効用を最大化する条件である**ことを表している。もし，等しくなければ，それが小さいほうの財の消費を減少させて，大きいほうの財の消費を増加させれば，わずかな限界効用の低下の代わりにより大きな限界効用の上昇がもたらされ，両者の差は当初より小さくなる。そのような消費の変更を両者が均等化するまで続けると効用が最大化されるということである。

〈参考〉

効用がすでに最大化されているとする。ここからX財の消費をΔxだけ増加させたときの効用の上昇は$MUx \cdot \Delta x$で近似される（限界効用MUxは財1単位当たりの効用の変化を表す）。ただし，効用が最大化されているなら，これはY財の消費の減少による効用の低下で相殺されるはずである。Y財の消費の減少による効用の低下分は$MUy \cdot \Delta y$と表されるから，$MUx \cdot \Delta x=-MUy \cdot \Delta y$が成立する。これを変形すれば$-\frac{\Delta y}{\Delta x}=\frac{MU_x}{MU_y}$となり，限界代替率が限界効用比に等しくなることが確認できる。

重要ポイント 2 代表的な効用関数の場合の公式

$u=Ax^n y^m$の形の効用関数は**コブ＝ダグラス型効用関数**と呼ばれる。この場合，加重限界効用均等法則と予算制約式を連立することで，

$$x^*=\frac{n}{n+m}M \div p_x \qquad y^*=\frac{m}{n+m}M \div p_y$$

との公式を得る。つまり，指数nおよびmは所得の各財への分配比率になる。この事実により，式中の特定の数値を当てはめるだけで最適消費量が得られる。

〈参考〉

コブ=ダグラス型効用関数$u=Ax^ny^m$のX財とY財の限界効用は,

$MU_x=nx^{n-1}y^m$, $MU_y=mx^ny^{m-1}$

であるから，これを効用最大化条件に代入すれば,

$$\frac{nAx^{n-1}y^m}{mAx^ny^{m-1}}=\frac{p_x}{p_y} \Leftrightarrow \frac{nx^{n-1}y^{m-1}y}{mx^{n-1}xy^{m-1}}=\frac{p_x}{p_y} \Leftrightarrow \frac{ny}{mx}=\frac{p_x}{p_y}$$

が得られる。ここに予算制約式を$y=\frac{M}{p_y}-\frac{p_x}{p_y}x$として代入し，整理すれば,

$$\frac{n\left(\frac{M}{p_y}-\frac{p_x}{p_y}x\right)}{mx}=\frac{p_x}{p_y} \Leftrightarrow n\left(\frac{M}{p_y}-\frac{p_x}{p_y}x\right)p_y=mp_xx$$

$$nM=np_xx+mp_xx \Leftrightarrow p_xx=\frac{n}{n+m}M$$

とできる。同様な計算から,

$$p_yy=\frac{m}{n+m}M$$

も得られる。これらを足し合わせれば,

$$p_xx+p_yy=\frac{n}{n+m}M+\frac{m}{n+m}M=M$$

であるから，最左辺と中辺を比べれば，x財への支出p_xxに所得Mの$\frac{n}{n+m}$の割合が，y財への支出p_yyに所得Mの$\frac{m}{n+m}$の割合がおのおの分配されることがわかる。

また，これらの式を$x=\frac{n}{n+m}\cdot\frac{M}{p_x}$, $y=\frac{m}{n+m}\cdot\frac{M}{p_y}$とすれば，$x$財と$y$財の需要がおのおのの価格に反比例しているので，需要曲線を求めているとも解釈できる。さらに，2財ともに需要が所得に正比例しているので上級財であることもわかる。

重要ポイント3 間接効用関数

重要ポイント2の公式より，x財とy財の最適消費量は価格と所得の関数である(需要関数)。効用関数中の財の消費量に，x財とy財の需要関数を代入すれば，効用関数を価格と所得のつまり金額表示の関数にできる。これを**間接効用関数**という。

なお，間接効用関数において，効用を一定としたうえで，その効用水準を達成するのに必要な所得Mを表したものを（最小）**支出関数**という。

実戦問題1　基本レベル

＊
No.1 財X，財Yの２つの財を消費する消費者の効用関数が，

$u=x^{\frac{1}{2}}y^{\frac{1}{2}}$　〔u：効用水準，x：財Xの消費量，y：財Yの消費量〕

で与えられている。また，財Xの価格は１，財Yの価格は９である。今，この消費者の効用水準が100であるとき，最適消費点における所得はいくらか。

【国税専門官／財務専門官／労働基準監督官・令和３年度】

1　360
2　420
3　480
4　540
5　600

＊
No.2 X財とY財を消費するある消費者の効用関数が次のように与えられている。

$u=x^{0.6}y^{0.4}$

ここでuは効用水準，xはX財の消費量，yはY財の消費量を表す。X財およびY財の価格をそれぞれ$p_x(>0)$，$p_y(>0)$，この消費者の所得を$m(>0)$とする。

このとき，X財の需要関数とX財の特徴に関する次の記述のうち，妥当なのはどれか。

【国家総合職・平成21年度】

1　X財の需要関数は$x=\dfrac{3m}{5p_x}$であり，X財はギッフェン財である。

2　X財の需要関数は$x=\dfrac{3m}{5p_x}$であり，X財はギッフェン財ではない。

3　X財の需要関数は$x=\dfrac{5m}{3p_x}$であり，X財はギッフェン財である。

4　X財の需要関数は$x=\dfrac{5m}{3p_x}$であり，X財はギッフェン財ではない。

5　X財の需要関数は$x=\dfrac{3p_x}{5m}$であり，X財はギッフェン財である。

＊＊
No.3 所得のすべてを３つの財の消費に充てる消費者の効用関数が，

$$u=xy+z^2$$

であるとする。ここで，uは効用水準，xは第１財の消費量，yは第２財の消費量，zは第３財の消費量を表す。第２財と第３財の価格をそれぞれ８，４，この消費者の所得を100とするとき，第１財の需要関数として正しいのはどれか。

ただし，p_xは第１財の価格である。【国家一般職・平成25年度】

1 $x=\dfrac{32}{p_x+2}$

2 $x=\dfrac{100}{3p_x+1}$

3 $x=\dfrac{50}{p_x+1}$

4 $x=\dfrac{100}{2p_x+1}$

5 $x=\dfrac{50}{p_x}$

＊＊
No.4 第１財の消費量をx_1，第２財の消費量をx_2とし，これら２種類の消費財からなる効用関数が与えられている。第１財の価格を$p_1=2$，第２財の価格を$p_2=4$，所得を$I=50$として，このIがすべて第１財および第２財に支出されているものとする。このとき，消費者が効用を最大化して行動した場合，ア～エの記述のうち，妥当なもののみをすべて挙げているのはどれか。【国家一般職・平成26年度】

ア：効用関数が$u=x_1(2x_2+5)$であれば，消費量の組合せは，$(x_1,\ x_2)=(5,\ 10)$となる。

イ：効用関数が$u=x_1(2x_2+5)$であれば，貨幣の限界効用は，7.5となる。

ウ：効用関数が$u=\min(x_1,\ 3x_2)$であれば，消費量の組合せは，$(x_1,\ x_2)=(15,\ 5)$となる。

エ：効用関数が$u=x_1+3x_2$であれば，消費量の組合せは，$(x_1,\ x_2)=(25,\ 0)$となる。

1 ア，イ
2 ア，ウ
3 ア，エ
4 イ，ウ
5 ウ，エ

実戦問題❶の解説

No.1 の解説　最適消費　→問題はP.92　正答5

STEP❶　解法の選択

求めたい所得をMと置き，この消費者の予算制約式を$M=x+9y$とする。効用関数がコブ=ダグラス型であることから，必修問題で示した**〈解法3〉**が最も容易に正答を導く。

STEP❷　公式の適用

所得Mは，コブ=ダグラス型効用関数の指数から，財Xと財Yに$\frac{1}{2}:\frac{1}{2}$に支出される。つまり，

$$\frac{1}{2}M=x \quad \cdots\cdots①$$

$$\frac{1}{2}M=9y \quad \cdots\cdots②$$

が成立する。これらから2財の最適消費量を，

$$x=\frac{M}{2} \quad \cdots\cdots①'$$

$$y=\frac{M}{18} \quad \cdots\cdots②'$$

とできる。

STEP❸　効用関数への代入

消費者の効用水準が100であるから，効用関数に$u=100$および最適消費量（①′式および②′式）を代入すると，

$$100=\left(\frac{M}{2}\right)^{\frac{1}{2}}\left(\frac{M}{18}\right)^{\frac{1}{2}}$$

になるので，これを，

$$100=\frac{\sqrt{M}}{\sqrt{2}}\frac{\sqrt{M}}{\sqrt{18}}=\frac{M}{\sqrt{36}}=\frac{M}{6}$$

のように解けば，必要な所得を，

$$M=600$$

と計算できる。

よって，正答は**5**である。

No.2 の解説　需要関数の計算　→問題はP.92　正答2

需要関数を求める問題と最適消費を求める問題は，同じ計算で解ける。

STEP❶　解法の選択

効用関数が指数の和が1のコブ=ダグラス型なので解法3で解く。

$n=0.6$，$m=0.4$，所得がm，X財の価格がp_xであるから公式に代入すれば

$x=0.6\times\frac{m}{p_x}=\frac{3m}{5p_x}$を得る。

STEP❷ 計算結果の判断

これは需要xと価格p_xが反比例している需要関数であり，右下がりの需要曲線が描ける。したがって，X財はギッフェン財ではない。なお，所得mの増加で需要xが増加するから上級財であり，下級財の一種であるギッフェン財ではありえないこともいえる。

よって，正答は**2**である。

No.3 の解説 需要関数の計算

→問題はP.93 **正答4**

STEP❶ 解法の選択

本問は効用関数がコブ=ダグラス型ではないので解法3は使えない。また，3財モデルの本問では，解法1は財を1つに絞るための計算過程が長くなる。したがって，解法2の加重限界効用均等法則を用いる。3財の場合でも，1円当たりの限界効用が等しいとの条件は変わらないので，

$\dfrac{MU_x}{p_x}=\dfrac{MU_y}{p_y}=\dfrac{MU_z}{p_z}$が成立し，これと予算制約式$100=p_x x+8y+4z$を連立する。

STEP❷ 限界効用の計算

各財の限界効用は，各財を微分することで，$MU_x=\dfrac{dU}{dx}=y$，$MU_y=\dfrac{dU}{dy}=x$，$MU_z=\dfrac{dU}{dz}=2z$と求められる。

なお，計算過程については，第1財，第2財の場合は$u=xy+z^2$を，おのおの$u=(y)x^1+(z^2)$，$u=(x)y^1+(z^2)$との直線とみなし，第3財についてはxyを定数とみてzの2次関数$u=(xy)+z^2$と考え，カッコ内を定数，カッコの付いていない記号を変数とみて微分すればよい。

STEP❸ 需要関数の導出

STEP❷の結果と各財の価格を代入すれば，加重限界効用均等法則は$\dfrac{y}{p_x}=\dfrac{x}{8}=\dfrac{2z}{4}$になるから，1つ目の等号と2つ目の等号の両辺をおのおの整理すれば，

$$y=\frac{p_x x}{8},\quad z=\frac{x}{4}$$

を得る（次に，予算制約式と連立して第1財の需要関数を求める。そのため，yとzをともに消去してxを残す方針で整理する）。これらを予算制約式に代入して$100=p_x x+8\dfrac{p_x x}{8}+4\cdot\dfrac{x}{4}$として，これを$x$について整理すれば第1財の需要関数は，

$$x=\frac{100}{2p_x+1}$$

となる。

よって，正答は**4**である。

No.4 の解説 特殊な効用関数の最適消費

→問題はP.93 **正答 4**

ア・イ，**ウ**，**エ**は，おのおのが単独で出題されてもおかしくない，やや出題頻度の低い最適消費の計算である（おおむねこの順で頻度は低下する）。特殊ケースの例題集として理解しよう。

・アとイについて

STEP❶ 解法の選択

加重限界効用均等法則$\frac{MU_1}{p_1}=\frac{MU_2}{p_2}$を用いる。これが，**イ**で問われている貨幣（1単位当たりの）限界効用になるからである。

STEP❷ 限界効用の計算

2財の限界効用は，おのおの，$MU_1=\frac{du}{dx_1}=2x_2+5$，$MU_2=\frac{du}{dx_2}=2x_1$になる（第1財の微分では効用関数のカッコ内を定数とみる，第2財の微分ではカッコ内を外して$u=2x_1x_2+5x_1$として，右辺第1項の$2x_1$と第2項を定数とみる）。

STEP❸ 加重限界効用均等法則の計算

STEP❷で求めた限界効用と財の価格を加重限界効用均等法則に代入すると$\frac{2x_2+5}{2}=\frac{2x_1}{4}$になり，整理して$x_1=2x_2+5$を得る。これと予算制約式$50=2x_1+4x_2$を連立すると，$x_1=15$，$x_2=5$を得る（**ア**が誤り）。さらに，求めた最適消費量を加重限界効用均等法則に差し戻せば，

$$\frac{2\times5+5}{2}=\frac{2\times15}{4}=7.5$$

となる。これは価格1単位当たりの限界効用であるから，貨幣の限界効用とみなせる（**イ**は正しい）。

・ウについて

STEP❶ 効用関数の確認

効用関数$u=\min\{x_1, 3x_2\}$はレオンチェフ型効用関数と呼ばれ，｛ ｝内の小さいほう（Minimum）の値によって効用を決める式である。この効用関数の最適点は常に$x_1=3x_2$，または$x_2=\frac{1}{3}x_1$が成立する。値の小さいほうの変数で効用が決まるなら，大きいほうの変数を消費しても効用の上昇にはつながらないのであるから，どちらかを大きくすることのない，カッコ内の値が等しい状況が最適となるのである。たとえば，効用関数$u=1$のとき，$x_1=1$かつ$x_2=\frac{1}{3}$が最適な組合せである。これ以上，x_1とx_2のいずれかだけを増加

させても効用は1から上昇しない。また，x_1とx_2のいずれかを減少させると効用は1から低下してしまう。これは2財が補完関係にあることを意味し，無差別曲線はL字型になる。つまり，右下がりの予算制約線がどのような傾きであっても，L字型の無差別曲線の屈折点でしか接することができないので，この点が最適点になるのである。

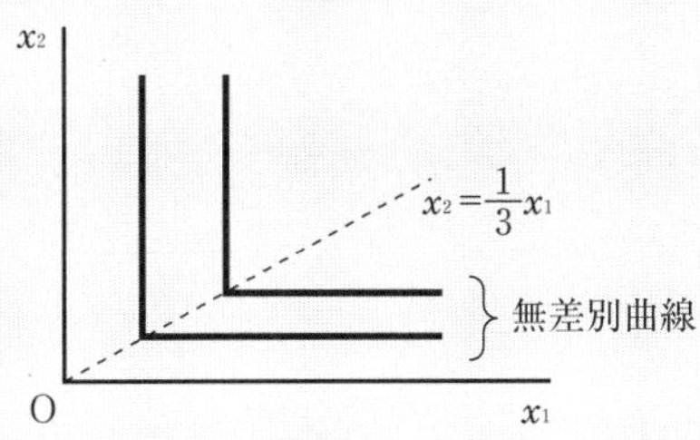

STEP❷ 最適消費の計算

レオンチェフ型効用関数の最適消費条件$x_1=3x_2$と予算制約式$50=2x_1+4x_2$を連立すると，$x_1=15$，$x_2=5$を得る（**ウ**は正しい）。

・エについて

STEP❶ 解答方法の確認

効用関数が加法型（足し算の形）の場合，無差別曲線は直線になる。この場合，無差別曲線と予算制約線と1点で接する最適消費点は存在せず，一方の財のみ消費する端点解が最適になり，限界代替率と2財価格比は一致しない。したがって，加重限界効用均等法則や公式を用いた計算ではなく作図で最適点を見つける。

STEP❷ 最適消費点の図示

効用関数$u=x_1+3x_2$から求められる無差別曲線は，効用uを定数$\overline{u}$とおいて整理した$x_2=\frac{\overline{u}}{3}-\frac{1}{3}x_1$である。一方，予算制約式$50=2x_1+4x_2$は変形すると$x_2=12.5-0.5x_1$であるので，予算制約線の傾きは無差別曲線の傾きより急である（2財価格比0.5は限界代替率$\frac{1}{3}$より大きい）。したがって，消費可能領域で無差別曲線を最も右上に引き上げると，第2財のみを消費するE点で効用を最大化できる。

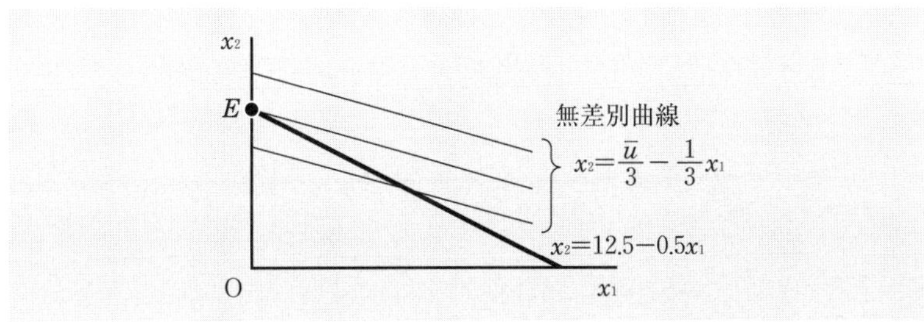

図のように，効用最大化点（E点）では予算のすべてを第2財に充てるから，最適消費量は$x_1^*=0$および$x_2^*=\frac{50}{4}=12.5$になる（**エ**は誤り）。

なお，一般に，端点解の場合，2財価格比＞限界代替率の場合に第2財のみを消費し，限界代替率＞2財価格比の場合に第1財のみを消費することが最適になる。

よって，正答は**4**である。

実戦問題❷ 応用レベル

＊＊
No.5 ある消費者は，所得Iの下，効用が最大となるようにX財とY財の消費量を決める。この消費者の効用関数は，以下のように与えられる。

$u=xy$ 〔u＝効用水準，x：X財の消費量，y：Y財の消費量〕

この消費者の当初の所得Iは2,000であり，X財の価格は100，Y財の価格は200であった。

今，この２つの政策について考える。

政策A：Y財20単位と交換できる引換券を給付する政策

政策B：追加的に4,000の所得を給付する政策

それぞれの政策を実施した場合の効用水準の変化に関する記述の組合せとして最も妥当なのはどれか。

ただし，この消費者は政策Aにおいて給付された引換券を確実に使用し，引換券は売却できないものとする。 【国家総合職・令和５年度】

	政策A	政策B
1	当初より300だけ高い。	当初より250だけ高い。
2	当初より300だけ高い。	当初より350だけ高い。
3	当初より350だけ高い。	当初より400だけ高い。
4	当初より350だけ高い。	当初より450だけ高い。
5	当初より400だけ高い。	当初より400だけ高い。

＊＊＊
No.6 X財とY財を消費する個人の効用関数が$u=xy$（u：効用水準，x：X財の消費量（$x>0$），y：Y財の消費量（$y>0$））で示されるとする。当初，X財とY財の価格はともに１，個人の所得は32であるとする。X財の価格が４に上昇したとき，代替効果によるX財の需要量の変化（A）と所得効果によるX財の需要量の変化（B）の組合せとして妥当なのはどれか。

なお，Y財の価格および個人の所得は変わらないものとする。また，代替効果とは，最適な消費の点を含む当初の無差別曲線上で，X財の価格上昇による相対価格の変化により最適な消費の点が変化することをいう。

【国税専門官／財務専門官／労働基準監督官・平成24年度】

	A	B
1	3 増加	9 増加
2	9 増加	3 増加
3	4 減少	8 減少
4	6 減少	6 減少
5	8 減少	4 減少

＊＊
No.7 **X財，Y財の２財を消費するある消費者の効用関数uが，**

$u=x^2y$　〔x：X財の消費量，y：Y財の消費量〕

で示されているとする。

この消費者が，所与の所得Iの下，効用が最大となるようにX財とY財の消費量を決めるとき，X財の需要の価格弾力性はいくらか。

【国家一般職・令和３年度】

1 $\frac{1}{3}$

2 $\frac{1}{2}$

3 1

4 2

5 3

＊＊
No.8 **X財，Y財の２財を消費する，ある消費者の効用関数が$u=3x^{0.5}y^{0.5}$（x：X財の消費量，y：Y財の消費量）で示され，この消費者は効用最大化を行う。X財，Y財の価格をそれぞれp_X，p_Y，消費者の所得をmとしたとき，この消費者の間接効用関数Vを表したものとして妥当なのはどれか。**

【国家総合職・平成27年度】

1 $V=\frac{1}{3}mp_X{}^{-0.5}p_Y{}^{-0.5}$

2 $V=\frac{3}{2}mp_X{}^{-0.5}p_Y{}^{-0.5}$

3 $V=\frac{3}{2}mp_X{}^{-1}p_Y{}^{-1}$

4 $V=2mp_X{}^{-0.5}p_Y{}^{-0.5}$

5 $V=2mp_X{}^{-1}p_Y{}^{-1}$

実戦問題2の解説

No.5の解説 効用最大化と経済政策 →問題はP.99 正答3

政策Aで給付される引換券は，Y財にしか使えず，確実に使用し，売却もできないため，実質的に無料で20単位のY財を強制的に消費させるのと同じ効果を持つ。これをどのように数式で表すかがポイントである。

STEP❶ 当初の効用

当初の予算制約式は，

$2000=100x+200y$

であるから，コブ=ダグラス型効用関数の指数より，

$1000=100x$

$1000=200y$

が成立するので，当初の2財の最適消費量は，

$x=10$

$y=5$

となり，当初の効用u_0は，

$u_0=10\times5=50$

となる（図中のE点）。以下，便宜上，政策Bを先に検討する。

STEP❷ 政策Bの効用

政策Bの場合，4,000の所得が給付されるので，これを加えた予算制約式は，

$6000=100x+200y$

である。この場合，コブ=ダグラス型効用関数の指数より，

$100x=3000$

$200y=3000$

が成立し，2財の最適消費量は，

$x=30$

$y=15$

である。したがって，政策Bの場合の効用u_Bは，

$u_B=30\times15=450$

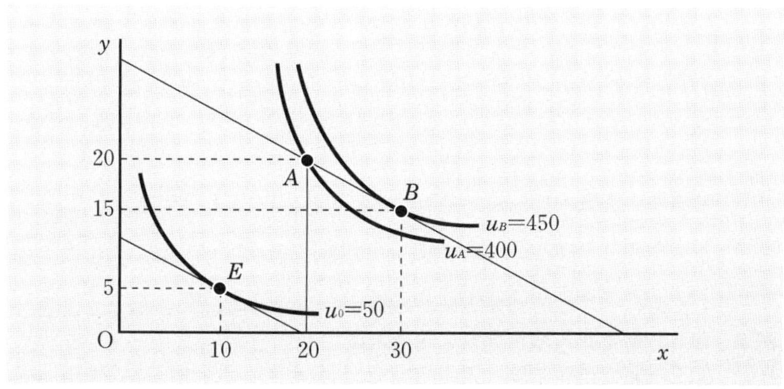

であり，当初より400だけ高い（図中のB点）。

STEP❸ 政策Aの効用

政策Aの場合，仮に，Y財20単位を金額に換算して20×200＝4000としたうえで，これが予算制約に加わると考えると，予算制約式は，

$$6000=100x+200y$$

であるから，政策Bと同じになってしまい，財の消費量も，

$$x=30$$
$$y=15$$

となる。しかし，政策Aの場合，引換券を確実に使用しなければならないので，これを使用した時点で，$y=15$を超える20単位分のY財を消費することになる。したがって，この消費者は本来の所得の2,000をすべてX財の消費に充てることになるので，$2000=100x$が成立し，結局，政策Aの場合の財の消費量は，

$$x=20$$
$$y=20$$

となる。したがって，政策Aの場合の効用u_Aは，

$$u_A=20\times20=400$$

となり，当初より350だけ高い。なお，政策Aの効果は予算制約線を当初のものから，20単位のY財に相当する分だけ上方にシフトさせたものになる。したがって，この場合の最適消費点は図中のA点になる。

以上より，正答は**3**である。

No.6 の解説　代替効果と所得効果の計算　→問題はP.99　正答5

本問も作図しないと何を計算してよいのか見えづらいので，必ず代替効果と所得効果の図を描いて，どの部分を計算しているのかを確認しながら解き進めてほしい。また，本問の一部に本テーマの必修問題が組み込まれているので，改めて確認しておくとよいだろう。

STEP❶ 全部効果の計算

コブ=ダグラス型効用関数の公式を用いると，

X財価格が1のときのX財の最適消費量は$X=\dfrac{1}{1+1}\times32\div1=16$

X財価格が4のときのX財の最適消費量は，$X=\dfrac{1}{1+1}\times32\div4=4$

であり，価格上昇によってX財の需要は，16－4＝12減少する。

なお，当初，Y財の最適消費量は，$Y=\dfrac{1}{1+1}\times32\div1=16$，効用は$u=16^2=256$である。

STEP❷ 代替効果と所得効果を図で確認

STEP❶の全部効果を，図によって代替効果と所得効果に分割するため補助

線を引く。

当初，所得32で価格１のX財とY財をおのおの最大32単位ずつ消費できるので，予算制約線は横軸と縦軸の切片が32になる直線となる（傾きの２財価格比は１）。

X財価格の４への上昇後，X財の最大消費可能量は４になるから，このときの予算制約線は横軸切片が８，縦軸切片が32の直線となる（傾きの２財価格比は４）。

ここで，X財価格上昇後の予算制約線と等しい傾き（２財価格比が４）を持ち，当初の無差別曲線u_0に１点で接する直線（図中の破線）を補助線として引くとE_0'点が打てる。

全部効果を表すE_0からE_1への移動が，代替効果を表すE_0からE_0'への移動と所得効果を表すE_0'からE_1への移動に分割できたので，E_0'点に対応したxの値がわかればよいことになる。

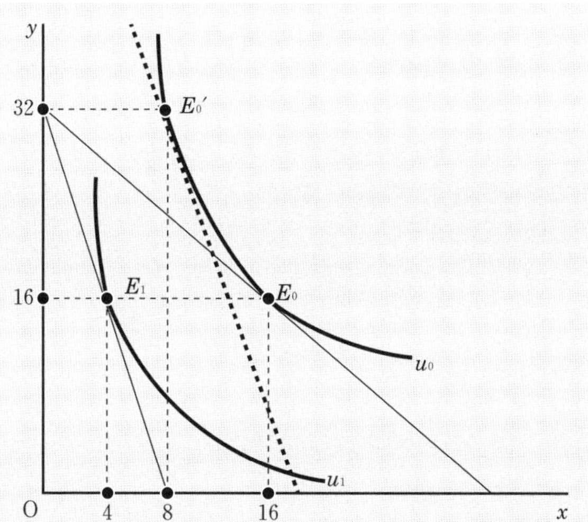

STEP❸ 代替効果と所得効果を計算

ある所得M，X財価格が４，Y財価格が１のときに，実際にE_0'点が最適消費点になるとすれば，そのときの効用は$u_0=256$であるので，これを実現する所得Mを逆算する。コブ=ダグラス型効用関数の公式より，このときの２財の最適消費量は，

$$x=\frac{1}{1+1}\cdot M\div 4=\frac{M}{8}$$

$$y=\frac{1}{1+1}\cdot M\div 1=\frac{M}{2}$$

であり，このときの効用$u=\dfrac{M}{8}\cdot\dfrac{M}{2}=\left(\dfrac{M}{4}\right)^2$が$256(=16^2)$に等しいのであるから，$\left(\dfrac{M}{4}\right)^2=16^2$より当初の所得を$M=64$とできる。これを先の$X$財の最適消費量に差し戻せば，$E_0'$点に対応した$x$の値が$x=\dfrac{64}{8}=8$となり，代替効果で16から8へと8減少，所得効果で8から4へと4減少することになる。
よって，正答は**5**である。

No.7 の解説　最適消費と需要の価格弾力性

→問題はP.100　**正答3**

STEP❶　需要の価格弾力性の確認

需要の価格弾力性eを，

$$e=-\frac{dx}{dp_x}\cdot\frac{p_x}{x}\quad\cdots\cdots①$$

とする（p_x：X財価格）。この式中，$\dfrac{dx}{dp}$には需要曲線を微分した値を，xには最適消費量を，おのおの代入してeを求める。そのために，まずは効用を最大化する最適消費量を求める。

STEP❷　最適消費（解法の選択と計算）

予算制約式を$I=p_xx+p_yy$（p_y：Y財価格）と立てる。効用関数$u=x^2y$はコブ=ダグラス型であるから，〈**解法3**〉を用いる。予算制約式$I=p_xx+p_yy$の右辺の各財への支出額は予算Iを2：1に分配したものとなる。すなわち，X財への支出は，

$$\frac{2}{3}I=p_xx$$

となり，これを変形すると，需要関数が，

$$x=\frac{2I}{3p_x}\quad\cdots\cdots②$$

とX財の最適消費量（または需要関数）を得る。

STEP❸　需要の価格弾力性の式への代入

②式の需要関数を$x=\dfrac{2I}{3}p_x^{-1}$と変形した上でp_xで微分すると，

$$\frac{dx}{dp_x}=-\frac{2I}{3}p_x^{-2}=-\frac{2I}{3p_x^2}\quad\cdots\cdots③$$

になる。ここで，需要の価格弾力性の定義である①式中のxに②式を，$\dfrac{dx}{dp_x}$に③式を代入すれば，

$$e=-\left(-\frac{2I}{3p_x^2}\right)\frac{p_x}{\left(\dfrac{2I}{3p_x}\right)}=\frac{2I}{3p_x^2}\cdot p_x\cdot\frac{3p_x}{2I}=1$$

と計算できる。

[補足] 反比例の需要曲線の場合，需要の価格弾力性は常に1で一定となる。②式を求めた時点で，需要量xが価格p_xに反比例していることに気づけば，STEP❸の計算は不要となる。

よって，正答は**3**である。

No.8 の解説 間接効用関数 →問題はP.100 正答2

間接効用関数は，通常の（直接）効用関数中の財の消費量に需要関数を代入することによって，価格と所得という金額表示にしたものである。

STEP❶ 需要関数の導出

コブ=ダグラス型効用関数の公式を用いれば，x財，y財の需要関数を，おのおの，

$$x=\frac{m}{2p_X},\quad y=\frac{m}{2p_Y}$$

とできる。

STEP❷ 間接効用関数の導出

$u=3x^{0.5}y^{0.5}$に各財の需要関数を代入すれば，

$$V=3\left(\frac{m}{2p_X}\right)^{0.5}\left(\frac{m}{2p_Y}\right)^{0.5}=3\ [m(2p_X)^{-1}]^{0.5}[m(2p_Y)^{-1}]^{0.5}$$
$$=3[m^{0.5}(2p_X)^{-0.5}][m^{0.5}(2p_Y)^{-0.5}]$$
$$=3\cdot 2^{-0.5}\cdot 2^{-0.5}m^{0.5}m^{0.5}p_X^{-0.5}p_Y^{-0.5}$$
$$=3\cdot 2^{-0.5+(-0.5)}m^{0.5+0.5}p_X^{-0.5}p_Y^{-0.5}$$
$$=3\cdot 2^{-1}mp_X^{-0.5}p_Y^{-0.5}$$
$$=\frac{3}{2}mp_X^{-0.5}p_Y^{-0.5}$$

とできる。

よって，正答は**2**である。

消費者理論の応用

必修問題

効用を最大化する，ある個人の効用関数が以下のように示される。

$u=x(24-L)$

〔u：効用水準，x：X財の消費量，L：労働時間（単位：時間，$0<L<24$)〕

この個人は，労働を供給して得た賃金所得と非労働所得のすべてをX財の購入に充てるものとし，1日(24時間）を労働時間か余暇時間のいずれかに充てるものとする。

X財の価格を2，非労働所得を60とするとき，この個人の労働供給関数として妥当なのはどれか。ただし，$w(w>0)$は時間当たりの賃金である。

【国家一般職・令和元年度】

1 $L=\dfrac{24w}{w+4}$

2 $L=\dfrac{24w}{w+6}$

3 $L=10-\dfrac{30}{w}$

4 $L=12-\dfrac{30}{w}$

5 $L=12-\dfrac{60}{w}$

難易度　＊＊

必修問題の解説

財の最適消費から需要関数が導かれるように，労働時間と余暇時間の最適な選択から労働供給関数が導かれる（消費者は，労働の需要者である生産者に労働力を「供給」することに注意)。

STEP❶　解法の選択

本問を解くには，テーマ5の最適消費の計算での解法1が便利である。効用関数中の2変数xとLのうち，労働時間Lの値のみが問われているからである。

STEP❷　効用関数の整理

この個人が労働供給で得た所得wLと非労働所得60の和をすべて価格2のX財の

消費に充てることを$wL+60=2x$とすると，予算制約式に相当する式を得る。この式を，$x=\frac{w}{2}L+30$と変形して効用関数に代入すれば，

$$u=\left(\frac{w}{2}L+30\right)(24-L)=-\frac{w}{2}L^2+(12w-30)L+720$$

になる。

STEP③ 労働供給関数の導出

上の効用関数をLで微分してゼロに等しいとおけば，

$$\frac{du}{dL}=-wL+(12w-30)=0$$

になるので，これを整理すれば，次の労働供給関数を得る。

$$L=12-\frac{30}{w}$$

［別解］コブ=ダグラス型効用関数の公式を用いる。

本問は一見コブ=ダグラス型効用関数ではないが，余暇時間をlとおけば，$l=24-L$である（労働時間と余暇時間の和は24時間であるとの制約）ので，効用関数は$u=xl$のコブ=ダグラス型になる。また，予算制約式$2x=wL+60$にも$L=24-l$を代入すれば，

$$2x=w(24-l)+60$$
$$24w+60=2x+wl$$

になる。左辺を定数と，右辺の2とwをおのおのxとlの価格とみなせば，公式より，

$$l=\frac{1}{1+1}(24w+60)\div w=\frac{12w+30}{w}$$

を得る。労働時間Lは1日24時間から余暇時間を差し引いたものなので，

$$L=24-l=24-\left(12+\frac{30}{w}\right)=12-\frac{30}{w}$$

になる。$u=x(24-L)$のカッコ内を1変数と見抜ければ，この解法が速い。

正答 4

FOCUS

計算問題は，場合によっては，理論がわかっていなくても既知のパターンに落とし込むことで解けてしまう。応用問題では問題文の表現が難しいことが多いので，むしろ数式に注目して，自分の知っているパターンに当てはめられないか，という視点で解いていこう。

POINT

重要ポイント 1 最適労働供給

最適労働供給問題とは，家計（消費者）による労働する時間と労働しない時間（余暇）の最適配分の決定問題である。

つまり，いわゆるワーク・ライフ・バランスの問題である。労働はそれ自体としては負の効用（不効用）をもたらすが，労働で得られる所得は財の消費を通じて正の効用を与える。一方，余暇時間の消費は所得は生み出さないが正の効用を生み出す。この所得と余暇の最適なバランスを2財モデルとして分析する。

⑴モデルの設定

①**効用関数は所得Yと余暇Lの関数**であり，両者の限界代替率は逓減する。このとき，横軸に余暇L，縦軸に所得Yをとると，**無差別曲線は原点に対して凸**になる。

②**分析単位を1日とし，24時間を労働Nと余暇Lに分割する**（$24=N+L$）。なお，分析単位を週，月や年にとっても（全体を1に基準化しても）同じ結果になる。

③**所得Yは賃金率wと1日の労働時間Nの積とする**（$Y=wN$）。

②の$24=N+L$を移項して$Y=wN$に代入すれば，

$$Y=wN=w(24-L)$$

とできる。この式を$Y=24w-wL$とすると，縦軸切片が$24w$，傾きが$-w$の直線になり，これが予算制約線に相当する。

なお，**賃金率**とは単位1時間当たりの賃金（ここでは時間給）である。

無差別曲線の解釈

限界代替率が逓減するのは，余暇時間が少ない場合は比較的多くの所得を犠牲にしても余暇を増加させたいと考えるが，余暇時間を十分多く得ている（所得は低い）なら，追加的な余暇を取るために所得が減少することを許容しにくいからであり，余暇を多くとるほど代替してよいと考える所得は少なくなるからである。

予算制約線の解釈

縦軸切片の$24w$は，余暇をゼロにすれば24時間分の賃金が得られることを表し，傾き$-w$は余暇を1時間取るごとに賃金率wを失うことを示している。ここから，**賃金率は労働の価格というよりはむしろ余暇の価格とみなせる。**なぜなら，余暇の消費は，労働すれば得られたはずの賃金を失う（**機会損失または機会費用**）ため，賃金率を対価として余暇を消費していると考えられるからである。

⑵最適点の図示

家計の効用最大化点はE点で決定される。このとき，最適な余暇L^*が決定されれば，最適な労働供給N^*は，$24-L^*$である。

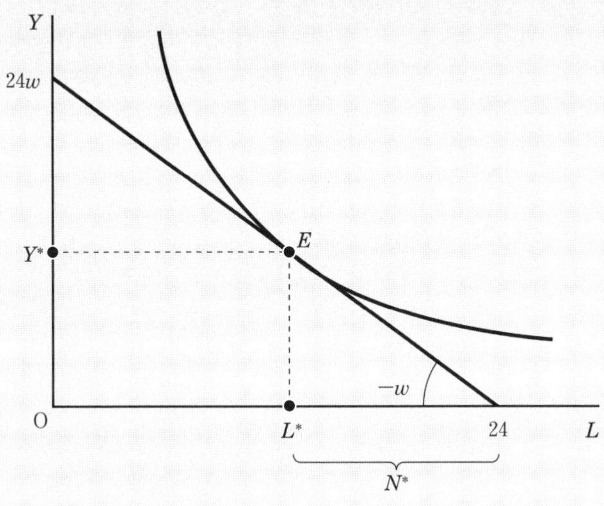

代替効果と所得効果

賃金率上昇の労働への影響を考える。賃金率は余暇の価格であるから，その上昇は代替効果によって割高な余暇の消費を減らして労働を増加させる。一方，賃金率の上昇は所得を増加させるので所得効果によって余暇（上級財と仮定する）の消費を増加させ労働を減らす。したがって，賃金率上昇の全部効果では労働が増加するか減少するかは不確定である。

図で考えると，賃金率wの上昇は予算制約式$Y=24w-wL$の縦軸切片と傾きを大きくする（横軸切片は一定）。また，賃金率変化後の予算制約線の傾きを持ち，もとの無差別曲線に接するような補助線（図中，点線）を引いて，全部効果（$E_0 \to E_2$）を代替効果（$E_0 \to E_1$）と所得効果（$E_1 \to E_2$）に分離する。左は代替効果が大きいため全部効果で労働が増加する（横軸上の左向き矢印）ケースを，右は所得効果が大きいため全部効果で労働が減少するケースを図示している。

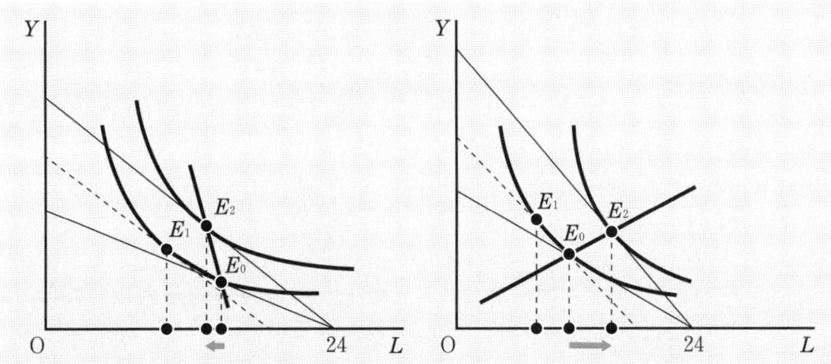

重要ポイント2 異時点間の最適消費（2期間モデル）

今期（0期）と来期（1期）の2期間にわたる効用最大化を計画する家計を考える。典型的には，今期を勤労期，来期を引退期とし，仕事を引退した老後に備えて**今期の所得を消費と貯蓄に配分し，来期にそれを消費に回すことで，今期と来期の消費水準に平準化するケース**である。引退期に大きな所得が見込まれる場合，最適な貯蓄が負になる（借り入れる）ことがありうるが，通常は今期の貯蓄が正であっても負であっても，各個人は遺産を残さず，自らの所得を使い切ると想定する。

(1)異時点間の予算制約式と割引現在価値

今期の所得と来期の所得がわかっているものとし，市場利子率rの下で，返済可能な限り金融機関からの借り入れが自由に行えるとする（これを**流動性制約**がないという）。今期と来期の予算制約は，おのおの，次のように書ける。

今期：$C_0=Y_0-S$　　（C_0：今期消費，Y_0：今期所得，S：貯蓄）

来期：$C_1=Y_1+(1+r)S$　　（C_1：来期消費，Y_1：来期所得，r：利子率）

来期の予算制約の右辺第2項は，$S+rS$（ただし，$0<r<1$）とすればわかるように，今期に行った貯蓄Sは来期に元本Sと利息rSの合計になることを表している。

来期の予算制約式を$S=\frac{C_1}{1+r}-\frac{Y_1}{1+r}$と変形し，今期の予算制約式に代入すれば，

$$C_0+\frac{C_1}{1+r}=Y_0+\frac{Y_1}{1+r} \quad \cdots\cdots①$$

を得る。これは通時的な**異時点間の予算制約式**であるが，生涯消費の単純和が生涯所得の単純和に等しい（$C_0+C_1=Y_0+Y_1$）という条件にはならず，来期の変数が$\frac{C_1}{1+r}$や$\frac{Y_1}{1+r}$の形になっている。この形は来期の変数の**割引現在価値**と呼ばれる。これを所得で説明すれば，今期の所得Y_0をすべて貯蓄すれば来期には（$(1+r)Y_0$）になることから，来期に所得Y_1が得られるような今期の所得を逆算すれば$\frac{Y_1}{1+r}$になる（今期の$\frac{Y_1}{1+r}$は，来期に利子率が掛かって（$(1+r)$）$\frac{Y_1}{1+r}=Y_1$になる）。これを一般化すると次のようになる。

n期後の変数Xの今期における割引現在価値：$\frac{X}{(1+r)^n}$

(2)異時点間の最適消費と貯蓄の決定

異時点間の予算制約式①の両辺を（$1+r$）倍して移項すれば，

$$C_1=\{(1+r)Y_0+Y_1\}-(1+r)C_0$$

になる。これを，横軸に今期の消費額C_0，縦軸に来期の消費額C_1をとった平面に描き込むと，$\{(1+r)Y_0+Y_1\}$を縦軸切片，$-(1+r)$を傾きとする直線になる。なお，各期の所得をそのまま消費に充てることもできるので，点（Y_0，Y_1）は必ず予算制約線上に位置する。

また，消費者の効用が今期の消費額C_0と来期の消費額C_1から得られ，両者の限界代替率が逓減するなら，原点に凸型の無差別曲線が描ける。

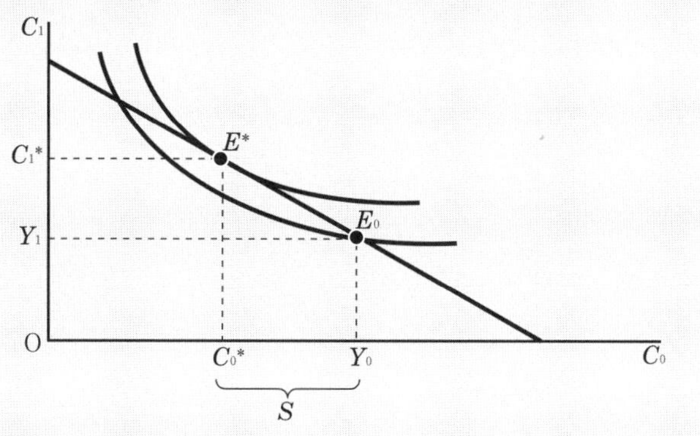

無差別曲線と予算制約線の接する最適消費点E^*では今期の最適消費がC_0^*になるので今期の所得Y_0との差が貯蓄Sになる。

重要ポイント3 期待効用最大化

⑴不確実性（リスク）

将来の経済状況に関する**不確実性**（以下，**リスク**）のある状況を考える。リスクのある状況とは，起こりうる事象とそれらの確率分布がわかっている状況のことで，たとえば，100万本中１本だけ１億円が当たる宝くじのような状況である。また，分布の散らばり（分散や標準偏差）が大きいほどリスクが大きいとする。

例として，次のような状況を考え，どちらの職業も選択可であるとする。

職業Ａ：確率１（100％）で定額のY_0円の所得が得られる。

職業Ｂ：確率α（$1>\alpha>0$）で高所得Y^Hに，確率$1-\alpha$で低所得Y^Lになる。ただし，所得の期待値$E[Y]=\alpha Y^H+(1-\alpha)Y^L$は$Y_0$円に等しい（$E[\cdot]$は期待値）。

この場合，期待所得（所得の期待値）が同じでも，通常，消費者は職業Ａと職業Ｂを無差別とはみなさない。職業Ａはリスクが０であるが，職業Ｂにはリスクが存在するからである。

⑵期待効用最大化

次図のように限界効用が逓減する効用関数を前提とすれば，通常はリスクのない職業Ａが選好される。ゆえに，このような形状の効用関数を持つ消費者を**危険回避的**という。職業Ａの消費者に与える効用が$U(Y_0)$であるのに対して，職業Ｂから得られる効用の期待値（期待効用$E[U]$）は$E[U]=\alpha U[Y^H]+(1-\alpha)U[Y^L]$であり，図のように必ず$U(Y_0)>E[U]$が成立するからである。ここから，**消費者の行動は期待所得ではなく期待効用で説明**すべきであることになる。なお，この効用関数をフォン・ノイマン＝モルゲンシュテルン型効用関数（NM効用関数）という。

また，$E[U]$ は次のように作図できる。$E[U]=\alpha U[Y^H]+(1-\alpha)U[Y^L]$ は，αをウエートとしたU $[Y^H]$ とU $[Y^L]$ の加重平均なので，図中a点とc点を結ぶ線分上の点の高さで表されるが，期待所得がY_0円の場合の期待効用は，この線分上のb点に対応した水準になる。

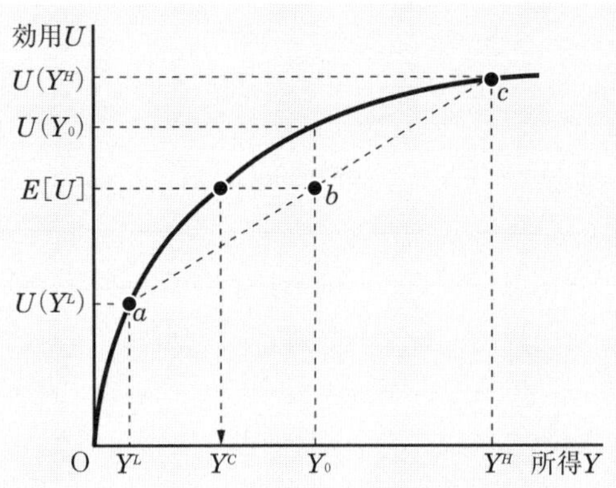

(3)リスク・プレミアム

リスクのある職業Bを選択したときの期待効用$E[U]$ は，この消費者が確実な所得Y^Cを得たときの効用に等しい。このように**期待効用に等しい効用を確実に与える所得を確実性等値と呼ぶ**。

これは，この消費者は職業Bを選択したときのリスクを避けるならY_0-Y^C分までは期待所得が減少してもよいと考えていることになる。これを（正の）**リスク・プレミアム**といい，次のように定義される。

リスク・プレミアム＝期待所得－確実性等値

〈数値例〉

上の例に，効用関数を$U=\sqrt{Y}$（U：効用，Y：所得）として，数値を当てる。

職業A：確実に$Y_0=200$万円の所得が得られる。

職業B：確率0.5で$Y^H=300$万円の高所得に，確率 1 －0.5＝0.5で$Y^L=100$万円の低所得になる。

職業Bの期待所得は$E[Y]=0.5\times300+0.5\times100=200$（単位の万円は以後省略）であるから，職業$A$の期待所得と等しい。しかし，職業$A$の効用が$U=\sqrt{200}\fallingdotseq14$である（図中，$Y_0=200$から効用関数のグラフを経て縦軸に向かう実線の矢印）のに対して，職業Bの期待効用は$E[U]=0.5\times\sqrt{300}+0.5\times\sqrt{100}\fallingdotseq0.5\times17.3+0.5\times10=13.7$であり，期待効用は職業$B$のほうが低くなる。したがって，期待所得が同一でも，消費者は職業Bより期待効用の大きい職業Aを選択することになる。

なお，$E[U]$ は，$Y^H=300$および$Y^L=100$から縦軸に向かう点線の矢印とその縦軸上の値の中点である。図中では$\triangle abb'$と$\triangle acc'$が相似比が 1 ： 2 の三角形であることに着目して$U(Y^H)=17.3$と$U(Y^L)=10$の中点を特定している。

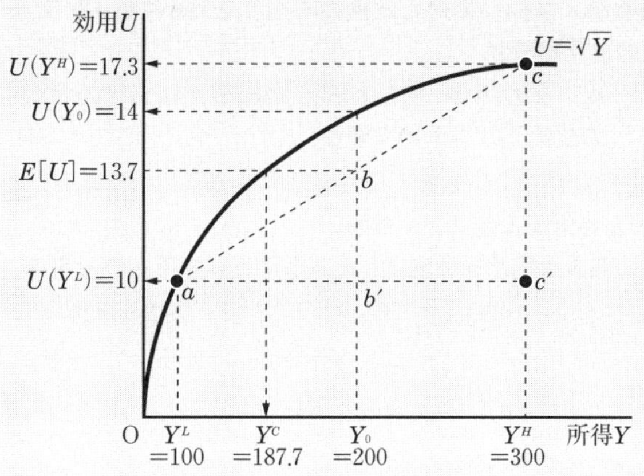

また，職業Bと同じ効用を与える定額の所得（確実性等値）を求めると，$U=\sqrt{Y^C}=13.7$より$Y^C=187.7$になる（図中，$E[U]=13.7$から効用関数を経て横軸へ向かう点線）。ここから，リスク・プレミアムは$200-187.7=12.3$である。つまり，消費者は，リスクのある200の所得とリスクのない確実な187.7を無差別であると考えており，所得が12.3だけ減少してもリスクを回避できるなら受け入れられるのである。

(4)リスクの選好

職業Aよりも職業Bを選好する消費者を**危険愛好的**という。このような消費者の選好は下図のように指数的に効用が増大するグラフで表される。この場合，(3)の方法に従って確実性等値Y^Cを作図すると，図のように期待所得Y_0を上回る。ここから，危険愛好者のリスク・プレミアムY_0-Y^Cは負（対価を支払ってもリスクを選好する）になる。

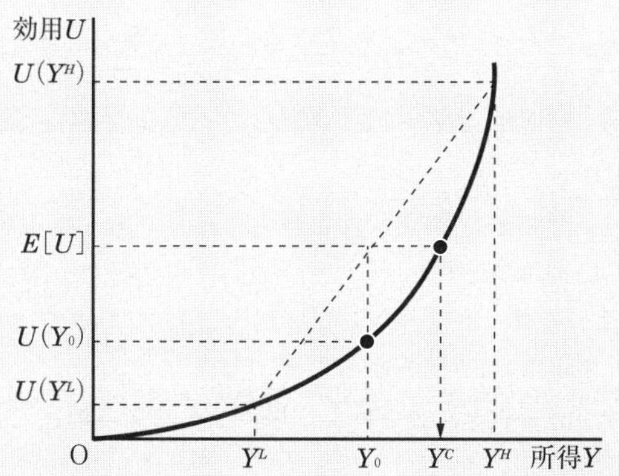

なお，職業Aも職業Bも無差別であると考える個人を**危険中立的**といい，効用関数は右上がりの直線になる。また，危険中立者のリスク・プレミアムはゼロになる。

実戦問題❶ 基本レベル

*
No.1 **ある個人は働いて得た賃金のすべてをY財の購入に支出するものとする。この個人の効用関数が,**

$u=x^3y^2$ 　[u：効用水準, x：1年間（365日）における余暇（働かない日）の日数, y：Y財の消費量]

で示され, Y財の価格が2, 労働1日当たりの賃金率が4であるとき, この個人の1年間（365日）の労働日数はいくらか。

ただし, この個人は効用を最大にするように行動するものとする。

【国税専門官／財務専門官／労働基準監督官・平成25年度】

1 73
2 92
3 146
4 219
5 292

**
No.2 **ある人が, 働いて得た収入と非労働所得（その他の所得）のすべてを使ってX財を消費している。この人の効用関数は,**

$u=x(24-L)$

であるとする。ここで, uは効用水準, xはX財の消費量, Lは労働供給量を表す。また, X財の価格は2, 賃金率は10, 非労働所得は100であるとする。このとき, X財の購入に消費税が賦課されない場合と, 5%の消費税が賦課される場合とを比較する。この人が効用を最大化するときの労働供給量に関する次の記述のうち, 妥当なのはどれか。

【国家一般職・平成23年度】

1 労働供給量は, 消費税が賦課されない場合も, 5%の消費税が賦課される場合も, 同じく6となる。

2 労働供給量は, 消費税が賦課されない場合も, 5%の消費税が賦課される場合も, 同じく7となる。

3 労働供給量は, 消費税が賦課されない場合は6であるのに対して, 5%の消費税が賦課される場合は7となる。

4 労働供給量は, 消費税が賦課されない場合は6.5であるのに対して, 5%の消費税が賦課される場合は7.5となる。

5 労働供給量は, 消費税が賦課されない場合は7であるのに対して, 5%の消費税が賦課される場合は6となる。

＊＊
No.3 2期間モデルを考える。ある消費者の第1期の所得は410，第2期の所得は420であり，利子率は5％であるとする。また，この消費者の効用関数uは以下のように示される。

$u=c_1^{0.6}c_2^{0.4}$〔c_1：第1期の消費額，c_2：第2期の消費額〕

この消費者が効用を最大化するときの第1期の貯蓄または借入れに関する次の記述のうち，妥当なのはどれか。ただし，借入制約はないものとする。

【財務専門官／労働基準監督官・令和3年度】

1 76借り入れる。
2 57借り入れる。
3 38借り入れる。
4 57貯蓄する。
5 76貯蓄する。

＊＊
No.4 資産X円に対して，効用関数が$U=X^{0.5}$で示される人が，100万円の資産を保有している。この資産は，一定の確率pで事故に遭遇しゼロになるが，保険料が19万円である保険に加入している場合には100万円の保険金が支払われる。この人が保険に加入する場合，pをいくらより大きいと考えているか。

ただし，この人は期待効用の最大化を図るものとし，また，支払った保険料は払い戻されないものとする。

【労働基準監督官・令和2年度】

1 0.05
2 0.09
3 0.095
4 0.1
5 0.18

実戦問題❶の解説

No.1 の解説　最適労働供給　→問題はP.114　正答3

本問は効用関数の指数が大きいので，微分を用いる計算はやや煩雑になる。このような場合は**テーマ5**必修問題の解法3が便利である。この解法を選択する場合，効用関数がコブ=ダグラス型であることを確認しておこう。

STEP❶　制約条件の立式

時間の制約（1年の日数単位）より，労働日数＝365日－余暇の日数xであるから，働いて得た賃金のすべてをY財の購入に支出するとの条件は$4(365-x)=2y$とできる。

STEP❷　公式の利用

STEP❶で求めた条件を$730=2x+y$と変形すると，効用関数$u=x^3y^2$の予算制約式に相当する。コブ=ダグラス型効用関数の公式を用いれば，余暇の日数を，

$$x=\frac{3}{3+2}\times 730\div 2=219$$

とできる。ここから，労働の日数は365－219＝146〔日〕になる。

よって，正答は**3**である。

No.2 の解説　消費税と最適労働供給　→問題はP.114　正答2

問われている変数が1つなので，変数を1つに絞って解く方法（**テーマ5**必修問題での解法1）を用いる。

STEP❶　消費税のない場合

この人の予算制約として，働いて得た収入と非労働所得の和である$100+10L$のすべてがX財の消費額$2x$に充てられることは，

$$100+10L=2x \quad \Leftrightarrow \quad x=50+5L$$

と表せるから，これを効用関数に代入すれば，

$$u=(50+5L)(24-L)=5(240+14L-L^2)$$

となるので，これをLで微分してゼロに等しいとおくことで，

$$\frac{du}{dL}=5(14-2L)=0$$

より，最適な労働供給量を$L=7$とできる。

［参考］微分したい関数の全体$F(x)$がある関数$f(x)$に定数aを乗じたものになっている場合，全体の微分はある関数の微分に定数を乗じたものになる。

$$F(x)=af(x)\text{の微分は}\frac{dF(x)}{dx}=a\frac{df(x)}{dx}\text{となる。}$$

STEP❷　消費税のある場合

5％の消費税が賦課されればX財の価格は$(1+0.05)\times 2=2.1$になるから，消費額は$2.1x$となり，これが$100+10L$に等しくなるので，予算制約式は，

$$100+10L=2.1x \quad \Leftrightarrow \quad x=\frac{100}{2.1}+\frac{10}{2.1}L$$

と表せる。これを効用関数に代入すれば，

$$u=\left(\frac{100}{2.1}+\frac{10}{2.1}L\right)(24-L)=\frac{10}{2.1}(10+L)(24-L)=\frac{10}{2.1}(240+14L-L^2)$$

となる。これをLで微分してゼロに等しいとおくことで，

$$\frac{du}{dL}=\frac{10}{2.1}(14-2L)=0$$

より最適な労働供給量は$L=7$で，消費税を賦課しない場合と変わらない。

よって，正答は**2**である。

No.3 の解説　異時点間の最適消費　→問題はP.115　正答1

STEP❶　異時点間の予算制約

消費者の第1期の予算制約式を，

$c_1=410-s$　……①

とし（s：貯蓄，負値の場合は借入れ），第2期の予算制約式を，

$c_2=420+(1+0.05)s$

と表す。これらからsを消去する。第2期の予算制約式を$s=\frac{c_2}{1.05}-400$と変形して第1期の予算制約式に代入すれば，

$$c_1=410-\left(\frac{c_2}{1.05}-400\right)$$

$810=c_1+\frac{1}{1.05}c_2$　……②

になる。これは第1期と第2期を通じた異時点間の予算制約式である。

STEP❷　貯蓄額の計算

②式をコブ=ダグラス型効用関数$u=c_1^{0.6}c_2^{0.4}$に対応する（異時点間の）予算制約式とみて，効用関数の指数に着目すれば，

$0.6\times 810=c_1$　……③

$$0.4\times 810=\frac{1}{1.05}c_2$$

を得る。③式より第1期の消費を$c_1=486$とできるので，第1期の予算制約式である①式から，貯蓄を，

$s=-76$

と得る。負の貯蓄であるから76の借入れとなる。

よって，正答は**1**である。

No.4 の解説　期待効用最大化

→問題はP.115　**正答4**

STEP❶　保険に加入しない場合と加入する場合の期待効用

この人が保険に加入しない場合の期待効用は，

$$p\times 0^{0.5}+(1-p)\times 100^{0.5}=(1-p)\times 10=10-10p$$

である。一方，保険に加入した場合の期待効用は，

$$p\times(0-19+100)^{0.5}+(1-p)\times(100-19)^{0.5}=p\times 9+(1-p)\times 9=9$$

である（$81^{0.5}=\sqrt{81}=9$に注意）。

STEP❷　保険に加入する条件

この人は期待効用を最大化するのであるから，保険に加入する条件は，加入した場合のほうが期待効用が大きいことである。この条件は，

$$9>10-10p$$

であるから，これを解けば，

$$p>0.1$$

を得る。つまり，この人はpを0.1より大きいと考えたときに保険に加入する。

よって，正答は**4**である。

実戦問題2 応用レベル

＊＊＊
No.5 ある個人は，労働を供給して得た賃金所得のすべてをX財の購入に支出するものとする。個人の効用関数は，

$U=x\cdot(365-L)$〔U：効用水準，x：X財の消費量，L：１年間に働く日数〕

である。X財の価格は1,000円，労働１日当たりの賃金率は10,000円であるとき，個人が１年間に働く日数は何日か。ただし，賃金所得が100万円以下のときは無税であるが，100万円を超えた所得には20%の所得税が賦課されるものとする。

【地方上級・平成18年度改題】

1 170日
2 200日
3 270日
4 300日
5 330日

＊＊＊
No.6　**1日の時間を余暇か労働のいずれかに充てる労働者がおり，この労働者は労働を供給することにより労働所得を得て，それをすべて私的財の購入に充てている。労働者は私的財の消費と余暇によって効用を得ており，効用水準は私的財の消費が多いほど，また，余暇が多いほど高くなる。なお，私的財も余暇も上級財であるとする。**

図は，この労働者の無差別曲線と予算線を示したものであり，当初，点*E*で均衡していた。

今，他の条件は一定の下，政府が労働者の労働所得に対して比例的に課税する労働所得を課した。

この場合における余暇や労働所得税に関する次の記述のうち，妥当なのはどれか。

【国家総合職・令和４年度】

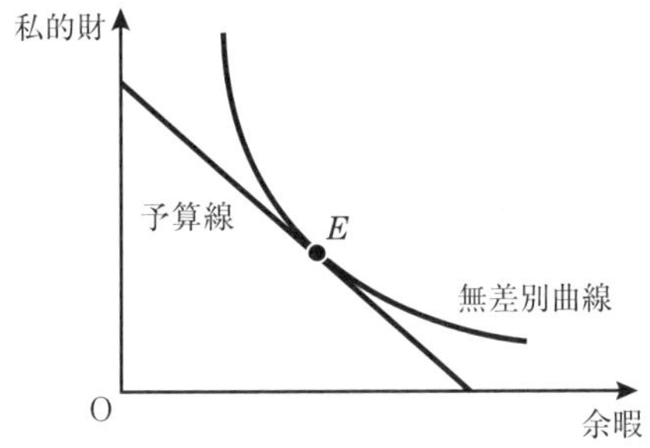

1　代替効果によって余暇が減少し，所得効果によって余暇が増加する。所得効果が代替効果を上回る場合には総合的に余暇が増加する。

2　代替効果によって余暇が増加し，所得効果によって余暇が減少する。所得効果と代替効果は常に同じ大きさとなるため総合的に余暇は変化しない。

3　代替効果によって労働時間が減少し，所得効果によって労働時間が増加する。総合的に労働時間が増加するか減少するかは，所得効果の大きさと代替効果の大きさによる。

4　代替効果によって労働時間が減少し，所得効果によっても労働時間が減少する。したがって，総合的に労働時間が減少する。

5　代替効果によって労働時間が増加し，所得効果によって労働時間が減少する。総合的に労働時間が増加するか減少するかは，所得効果の大きさと代替効果の大きさによる。

＊＊
No.7 第１期と第２期の２期間を生きる消費者の効用Uが，

$U=C_1C_2$ 〔C_1：第１期の消費額，C_2：第２期の消費額〕

で示されているとする。

この消費者は，第１期に300の所得を得て，消費額C_1と貯蓄Sに振り分ける。また，第２期には210の所得を得て，この所得と貯蓄をもとに，消費額C_2を支出する。貯蓄につく利子率をrとすると，$r=0.05$である。この消費者は効用Uが最大になるように，消費額C_1，C_2を決定する。

今，ＡとＢの２つの場合を考える。

Ａ：第１期にのみ10%の消費税がかかる場合

Ｂ：第１期も第２期も消費税がかからない場合

このとき，Ａの貯蓄とＢの貯蓄に関する次の記述のうち，妥当なのはどれか。

【国家一般職・令和３年度】

1 Ａの貯蓄のほうが，Ｂの貯蓄より10多い。
2 Ａの貯蓄のほうが，Ｂの貯蓄より25多い。
3 Ａの貯蓄のほうが，Ｂの貯蓄より10少ない。
4 Ａの貯蓄のほうが，Ｂの貯蓄より25少ない。
5 Ａの貯蓄とＢの貯蓄は同額である。

＊＊
No.8 消費者Ａが今期と来期において最適消費を行い，その効用Uは，$U=C_1C_2$〔C_1：今期の消費，C_2：来期の消費〕で示される。また，Ａの今期の所得は300，来期の所得は510であり，Ａは利子率0.02で自由に貯蓄や借入ができる。このとき，Ａの今期の貯蓄や借入に関する次の記述のうち，最も妥当なのはどれか。

【労働基準監督官・令和２年度】

1 100だけの貯蓄を行う。
2 50だけの貯蓄を行う。
3 貯蓄も借入も行わない。
4 50だけの借入を行う。
5 100だけの借入を行う。

＊＊
No.9 **個人１と個人２の効用関数はそれぞれ次式で表される。**

個人１の効用関数：$u_1=\sqrt{x_1}$

個人２の効用関数：$u_2=x_2^2$　　〔u_i：個人iの効用水準，x_i：個人iの所得〕

これらの消費に関する次の文中の空欄ア～ウに該当する語句の組合せとして，妥当なものはどれか。

【地方上級（全国型）・令和４年度】

危険回避的なのは［　ア　］である。今，50％の確率で10,000円を得られるが50％の確率で外れると何も得られない「くじ１」と，50％の確率で8,000円を得られるが50％の確率で2,000円を得られる「くじ２」がある。個人１と個人２が必ずいずれかのくじを引くとき，また，個人１と個人２がそれぞれ効用を最大にするように行動するとき，個人１は［　イ　］を引き，個人２は［　ウ　］を引く。

	ア	イ	ウ
1	個人１	くじ１	くじ１
2	個人１	くじ１	くじ２
3	個人１	くじ２	くじ１
4	個人２	くじ１	くじ２
5	個人２	くじ２	くじ１

＊＊
No.10 **ある消費者の効用関数が，**

$U(W)=W^{\frac{1}{2}}$　　〔W：所得〕

で与えられている。25％の確率で400の所得が得られ，75％の確率で所得はゼロである状況を考える。このときのリスク・プレミアム・レートの値として正しいのはどれか。

ただし，リスク・プレミアム・レートとは，リスク・プレミアムを所得の期待値で除したものである。　【国家総合職・平成15年度】

1　0.125

2　0.25

3　0.5

4　0.75

5　1.25

実戦問題2の解説

No.5 の解説　所得税と最適労働供給　→問題はP.119　正答1

所得税が超過累進方式で課税（100万円を課税所得から控除し，それを超えた部分にのみ20％の税率で課税）であるので，一見，場合分けして考える必要があるように思える。しかし，労働１日当たりの賃金率は１万円であるから，１年間に100日以下しか働かない場合にのみ所得100万円以下になる。しかし，選択肢には100日以下の選択肢が存在しないので，このケースは考慮しなくてよい。

また，本問は問われている変数が１つなので**テーマ５必修問題の解法１**を用いる。

STEP❶　課税後所得を用いた予算制約の立式

可処分所得（所得課税額を差し引いた手取り所得）をMとすると，

$$M=(1-0.2)(10000L-1000000)+1000000$$
$$=8000L+200000$$

となる。１行目の右辺第１項は課税所得を表しており，年間労働日数に応じた所得10,000L円から100万円を控除した額が20％の税率で課税される結果，当初所得の80％分になることを表している。また，第２項は控除されて非課税となった100万円を表している。

STEP❷　効用最大化の計算

STEP❶で求めた課税後所得はすべてX財購入に使われるので，予算制約式は，

$$8000L+200000=1000x \quad \Leftrightarrow \quad x=8L+200$$

を，効用関数$U=x\cdot(365-L)$に代入すると，

$$U=(8L+200)(365-L)=-8L^2+2720L+365\times200$$

となる。この式をLで微分してゼロに等しいとおくと，

$$\frac{dU}{dL}=-16L+2720=0$$

になり，ここから１年間の最適な労働日数を$L=170$とできる。

よって，正答は**1**である。

No.6 の解説　最適労働供給　→問題はP.120　正答3

１日24時間を余暇Lか労働Nのいずれかに充てることを$24=L+N$と表し，（私的）財の消費量をx，財の価格をpとする。また，賃金率（時間当たりの賃金）をwとすると，予算制約式を$wN=px$とできる。ここに，$N=24-L$を代入して変形すれば，

$$x=24\frac{w}{p}-\frac{w}{p}L \quad \cdots\cdots①$$

を得る。これは，問題の予算線のグラフの縦軸切片が$24\frac{w}{p}$，傾きが$-\frac{w}{p}$で

あることを意味している。なお，賃金率wとは，余暇を選択すれば失われる機会費用であるため，余暇の対価，つまり価格と理解できる。

ここで，労働所得に対する比例所得税の税率をt（$0<t<1$）とすると，予算制約式は$(1-t)wN=px$になり，変形すれば，

$$x=(1-t)24\frac{w}{p}-(1-t)\frac{w}{p}L \quad \cdots\cdots ②$$

となる。つまり，労働所得税は，縦軸切片と傾きの双方を税率分だけ小さくする。

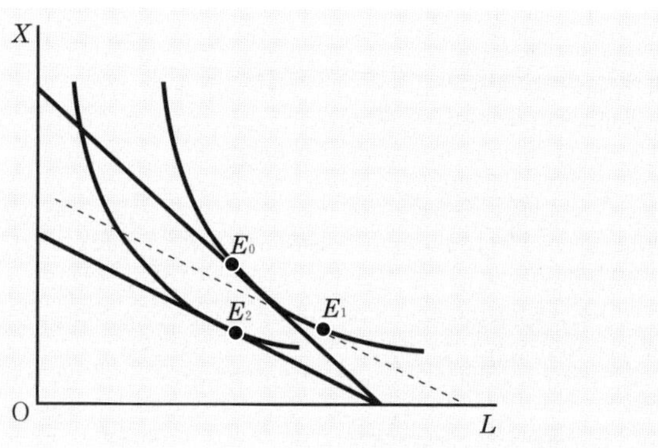

図は上記の内容を表したものである。傾きの絶対値の$\frac{w}{p}$から$(1-t)\frac{w}{p}$への低下は余暇の相対価格の低下（と私的財の相対価格の上昇）を意味するから，代替効果によって余暇の増加，すなわち労働の減少が生じる（図中，E_0からへE_1の変化）。また，租税の賦課により実質所得は減少するから（財価格pは一定のまま労働所得の名目額は減少する），上級財である余暇の減少，すなわち労働の増加が生じる（図中，E_1からへE_2の変化）。ただし，労働は代替効果で減少，所得効果で増加するものの，両者の大小関係は明らかではないから，総合的には労働の増減は明確ではない。

1 × 余暇は，代替効果によって増加し，所得効果によって減少する。
2 × 所得効果と代替効果が同じ大きさとなる理由はない。
3 ◎ 正しい記述である。
4 × 労働時間は，所得効果によって増加する。
5 × 労働時間は，代替効果によって減少し，所得効果によって増加する。

No.7 の解説　異時点間の最適消費

→問題はP.121　正答5

計算量が容易な消費税がかからないBの場合を先に求める。

STEP❶　異時点間の予算制約式（Bの場合）

消費者の今期および来期の予算制約式は，おのおの，貯蓄をSで表すと，

$C_1=300-S$

$C_2=210+(1+0.05)S$

と表せる。これらから貯蓄Sを消去すれば，次の異時点間の予算制約式を得る。

$$500=C_1+\frac{1}{1.05}C_2 \quad \cdots\cdots①$$

STEP❷　貯蓄の計算（Bの場合）

①式をコブ=ダグラス型効用関数$U=C_1C_2$に対応する予算制約式とみて，コブ=ダグラス型効用関数の指数に着目すれば，次の各式が成り立つ。

$C_1=250 \quad \cdots\cdots②$

$$250=\frac{1}{1.05}C_2$$

②式を今期の予算制約式$C_1=300-S$に差し戻せば，貯蓄を次のように得る。

$S=50$

STEP❸　異時点間の予算制約式（Aの場合）

第1期にのみ10%の消費税がかかる場合，今期の予算制約式は$300=(1+0.1)C_1+S$になるので，これを，

$1.1C_1=300-S$

と変形し，来期の予算制約式

$C_2=210+1.05S$

と連立して，Sを消去すれば，次の異時点間の予算制約式を得る。

$$500=1.1C_1+\frac{C_2}{1.05} \quad \cdots\cdots③$$

STEP❹　貯蓄の計算（Aの場合）

③式をコブ=ダグラス型効用関数$U=C_1C_2$に対応する予算制約式とみて，効用関数の指数に着目すれば，次の各式が成り立つ。

$250=1.1C_1 \quad \cdots\cdots④$

$$250=\frac{1}{1.05}C_2$$

④式を今期の予算制約式$1.1C_1=300-S$に差し戻せば，貯蓄を次のように得る。この値はBの場合と同じであり，貯蓄は消費税の有無に左右されない。

$S=50$

よって，正答は**5**である。

[別解]・Bの場合

消費者の今期および来期の予算制約式は，おのおの，

$$C_1=300-S$$

$$C_2=210+(1+0.05)S$$

と表せる（S：貯蓄）。これらを効用関数に代入すれば，

$$U=(300-S)(210+1.05S)$$
$$=1.05(300-S)(200+S)$$
$$=1.05(60000+100S-S^2)$$

になる。これを微分して0に等しいと置けば，

$$\frac{dU}{dS}=1.05(100-2S)=0$$

となるから，

$$S=50$$

となる。

・Aの場合

今期の予算制約式　$1.1C_1=300-S$を変形して$C_1=\frac{1}{1.1}(300-S)$とし，来期の予算制約式$C_2=210+(1+0.05)S$と合わせて効用関数に代入すれば，

$$U=\frac{1}{1.1}(300-S)(210+1.05S)$$
$$=\frac{1}{1.1}(300-S)1.05(200+S)$$
$$=\frac{1.05}{1.1}(60000+100S-S^2)$$

になる。これを微分して0に等しいと置けば，

$$\frac{dU}{dS}=\frac{1.05}{1.1}(100-2S)=0$$

となるから，

$$S=50$$

となるから，貯蓄は消費税がない場合と変わらない。

No.8 の解説　異時点間の最適消費　→問題はP.121　正答5

STEP❶　異時点間の予算制約

今期の予算制約式と来期の予算制約式を，おのおの次のように立てる。

$$C_1=300-S \qquad (S：貯蓄〈負の場合は借入〉)$$

$$C_2=510+(1+0.02)S$$

これらから貯蓄Sを消去すれば，異時点間の予算制約式は次のようになる。

$$800=C_1+\frac{1}{1.02}C_2 \quad \cdots\cdots①$$

STEP❷ 貯蓄の計算

①式をコブ=ダグラス型効用関数$U=C_1C_2$に対応する予算制約式とみれば，コブ=ダグラス型効用関数の指数より，

$$400=C_1 \quad \cdots\cdots ②$$

$$400=\frac{1}{1.02}C_2$$

を得る。②式を今期の予算制約式$C_1=300-S$に差し戻せば，貯蓄として，

$$S=-100$$

を得る（100の借入）。

STEP❸ 別解

消費者Aの今期の予算制約式$C_1=300-S$（S：貯蓄）および来期の予算制約式$C_2=510+(1+0.02)S$を効用関数に代入すれば，

$$U=(300-S)(510+1.02S)$$
$$=1.02(300-S)(500+S)$$
$$=1.02(150000-200S-S^2)$$

になる。これを微分して0に等しいと置けば，

$$\frac{dU}{dS}=1.02(-200-2S)=0$$

となる。この式はカッコ内が0の場合に満たされるので，

$$S=-100$$

となる（100の借入）。

よって，正答は**5**である。

No.9 の解説 期待効用最大化

→問題はP.122 **正答3**

計算の便宜上，（イ）および（ウ）から先に求める。

STEP❶ 個人１の選択

個人1が「くじ1」および「くじ2」から得る期待効用は，おのおの以下のようになる。

くじ1　$u_1=0.5\times\sqrt{10000}+0.5\times\sqrt{0}=50$

くじ2　$u_1=0.5\times\sqrt{8000}+0.5\times\sqrt{2000}=30\sqrt{5}\fallingdotseq 67$

つまり，個人1は期待効用の大きい「くじ2」を選択する（（　イ　）の答え）。

STEP❷ 個人２の選択

個人2が「くじ1」および「くじ2」から得る期待効用は，おのおの以下のようになる。

くじ1　$u_2=0.5\times 10{,}000^2+0.5\times 0^2=50{,}000{,}000$

くじ2　$u_2=0.5\times 8{,}000^2+0.5\times 2{,}000^2=34{,}000{,}000$

つまり，個人2は期待効用の大きい「くじ1」を選択する（（　ウ　）の答え）。

STEP❸ 危険に対する態度

「くじ１」と「くじ２」から得られる期待所得は，次のように等しくなる。

くじ１の期待所得＝$0.5\times10{,}000+0.5\times0=5{,}000$

くじ２の期待所得＝$0.5\times8{,}000+0.5\times2{,}000=5{,}000$

ここから，仮に個人１が確実に（100％の確率で）5,000円を得たときの効用は，

$$u_1=\sqrt{5000}=50\sqrt{2}\fallingdotseq70.7$$

となる。一方，個人1が「くじ１」および「くじ２」から得る期待効用は，おのおの，

くじ１　$u_1=0.5\times\sqrt{10000}+0.5\times\sqrt{0}=50$

くじ２　$u_1=0.5\times\sqrt{8000}+0.5\times\sqrt{2000}=30\sqrt{5}\fallingdotseq67$

であった。つまり，個人１にとっては，「くじ１」および「くじ２」の期待所得が5,000円であり，それを上回る所得を得る可能性があったとしても，確実に5,000円が得られる場合のほうが効用が高くなる。これは，個人１が所得の変動を好まないということであるから，個人１の選好は危険回避的であると言える（（　ア　）の答え）。

なお，仮に個人２が確実に5,000円を得たときの効用は，

$$u_2=5000^2=25{,}000{,}000$$

であるが，個人２が「くじ１」および「くじ２」から得る期待効用は，おのおの，

くじ１　$u_2=0.5\times10{,}000^2+0.5\times0^2=50{,}000{,}000$

くじ２　$u_2=0.5\times8{,}000^2+0.5\times2{,}000^2=34{,}000{,}000$

である。つまり，個人２にとっては，確実に5,000円を得るよりも，期待所得が5,000円でも，より大きな所得が得られる可能性のあるくじを選ぶほうが効用が高くなる。これは，個人２が所得の変動を好む危険愛好的な選好を持つということである。

よって，正答は**3**である。

No.10 の解説　リスク・プレミアム・レート　→問題はP.122　正答4

確実性等値やリスク・プレミアム，特に前者はあまり耳慣れない用語であろうが，この用語を用いなくても，その内容を含む出題が見られる。また，本問における計算パターンは期待効用最大化で頻繁に用いるものであるので，できるだけマスターしてほしい。

STEP❶ 確実性等値について

まず，この消費者の期待所得$E[W]$は$E[W]=0.25\times400+0.75\times0=100$であり，期待効用$E[U]$は$E[U]=0.25\times\sqrt{400}+0.75\times\sqrt{0}=0.25\times20+0.75\times0=5$であることを求めておく。

次に，現在の期待効用を直接に与えるような所得を効用関数から逆算する。

そのような所得$\overline{W}$は$5=\sqrt{\overline{W}}$より，$\overline{W}=25$であり，これを確実性等値と呼ぶ。

STEP❷ リスク・プレミアムについて

リスク・プレミアム＝期待所得－確実性等値と定義し，具体的に100－25＝75と求める。これは，現在の所得における一定確率で所得が0になるとのリスクを回避して所得を確実に得るために許容できる期待所得の低下分である。

たとえば，業績を上げれば年収1,500万円の所得が約束されているが失敗すれば解雇されて所得が0になるような職に就いている個人が，確実に年収700万の仕事に転職した場合，前者の平均年収から750万－700万＝50万円の低下なら収入の安定性の確保という点から受け入れられると判断したとすれば，この50万円がリスク・プレミアムに当たる。

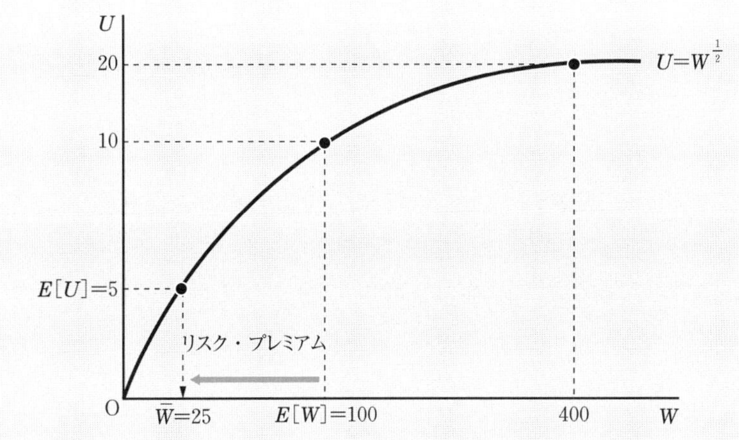

リスク・プレミアム・レートとは，リスク・プレミアム÷期待所得と定義されているから，答えは，75÷100＝0.75になる。

よって，正答は**4**である。

第２章

生産者理論（完全競争）

テーマ 7 利潤最大化と最適生産
テーマ 8 損益分岐点と操業停止点
テーマ 9 長期費用と短期費用
テーマ 10 最適生産要素投入

第2章 生産者理論（完全競争）

試験別出題傾向と対策

頻出度	試験名	国家総合職					国家一般職					国家専門職（国税専門官）				
	年度	21～23	24～26	27～29	30～2	3～5	21～23	24～26	27～29	30～2	3～5	21～23	24～26	27～29	30～2	3～5
	テーマ ＼ 出題数	4	4	3	4	2	3	2	1	3	3	3	1	1	0	3
A	7 利潤最大化と最適生産				1	1		2		1		1				1
A	8 損益分岐点と操業停止点	1	1	1	1	1	1				1	1	1	1		1
B	9 長期費用と短期費用	2		1	1				1	2	1	1				
B	10 最適生産要素投入	1	3	1	1		2				1					1

本章の内容は大きくテーマ7～9とテーマ10に二分できる。前半は利潤を最大化する最適生産（テーマ9）から，損益分岐点・操業停止点といった企業行動のベンチマークとなる用語の定義を経て供給曲線の導出に至る（ここまでテーマ10）生産者理論の核心となる部分であり，出題頻度も高い。ただし，費用の分類やいくつかの公式・条件を正確に理解すれば，出題傾向は安定しているのでパターン的に解答しやすい。逆にいえば差がつきにくいともいえるので，ミスをせずに正答できるよう反復学習してほしい。

後半のテーマ10（最適生産要素投入）は，生産過程においてどのように生産要素（資本と労働）を組み合わせれば利潤を最大化（同じことであるが費用を最小化）できるのかについての分析であり，マクロ経済学での投資理論と若干の関連を持ち，労働市場の理論と大きく関わる。数学的な難易度の点からいえば，ミクロ経済学の中でも最も対策に時間を要する箇所の一つであるが，上記マクロ経済学との関連に加え，理論構造が消費者理論（特にテーマ1および4）に類似しているため，この点を意識して学習すると双方の理解が深まる。なお，テーマ9（長期費用と短期費用）は前半と後半を，理論的につなぐ役割も持っているので，テーマ7・8・10の後に学習することも不可能ではない。

● 国家総合職（経済）

基本的は1問の出題であるが多少の幅がある（0～2問)。過去，数学的な難易度がやや高い最適生産要素投入に関する計算問題の出題頻度が高い時期があったが，直近5年の出題はない。損益分岐点・操業停止点に関する計算問題は，周期的（2～3年に1度）に出題されているが，相対的にパターン化された出題が多い。なお，短期・長期費用関数に関しては直近5年の出題がない。

● 国家一般職

基本的には計算問題が1問，特定のテーマに偏ることなく出題される。最適生産

地方上級（全国型）					地方上級（特別区）					市役所（C日程）					
21-23	24-26	24-29	30-2	3-5	21-23	24-26	27-29	30-2	3-5	21-23	24-26	27-29	30-2	3-4	
3	1	3	3	4	3	3	3	3	3	4	1	0	2	1	
		2	2	2			1	2	1	1	1		2	1	テーマ7
2	1			2	2	1	1	1	1	1					テーマ8
					1	2			1						テーマ9
1		1	1				1			2					テーマ10

要素投入の出題を除けばパターン化された計算が多いため，反復練習によって対処できる。

● 国家専門職（国税専門官）

ミクロ経済枠が2問のため，出題が割り当てられない年度も多い。損益分岐点・操業停止点の計算問題がやや目立つものの，幅広く出題されているため，偏りのない学習をしておいたほうがよい。

● 地方上級（全国型）

短期・長期の費用関数以外のテーマから1問の出題が基本であり，文章題，グラフ問題，計算問題のおのおののウエートがおおむね等しい。出題テーマは，利潤最大化と最適生産（テーマ7）および損益分岐点と操業停止点（テーマ8）に偏りがちで，長期費用と短期費用に関する出題はほぼない。計算問題は，最適生産要素投入の出題を除けばさほど難しくない。なお，その最適生産要素投入に関する出題は直近5年においてみられない。

● 地方上級（特別区）

基本的には例年1問の出題である。出題パターンは，損益分岐点と操業停止点に関するものがやや多く，最適生産要素投入に関するものが少ない。なお，難易度は他の試験種と比較してそれほど高くないことが多い。

● 市役所（C日程）

基本的に0～1問と本章の内容の出題は少ない。出題内容は利潤最大化と最適生産，最適生産要素投入に偏っており（ただし，後者は過去10年において出題がない），日程が先行する試験種を併願する場合，その対策でカバーできる。

利潤最大化と最適生産

必修問題

利潤最大化を行う，ある企業の短期の総費用関数が，

$$C(x)=x^3-6x^2+18x+32$$

で示されるとする。ここで，x（≧０）は生産量を表す。また，この企業は完全競争市場で生産物を販売しているとする。生産物の市場価格が54のとき，最適な生産量はいくらか。 【国家一般職・平成25年度】

1　3
2　4
3　5
4　6
5　7

難易度　＊

必修問題の解説

生産者理論における最適生産は，相対的に消費者理論の最適消費より容易であるが，後続の内容の理解に支障が出るので，基本事項をおろそかにしないでほしい。

なお，問題文中にある「短期」の概念については，テーマ9で取り上げる。

STEP❶ 限界費用を計算する

完全競争市場における最適生産条件である$p=MC$（価格＝限界費用）を用いる。 そのため，まずは限界費用を求める。限界費用MCは総費用関数$C(x)$を生産量xで微分することで，以下のように得られる。

$$MC=\frac{dC(x)}{dx}=3x^2-12x+18$$

STEP❷ 公式を適用する

完全競争市場では，すべての経済主体がプライス・テイカーである。 つまり，企業は市場における財の価格を決定できないので，生産量の選択によって利潤を最大化する。価格pが54であるとの条件をSTEP❶で求めた限界費用MCに等しいとおけば，

$$3x^2-12x+18=54$$
$$x^2-4x-12=0$$
$$(x-6)(x+2)=0$$

となり，ここから利潤を最大化する最適な生産量を$x=6$とできる。

補足： この企業の利潤πを$\pi=54x-(x^3-6x^2+18x+32)$とし（収入$54x$から総費用を引いたもの），この関数の極大値（すなわち利潤の最大値）を求める。その条件は，$\frac{d\pi}{dx}=54-(3x^2-12x+18)=0$になる（微分によって傾きを求め，それをゼロに等しいとおくことで極値を求めている）。この式を移項すると，$3x^2-12x+18=54$になるので，上記の公式を用いた解法とまったく同じ結果になる（根拠は**重要ポイント3**参照）。

正答 4

FOCUS

生産者理論における費用概念については，総額に関する系列と生産量1単位当たりの系列の区別がしっかりできるようにしておきたい。たとえば，車を100台生産したとして，前者が100台分の合計の費用であるのに対して，後者は100台生産したときの1台当たりの費用のような概念である。理論上，前者は総費用やその内訳である可変費用と固定費用であり，後者は平均費用，平均可変費用や限界費用などである。

POINT

重要ポイント 1 利潤最大化とプライス・テイカーの仮定

生産者は利潤を最大化すると考える。利潤をπ，収入（売上）をR，費用をCとおけば，これらの関係を$\pi=R-C$と表せる（利潤関数）。

収入は，価格をp，生産量をQとおけば，$R=pQ$である。このとき，市場が完全競争状態である場合，価格は市場で決まり，個々の生産者が決めることはできない。これを**プライス・テイカー**という。したがって，収入Rを縦軸に，生産量Qを横軸にとると，収入$R=pQ$のグラフは価格pを傾きとする右上がりの直線になる（**重要ポイント3**のグラフ）。

重要ポイント 2 費用概念の整理

財の生産にかかる**費用*C***（しばしば総費用TCと表す）は，生産量がゼロであっても発生する**固定費用*FC***と生産量に応じて発生する**可変費用*VC***の和である。これを次のように表す。

$$C=FC+VC$$

費用Cを縦軸に，生産量Qを横軸にとると，費用のグラフは，通常，下図のような形状となり，縦軸切片が固定費用を，それを上回る部分が可変費用を表す。また，生産量を１単位増加させたときに追加的に要する費用を**限界費用*MC***といい$MC=\frac{\Delta C}{\Delta Q}$と表す。

財の生産量１単位当たりの費用である平均費用（平均総費用）*AC*を$AC=\frac{C}{Q}$と定義する。（総）費用の式の両辺を生産量Qで割れば$\frac{C}{Q}=\frac{FC}{Q}+\frac{VC}{Q}$になる。固定費用の平均$AFC=\frac{FC}{Q}$を**平均固定費用**，可変費用の平均$AVC=\frac{VC}{Q}$を**平均可変費用**と定義すれば，

$$AC=AFC+AVC$$

つまり，平均費用＝平均固定費用＋平均可変費用が成り立つ。

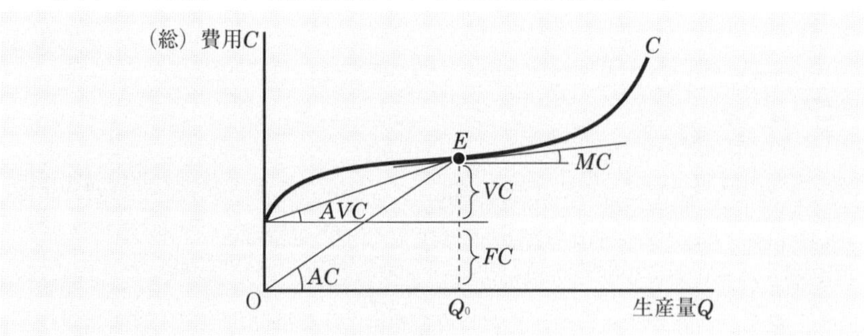

上図は，生産量がQ_0のときの固定費用FCと可変費用VC（合計が（総）費用C），

限界費用MC，平均費用ACおよび平均可変費用AVCを示したものである。

①**限界費用MC**は（総）費用の追加分ΔCと生産量の増加分ΔQの比であるから，図中E点の**接線の角度**で表される

②**平均費用AC**は（総）費用（$=FC+VC$）と生産量Qの比であるから，図中E点と**原点を結ぶ直線の角度**で表される。

③**平均可変費用AVC**は可変費用（VC）と生産量Qの比であるから，図中E点と**縦軸切片を結ぶ直線の角度**で表される。

重要ポイント3 利潤最大化条件の導出

利潤は収入と費用の差であるから，利潤最大化は2つのグラフの縦方向の幅が最も広くなる場合の生産量Q^*で実現する。この条件は，費用のグラフの接線の傾きが収入のグラフの傾きに等しくなることであり，後者は価格pを，前者は限界費用を表しているから，利潤最大化の条件（最適生産の公式）は，$p=MC$とできる。

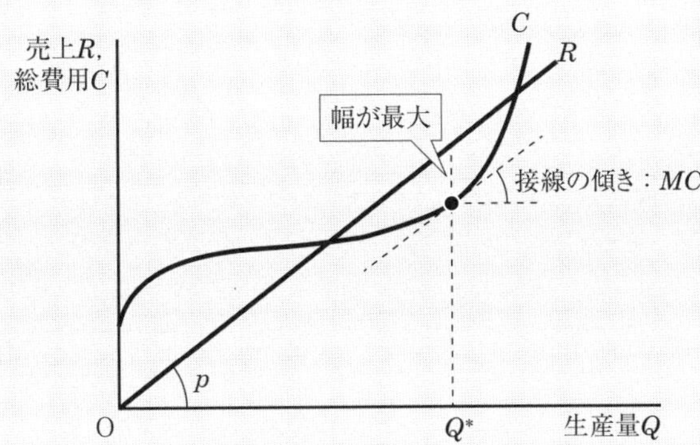

なお，上のグラフで収入Rと費用Cの差である利潤πを縦軸にとると，下図のようになる。これを表す式$\pi=R-C=pQ-C$を生産量Qで微分して傾きを求め，これを$=0$とおくことで頂点（つまり最大利潤）を求めると$\frac{d\pi}{dQ}=p-\frac{dC}{dQ}=0$になるが，$\frac{dC}{dQ}=MC$になる（微分と変化分を同一視する）ので，移項すれば最適生産の公式$p=MC$になる。

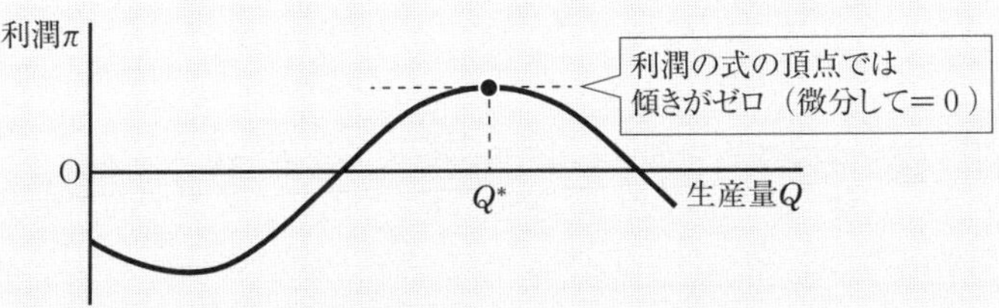

実戦問題

＊＊
No.1 **ある財の生産量と総費用の関係を表している次の２つの総費用曲線を考える。**

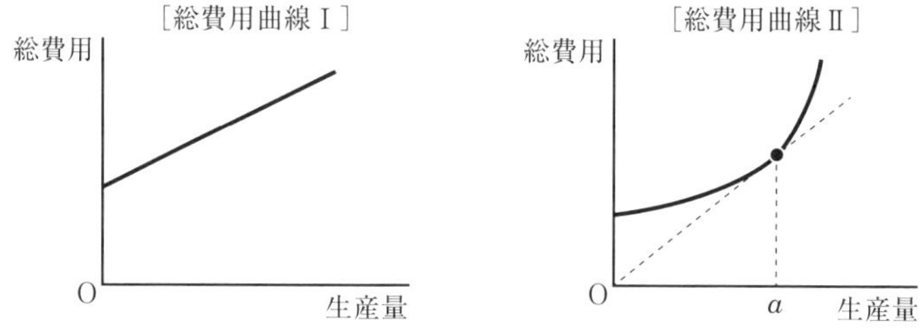

各総費用曲線の平均費用（*AC*）曲線と限界費用（*MC*）曲線を考える。総費用曲線Ⅰに対応するものを以下の図の（ア）または（イ）から，総費用曲線Ⅱに対応するものを以下の図の（ウ）～（オ）からそれぞれ選んだものの組合せとして妥当なのはどれか。

【国家総合職・令和４年度】

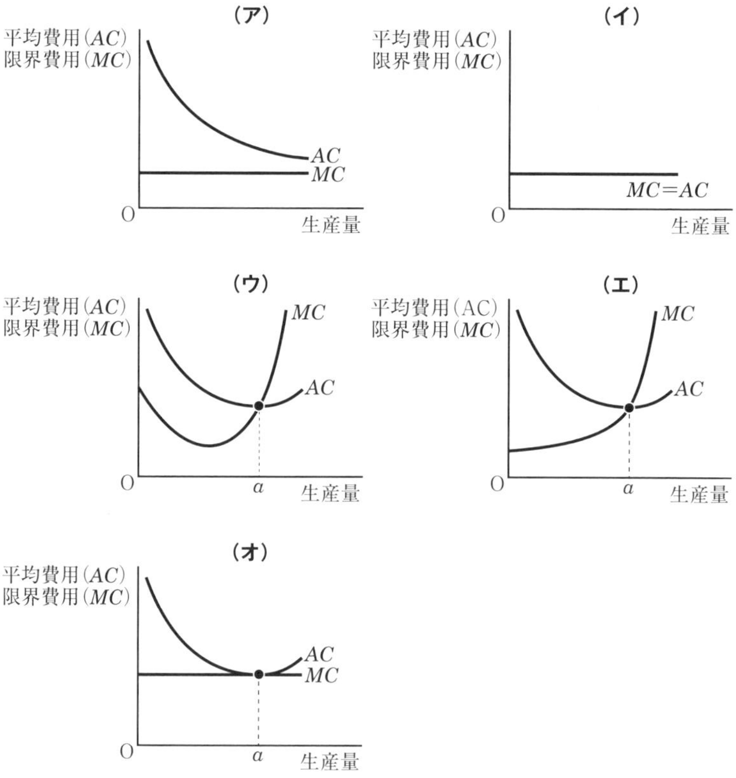

（ア）
平均費用(*AC*)
限界費用(*MC*)
AC
MC
O
生産量

（イ）
平均費用(*AC*)
限界費用(*MC*)
MC＝*AC*
O
生産量

（ウ）
平均費用(*AC*)
限界費用(*MC*)
MC
AC
O
a
生産量

（エ）
平均費用(AC)
限界費用(*MC*)
MC
AC
O
a
生産量

（オ）
平均費用(*AC*)
限界費用(*MC*)
AC
MC
O
a
生産量

	［総費用曲線Ⅰ］	［総費用曲線Ⅱ］
1	（ア）	（ウ）
2	（ア）	（エ）
3	（ア）	（オ）
4	（イ）	（ウ）
5	（イ）	（エ）

＊＊
No.2 **図は，ある企業の短期総費用曲線を表したものである。この企業は，可変的生産要素と固定的生産要素を用いて，ある財を生産している。この図に関する次の記述のうち，妥当なのはどれか。**

なお，図において，短期総費用曲線は半直線である。

【国家一般職・平成24年度】

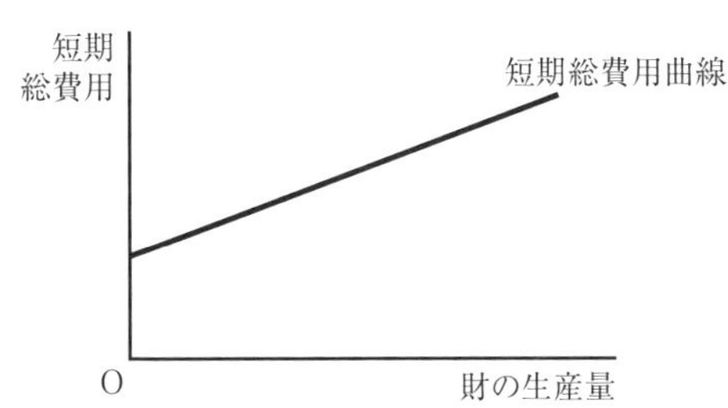

1 生産量がゼロのとき，平均費用と平均可変費用はそれぞれ最も小さくなっている。

2 生産量が増えるに従って，限界費用は逓増し，平均可変費用は逓減している。

3 生産量が増えるに従って，限界費用は逓減し，平均費用は逓増している。

4 生産量の大きさにかかわらず，限界費用は平均費用を上回っている。

5 生産量の大きさにかかわらず，限界費用は平均可変費用と等しい。

＊＊＊
No.3 **完全競争市場において，ある財を生産し販売している企業の平均費用が，**

$AC=X^2-12X+90$ 〔AC：平均費用，X（$X \geqq 0$）：財の生産量〕

で表されるとする。

財の価格が150であるとき，この企業の利潤が最大となる財の生産量はいくらか。

【地方上級（特別区）・令和３年度】

1 9　　**2** 10

3 11　　**4** 12

5 13

＊＊
No.4 完全競争市場において，財Xを生産し販売している，ある企業の平均可変費用が，

$AVC = X^2 - 6X + 380$ 〔AVC：平均可変費用，X（$X \geqq 0$）：財Xの生産量〕

で表されるとする。

この企業の固定費用が20，完全競争市場における財Xの価格が416であるとき，この企業の利潤が最大となる財Xの生産量はいくらか。

【地方上級（特別区）・令和元年度】

1 2
2 3
3 4
4 5
5 6

＊＊
No.5 完全競争市場において，ある財を生産し販売しているある企業の平均可変費用をAVC，ある財の生産量をX（$X \geqq 0$）とし，この企業の平均可変費用が，

$AVC = X^2 - 30X + 320$

で表されるとする。完全競争市場における生産物価格が320であるとき，企業が利潤最大化を行うとして，この企業の純利潤が0であるとした場合の固定費用の値はどれか。

【地方上級（特別区）・平成29年度】

1 1,360
2 3,000
3 4,000
4 6,640
5 9,280

実戦問題の解説

No.1 の解説　費用関数のグラフ　→問題はP.138　正答2

総費用のグラフの，生産量１単位当たりの費用（限界費用や平均費用など）のグラフへの変換という基本的な内容が問われている。

STEP❶　平均費用について

平均費用は総費用曲線上の点と原点を結ぶ直線の傾きで表される。

総費用曲線Ⅰの場合，生産量の増加とともにそのような直線の傾きは小さくなる。これは平均費用の値が，生産量の増加とともに低下することを表している。したがって，総費用曲線Ⅰに対応した平均費用曲線のグラフは生産量の増加とともに逓減する形状となる（右下がりの原点に対して凸型のグラフ）。

総費用曲線Ⅱの場合，図中a点までは生産量の増加とともに原点と結ぶ直線の傾きは小さくなるが，a点からは生産量の増加とともに原点と結ぶ直線の傾きは大きくなる。これは平均費用の値が，a点までは生産量の増加とともに低下するが，a点からは生産量の増加とともに上昇することを表している。したがって，総費用曲線Ⅱに対応した平均費用曲線は生産量の増加につれて，a点までは逓減，a点からは逓増する（正の極小値を持つ，下に凸型のグラフ）。

STEP❷　限界費用について

限界費用は総費用曲線上の点の接線の傾きで表される。

総費用曲線Ⅰは直線であるから，生産量にかかわらず傾きは一定である。したがって，総費用曲線Ⅰに対応した限界費用曲線は一定の値を取る水平線となる。

総費用曲線Ⅱの場合，接線の傾きは生産量の増加とともに大きくなる。これは限界費用が生産量の増加とともに上昇することを表している。したがって，総費用曲線Ⅱに対応した限界費用曲線は生産量の増加につれて逓増する（右上がりのグラフ）。

以上より，総費用曲線Ⅰに対応するものは（ア），総費用曲線Ⅱに対応するものは（エ）である。

よって，正答は**2**である。

No.2 の解説　直線の総費用曲線　→問題はP.139　正答5

総費用曲線が直線の場合，典型的な形状である逆Ｓ字型の場合と異なって，やや特殊な状況となる。たとえば，限界費用と平均可変費用は区別できなくなる。各費用概念の定義に照らして，判断できるようになることを目標にしてほしい。

1×　生産量がゼロの場合，総費用は固定費用と同額である。

定義上，固定費用とは生産量ゼロの段階で発生する費用であるからである。逆にいえば，生産量がゼロの場合，可変費用はゼロである（短期の意味は**テーマ9**参照）。

第2章　生産者理論（完全競争）

生産量がゼロの場合，平均費用は，固定費用を生産量ゼロで割ることになり定義できない。また，平均可変費用は可変費用ゼロを生産量ゼロで割ることになり，これも定義できない。つまり，これらが最小とはいえない。

2 × **総費用が直線の場合，限界費用と平均可変費用は逓増も逓減もしない。**
直線の総費用を$C=a+bQ$（C：総費用，Q：生産量，a，b：正の定数）とすれば，可変費用はbQであるから，生産量で割った平均可変費用はbである。総費用の変化分をとれば$\Delta C=b\Delta Q$であるから，両辺をΔQで割れば，定義より限界費用もbになり，平均可変費用と同値になる。また，これらは定数であるから，生産量の増加によって逓増も逓減もしない。

3 × **平均費用は総費用曲線上の点と原点を結ぶ直線の傾きで表される。**
したがって，生産量が増えるに従って，平均費用は逓減する。なお，生産量の変化にかかわらず限界費用は一定である。

4 × **総費用が直線なら，生産量によらず，常に平均費用が限界費用を上回る。**
平均費用は総費用曲線上の点と原点を結ぶ直線の傾きで表される一方，限界費用は総費用曲線上の点と縦軸切片を結ぶ直線の傾きで表される（本問では限界費用と平均可変費用は同値）。平均費用は生産量が増えるに従って逓減するが限界費用は一定である。生産量が増えるに従って，両者の差は小さくなり，生産量が無限大のときに両者は一致するが，限界費用が平均費用を上回ることはない。

5 ◎ **総費用が直線の場合，限界費用も平均可変費用も同じ一定の値をとる。**
妥当である。**2**の解説のとおり。

No.3 の解説　利潤最大化

→問題はP.139 **正答2**

STEP❶　総費用について

完全競争市場下の企業の利潤最大化条件は価格と限界費用が等しいことである。限界費用は総費用を生産量で微分することで得られるから，まず与えられた平均費用関数ACから，総費用関数TCを次のように求めておく。

$$TC=AC\cdot X=(X^2-12X+90)X=X^3-12X^2+90X$$

STEP❷　限界費用について

限界費用関数MCは，総費用関数TCを生産量Xで微分することで，次のように得られる。

$$MC=\frac{dTC}{dX}=3X^2-24X+90$$

STEP❸　利潤の最大化

限界費用関数MCを価格の150に等しいと置くと，利潤を最大化する生産量を，

$$3X^2-24X+90=150$$

$$X^2-8X-20=(X+2)(X-10)=0$$

より，$X=10$と得る。

よって，正答は**2**である。

No.4 の解説 利潤最大化

→問題はP.140 正答5

本問を解くのに，固定費用の値がわかっている必要はない。固定費用は定数であり，総費用を生産量で微分する際にゼロになるからである。

STEP❶ 総費用の復元と限界費用の計算

利潤最大化の公式である価格＝限界費用を用いる。平均可変費用AVCの定義$AVC=\dfrac{VC}{X}$は，$VC=AVC\cdot X$になることに注意すれば，（総）費用Cは，

$$C=AVC\cdot X+FC=(X^2-6X+380)X+20=X^3-6X^2+380X+20$$

になる。これを微分すれば，限界費用MCは，

$$MC=3X^2-12X+380$$

になる（ここで固定費用20は消えてしまう）。

STEP❷ 利潤を最大化する

利潤を最大化する生産量は，条件$p=MC$より，

$$416=3X^2-12X+380 \quad \Leftrightarrow \quad 3X^2-12X-36=3(X-6)(X+2)=0$$

であり，生産量は負値ではありえないから，$X=6$になる。

よって，正答は**5**である。

No.5 の解説 利潤最大化

→問題はP.140 正答3

形式上，固定費用が問われているが，利潤最大化条件を用いる問題である。利潤最大化条件を満たすように生産しても達成できる最大利潤がゼロである（そうでなければ負の利潤に陥る）と考えれば解ける。

STEP❶ 限界費用を計算する

固定費用をFCとし，平均可変費用AVCの定義$AVC=\dfrac{VC}{X}$を$VC=AVC\cdot X$と変形できることに注意すれば，（総）費用Cは，

$$C=VC+FC=AVC\cdot X+FC$$
$$=(X^2-30X+320)\cdot X+FC=X^3-30X^2+320X+FC$$

になる。これを生産量Xで微分すれば，限界費用MCを$MC=3X^2-60X+320$とできる。

STEP❷ 固定費用を逆算する

利潤最大化の公式$P=MC$に価格と限界費用を代入すれば，

$$320=3X^2-60X+320 \quad \Leftrightarrow \quad X=0,\ 20$$

と最適生産量$X=20$が求められる（$X=0$は不適）。

ここで，この企業の純利潤πが0であるということは，

$$\pi=pX-C$$
$$=320\times 20-(20^3-30\times 20^2+320\times 20+FC)$$
$$=6400-(8000-12000+6400+FC)=0$$

と表せるから，ここから，$FC=4000$を得る。

よって，正答は**3**である。

第2章 生産者理論（完全競争）

損益分岐点と操業停止点

必修問題

次の図は，完全競争の下での短期的均衡の状態において，縦軸に単位当たりの価格と費用を，横軸に生産量をとり，ある企業が生産する製品についての平均費用曲線をAC，平均可変費用曲線をAVC，限界費用曲線をMCで表したものであるが，この図に関する記述として，妥当なのはどれか。ただし，点B，CおよびDはそれぞれ平均費用曲線，平均可変費用曲線および限界費用曲線の最低点である。【地方上級（特別区）・平成28年度】

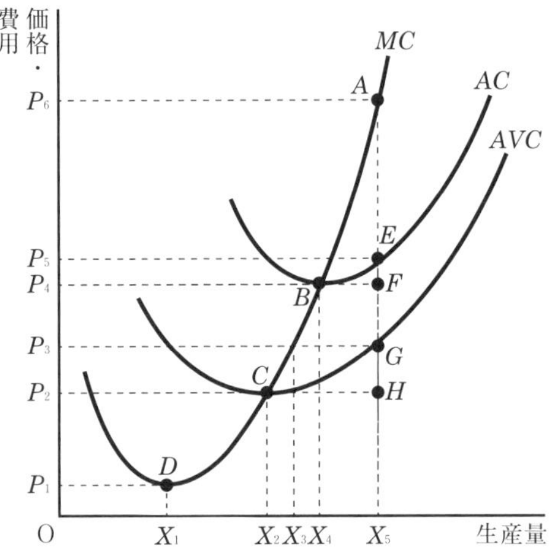

1 製品の価格がP_1で生産量がX_1であるとき，これを下回る価格では，固定費用だけでなく可変費用ですら回収することができなくなるが，このときの点Dを**操業停止点**という。

2 製品の価格がP_3で生産量がX_3であるとき，固定費用の一部を回収することができなくなり，生産を続けた場合のほうが，生産を停止する場合よりも損失は大きくなる。

3 製品の価格がP_4で生産量がX_4であるとき，価格が限界費用と平均費用と等しくなり，純利潤がゼロとなるが，このときの点Bを**損益分岐点**という。

4 製品の価格がP_6で生産量がX_5であるとき，固定費用は平均固定費用に生産量を掛けたものであるから，面積P_4FGP_3に等しい。

5 製品の価格がP_6で生産量がX_5であるとき，純利潤は１単位当たりの純利潤に生産量を掛けたものであるから，面積P_6AFP_4に等しい

難易度 ＊

必修問題の解説

操業停止点と損益分岐点のグラフの見方に関する最もオーソドックスなタイプの出題である。本問を丁寧に解くことで，このテーマを正しく理解してほしい。

1 × **限界費用ではなく平均可変費用の最低点が操業停止点である。**

点Cが操業停止点である。価格がP_2であれば利潤を最大化する生産量は価格＝限界費用を満たすX_2であり，このときの収入は面積P_2CX_2Oに相当する。しかし，P_2は生産量X_2のときの平均可変費用AVCでもあるので，面積P_2CX_2Oは可変費用にも当たる。

したがって，この収入ではちょうど可変費用を回収できるが，固定費用は回収できない。さらに，これ以上価格が低下して収入も減少すれば，固定費用だけでなく可変費用も全額は回収できなくなる。ただし，その水準まで価格が低下すれば，企業は操業を停止することで固定費用のみ回収できない状態を選ぶほうが損失は小さい。ここから，価格P_2は操業を継続するか停止するかの分岐点になり，対応する点Cを操業停止点と呼ぶ。

2 × **価格がP_3のとき，生産を中止するよりも続けるほうが損失は小さい。**

価格P_3に対応する最適生産量X_3を選択するとき，P_3は平均費用ACよりも小さいため，負の利潤（損失）が発生する。一方で，P_3は平均可変費用AVCよりは大きい。したがって，収入$P_3 \times X_3$は可変費用$AVC \times X_3$を上回る。これは，収入が生産に要した可変費用を全額回収できただけでなく，固定費用の一部も回収できたことを意味する。

一方，生産を停止しても，生産に要する可変費用は発生しないものの固定費用は発生するので，その分の損失が発生する。したがって，生産を続けても停止しても損失が発生するものの，生産を続けて固定費用の一部を回収したほうが損失は小さい。

3 ◎ **限界費用と平均費用の交点Bは損益分岐点である。**

妥当である。価格P_4に対応する最適生産量X_4を選択するとき，収入（$P_4 \times X_4$）は面積P_4BX_4Oになる。一方，P_4は平均費用ACでもあるので（総）費用（$AC \times X_4$）も面積P_4BX_4Oになる。収入と（総）費用が同額であるから両者の差である利潤はゼロになる。これ以上価格が低下すれば，収入が減少して（総）費用を下回ることになる。

つまり，価格P_4は正の利潤を確保できるか負の利潤（損失）を発生させるかの分岐点であることから，対応する点Bを損益分岐点と呼ぶ。

4 × **平均固定費用AFCは平均費用ACと平均可変費用AVCの差である。**

（総）費用の式$C=FC+VC$（FC：固定費用，VC：可変費用）の両辺を生産量Xで割れば，$AC=AFC+AVC$が成り立つので，これを移項すれば$AFC=AC-AVC$になる。生産量X_5のとき，平均費用ACは点E，平均可変費用AVCは点Gで表されるので，平均固定費用AFCはEGになる。固定費用は平均固定費用に生産量を掛けたものであるから，面積P_5EGP_3で表される。

5 × **1単位当たりの純利潤は，価格－平均費用を意味する。**

（純）利潤の定義は「利潤＝収入－（総）費用」であるが，両辺を生産量で割れば，「生産量１単位当たりの利潤＝生産量１単位当たりの収入－生産量１単位当たりの費用」になる。右辺第１項は，価格×生産量（＝収入）を生産量で割るのであるから価格であり，右辺第２項は平均費用の定義である。ここから冒頭の関係が導かれる。したがって，価格P_6に対応する最適生産量X_5を選択するとき，１単位当たりの純利潤はAEであり，これに生産量を掛けた純利潤は面積P_6AEP_5になる。

なお，通常，プラス要因とマイナス要因の差引きが純概念であるが，利潤は定義上収入と費用の差なのですでに純概念であり，「純」は付けないことが多い。

正答 3

FOCUS

損益分岐点と操業停止点は，グラフの読み取り問題および計算問題の双方において出題頻度が高いので，解法パターンをマスターしておこう。理論的に難易度を深化させる余地が比較的少ない（ただし近年，サンク・コストに言及する出題が増加しつつある点は覚えておいてほしい）ので，時折，数学的にやや難易度の高い計算が要求されることがある。このような場合でも，選択肢からヒントが得られるケースもある。

POINT

重要ポイント 1 費用のグラフの変換

①**限界費用MCは総費用曲線上の点の接線の傾き**である。縦軸に（総）費用，横軸に生産量をとった平面に描かれた，典型的な総費用曲線を前提にすれば，生産量が増加するにつれて，下左図のように，当初は逓減し，逓増に転じる。これを縦軸に限界費用，横軸に生産量をとった平面に描き変えると，下右図のように，当初は右下がりであり，右上がりに転じる**U字型の形状となる。**

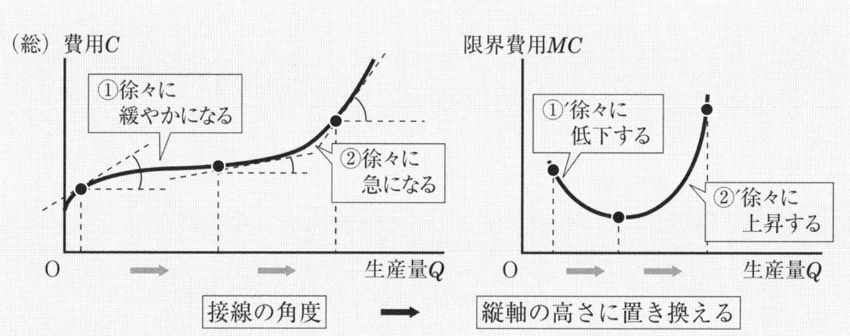

②**平均費用AC**は総費用曲線上の点と原点を結ぶ直線の傾きである。限界費用の場合と同様に，典型的な総費用曲線を前提にすれば，生産量が増加するにつれて，下左図のように，当初は逓減し，逓増に転じる。これを縦軸に平均費用，横軸に生産量をとった平面に描き変えると，下右図のように，当初は右下がりであり，右上がりに転じる**U字型の形状となる**。

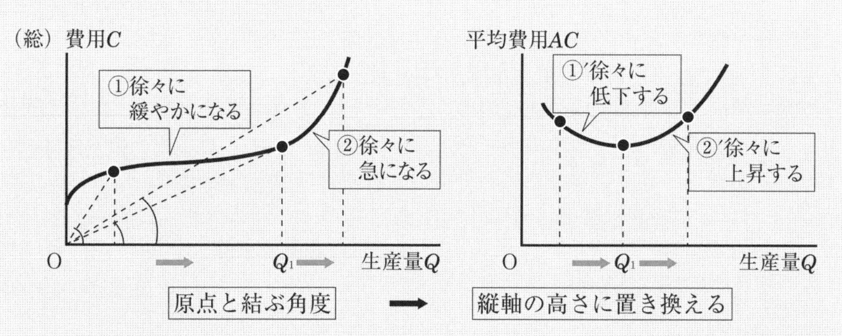

③**平均可変費用AVC**は総費用曲線上の点と縦軸点を結ぶ直線の傾きである。限界費用の場合と同様に，典型的な総費用曲線を前提にすれば，生産量が増加するにつれて，下左図のように，当初は逓減し，逓増に転じる。これを縦軸に平均可変費用，横軸に生産量をとった平面に描き変えると，下右図のように，当初は右下がりであり，右上がりに転じる**U字型の形状となる。**

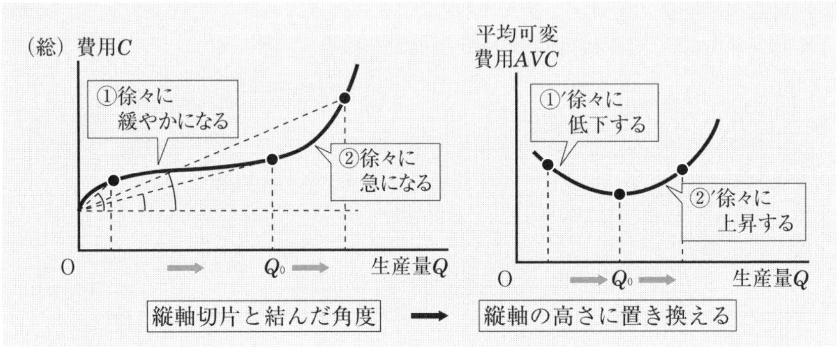

限界費用*MC*，平均費用*AC*および平均可変費用*AVC*のグラフの位置関係を調べる。なお，限界費用*MC*，平均費用*AC*，平均可変費用*AVC*を１つのグラフにまとめると，縦軸は，すべて生産量１単位当たりの金額であるから，同じ軸に価格もとることができる。

④平均費用*AC*と平均可変費用*AVC*のおのおのの最低点では限界費用と交差する。

総費用のグラフにおいて，原点と結ぶ直線の傾きが最小になるのは，その直線が総費用曲線上の点の接線になる場合（図中，生産量がQ_1の場合）である。この場合，原点と結ぶ直線の傾きと接線の傾きが等しくなる。言い変えれば，平均費用が最小になる場合は限界費用と同値になる。同様に，総費用の図において，縦軸切片と結ぶ直線の傾きが最小になるのは，その直線が総費用曲線上の点の接線になる場合である（図中，生産量がQ_0の場合）。これは，平均可変費用が最小になる場合は限界費用と同値になるつまり，**平均費用と平均可変費用はおのおの最低点で限界費用のグラフと交差する。**

⑤平均費用*AC*は平均可変費用*AVC*より必ず右上方向に位置する。

平均費用のグラフは平均可変費用のグラフよりも上方に位置する。これは平均費用には平均固定費用が含まれる分だけ平均可変費用よりも大きくなるからである。また，**平均費用のグラフの最低点は平均可変費用のグラフの最低点よりも右に位置する。**これはもとの総費用のグラフにおいて，原点と結ぶ直線が総費用のグラフの接線になるような生産量Q_1は，縦軸切片と結ぶ直線が総費用のグラフの接線になるような生産量Q_0よりも必ず大きくなるからである。

単位当たり費用のグラフの形状と位置関係のまとめ

- **限界費用*MC*，平均費用*AC*，平均可変費用*AVC*は，すべてU字型である。**
- **限界費用*MC*は，平均費用*AC*，平均可変費用*AVC*のおのおのの最低点を通る。**
- **平均費用*AC*は，平均可変費用*AVC*の右上方に位置する。**

重要ポイント２ 損益分岐点

重要ポイント１でまとめたグラフの縦軸に価格pをとる（価格も数量１単位当た

りの金額である)。この図において，**限界費用MCと平均費用ACの交点であるB点は損益分岐点である。**

価格がp_1のとき，利潤最大化条件 $p=MC$より，最適生産量はQ_1になり，企業の利潤はちょうどゼロである。なぜなら，企業の収入は価格p_1と生産量Q_1の積なので，OQ_1Bp_1の面積として表せるが，生産量がQ_1のときの平均費用もp_1であることから，総費用も生産量Q_1と平均費用p_1の積として同じOQ_1Bp_1の面積で表される，つまり，**収入と総費用が同額になる**からである。ここで，B点より高い価格であれば，最適生産量の下で価格は平均費用を上回ることになり，正の利潤を得る。一方，B点より低い価格であれば，最適生産量の下で価格は平均費用を下回ることになり，負の利潤（損失）が発生する。つまり，**B点はちょうど正の利潤と負の利潤の分岐点に当たるので損益分岐点と呼ばれる。**

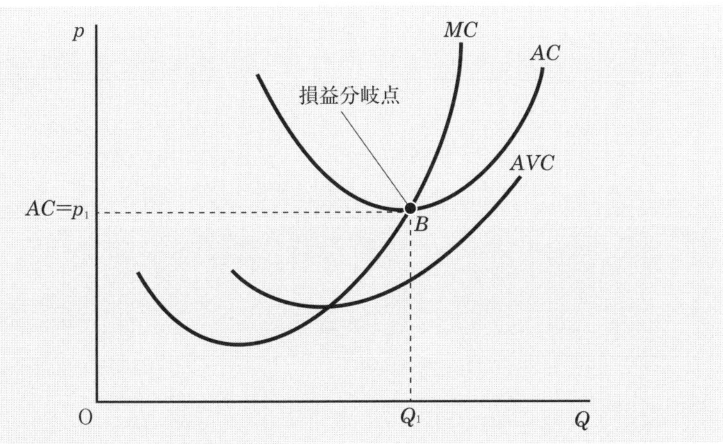

損益分岐点の条件：①限界費用と平均費用が等しいこと
あるいは，
②平均費用が最小値をとること

重要ポイント 3 操業停止点

限界費用MCと平均可変費用AVCの交点であるC点を操業停止点という。

価格がp_2のとき，利潤最大化条件$p=MC$より，最適生産量はQ_2になる。この場合の，企業の収入は価格p_2と生産量Q_2の積としてOQ_2Cp_2の面積で表されているが，平均費用はEであるから，総費用は生産量Q_2と平均費用Eの積としてOQ_2DEの面積で表される。このとき，平均可変費用はp_2であるから，可変費用は生産量Q_2と平均可変費用p_2の積としてOQ_2Cp_2の面積になり，残る固定費用がp_2CDEの面積になる。つまり，**収入と可変費用が同額**であるから，生産物による収入でカバーできるのが生産に要した可変費用のみで，結果として**固定費用p_2CDEの面積に相当する負の**

利潤（赤字）が発生することを表している（図中，青色の部分）。また，ここで生産を停止しても，収入は得られず，生産に要する可変費用は発生しないにもかかわらず固定費用は発生しているので，やはり固定費用分の赤字（負の利潤）が発生するので，**生産を続行しても停止しても赤字は同額になる。**

ここで，C点より高い価格であれば，最適生産量の下で価格は平均可変費用を上回り，可変費用分を上回る収入が得られるため，赤字は固定費用を下回る。この場合，生産を停止して固定費用の赤字を発生させるより，生産を続行して固定費用を下回る赤字に抑えるほうが合理的である。しかし，C点より低い価格であれば，最適生産量の下で価格は平均可変費用を下回ることになり，可変費用分を下回る収入しか得られないため，赤字は固定費用を上回る。この場合は，生産を停止して赤字を固定費用分に留めることが合理的である。つまり，C点はこれ以上価格が低下すると生産を停止する基準になるため操業停止点と呼ばれる。

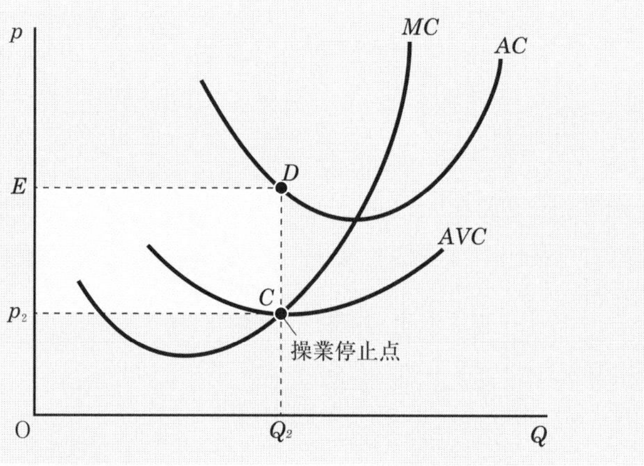

操業停止点の条件：①限界費用と平均可変費用が等しいこと
あるいは，
②平均可変費用が最小値をとること。

重要ポイント 4 供給曲線

企業は，操業停止点より高い価格の下では，常に価格が限界費用に一致するように生産量を決定する。ここから**限界費用曲線の操業停止点より上の部分が供給曲線になる**。この場合，限界費用MCを価格pに，生産量Qを供給量Sに読み換える。供給曲線は限界費用のグラフの一部であるから，**限界費用の増加は供給曲線を左上方に，限界費用の減少は供給曲線を右下方にシフトさせる。**

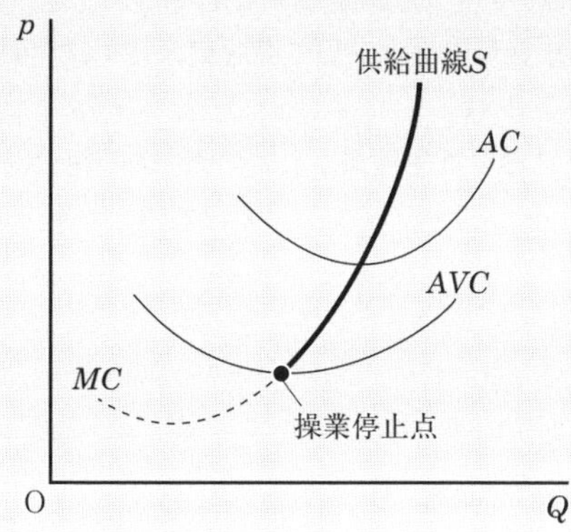

重要ポイント5 供給の価格弾力性

需要の価格弾力性と同様に，価格pが１％変化した際の供給量Sの変化率の比として**供給の価格弾力性e_s**を以下のように定義できる。

$$e_s=\frac{\frac{\Delta S}{S}}{\frac{\Delta p}{p}}=\frac{\Delta S}{\Delta p}\cdot\frac{p}{S} \qquad (s：供給,\ p：価格)$$

需要曲線と同様，供給曲線も供給の価格弾力性を傾きで表すことが多い。

傾きの緩やかな供給曲線（左図）：供給の価格弾力性の値が１より大きい
→　水平な供給曲線：供給の価格弾力性が無限大
傾きの急な供給曲線（右図）：供給の価格弾力性の値が１より小さい
→　垂直な供給曲線：供給の価格弾力性がゼロ

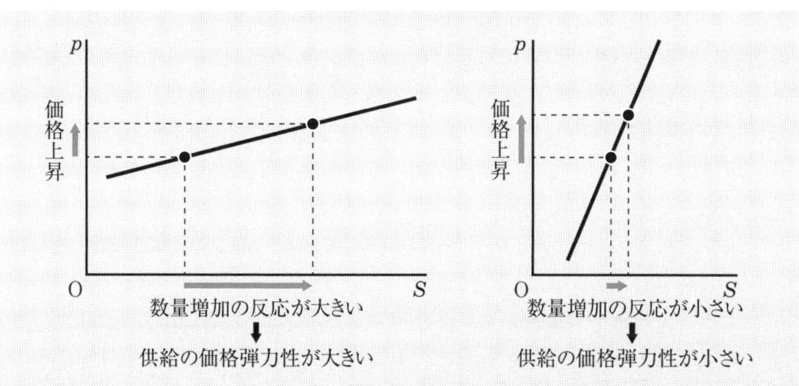

実戦問題❶　基本レベル

* **No.1** **完全競争市場での企業の利潤最大化行動を考える。財の生産量をx（>0）とすると，ある企業の総費用関数は，以下の式によって示される。**

$$TC(x)=x^3-4x^2+8x+24$$

このとき，操業停止点における生産量xと財の価格Pの組合せとして妥当なのはどれか。　【国税専門官／財務専門官・令和４年度】

	x	P
1	2	4
2	2	6
3	3	8
4	3	11
5	4	8

** **No.2** **完全競争市場において生産物を販売している，ある企業の短期費用関数が次のように示されている。**

$$C(x)=x^3-4x^2+6x+18 \quad〔x：生産量>0〕$$

このとき，この企業の損益分岐点，操業停止点におけるxの数量の組合せとして妥当なのはどれか。なお，固定費用は全額がサンク・コストであるとする。

【国税専門官／財務専門官・平成26年度】

	損益分岐点	操業停止点
1	2	1
2	3	1
3	3	2
4	4	2
5	4	3

* **No.3** **縦軸に費用，横軸に生産量をとったグラフ上に描かれた短期費用曲線に関するA～Dの記述のうち，妥当なものを選んだ組合せはどれか。ただし，限界費用曲線はU字型とする。**　【地方上級（特別区）・平成26年度】

A：限界費用曲線は，平均費用曲線の最低点および平均可変費用曲線の最低点を通過する。

B：限界費用曲線の最低点は，平均費用曲線の最低点および平均可変費用曲線の最低点より上方にある。

C：限界費用曲線の最低点における生産量は，平均可変費用曲線の最低点における生産量よりも小さい。

D：平均費用曲線の最低点における生産量は，平均可変費用曲線の最低点における生産量よりも小さい。

1 A，B
2 A，C
3 A，D
4 B，C
5 B，D

* **No.4** **図の太線は，縦軸に*X*財の価格をとり，横軸に*X*財の供給量をとったときの，ある企業の個別供給曲線を表している。また，この企業の固定費用はすべてサンク費用であり，ゼロではないものとする。**

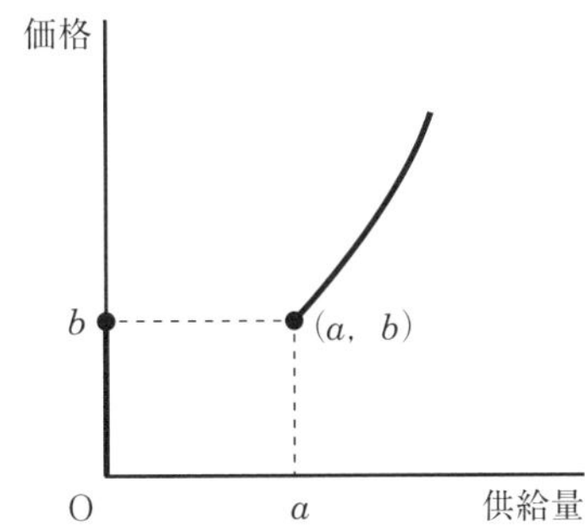

この個別供給曲線に関するA～Dの記述のうち，妥当なもののみをすべて挙げているのはどれか。 【国家総合職・令和2年度】

A：bの大きさは固定費用に等しい。

B：点（a，b）は，縦軸に限界費用（MC），平均費用（AC）をとった場合の限界費用（MC）曲線と平均費用（AC）曲線の交点と一致する。

C：点（a，b）は，縦軸に限界費用（MC），平均可変費用（AVC）をとった場合の限界費用（MC）曲線と平均可変費用（AVC）曲線の交点と一致する。

D：X財の価格がbのとき，この企業の利潤はゼロである。

1 B
2 C
3 A，B
4 A，C
5 C，D

実戦問題❶の解説

No.1 の解説　操業停止点

→問題はP.152　**正答 1**

操業停止点の基礎問題である。

STEP❶　題意の図示

操業停止点（図中E_0点）における生産量の下では，限界費用と平均可変費用が同額になることを用いる。

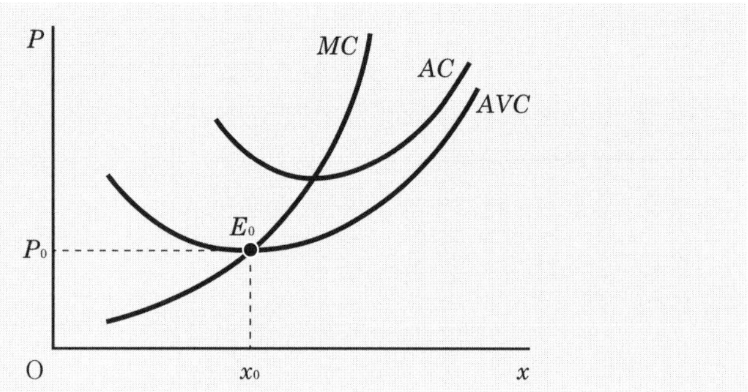

STEP❷　限界費用と平均可変費用の計算

操業停止点の条件は限界費用と平均可変費用が等しいことである（$MC=AVC$）。

限界費用MCは総費用TCを生産量xで微分すれば得られる。また，総費用TCを分解すれば，固定費用FCが24である（総費用関数TCに生産量$x=0$を代入したときに残る24が固定費用である）から，残るx^3-4x^2+8xが可変費用VCである。可変費用VCを生産量xで割れば平均可変費用AVCが得られる。

$$MC=\frac{dTC(x)}{dx}=3x^2-8x+8$$

$$AVC=\frac{VC}{x}=x^2-4x+8$$

STEP❸　操業停止点の条件に代入

限界費用MCと平均可変費用AVCを等しいと置くと

$$3x^2-8x+8=x^2-4x+8$$

$$2x^2-4x=2x(x-2)=0$$

より，生産量x_0を，

$$x_0=2$$

と得る。価格P_0については，生産量x_0を平均可変費用AVC（または限界費用MC）に代入することで，

$$P_0=AVC=2^2-4\times2+8=4$$

とできる。

よって，正答は**1**である。

No.2 の解説　損益分岐点と操業停止点の計算

→問題はP.152　正答3

基本問題であるが，操業停止点と損益分岐点の組合せが問われている場合はこの順で解くのが容易である。理由は後述する。

なお，サンク・コスト（埋没費用）とは，企業に固有の生産設備であることなどが理由で，長期においてもゼロにできない費用のことであるが，本問は短期であると明記されているので，サンク・コストの存在の有無は計算に影響しない。なお，長期の概念については**テーマ9**で取り上げる。

STEP❶　単位当たり費用の導出

総費用を可変費用$VC(x)=x^3-4x^2+6x$と固定費用$FC=18$に分解しておく。ここから，限界費用，平均費用および平均可変費用は次のように計算できる。

$$MC=\frac{dC(x)}{dx}=3x^2-8x+6$$

$$AC=\frac{C(x)}{x}=x^2-4x+6+\frac{18}{x}$$

$$AVC=\frac{VC(x)}{x}=x^2-4x+6$$

STEP❷　操業停止点の計算

操業停止点は$MC=AVC$（限界費用＝平均可変費用）が条件であるから，

$$3x^2-8x+6=x^2-4x+6$$
$$2x^2-4x=2x(x-2)$$

より，$x=2$である（$x=0$は生産量として不適）。

STEP❸　損益分岐点の計算

損益分岐点は$MC=AC$（限界費用＝平均費用）が条件であるから，

$$3x^2-8x+6=x^2-4x+6+\frac{18}{x}$$
$$2x^3-4x^2-18=2(x^3-2x^2-9)=2(x-3)(x^2+x+3)=0$$

より，$x=3$である（$x=0$は生産量として不適）。

よって，正答は**3**である。

なお，損益分岐点は平均費用AC中の平均固定費用の存在により計算が面倒になるため，先に操業停止点を計算するほうが得策である。生産量が$x=2$とわかった時点で，選択肢は**3**または**4**となり，さらに損益分岐点を計算する際の$2x^3-4x^2-18=2(x^3-2x^2-9)$の因数分解において，少なくとも（$x-3$）もしくは（$x-4$）を含むとの情報が得られるので計算の見通しが立てやすくなる。

また，$2x^3-4x^2-18=2(x^3-2x^2-9)=2(x-3)(x^2+x+3)=0$において，$x^3-2x^2-9=(x-3)(x^2+x+3)=0$と因数分解できることは右のように検算できる。因数分解したときの一方の項が$x-3$であれば，もう一方の項がx^2+x+3

であることになる。同様のことを$x-4$で試みても割り切れないから，因数分解した場合の一方の項として不適切になる。

$$
\begin{array}{r}
x^2+x+3 \\
x-3\overline{)x^3-2x^2+0-9} \\
x^3-3x^2 \\
\hline x^2+0 \\
x^2+3x \\
\hline 3x-9 \\
3x-9 \\
\hline 0
\end{array}
$$

No.3 の解説　短期費用曲線の性質

→問題はP.152　**正答2**

作図によって正答を導くタイプの問題のオーソドックスな例である。

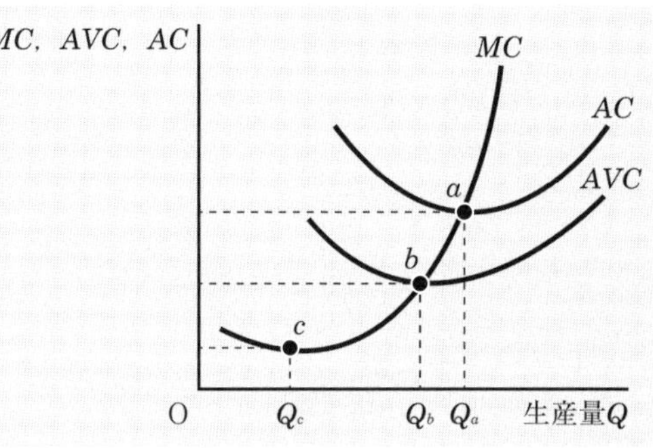

A○　平均費用曲線はその最低点で限界費用曲線と交差する（損益分岐点）。

妥当である。同様に，平均可変費用曲線はその最低点で限界費用曲線と交差する（操業停止点）。損益分岐点はa点，操業停止点はb点である。

B×　限界費用曲線の最低点は平均費用曲線と平均可変費用曲線の最低点より下方にある。

限界費用，平均可変費用，平均費用の最低点は，この順で左下から右上方向に位置する。図中，順にc点，b点，a点である。

C○　限界費用曲線の最低点における生産量は，平均可変費用曲線の最低点における生産量よりも小さい。

妥当である。前者はQ_c，後者はQ_bである。

D×　平均費用曲線の最低点は，平均可変費用曲線の最低点より右に位置する。

前者はa点，後者はb点である。

よって，正答は**2**である。

No.4 の解説　供給曲線

→問題はP.153 正答2

総合職での出題ではあるが基本事項である。試験種を問わず，時折，本問のように，過去の出題例は少ないが，基本事項を深く追求する新傾向問題が出題される。過度に過去問を解くことのみに偏重した勉強にならないようにしてほしい。

A× **bの大きさは平均可変費用または限界費用を表している。**

縦軸上のbより低い価格で供給曲線が縦軸をなぞっているのは，操業停止点より低い価格で生産量をゼロにすることを明確に示したものである。通常は，生産量がゼロであることをわざわざ表現しないために，この部分がカットされているのである。したがって，bの大きさは操業停止点に対応した価格であるから，平均可変費用または限界費用を表していることになる。

B× **点（a，b）は，正の生産を行うか生産をゼロにするかの境界にあたる。**

点（a，b）は，縦軸上のbより高い価格水準で正の生産量に，低い価格水準でゼロの生産量になることを表していることから，操業停止点である。したがって，この点は限界費用（MC）と平均可変費用（AVC）の交点に一致する。

C○ **点（a，b）は操業停止点である。**

妥当である。**B**の解説を参照。

D× **企業の利潤は，損益分岐点においてゼロ，操業停止点では負である。**

図中に示されていないが，点（a，b）より右上方に限界費用（MC）と平均費用（AC）の交点である損益分岐点が存在する。この点において企業の利潤はゼロになるから，それより低いbの価格（操業停止価格）の下では，利潤は負である。

よって，正答は**2**である。

実戦問題❷ 応用レベル

＊＊
No.5 **下図は，ある企業の短期の総費用曲線TCを示したものであるが，固定費用がOF，価格がpであるとき，この企業の損益分岐点と操業停止点の組合せとして，正しいのはどれか。**
【地方上級（東京都）・平成13年度】

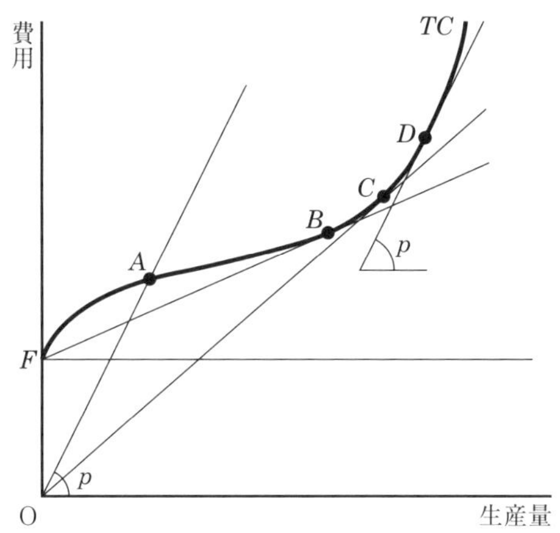

	損益分岐点	操業停止点
1	B	A
2	C	B
3	C	D
4	D	A
5	D	C

＊＊
No.6 **完全競争下にある企業が財を生産しており，その財の価格が250円，限界費用が250円，平均費用が300円，平均固定費用が80円であるとする。このとき，企業のとる行動として，妥当なものは次のうちどれか。ただし，限界費用は逓増するものとする。**
【地方上級（全国型）・平成15年度】

1 利潤最大化のために生産量を増加させる。

2 利潤最大化のために生産量を減少させる。

3 損失が出ているので生産を中止する。

4 損失が出ているので生産量を増加させる。

5 損失が出ているが，この生産量を維持する。

＊＊＊
No.7 **ある企業が完全競争市場において生産をしている。この企業の短期の総費用関数を，**

$$C=a+bY-cY^2+3Y^3$$ 〔C：総費用，Y：生産量，a，b，c：正の定数〕

とする。生産物の価格水準に応じてこの企業の最適な生産量は変化し，損益分岐点（利潤がゼロになる点）における生産量は10，操業停止点（市場から退出する点）における生産量は 5 であるものとする。このとき，各係数の大きさについて実際に成立する組合せとして妥当なものは，次のうちどれか。

【地方上級（全国型）・平成 8 年度】

1 $a=2000$　$b=45$　$c=30$
2 $a=3000$　$b=85$　$c=30$
3 $a=3000$　$b=45$　$c=20$
4 $a=4000$　$b=70$　$c=30$
5 $a=4000$　$b=45$　$c=40$

＊＊
No.8 **供給曲線SS'が下図に描かれている形状であるとき，SS'上のA_1，A_2，A_3の各点における供給の価格弾力性e_Sに関する次の記述のうち，妥当なものはどれか。ただし，T_1，T_2，T_3はそれぞれA_1，A_2，A_3の各点での接線である。**

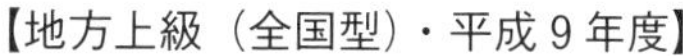
【地方上級（全国型）・平成 9 年度】

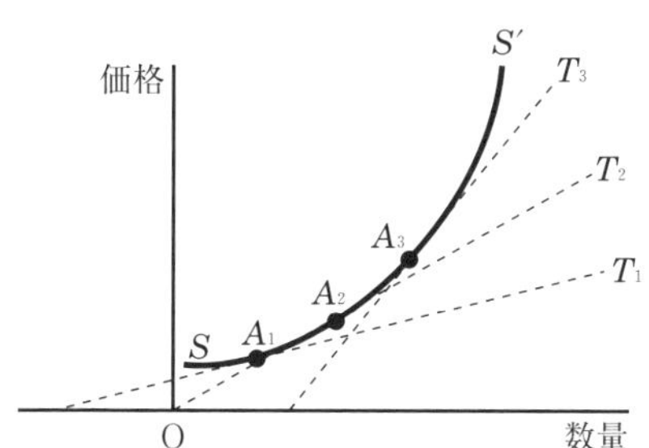

1 点A_1では，$e_s<1$
2 点A_1では，$e_s=1$
3 点A_2では，$e_s<1$
4 点A_2では，$e_s=1$
5 点A_3では，$e_s>1$

第2章 生産者理論（完全競争）

実戦問題❷の解説

No.5 の解説　損益分岐点と操業停止点

→問題はP.158　正答2

損益分岐点と操業停止点を，単位当たり費用のグラフではなく，総費用のグラフで判別する問題である。その際にも触れたように，このタイプの出題頻度は相対的に低いが，損益分岐点と操業停止点の理解ができていれば，さほど難しくない。

STEP❶　損益分岐点の確認

損益分岐点の条件は限界費用と平均費用が等しいことである。限界費用は総費用曲線上の点の接線の傾きであり，平均費用は総費用曲線上の点と原点を結んだ直線の傾きである。問題の図において，C点の接線は原点を通っているため，接線の傾きと原点を結んだ直線の傾きが等しい。つまり，上の条件を満たすC点が損益分岐点である。

STEP❷　操業停止点の確認

操業停止点の条件は限界費用と平均可変費用が等しいことである。限界費用は総費用曲線上の点の接線の傾きであり，平均可変費用は総費用曲線上の点と縦軸切片を結んだ直線の傾きである。問題の図において，B点の接線は縦軸切片を通っているため，接線の傾きと縦軸切片を結んだ直線の傾きが等しい。つまり，上の条件を満たすB点が操業停止点である。

なお，D点では，接線の傾きであるMCが価格pと等しくなっているため，利潤最大化点になる。また，A点は，収入（傾きが価格pである直線は収入を表す）と総費用が一致しているため，利潤がゼロになる点であるが，理論上，意味を持つ点ではない（損益分岐点は，利潤最大化条件を満たしても，最大利潤がゼロになる場合であり，単純に利潤がゼロになる場合のことではない）。

よって，正答は**2**である。

No.6 の解説　損益分岐点と操業停止点

→問題はP.158　正答5

問題文に図がないが，条件を満たすよう作図することで容易に解ける。また，与えられた条件を吟味すれば，かなり選択肢が絞り込まれる。

STEP❶　条件の検討

問題文の条件より，価格と限界費用がともに250円で等しい。ということは，すでに最適生産を実現しているので，生産量を増減させる必要はない。この時点で選択肢は**1**，**2**および**4**が除外され，**3**か**5**に絞られる。

STEP❷　状況の図示

価格が250円で平均費用が300円ということは，財1単位当たりの収入が費用を下回ることを意味するから，負の利潤（損失）が発生している。つまり，最適生産の条件である$P=MC$となる点は，損益分岐点より下に位置する。これにより選択肢は**3**も**5**も記述の前半が正しいことが確認され，価格の250円が操業停止点に対応した水準より高いかどうかが決め手となる。以上の状況を図にすると次のようになる（STEP❸で詳述）。

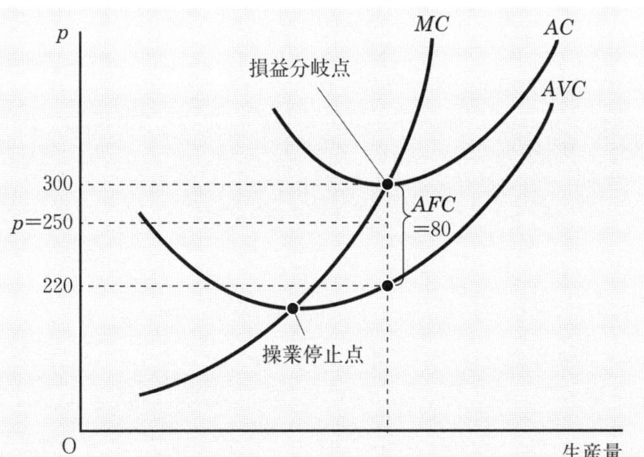

STEP❸　平均可変費用の導出

平均費用ACは平均可変費用AVCと平均固定費用AFCの和である（$AC=AVC+AFC$）から，問題文の数値より$300=AVC+80$であり，$AVC=220$とわかる。現在の価格は操業停止点に対応した水準より高いことから，損失は出ているものの生産を続行することになる。

よって，正答は**5**である。

No.7 の解説　損益分岐点と操業停止点

→問題はP.159　正答2

損益分岐点と操業停止点の生産量がわかっているので，これを求める条件（$MC=AC$，$MC=AVC$）から逆算して各係数を計算する，やや手間のかかる問題である。

STEP❶ 単位当たり費用の計算

総費用を，固定費用$FC=a$と可変費用$VC=bY-cY^2+3Y^3$に分割したうえで，限界費用MC，平均費用AC，平均可変費用AVCを次のように求める。

$$MC=\frac{dC}{dY}=b-2cY+9Y^2$$

$$AC=\frac{C}{Y}=\frac{a}{Y}+b-cY+3Y^2$$

$$AVC=\frac{VC}{Y}=b-cY+3Y^2$$

STEP❷ 操業停止点の利用

操業停止点の条件である$MC=AVC$より，

$$b-cY+3Y^2=b-2cY+9Y^2$$
$$-cY+6Y^2=0$$

を得る。ここに操業停止点の生産量$Y=5$を代入すれば，$c=30$を得る。

STEP❸ 損益分岐点の利用

損益分岐点の条件である$MC=AC$より，

$$\frac{a}{Y}+b-cY+3Y^2=b-2cY+9Y^2$$

$$a+cY^2-6Y^3=0$$

になる。ここに損益分岐点での生産量$Y=10$と先に求めた$c=30$を代入すれば，$a=3000$となる。なお，計算過程からわかるように，bは計算されないままとなる。

よって，正答は**2**である。

No.8 の解説　供給の価格弾力性

→問題はP.159　正答4

供給の価格弾力性の定義$e_S=\dfrac{\dfrac{\Delta S}{S}}{\dfrac{\Delta P}{P}}=\dfrac{\Delta S}{\Delta P}\cdot\dfrac{P}{S}$（$S$：供給，$P$：価格）を幾何学的に解釈する問題である。

STEP❶　$e_S=1$のケース

基準として$e_S=1$の場合を考える。$\dfrac{\Delta S}{\Delta P}\cdot\dfrac{P}{S}=1$を変形して，$\dfrac{\Delta P}{\Delta S}=\dfrac{P}{S}$とする。

このとき，$\dfrac{\Delta P}{\Delta S}$は供給曲線上の点の接線の傾きを表しており，$\dfrac{P}{S}$は供給曲線上の点と原点を結んだ直線の傾きを表す。つまり，$e_S=1$の場合，供給曲線上の点の接線の傾きと原点を結んだ直線の傾きが等しいことになり，点A_2に当たる。

STEP❷　$e_S>1$のケース

$e_S>1$の場合を考える。$\dfrac{\Delta S}{\Delta P}\cdot\dfrac{P}{S}>1$は変形すれば，$\dfrac{P}{S}>\dfrac{\Delta P}{\Delta S}$であるが，これは供給曲線上の点の接線の傾きが供給曲線上の点と原点を結んだ直線の傾きより小さいことを表す。つまり，点A_1に当たる。

STEP❸　$e_S<1$のケース

$e_S<1$の場合を考える。$\dfrac{\Delta S}{\Delta P}\cdot\dfrac{P}{S}<1$は変形すれば，$\dfrac{P}{S}<\dfrac{\Delta P}{\Delta S}$であるが，これは供給曲線上の点の接線の傾きが供給曲線上の点と原点を結んだ直線の傾きより大きいことを表す。つまり，点A_3に当たる。

よって，正答は**4**である。

長期費用と短期費用

必修問題

価格をp，需要量をXとしたとき，市場の需要関数が$X=100-p$で表されているとする。また，生産量をy（＞0），企業の総費用をCとしたとき，企業の費用関数が$C=y^2+25$であるとする。ただし，固定費用はサンク費用ではなく，すべて回収できるものとする。また，市場が完全競争的であり，企業は利潤を最大化しているとする。さらに，どの企業も同じ費用関数を持っている。このとき，各企業の市場への参入や市場からの退出が自由な長期において，市場に存在する企業の数はいくつか。 【国家一般職・令和２年度】

1 10
2 12
3 15
4 18
5 20

難易度 ＊＊

必修問題の解説

長期費用概念については，長期費用と短期費用の関係性をグラフから，もしくはグラフなしで文章から判別させるタイプと長期均衡条件を計算するタイプの２系統に大別できる。本問は後者のタイプであるので，問題文から式を立てて解いていく。

STEP❶ 限界費用と平均費用の計算

長期均衡条件$p=MC=AC$（価格＝限界費用＝平均費用）を用いるため，総費用Cから限界費用MCおよび平均費用ACをおのおの求めておく。

$$MC=\frac{dC}{dy}=2y$$

$$AC=\frac{C}{y}=y+\frac{25}{y}$$

STEP❷ 長期均衡条件の計算（供給側）

限界費用MCと平均費用ACを等しいとおくと，

$$2y=y+\frac{25}{y}$$

$$y^2=25$$

より，各企業の生産量を$y=5$と得る。また，価格pは限界費用MCおよび平均費用ACと等しくなるので，$y=5$をMCとACのいずれかに差し戻すことで，$p=10$を得る。

STEP❸ 需要側からの長期均衡と企業数

価格$p=10$を市場全体の需要曲線に与えると，需要量が，

$$X=100-10=90$$

になる。需要量の90に対して，各企業の生産量が$y=5$であるから，この市場での均衡状態での企業数を18とできる。

なお，サンク費用（サンク・コスト，埋没費用）とは，その企業でしか利用できない設備であるなどの理由で，長期においてもゼロにすることのできない固定費用である（**テーマ10重要ポイント１**も参照）。

正答 4

FOCUS

長期費用に関する出題は，主にグラフ問題と計算問題の２系統に大別できる。いずれも比較的パターン化された出題事例が多いので，問題演習が有効である。グラフ問題は，長期の費用概念と短期の費用概念との関係がやや複雑であり，紛らわしい場合もあるが，包絡線（ほうらくせん）などのキーワードを理解していれば正答できる問題も多い。

POINT

重要ポイント 1 長期と短期の区別

財の生産過程で必要な投入物を生産要素と呼び，一般には**労働**と**資本**を生産要素とする。そして，**資本の変更が不可能な期間を短期，それが可能な期間を長期**と定義する。労働は短期，長期にかかわらず変更できる。ここから次の2点がいえる。

①**長期では，市場への参入・退出が可能である**。これは，長期では，資本がゼロの企業も資本を正にして生産を開始できる，つまり市場に参入できる一方，逆に，資本が正の企業も資本をゼロにすることによって財の市場から退出できるからである。

②**長期では固定費用は存在しない**。これは，企業が生産量をゼロにする場合，長期ではすべての生産要素をゼロにできるため，費用は一切発生しないためである。ただし，企業の保有する資本が，その企業に固有の設備であるなどの理由で，長期でも固定費用をゼロにできないケースがありうる。これは**サンク・コスト（埋没費用）**と呼ばれる。

重要ポイント 2 長期総費用曲線

①**長期総費用曲線（*LTC*）は原点を通る**。これは長期では固定費用がゼロであるからである。短期では，当初の固定費用の大きさによって短期総費用曲線（*STC*）の縦軸切片が異なる。

②**長期総費用曲線は短期総費用曲線群の包絡線（1回ずつ接するように引かれた線）である**。長期では資本が変更できるから，生産量によって総費用を最も小さくするように資本を変更すればよい。したがって，生産量ごとに最小となる短期総費用を選び，それらをつなぐことで長期総費用曲線になる。

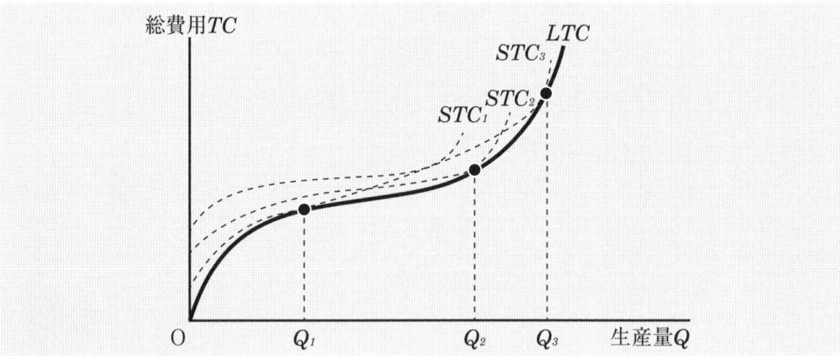

重要ポイント 3 長期の限界費用と平均費用

①**長期限界費用曲線は長期平均費用曲線の最低点を通る。**

長期総費用曲線が，原点を通る点を除けば，短期総費用曲線と同様の形状であることから分かるように，**長期平均費用曲線（*LAC*）と長期限界費用曲線（*LMC*）のグラフは，短期と同様に，ともに最低点を持つ*U*字型**であり，**長期平均費用曲線**

はその最低点で長期限界費用曲線と交差する。なお，長期では総費用のすべてが可変費用であるから，平均費用と平均可変費用の区別は存在しない。

②長期平均費用曲線は短期平均費用曲線群の包絡線である。

たとえば，**重要ポイント2**の図のQ_1のように，短期と長期の総費用が一致する生産量を取ると，原点と結ぶ直線の傾きも短期総費用曲線STC_0と長期総費用曲線LTCで等しくなるため，短期平均費用と長期平均費用が等しくなる。また，その生産量以外では短期総費用曲線STCが長期総費用曲線LTCを上回るから，平均費用も短期のほうが長期よりも大きくなる。したがって，U字型の長期平均費用曲線のグラフは，その上側に位置する短期平均費用曲線群と1回ずつ接することになる。つまり，長期平均費用曲線のグラフは短期平均費用曲線群の包絡線である。

③長期限界費用は短期限界費用群の包絡線ではない。

たとえば，前図のQ_1のように特定の生産量を取ると，その生産量では短期総費用曲線の接線の傾きが長期総費用曲線の接線の傾きに一致するため，短期と長期の限界費用は等しくなる。また，より少ない生産量では短期総費用曲線のほうが接線の傾きが緩やかであり，より多い生産量では短期総費用曲線のほうが接線の傾きが急であるから，より少ない生産量では短期限界費用のほうが長期限界費用より小さく（下方に位置し），より多い生産量では短期限界費用のほうが長期限界費用より大きくなる（上方に位置する）。したがって，U字型の長期限界費用曲線のグラフは，短期限界費用曲線のグラフ群と1回ずつ**交差する**ことになる。この場合，長期限界費用曲線のグラフは短期限界費用曲線のグラフ群の包絡線ではない。

④長期平均費用の最低水準では，対応する短期平均費用，短期限界費用，長期限界費用も一致する。

長期平均費用LACを最小にする生産量（下図のQ_1）では，対応する短期平均費用SACも最小である。このとき，原点と結ぶ曲線は接線でもあるため，長期限界費用LMCと対応する短期限界費用SMCも等しくなる。

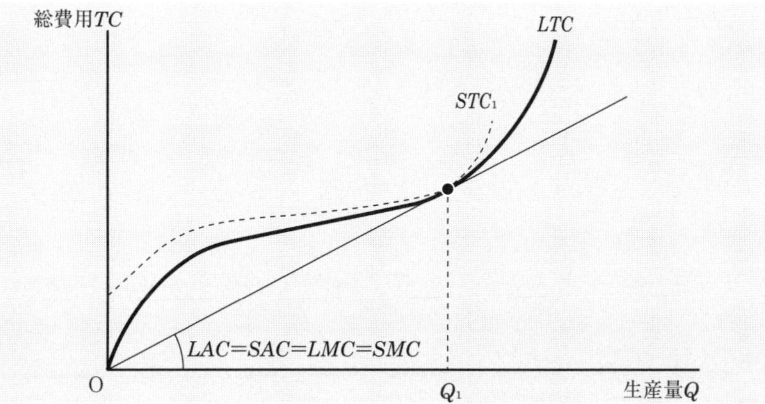

第2章 生産者理論（完全競争）

以上を，縦軸に限界費用と平均費用をとったグラフに表すと次のようになる。

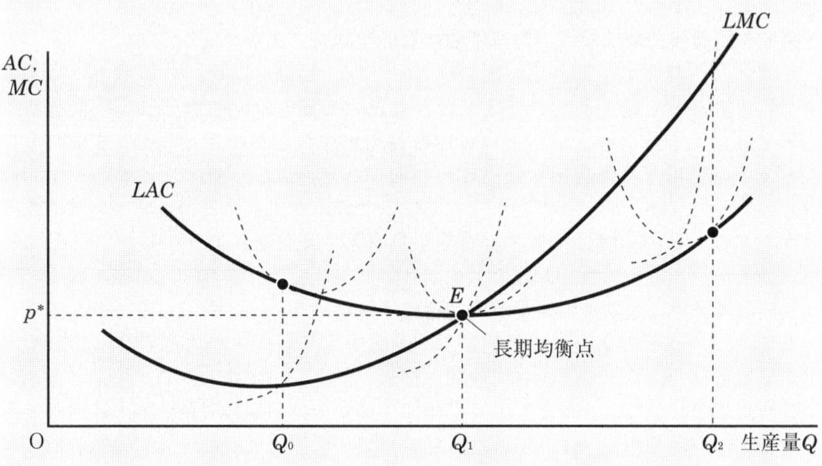

重要ポイント 4 **長期均衡条件**

上図において，E点は**長期均衡点**である。この点は損益分岐点に当たるので，価格がp^*より高ければ企業は正の利潤を得ることができる。このような市場には，長期的には他の企業が参入するため，競争が激化して価格は下落し，企業の利潤は減少する。逆に，価格がp^*より低ければ企業の利潤は負になる。この場合，非効率な企業から市場が退出して価格が上昇するため，企業の利潤は増加する（損失が小さくなる）。したがって，長期的には価格がp^*，企業の利潤がゼロの状態で均衡するのである。以上より，長期均衡条件は，

$$\boldsymbol{p=LMC=LAC}$$

となる（しばしば，単純に$p=MC=AC$と表される）。

実戦問題

＊
No.1 **次の図のように，短期総費用曲線C_1，C_2，C_3が示されている場合における長期の費用曲線に関する記述として，妥当なものはどれか。ただし，すべての生産要素の価格は一定とする。**
【地方上級（東京都）・平成11年度】

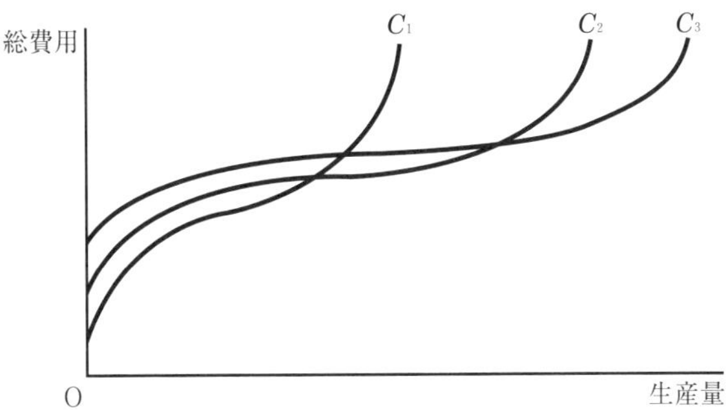

1 長期総費用曲線は，固定的生産要素の存在を前提にしており，固定的生産要素の水準に応じて無数に描くことができ，原点を通ることはない。

2 長期総費用曲線は，各短期総費用曲線の最低点を結んだ曲線であり，この図においては，総費用を表す縦軸に一致する。

3 長期平均費用は，長期総費用曲線上の任意の点と原点を結んだ線分の勾配に対応し，長期平均費用曲線は，各短期平均費用曲線の包絡線である。

4 長期限界費用は，長期総費用曲線上の任意の点における接線の勾配に対応し，長期限界費用曲線は，各短期限界費用曲線の包絡線である。

5 長期平均費用曲線の最小点は，短期平均費用曲線の最小点と一致するだけでなく，長期限界費用曲線の最小点および短期限界費用曲線の最小点とも一致する。

＊
No.2 **完全競争市場下の産業について，どの企業の費用条件も同一であり，それぞれの企業の費用関数が，**

$C=X^3-6X^2+90X$ 〔C：総費用，X：財の生産量〕

で示されるとする。企業の参入・退出が自由であるとして，この産業の長期均衡における価格はどれか。ただし，財の生産量Xは0より大きいものとする。
【地方上級（特別区）・令和4年度】

1 3

2 9

3 27

4 81

5 243

＊＊
No.3　縦軸に費用，横軸に生産量をとったグラフ上に描かれた短期および長期の費用曲線に関する記述として，妥当なのはどれか。

【地方上級（特別区）・平成25年度】

1　ある生産量で費用最小化を実現する短期総費用曲線は，その生産量においては長期総費用曲線に接するが，他の生産量においては長期総費用曲線の下方に位置する。

2　長期平均費用曲線は，すべての生産要素を変化させることによって任意の生産量を最小の費用で生産するときの平均費用を示すものであり，無数の短期平均費用曲線の最低点を結んだものである。

3　ある生産量における長期平均費用は，その生産量における長期総費用曲線上の点と原点とを結ぶ直線の傾きに等しく，また，長期平均費用曲線は，短期平均費用曲線群の包絡線となる。

4　ある生産量における長期限界費用は，その生産量での長期総費用曲線上の点における傾きに等しく，また，長期限界費用曲線の傾きは，短期限界費用曲線のそれよりも常に大きい。

5　短期における限界費用曲線と平均費用曲線との関係と長期におけるそれとの相違は，短期限界費用曲線は，短期平均費用曲線の最低点を通過するが，長期限界費用曲線は，長期平均費用曲線の最低点を通過しないという点にある。

＊＊
No.4 ある企業は資本設備の大きさがk（$k>0$）のとき，短期の費用関数が，

$$C=\frac{9x^2}{k}+k+5$$　〔c：総費用，x：X財の生産量，k：資本設備の大きさ〕

で与えられているとする。

この企業の長期の費用関数として妥当なのはどれか。ただし，この企業は長期において，資本設備の大きさを調整費用なしで変更できるものとする。

【国家一般職・令和３年度】

1 $C=6x+5$

2 $C=6.5x+5$

3 $C=10x+5$

4 $C=3x^2+8$

5 $C=9x^2+6$

実戦問題の解説

No.1 の解説　短期総費用曲線と長期総費用曲線

→問題はP.169　正答3

長期費用概念を図によって問うタイプの基本問題である。

1 × **長期総費用曲線は原点を通る。**

長期総費用は，すべてが可変費用であり，固定的生産要素による費用（固定費用）は存在しない。

2 × **長期総費用曲線は，各生産量での最低の短期総費用を結んだ曲線である。**

したがって，長期総費用曲線は，各短期総費用曲線の最低点を結んだ曲線ではない。**重要ポイント2**の図参照。

3 ◎ **長期平均費用曲線は，各短期平均費用曲線の包絡線になる。**

妥当である。下図のように，長期平均費用LACは短期平均費用SAC_1およびSAC_2と一点で接している。これを包絡線という。

4 × **長期限界費用曲線は，各短期限界費用曲線の包絡線にはならない。**

下図のように，長期限界費用LMCは短期限界費用SMC_1およびSMC_2と接するのではなく，交差する。これは包絡線ではない。なお，前半は正しい。

5 × **短期長期問わず，平均費用曲線の最小点は限界費用曲線の最小点ではない。**

長期平均費用曲線の最小点（E点）は，短期平均費用曲線の最小点でもあり，また長期限界費用および短期限界費用とも同じ値になる。しかし，その値は長期限界費用曲線および短期限界費用曲線の最小点の値ではない。

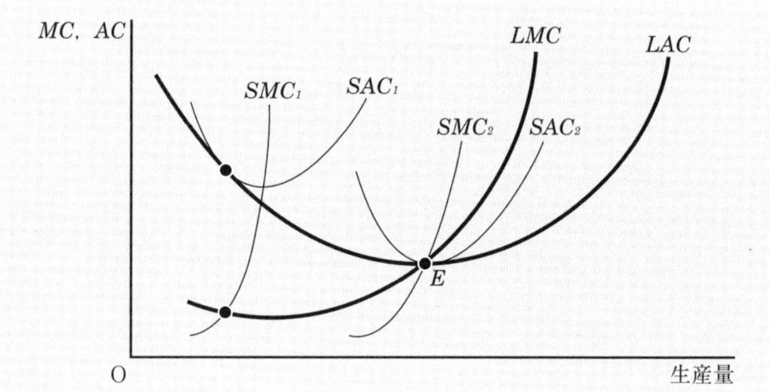

No.2 の解説　長期均衡価格

→問題はP.169　正答4

必修問題の類題であるが，必修問題におけるSTEP❸に当たる需要側条件がカットされたタイプの出題である。その分だけ，やや易しい。

STEP❶　平均費用と限界費用の計算

長期均衡では，企業の参入退出が生じない。このことは$p=AC$（価格＝平均費用）と表せる（価格Pと平均費用ACが等しければ利潤はゼロであり，参入も生じないが退出も生じない）が，企業が利潤を最大化するのであれば$p=MC$（価格＝限界費用）も満たしている必要がある。ここから長期均衡条件は$p=AC=MC$となる。これを計算するため，与えられた長期費用関数より，（長期の）平均費用ACと限界費用MCを次のように計算しておく。

$C=X^3-6X^2+90X$　〔C：総費用，X：財の生産量〕

$AC=X^2-6X+90$

$MC=3X^2-12X+90$

STEP❷　題意の図示

STEP❶で求めた平均費用ACと限界費用MCは，いずれも下に凸型であり，また平均費用ACの最低点を限界費用MCが通る位置関係となるので，下図のようになる。

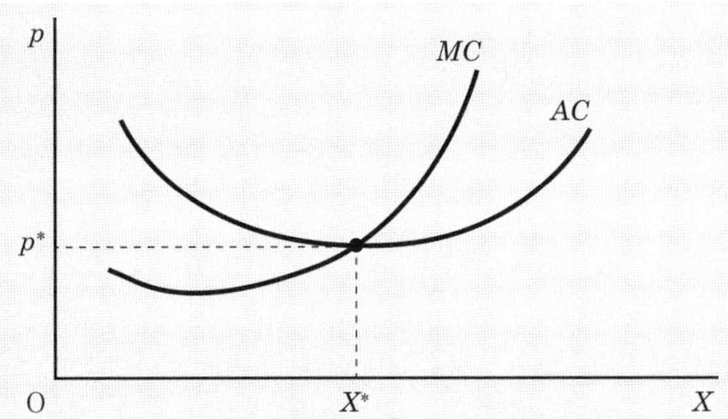

この図において，長期均衡点は平均費用ACと限界費用MCの交点である（X^*, p^*）である。

STEP❸　長期均衡条件の計算

STEP❶で求めたACとMCを等しいとおけば，

$3X^2-12X+90=X^2-6X+90$

$2X(X-3)=0$

より，$X^*=3$を得るので，これをAC（またはMC）の式に差し戻せば，価格は

$p^*=81$

となる。

よって，正答は**4**である。

No.3 の解説　短期総費用曲線と長期総費用曲線

→問題はP.170　正答3

問題文にグラフがない場合でも，自分で図が描けるようにしよう。

1 ×　短期総費用曲線が長期総費用曲線の下方に位置することはありえない。

ある生産量で費用最小化を実現する短期総費用曲線は，その生産量以外の生産量では長期総費用曲線より上方に位置する。定義上，長期総費用曲線は，各生産量の下での最小の短期総費用をつないだものであるから，短期総費用曲線が長期総費用曲線の下方に位置することはありえない。

2 ×　長期平均費用曲線は短期平均費用群の包絡線である。

包絡線とは，複数の他の曲線と一度ずつ接するような曲線であり，必ずしも最低点をつなぐものではない。前半は正しい。

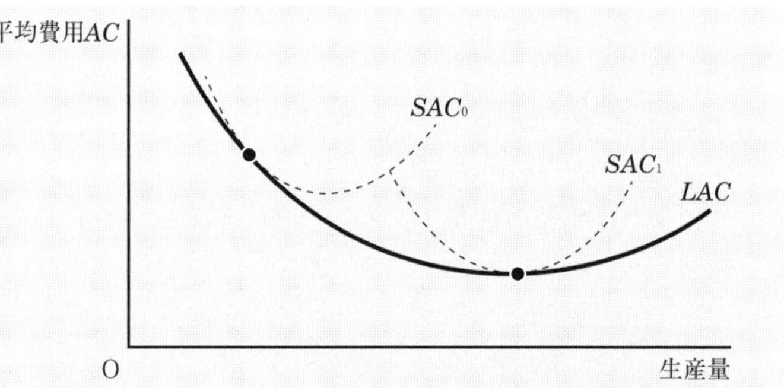

3 ◎　平均費用は総費用曲線上の点と原点を結ぶ直線の傾きである。

妥当である。このことは短期，長期を問わず成立する。後半については，**2**参照。

4 ×　短期限界費用曲線の傾きのほうが大きい場合は存在する。

短期限界費用曲線と長期限界費用曲線はともにU字型の形状であるが，長期限界費用曲線のほうが横方向の幅が広い形状である。したがって，幅の狭い形状の短期限界費用曲線のほうが傾きが大きい場合が必ず存在する（図中，だ円で囲まれた部分など)。前半は長期限界費用の定義として正しい。

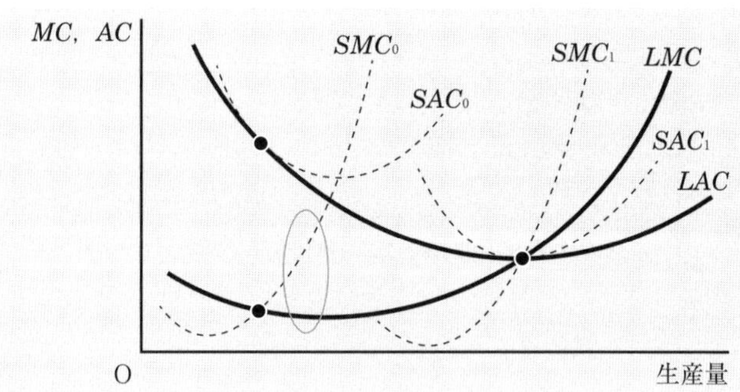

5 × **長期においても，限界費用曲線は平均費用曲線の最低点を通過する。**
短期，長期を問わず平均費用の最低点は，総費用曲線上の点と原点を結ぶ曲線が接線になる場合である。原点の結ぶ直線の傾きが平均費用であり，接線の傾きが限界費用であるから，平均費用が最低になる場合には限界費用と一致することになるのである。**重要ポイント3**の図参照。

No.4 の解説　長期費用関数

→問題はP.171　**正答 1**

STEP❶　題意の確認

長期では資本を変更できるので，生産量ごとに最適な資本を選択できる。つまり，最も低い（安い）短期総費用曲線STCを選択できる。たとえば，生産量がx_0の場合にはSTC_0を，生産量がx_1の場合にはSTC_1を，といったようにである。

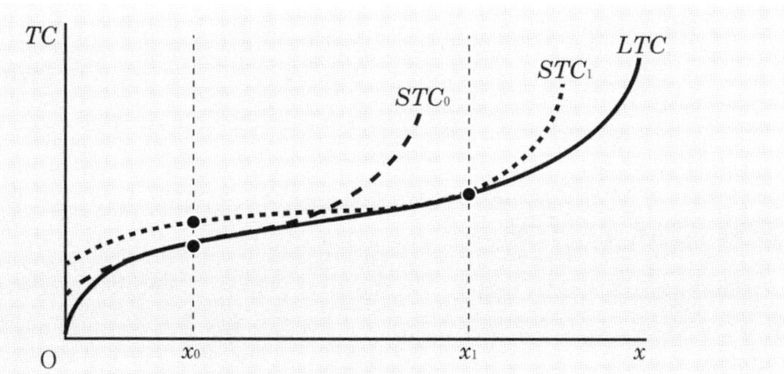

なお，各生産量の下での最も低い短期総費用をつないだものが長期総費用曲線LTCである（LTCはSTC群の包絡線である）。

STEP❷　最適な資本の選択

短期費用関数（資本kの存在から短期であると考える）において，生産量xを固定した場合の最適な資本kは，

$$\frac{dC}{dk}=-9x^2k^{-2}+1=0$$

$$\frac{9x^2}{k^2}=1$$

$$k=3x$$

である。なお，ここで費用関数を$C=9x^2k^{-1}+k+5$と変形しておくと計算しやすい。

STEP❸　長期費用関数の計算

最適な資本$k=3x$を短期費用関数に差し戻せば，長期費用関数を，

$$C=\frac{9x^2}{3x}+3x+5=6x+5$$

と得る。

よって，正答は**1**である。

最適生産要素投入

必修問題

完全競争市場の下で，ある企業の生産関数が以下のように示される。

$Y=4K^{0.25}L^{0.25}$　〔Y：生産量，K：資本投入量，L：労働投入量〕

今，生産物価格が32，資本１単位の価格が16，労働１単位の価格が１である。この企業の利潤が最大になる場合の生産量はいくらか。

【国税専門官／財務専門官・令和３年度】

1 4
2 8
3 16
4 24
5 32

難易度　＊＊＊

必修問題の解説

企業が利潤最大化する場合，生産要素（労働および資本）は最適に投入される。最適な要素投入量を生産関数に与えて，利潤を最大化する生産量を求める。

STEP❶　資本の最適投入条件

資本の最適投入条件は$MPK=\frac{r}{p}$である（MPK：資本の限界生産性，r：資本の要素価格，p：生産物価格）。生産関数を資本Kで微分することで，資本の限界生産性は，

$$MPK=\frac{dY}{dK}=0.25\times4K^{0.25-1}L^{0.25}=\frac{L^{0.25}}{K^{0.75}}$$

と求められる。ここから資本の最適投入条件は，

$$\frac{L^{0.25}}{K^{0.75}}=\frac{16}{32}$$

$$L^{\frac{1}{4}}=\frac{1}{2}K^{\frac{3}{4}}\quad\cdots\cdots①$$

となる（後の計算の便宜上，指数は分数とする）。

STEP❷　労働の最適投入条件

労働の最適投入条件は$MPL=\frac{w}{p}$（MPL：労働の限界生産性，w：労働の要素価格）を求める。生産関数を労働Lで微分することで，労働の限界生産性は，

$$MPL=\frac{dY}{dL}=0.25\times 4K^{0.25}L^{0.25-1}=\frac{K^{0.25}}{L^{0.75}}$$

と求められる。ここから労働の最適投入条件は，

$$\frac{K^{0.25}}{L^{0.75}}=\frac{1}{32}$$

$$L^{\frac{3}{4}}=32K^{\frac{1}{4}} \quad \cdots\cdots②$$

になる。

STEP③ 利潤を最大にする生産量

①式の両辺を3乗すると，

$$(L^{\frac{1}{4}})^3=\left(\frac{1}{2}K^{\frac{3}{4}}\right)^3$$

$$L^{\frac{3}{4}}=\frac{1}{8}K^{\frac{9}{4}} \quad \cdots\cdots①'$$

になるので，①′式と②式の右辺どうしを等しいとおけば，

$$\frac{1}{8}K^{\frac{9}{4}}=32K^{\frac{1}{4}}$$

$K^{\frac{9}{4}}\times K^{-\frac{1}{4}}=8\times 32K^{\frac{1}{4}}\times K^{-\frac{1}{4}}$ （両辺に$K^{-\frac{1}{4}}$をかける）

$K^{\frac{9}{4}-\frac{1}{4}}=256$ （一般に，$x^a\times x^b=x^{a+b}$である）

$$K^2=256 \quad \Leftrightarrow \quad K=16$$

を得る。また，①式の両辺を4乗して $(L^{\frac{1}{4}})^4=\left(\frac{1}{2}K^{\frac{3}{4}}\right)^4=\frac{1}{16}K^3$とし，ここに$K=16$を与えれば，

$$L=\frac{1}{16}K^3=\frac{1}{16}\times 16^3=16^2=256$$

になる。これらの資本と労働の最適投入量を生産関数に与えると，

$$Y=4\times 16^{0.25}\times 256^{0.25}=4\times 16^{\frac{1}{4}}\times 256^{\frac{1}{4}}=4\times 2\times 4=32$$

になる。

正答 5

FOCUS

最適生産要素投入は，ミクロ経済学の中での数学的難所の一つである。一方で，試験対策的には，コブ＝ダグラス型生産関数が問題文に現れたら，ほとんどのケースで重要ポイント3の最適投入の公式か，これを変形した加重限界生産性均衡法則のいずれかを計算すると解けるので，計算練習と割り切って解いてほしい。コブ＝ダグラス型生産関数はマクロ経済学でも用いられるので，双方合わせると，出題頻度は決して低くない。

POINT

重要ポイント1 生産要素と要素価格

財の原材料から生産物を産出する過程で必要な投入物を**生産要素**と呼び，一般的に**労働Lと資本K**とする。

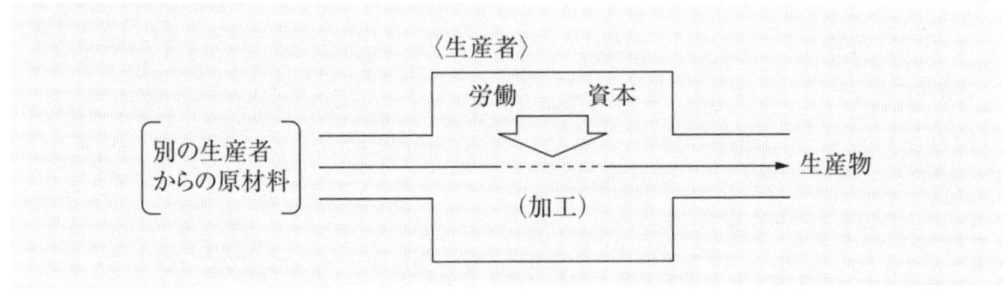

たとえば，パン製造業者が，オーブンから袋詰めに至る生産ラインの各所に必要な人員を配置してパンを生産する場合，生産ラインに設置された資本設備の性能と労働者のスキルといった生産技術によって，原材料を加工することで生産されるパンの数量は変動する。この労働の投入がどれだけの生産物を産出するかという生産技術上の関係を式で表したものが，**重要ポイント２**の生産関数である。

資本とは主に生産過程に必要な設備をさし，その変更には時間を要する。したがって，企業が生産量を増減する際，**短期では資本を変更できず労働投入量の変更のみで調整するが，長期では資本も労働も投入量を変更することで調整できる。**

企業が生産要素１単位を使用する際にかかる費用を**要素価格**といい，**労働Lの要素価格を賃金率w，資本Kの要素価格を資本レンタル価格（資本使用者費用）r**と表すと，生産要素と要素価格で表した総費用Cは次のようになる。

$$C=wL+rK$$

なお，生産要素の市場が完全競争の場合，**要素価格は生産者にとって定数**である。つまり，生産要素の市場において，生産者はプライス・テイカーである。

重要ポイント2 生産関数

上の図の生産要素（労働Lと資本K）と生産量Qの関係を数式で表現したものを**生産関数**といい，一般的に$Q=f$（K，L）あるいは$Q=Q$（K，L）などと表す。具体的には次のようなものがある。

①コブ＝ダグラス型生産関数：$Q=AK^{\alpha}L^{\beta}$　（α，β：正の定数）

・資本Kと労働Lにかかる指数α，βは１より小さい正の値である（$0<\alpha$，$\beta<1$）。ここから，横軸に労働Lまたは資本Kを，縦軸に生産Qをとったグラフは右上がりで，接線の傾きが徐々に緩やかになっていく。これは，投入量を増加させるにつれて，追加的な投入１単位当たりの産出は減少していくこと（追加的な投入による生産性が低下すること）を表しており，**限界生産性逓減法則**という。

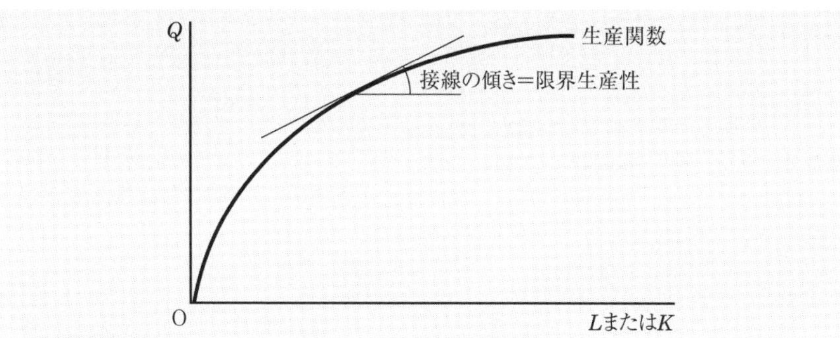

労働の限界生産性　$MPL=\dfrac{\Delta Q}{\Delta L}=\beta AK^{\alpha}L^{\beta-1}=\beta AK^{\alpha}L^{\beta}L^{-1}=\beta\dfrac{AK^{\alpha}L^{\beta}}{L}=\beta\dfrac{Q}{L}$

資本の限界生産性　$MPK=\dfrac{\Delta Q}{\Delta K}=\alpha AK^{\alpha-1}L^{\beta}=\alpha AK^{\alpha}K^{-1}L^{\beta}=\alpha\dfrac{AK^{\alpha}L^{\beta}}{K}=\alpha\dfrac{Q}{K}$

・生産関数中のA（正の定数）は技術水準を表す。

・資本Kと労働Lにかかる指数α，βの和$\alpha+\beta$について，**$\alpha+\beta>1$のとき規模に関して収穫逓増，$\alpha+\beta=1$のとき規模に関して収穫一定，$\alpha+\beta<1$のとき規模に関して収穫逓減**となる（下記「参考」で解説）。

・特に，$\alpha+\beta=1$となる場合，労働と資本の限界生産性は資本労働比率（１人当たり資本$\dfrac{K}{L}$）の関数になる。

$$MPL=\beta AK^{\alpha}L^{\beta-1}=\beta AK^{\alpha}L^{-(1-\beta)}=\beta AK^{\alpha}L^{-\alpha}=\beta A\frac{K^{\alpha}}{L^{\alpha}}=\beta A\left(\frac{K}{L}\right)^{\alpha}$$

$$MPK=\alpha AK^{\alpha-1}L^{\beta}=\alpha AK^{\alpha-1}L^{-(\alpha-1)}=\alpha A\frac{K^{\alpha-1}}{L^{\alpha-1}}=\alpha A\left(\frac{K}{L}\right)^{\alpha-1}$$

・**代替弾力性は常に１である**（代替弾力性とは労働と資本の要素価格比１％の変化が最適投入比率を何％変化させるかの指標）。

（参考）規模の経済性について

一般に，すべての生産要素の投入を一斉にλ倍したとき，

・生産がλ倍を下回るとき規模に関して収穫逓減

・ちょうどλ倍の生産になるとき規模に関して収穫一定

・生産がλ倍を上回るとき規模に関して収穫逓増

という。コブ＝ダグラス型生産関数の場合，資本と労働を一斉にλ倍すると，

$$A(\lambda K)^{\alpha}(\lambda L)^{\beta}=A\lambda^{\alpha}K^{\alpha}\lambda^{\beta}L^{\beta}=\lambda^{\alpha}\lambda^{\beta}AK^{\alpha}L^{\beta}=\underline{\lambda^{\alpha+\beta}}\underline{\underline{AK^{\alpha}L^{\beta}}}=\lambda^{\alpha+\beta}Q$$

（下線部で指数法則 $x^{n}x^{m}=x^{n+m}$ を利用，重下線部がコブ＝ダグラス関数の定義）

になるので，$\alpha+\beta=1$のとき，生産量はλQ，つまりもとの生産量Qのλ

倍になる。これを数学的には生産関数が一次同次性をもつという。

規模に関して収穫逓増の場合，投入を一斉にλ倍すれば総費用もλ倍になる一方で生産量はλ倍を超えるので，生産１単位当たりの総費用つまり平均費用は低下する。つまり，いわゆる量産効果が働く状態となる。

②レオンチェフ型生産関数：$Q=\min\{aK, bL\}$　（a，b：正の定数）

・レオンチェフ型生産関数では，生産に対する**資本Kと労働Lの最適投入量の組合せは１つ**であり，資本Kと労働Lの代替は不可能である。この関数は｛ ｝内のaKとbLの小さい（Minimum）ほうで生産Qが決まることを表しており，資本と労働のいずれかのみを増加させても生産は増加しない。したがって，資本と労働の投入を最小にする最適状態では$Q=aK$かつ$Q=bL$になり，資本と労働の投入比率は$\frac{K}{L}=\frac{b}{a}$で一定となる。

・資本Kと労働Lの代替は不可能であるから，**代替の弾力性はゼロ**である。

・他の生産要素の制約がない限り，資本の限界生産性はa，労働の限界生産性はbである。たとえば，労働が十分に投入できる場合，資本と生産の関係は$Q=aK$であるから，資本の限界生産性の定義より$MPK=\frac{\Delta Q}{\Delta K}=a$である。逆に，資本が十分に投入できる場合，労働と生産の関係は$Q=bL$であるから，労働の限界生産性の定義より$MPL=\frac{\Delta Q}{\Delta L}=b$である。

③線形生産関数：$Q=aK+bL$　（a，b：正の定数）

・生産関数の形状より，資本の減少によって生産が減少しても，労働の増加によって代替できる。そして，資本がゼロになっても，労働が増加すれば生産は増加できる。これは，資本と労働のうち費用を最小にできる生産要素のみ用いればよいということであり，代替の弾力性は無限大となる。

・資本の限界生産性は$MPK=\frac{\Delta Q}{\Delta K}=a$，労働の限界生産性は$MPL=\frac{\Delta Q}{\Delta L}=b$である。

重要ポイント３　最適要素投入

利潤関数を生産要素を用いて表す。

$$\pi=pQ-(rK+wL)$$

ここで，Qは生産量ではなく，生産関数$Q=f(K, L)$である。利潤を最大化するような生産要素の最適投入は，資本Kと労働Lのおのおので微分してゼロとおけば得られる。

$$\frac{\Delta \pi}{\Delta K}=p\frac{\Delta Q}{\Delta K}-r=p\cdot MPK-r=0$$

$$\frac{\Delta \pi}{\Delta L}=p\frac{\Delta Q}{\Delta L}-w=p\cdot MPL-w=0$$

これを整理すると，次の**最適要素投入**の公式になる。

資本の最適投入：$MPK=\frac{r}{p}$　**（資本の限界生産性＝実質資本レンタル価格）**

労働の最適投入：$MPL=\frac{w}{p}$　**（労働の限界生産性＝実質賃金率）**

なお，$\frac{\Delta Q}{\Delta K}$と$\frac{\Delta Q}{\Delta L}$はおのおの資本と労働の限界生産性$MPK$と$MPL$であり，$\frac{w}{p}$と$\frac{r}{p}$は，賃金率と資本レンタル価格のおのおのを財価格で割ることで実質化したものである。

公式の意味を，労働の場合について，下図で説明する。

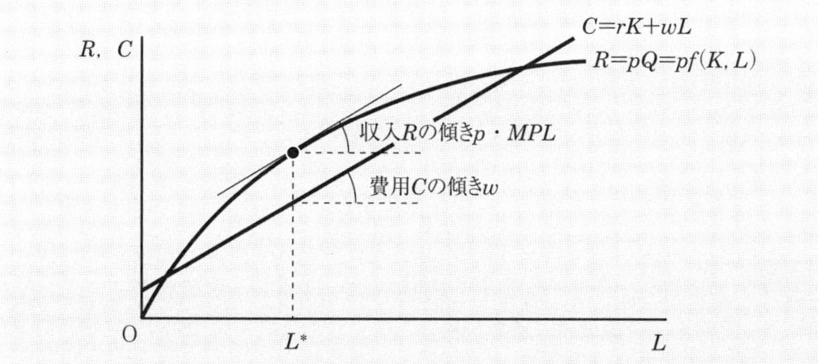

収入は生産関数Qに一定の価格pを掛けたものであるから，限界生産性の逓減する生産関数を用いれば，図中のRのようになり，その傾きは$\frac{\Delta R}{\Delta L}=\frac{\Delta(pQ)}{\Delta L}=p\frac{\Delta Q}{\Delta L}=p\cdot MPL$である。総費用$C=rK+wL$は，切片を$rK$，傾きを$w$とみなせる。利潤$\pi$が最大になる労働投入は，収入と総費用の差が最大になるとき，つまり両者のグラフの接線の傾きが等しくなるときに得られる。ここから$p\cdot MPL=w$がいえ，変形すれば労働の最適投入の公式$MPL=\frac{w}{p}$になる。

また，２本の最適投入の公式$MPK=\frac{r}{p}$，$MPL=\frac{w}{p}$のおのおのを$\frac{1}{p}=\cdots$に変形して，等しいとおくと，

加重限界生産性均等法則：$\frac{MPL}{w}=\frac{MPK}{r}$

を得る。この法則からは，要素価格１円当たりの資本と資本の限界生産性が等しくなるように各生産要素を投入すべきであることになる。なぜなら，１円当たりでより生産性の高い生産要素があれば，そちらをより多く投入すべきであるからである。

重要ポイント4 費用最小化条件

資本Kと労働Lが代替的な生産関数（たとえば，コブ＝ダグラス型）を考え，おのおのを縦軸と横軸にとる。このとき，生産量が一定となるような資本と労働の組合せをつないだものを**等量曲線（等生産量曲線）**といい，次のような性質を持つ。

・等量曲線は，右上に位置するものほど，より多い生産量に対応する。

・等量曲線の接線の傾きは技術的限界代替率*MRTS*を表す。

技術的限界代替率とは，生産を一定に保ちつつ，労働Lを１単位追加したとき，資本Kを何単位節約できるかを示す値であり，$MRTS=-\dfrac{\Delta K}{\Delta L}$と表わされる。

総費用$C=wL+rK$を，要素価格（賃金率wと資本レンタル価格r）が一定の下で，総費用を一定にするような資本Kと労働Lの組合せと考え，

$$K=\frac{C}{r}-\frac{w}{r}L$$

として，等量曲線と同じ平面に描く。これを**等費用線**といい，$-\dfrac{w}{r}$（２要素価格比）を傾き，$\dfrac{C_0}{r}$を縦軸切片とすれば，この直線を下方に平行シフトさせるほど費用Cを低下できることになる。

総費用を最小化したい生産者は，等量曲線の下でなるべく等費用線を下方に位置させる。この結果，**等量曲線と等費用線が1点で接する点で費用最小化が実現する。**

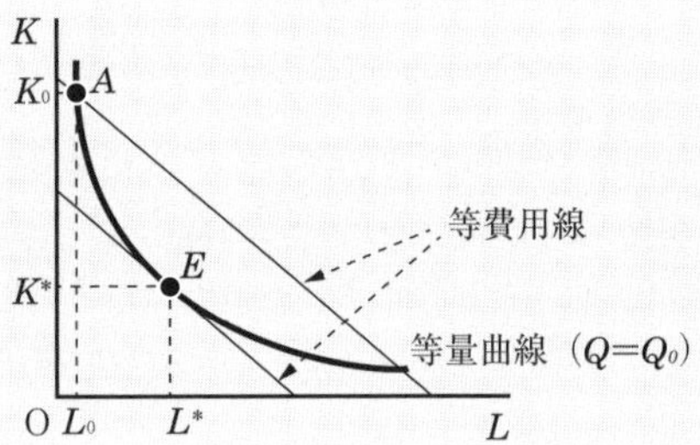

図では，企業はA点でもE点でも同じQ_0だけ生産できるが，総費用曲線が下に位置するE点のほうが総費用は少ない。E点は，これ以上，等費用線を下方に平行シフトさせると等量曲線と接することができないので，費用最小化点である。つまり，資本と労働の投入量をL^*とK^*にするとき，総費用は最小化される。つまり，費用を最小化する最適要素投入の条件は**等量曲線の接線の傾きと等費用線の傾きが等しい**ことである。これは，次のように表される。

費用最小化する最適生産：$MRTS=\dfrac{w}{r}$（技術的限界代替率＝２要素価格比）

実戦問題

＊＊
No.1 900の資本を有するマクロ経済が次のとおり示される場合において，産出量として正しいのはどれか。

なお，産出物と資本の１単位当たりの価格はともに１であるものとする。

$Y=\frac{1}{5}K^{\frac{1}{2}}L^{\frac{1}{2}}$

$r=0.2$

$w=0.05$

〔Y：産出量，K：資本
L：労働，r：資本レンタルコスト
w：賃金率〕

【国税専門官・平成18年度】

1 360
2 380
3 400
4 420
5 440

＊＊
No.2 等産出量曲線が，$x=L\cdot K$（L：労働投入量，K：資本投入量）で与えられているとする。労働の価格が20，資本の価格が30であり，企業の利用可能な費用総額が1500であるとき，この費用制約の下で最大の生産を得るためには，労働と資本をそれぞれ何単位投入すればよいか。　【国家一般職・平成17年度】

	労　働	資　本
1	22.5	35
2	30	30
3	37.5	25
4	45	20
5	52.5	15

＊＊＊
No.3 ある企業の生産関数が以下のように示される。

$Y=\sqrt{KL}$

ここで，$Y(>0)$は生産量，$K(>0)$は資本投入量，$L(>0)$は労働投入量である。

資本の要素価格が４，労働の要素価格が９のとき，完全競争下で生産した場合の，この企業の総費用TCを生産量Yの式として表したものはどれか。

【国家一般職・令和４年度】

1 $TC=1.5Y$　　**2** $TC=5Y$
3 $TC=12Y$　　**4** $TC=13Y$
5 $TC=36Y$

第2章 生産者理論（完全競争）

＊＊
No.4 **労働Lと資本Kを投入して，生産関数$y=L^{\frac{1}{2}}K^{\frac{1}{4}}$によって生産を行っている企業が，費用を最小化するように生産要素の投入量を決定している。今，資本のレンタル価格rは変化しない状況の下で，賃金wが２％上昇した。この場合の労働分配率$\frac{wL}{rK+wL}$の変化に関する次の記述のうち，最も妥当なのはどれか。**

【労働基準監督官・令和３年度】

1　４％上昇する。

2　２％上昇する。

3　１％上昇する。

4　変化しない。

5　２％低下する。

＊＊＊
No.5 **下図は，ある企業が２種類の生産要素x_1とx_2を投入して生産物yの生産を行っているときの等生産量曲線を示したものであるが，この図に関する記述として，妥当なのはどれか。**

ただし，y_1，y_2，y_3は，それぞれyの生産量を100，200，300としたときの等生産量曲線を示すとする。　　【地方上級（東京都）・平成18年度】

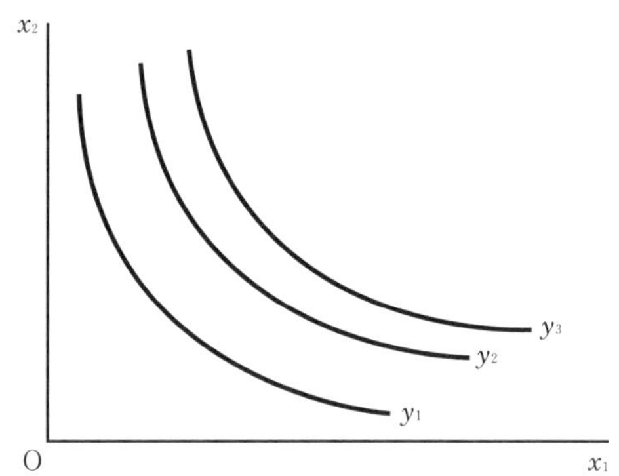

1　等生産量曲線は，無差別曲線と同じように，序数的な概念であり，可測的でないが，等生産量曲線間で生産量の大小の順序づけはできる。

2　x_1，x_2の２生産要素間の限界代替率は，この等生産量曲線の傾きの絶対値であり，その値は，x_1，x_2の２生産要素の限界生産力の比率に等しい。

3　この等生産量曲線は，曲線に沿って左上から右下に移動するにつれて，生産要素x_2の生産要素x_1に対する限界代替率が逓増していることを示している。

4　この等生産量曲線は，等生産量曲線間の幅の比率が生産水準の拡大の比率より小さく，規模に関して収穫逓減であることを示している。

5 x_1, x_2 の２生産要素の価格比が変化するとき，それに伴って等生産量曲線がシフトし，２つの等生産量曲線が交わる場合がある。

＊＊
No.6 図のような平均費用曲線（AC）と限界費用曲線（MC）を持つ企業における規模の利益に関する次の記述のうち，妥当なのはどれか。

【地方上級・平成２年度改題】

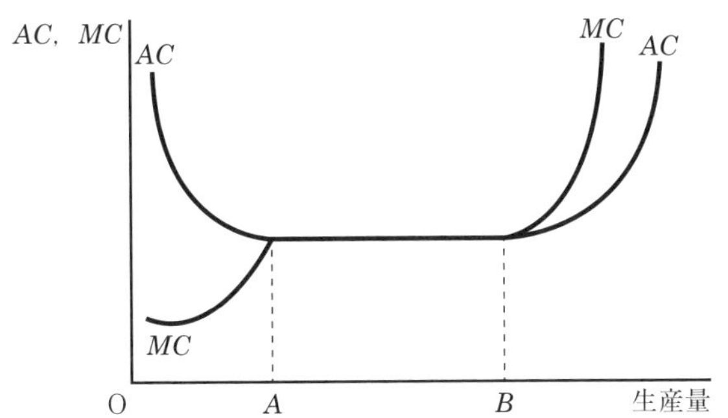

1 規模の利益はあらゆる生産量で働いている。

2 生産量がA未満の場合，規模の利益が働いている。

3 生産量にかかわらず規模の利益は働いていない。

4 生産量がB未満の場合，規模の利益が働いている。

5 生産量がABの間で規模の利益が働いている。

実戦問題の解説

No.1 の解説　労働の最適投入

→問題はP.183　**正答1**

設問は直接には生産量を問うているが，問題文の条件から生産に必要な資本は固定されている（短期を表している）ので，最適な労働がわかれば，これを代入して生産量が得られる。つまり，最適な労働量を求めることが本問のポイントである。

STEP❶　労働の限界生産性の計算

資本が一定の$K=900$で固定されているので，これを生産関数$Y=\frac{1}{5}K^{\frac{1}{2}}L^{\frac{1}{2}}$に代入すると，

$$Y=\frac{1}{5}\times 900^{\frac{1}{2}}\times L^{\frac{1}{2}}=\frac{1}{5}\times 30\times L^{\frac{1}{2}}=6L^{\frac{1}{2}}$$

となる（$900^{\frac{1}{2}}=\sqrt{900}=30$である）。このときの，労働の限界生産性$MPL$は次のように求められる。

$$MPL=\frac{dY}{dL}=\frac{1}{2}\times 6L^{-\frac{1}{2}}=3L^{-\frac{1}{2}}$$

STEP❷　労働の最適投入条件に当てはめる

労働の最適投入条件$MPL=\frac{w}{p}$を使う。先に求めたMPLと，$w=0.05$，$p=1$を代入して，以下のように式変形する。

$$3L^{-\frac{1}{2}}=0.05$$

$$\frac{3}{L^{\frac{1}{2}}}=0.05$$

$$L^{\frac{1}{2}}=\frac{3}{0.05}=60$$

この値を生産関数に代入すると，最適な産出量は，

$$Y=6L^{\frac{1}{2}}=6\times 60=360$$

となる。

なお，資本の価格と資本レンタルコスト（資本使用者費用，もしくは資本賃貸率）は別の概念である（前者は設備1単位の購入額，後者は設備1単位の稼働コスト）。

よって，正答は**1**である。

No.2 の解説　資本と労働の最適投入

→問題はP.183　**正答3**

資本と労働の最適な投入量が問われているので，おのおのの最適投入条件を用いる。ただし，財の価格pが与えられていないので，$MPL=\frac{w}{p}$と$MPK=\frac{r}{p}$ではなく，これらをまとめた加重限界生産性均等法則$\frac{MPK}{r}=\frac{MPL}{w}$（$w$：労働の価格，$r$：資本の価格）を用いる。

また，生産関数$x=L\cdot K$において，本来，一定の生産量xを達成する資本Kと労働Lの組合せが等生産量曲線であるが，ここでは生産関数として取り扱えばよい。

STEP❶　資本と労働の限界生産性の計算

資本の限界生産性MPKと労働の限界生産性MPLを次のように求める。

$$MPK=\frac{dx}{dK}=L,\qquad MPL=\frac{dx}{dL}=K$$

STEP❷　加重限界生産性均等法則に代入

これらを，$r=30$，$w=20$とともに$\frac{MPK}{r}=\frac{MPL}{w}$に代入すれば，

$$\frac{L}{30}=\frac{K}{20}$$

$$2L=3K$$

を得る。

STEP❸　総費用と連立

資本と労働の最適投入条件を総費用Cの式と連立する。総費用Cは，

$$1500=20L+30K$$

と書けるから，これを$2L=3K$と連立させれば，労働Lと資本Kの最適投入量を，

$$L^*=37.5,\quad K^*=25$$

と得る。

よって，正答は**3**である。

[別解] 等産出量曲線$x=L\cdot K$と総費用$1500=20L+30K$の関係から解く。等産出量曲線の労働投入量Lと資本投入量Kの指数は１と１である。企業の費用総額を，企業の予算ととらえると，総額の1500を労働にかかる費用$20L$と資本にかかる費用$30K$のおのおのに１：１，つまり，750ずつ分配すればよい（最適消費におけるコブ＝ダグラス型効用関数の公式の援用）。したがって，$750=20L$および$750=30K$が成立し，ここから，労働Lと資本Kの最適投入量を，

$$L^*=37.5,\ K^*=25$$

と得る。

No.3 の解説　総費用を生産量で表した式　→問題はP.183　正答3

STEP❶　題意の確認

総費用を要素費用の関数として，

$$TC=4K+9L \quad \cdots\cdots①$$

とし，最適な生産要素の投入量を与える。生産要素の最適投入条件は加重限界生産性均等法則$\dfrac{MPK}{r}=\dfrac{MPL}{w}$である（$MPK$：資本の限界生産性，$MPL$：労働の限界生産性，$r$：資本の要素価格，$w$：労働の要素価格）。

STEP❷　最適要素投入条件の計算

生産関数を$Y=K^{\frac{1}{2}}L^{\frac{1}{2}}$としたうえで，各生産要素の限界生産性を求めると，

$$MPK=\frac{dY}{dK}=\frac{1}{2}K^{\frac{1}{2}}L^{\frac{1}{2}}$$

$$MPL=\frac{dY}{dL}=\frac{1}{2}K^{\frac{1}{2}}L^{\frac{1}{2}}$$

になる。これらと各要素価格の値を加重限界生産性均等法則に代入すると，

$$\frac{\frac{1}{2}K^{-\frac{1}{2}}L^{\frac{1}{2}}}{4}=\frac{\frac{1}{2}K^{\frac{1}{2}}L^{-\frac{1}{2}}}{9}$$

となるので，これを整理すると，

$$\frac{9L^{\frac{1}{2}}}{K^{\frac{1}{2}}}=\frac{4K^{\frac{1}{2}}}{L^{\frac{1}{2}}}$$

$$4K=9L \quad \cdots\cdots②$$

を得る。②式を$L=\dfrac{4}{9}K$または$K=\dfrac{9}{4}L$として生産関数に差し戻すと，以下を得る。

$$Y=K^{\frac{1}{2}}L^{\frac{1}{2}}=K^{\frac{1}{2}}\left(\frac{4}{9}K\right)^{\frac{1}{2}}=\frac{2}{3}K \quad \Leftrightarrow \quad K=\frac{3}{2}Y$$

$$Y=K^{\frac{1}{2}}L^{\frac{1}{2}}=\left(\frac{9}{4}L\right)^{\frac{1}{2}}L^{\frac{1}{2}}=\frac{3}{2}L \quad \Leftrightarrow \quad L=\frac{2}{3}Y$$

STEP❸　総費用関数の変形

STEP❷で求めた$K=\dfrac{3}{2}Y$と$L=\dfrac{2}{3}Y$を①式に代入すると，

$$TC=4\times\frac{3}{2}Y+9\times\frac{2}{3}Y=12Y$$

のように総費用TCを生産量Yの関数として表すことができる。

[別解]総費用を要素費用の関数として，

$$TC = 4K + 9L$$

とおく。

生産関数を$Y=K^{\frac{1}{2}}L^{\frac{1}{2}}$と変形し，指数に着目すれば，

$$TC = 4K + 9L$$
$$= \frac{1}{2}TC + \frac{1}{2}TC$$

より，

$$K = \frac{1}{8}TC$$

$$L = \frac{1}{18}TC$$

これらを生産関数に差し戻せば，

$$Y = \left(\frac{1}{8}TC\right)^{\frac{1}{2}}\left(\frac{1}{18}TC\right)^{\frac{1}{2}}$$

になるので，次のように整理すると，

$$Y = \left(\frac{1}{8}\right)^{\frac{1}{2}}TC^{\frac{1}{2}}\left(\frac{1}{18}\right)^{\frac{1}{2}}TC^{\frac{1}{2}} = \left(\frac{1}{8}\times\frac{1}{18}\right)^{\frac{1}{2}}TC^{\frac{1}{2}+\frac{1}{2}} = \left(\frac{1}{8\times 18}\right)^{\frac{1}{2}}TC = \left(\frac{1}{144}\right)^{\frac{1}{2}}TC = \frac{1}{12}TC$$

$$TC = 12Y$$

のように総費用TCを生産量Yの関数として表すことができる。

よって，正答は**3**である。

No.4 の解説　労働分配率

→問題はP.184 **正答4**

STEP❶　題意の確認

資本Kおよび資本レンタル価格rを所与として，賃金率w上昇時の労働投入量Lの変化を調べることで，労働分配率$\frac{wL}{rK+wL}$の変化を求める。また，労働投入量Lの変化を調べるために，加重限界生産性均等法則$\frac{MPL}{w}=\frac{MPK}{r}$を用いる（$MPL$：労働の限界生産性，$MPK$：資本の限界生産性）。

STEP❷　加重限界生産性均等法則の計算

労働の限界生産性および資本の限界生産性は，おのおの，$MPL=\frac{dy}{dL}=\frac{1}{2}L^{\frac{1}{2}}K^{\frac{1}{4}}$，$MPK=\frac{dy}{dK}=\frac{1}{4}L^{\frac{1}{2}}K^{\frac{3}{4}}$と計算されるから，上の法則は，

$$\frac{\frac{1}{2}L^{-\frac{1}{2}}K^{\frac{1}{4}}}{w} = \frac{\frac{1}{4}L^{\frac{1}{2}}K^{-\frac{3}{4}}}{r} \quad \Leftrightarrow \quad rK = \frac{1}{2}wL$$

となる。

STEP❸ 労働分配率の計算

STEP❷の結果である$rK=\frac{1}{2}wL$を労働分配率の定義式に代入すれば，

$$\frac{wL}{rK+wL}=\frac{wL}{\frac{1}{2}wL+wL}=\frac{2}{3}$$

となり，労働分配率は資本と労働の投入量およびこれらの要素価格に依存しない定数であることがわかる。したがって，賃金がどれだけ変化しても労働分配率は不変である。

以上より，正答は**4**である。

No.5 の解説 等生産量曲線

→問題はP.184 **正答2**

等生産量曲線と等費用線の関係は，ちょうど無差別曲線と予算制約線の関係と対応している。いくつかの点で異なる点もあるが，おおむね消費者理論から類推できる。ただし，等生産量曲線の出題頻度は低い。

1× **無差別曲線は序数的であるが，等生産量曲線は可測的である。**

問題文には$y=100$のように具体的に数値例が挙げられている。これは財の生産量には測定単位があるということである。一方，通常の無差別曲線は右上に位置するものほど効用水準が高いというように，選好の大小関係を順序付けることはできても，必ずしも効用水準は明らかではない。これを序数的効用という。なお，効用が測定単位を持ち，個人間で比較可能な数値化ができるとの立場を基数的効用といい，この場合の効用は可測的となるが，現在の標準的な理論では序数的効用への支持が強い。

2◎ **２生産要素間の限界代替率は等生産量曲線の接線の傾きで表される。**

妥当である。これは技術的限界代替率と呼ばれることが多いが，通常，$-\frac{\Delta K}{\Delta L}$のようにマイナスを付けて正値で表示する。そして，消費者理論において限界代替率が２財の限界効用比で置き換えられるように，技術的限界代替率は２生産要素の限界生産性（限界生産力）の比で置き換えることができる。証明は難解であるので，興味があれば下記（参考）を参照してほしい。

3× **技術的限界代替率は逓減する。**

２生産要素間の限界代替率（技術的限界代替率）は等生産量曲線上の点の傾きを正値で表したものであるから，曲線上を左上から右下に移動するにつれて，接線の傾きが緩やかになっていくということは技術的限界代替率が逓減していることを示している。

4× **幅が徐々に狭まる等生産量曲線は，規模に関して収穫逓増を表している。**

仮に，ある等生産量曲線上のすべての点で２生産要素x_1，x_2を一斉に２倍にし，それらの点を結んだ等生産量曲線（相似拡大的な等生産量曲線）の生産量がちょうど当初の２倍であれば，定義より規模に関して収穫一定である。

しかし，問題の等生産量曲線は，幅が徐々に狭くなっており，たとえば，生産量yを100から200にするのに，等生産量曲線間の幅は２倍未満で済んでいる。これは，２生産要素の投入を一斉に２倍にすれば生産量は２倍を超えることを意味するから，規模に関して収穫逓増である。

5 × **2つの等生産量曲線どうしが交差すれば矛盾が生じるので，ありえない。**

①当初，６単位のx_1生産要素と１単位のx_2生産要素の投入（A点）によって100の生産を行っていたが，x_2生産要素を２単位に増加させる（B点）と200の生産量になるものとする。②この企業は，２単位のx_1生産要素と５単位のx_2生産要素の投入（B'点）でも同じ等生産量曲線上の点であるから200の生産量を維持できることになる。③ところが，ここからさらにx_2生産要素の投入を７単位まで増加させる（A点）と，生産量は100に減少してしまう。このような矛盾は等生産量曲線どうしが交わるために起こるのであり，交わることはありえない。

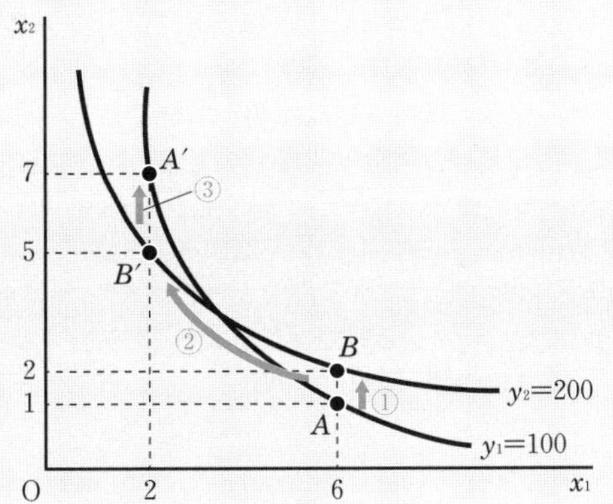

（参考） 生産関数$y=f(K,\ L)$を全微分すれば，

$dy=\dfrac{\partial f(K,\ L)}{\partial K}dK+\dfrac{\partial f(K,\ L)}{\partial L}dL$を得る。$dy$，$dK$，$dL$をおのおのの変数の変化分とみなし，等量曲線上では生産量は一定であるから$dy=0$とおく。また，定義より，$MPK=\dfrac{\partial f(K,\ L)}{\partial K}$，$MPL=\dfrac{\partial f(K,\ L)}{\partial L}$であるから，これらを代入すると，$0=MPK\cdot\Delta K+MPL\cdot\Delta L$になる。これを移項すると$-\dfrac{\Delta K}{\Delta L}=\dfrac{MPL}{MPK}$，つまり技術的限界代替率＝資本と労働の限界生産性の比になる。

No.6 の解説　規模の経済性

→問題はP.185　**正答2**

本問の直接の類題は少ない。しかし，本テーマの他の問題でも選択肢の一部に規模の経済性に関する内容が含まれていたように，知っておくと有益な概念である（第５章「市場の失敗」においても用いる）。本問で内容を確認してほしい。

1× **規模の利益が働くことは平均費用が逓減することと同値である。**
規模の利益（規模の経済）が働くとは，すべての生産要素を一斉にλ倍したときに，生産量がλ倍を上回ることをいい，規模に関して収穫逓増ともいう。たとえば，要素価格が一定であれば，すべての生産要素を一斉に２倍すれば総費用も２倍になる。このときに２倍を上回る生産が達成できれば，生産量１単位当たりの費用，すなわち平均費用ACは当初より低下する。したがって，平均費用ACが逓減する生産量でのみ規模の利益は働くので，図ではあらゆる生産量で規模の利益が働いているわけではない。

2◎ **生産量がA未満では平均費用ACが逓減しており，規模の利益が働く。**
妥当である。**3**の解説参照。

3× **生産量にかかわらず規模の利益は働いていないということはない。**
たとえば，生産量がA未満では平均費用ACが逓減しているので，規模の利益が働いている。

4× **生産量がABの間では規模に関して収穫一定である。**
生産量がB未満の場合は，A未満のときに規模の利益が働いているが，ABの間では働いていない。AB間では生産量が増加しても平均費用は一定のままであるが，これは規模に関して収穫一定であることを表している。規模に関して収穫一定とは，すべての生産要素を一斉にλ倍したときに，生産量がちょうどλ倍になることをいう。

5× **生産量がAを超えると，規模の経済は働いていない。**
生産量がABの間では，規模に関して収穫一定であり，規模の利益は働いていない。さらに，生産量がBを超えると，生産量が増加すると平均費用は上昇している。これは規模に関して収穫逓減であることを表している。規模に関して収穫逓減とは，すべての生産要素を一斉にλ倍したときに，生産量はλ倍未満にしかならないことをいう。生産要素を一斉にλ倍すれば総費用もλ倍になるが，生産量がλ倍未満にしかならないならば生産量１単位当たりの費用である平均費用は当初よりも上昇する。

第３章

生産者理論（不完全競争）

第3章 生産者理論（不完全競争）

試験別出題傾向と対策

頻出度	試験名	国家総合職					国家一般職					国家専門職（国税専門官）				
	年度	21-23	24-26	27-29	30-2	3-5	21-23	24-26	27-29	30-2	3-5	21-23	24-26	27-29	30-2	3-5
	テーマ　出題数	5	4	5	7	6	5	4	1	2	4	2	1	2	0	0
A	11 独占者理論		1	2	2	2	4	3								
A	12 寡占者理論	2	1	2	3	3		1	1		2	1	1	2		
A	13 ゲーム理論	3	2	1	2	1	1			2	2	1				

本章も大きく二分できる。テーマ11（独占者理論）・テーマ12（寡占者理論）は，後者が前者の応用であるため，まずは独占者理論を正確に理解することが必要である。寡占者理論では出題頻度の高いオーソドックスな理論にクールノー・モデルがあるが，これはいくつかの派生的なモデルを生み出しており，なかには難易度のやや高いものもあるが，それでも一定の出題が見られる。

テーマ13のゲーム理論は，本来は経済学に限らず，２者の戦略的駆け引きを分析するツールとして発達したものであるが，経済学，特に２企業の競争を分析するのに適しているため，非常によく用いられる。なお，実際の出題パターンとしては，必ずしも経済理論を意識しない抽象的な理論としてのものがほとんどである（国家総合職の経済区分では経済的な事例をイメージした出題も多い）。

なお，本章の内容に関する出題は，試験種による偏りが大きい。出題頻度の高い試験種，低い試験種に加え，特定のテーマが多い試験種といった差異がある。

● 国家総合職（経済）

基本的には２問の出題である。独占者理論がやや少なく，寡占者理論とゲーム理論がやや多い。特に，ゲーム理論に関する出題では難易度が高いものがあり，１度きりの出題例もあるので，最初から手を広げすぎるのは得策ではない。

● 国家一般職

平成27年度以降，独占者理論の出題がなく，寡占者理論およびゲーム理論からの出題のみである。基本的に，本章のテーマからは２問の出題が多いが，必ずしも一定数の出題というわけでもない。その中ではゲーム理論のウエートが高い。また，本章から出題されるテーマがシュタッケルベルク・モデル（平成28年度）や動学ゲーム（令和２年度）といったやや難易度の高い出題が多いため，この点に留意した学習が必要となる。

	地方上級（全国型）					地方上級（特別区）					市役所（C日程）				
	21-23	24-26	27-29	30-2	3-5	21-23	24-26	27-29	30-2	3-5	21-23	24-24	27-29	30-2	3-4
	1	2	3	1	2	4	3	4	3	3	2	2	2	0	1
テーマ11	1		3		1	1	3	1	1	2	2	1	1		1
テーマ12						2		2	2				1		
テーマ13		2		1	1	1		1		1		1			

● 国家専門職（国税専門官）

平成30年度以降，６年にわたって本章のテーマからの出題がない。ただし，それ以前はほぼ隔年の出題であり，今後の出題の可能性は低くない。なお，財務専門官および労働基準監督官ではほとんどの年度において出題されている。内容上は，寡占者理論が多いが，加えてゲーム理論（国税専門官以外では一定の出題がある）も学習しておきたい。

● 地方上級（全国型）

少なくとも上で示した表の期間中（平成21年度～令和５年度）においては，寡占者理論からの出題はまったくない。独占者理論またはゲーム理論から１問もしくは０問である。ただし，交互に出題されるなどの規則性は見られない。独占者理論では，これまでの章の傾向と同様，国家系と比べて計算が少なく，計算問題，グラフ問題，語句問題のいずれもが出題の対象であり，幅広く学習しておきたい。

● 地方上級（特別区）

例年，ほぼ１問の出題である。独占者理論からの出題がやや多い。出題形態としては計算がやや多い。他の章同様，極度の難問は少ないので，基本事項を確実にマスターするような学習がよい。

● 市役所（C日程）

不定期かつ不連続に，主に独占者理論から１問の出題である（あるいは０問)。出題形態はおおむね地方上級に準じるため，対策も同様となる。

独占者理論

必修問題

一企業により独占的に供給されるある財の価格をP，生産量をQとする。この企業の総費用関数と財の需要関数がそれぞれ，

$TC=Q^2+20$ 〔TC：総費用〕

$Q=120-2P$

で表されるとき，この企業の利潤を最大にする財の価格はどれか。

【地方上級（特別区）・令和元年度】

1 10
2 20
3 30
4 40
5 50

難易度　＊

必修問題の解説

独占企業はプライス・メーカーであるから，価格決定に関する問題は基本に当たる。特に，本問の手順は独占企業の意思決定に関する基本的手順を踏む問題である。価格を求めるには，先行して生産量を求めなければならない。この手順を理解して，応用的な問題が解けるようになるよう基礎を固めてほしい。

STEP❶ 逆需要曲線の導出

需要関数を逆需要関数にすれば，

$P=60-0.5Q$

になる。価格はこの式の需要量Qに独占企業の生産量を代入すれば得られる。

STEP❷ 独占企業の生産量の決定

独占企業の生産量を利潤最大化条件$MR=MC$（限界収入＝限界費用）を用いて求める。限界収入は逆需要関数の傾きを２倍にしたものであるので，

$MR=60-Q$

である。一方，総費用関数の変化分をとることにより，限界費用MCは，

$MC=2Q$

になる。独占企業の生産量は，利潤最大化条件である$MR=MC$を満たすように決まるので，$60-Q=2Q$より，

$Q=20$

である。

STEP❸ 独占企業の価格の決定

これを逆需要関数に代入すれば，価格を，

$P=60-0.5\times 20=50$

とできる。

正答 5

FOCUS

独占者理論は，不完全競争全体の入り口となる内容であり，ここが理解できると，計算の面倒なクールノー・モデル（テーマ12）なども正答しやすくなる（公式も類似している）。近年はクールノー・モデルなど寡占市場の出題がやや多いが，依然として独占市場の出題も多いので，正確な理解を心掛けてほしい。一方で，同じ生産者理論とはいえ，完全競争の場合とは，理論上の共通点もあるが，公式などの相違点も多いので，混同しないようにしてほしい。

POINT

重要ポイント 1 不完全競争市場

生産者が価格を決定できる**プライス・メーカー**である市場は**不完全競争市場**である。不完全競争市場は，1生産者のみが存在する**独占市場**と少数の生産者からなる**寡占市場**に大別できる（寡占市場は**テーマ12**で取り上げる）。

独占企業は，価格を消費者が払える最も高い水準に設定する。この価格水準は需要曲線から逆算される。たとえば，需要曲線を直線の$D=\alpha-\beta p$（D：需要量，p：価格，α，β：正の定数）とすると，消費者はこの式を市場価格pをみて需要量Dを決定する式であるととらえるが，独占企業はこの式を$p=\dfrac{\alpha}{\beta}-\dfrac{1}{\beta}D$と変形して，消費者に購入させたい数量$D$から消費者に払わせる価格$p$を決定する式と解釈するのである。このようにみた需要曲線を**逆需要曲線**という。

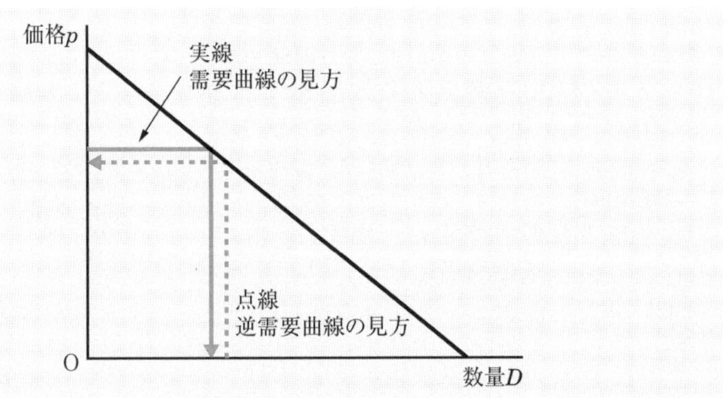

重要ポイント 2 独占企業の利潤最大化

逆需要曲線を$p=a-bD$（a，bは正の定数）とおき直すと，独占企業の収入$R=pQ$（Q：生産量）は，

$$R=pQ=(a-bD)Q=aQ-bQ^2$$

になる。ここでポイントは，①**価格に逆需要曲線を代入すること**と，**独占企業の生産量が市場の需要量と等しくなるとの条件，つまり②需要一致条件$y=D$を用いていること**である。この収入Rの式は，縦軸に収入R，横軸に数量Qをとると，極大値を持つ，上方に凸型のグラフになる。一方，総費用Cは完全競争時（短期）と同様に表せるとすると，収入Rと費用Cのグラフは右図のようになる。

このとき，収入Rと費用Cの差である利潤を最大にするような生産量は，収入のグラフの傾き$\left(\text{限界収入}MR=\dfrac{\Delta R}{\Delta Q}\right)$と費用のグラフの傾き$\left(\text{限界費用}MC=\dfrac{\Delta C}{\Delta Q}\right)$が等しいときに達成される。したがって，独占企業の利潤を最大化する生産量は，

MR（限界収入）$=MC$（限界費用）

を満たす。

なお，下の図は，上の図の収入Rと費用Cの差である利潤πを縦軸に取り直した

ものである。したがって，上図で利潤を最大化する生産量Q^*が，下図では利潤のグラフの頂点に対応している。

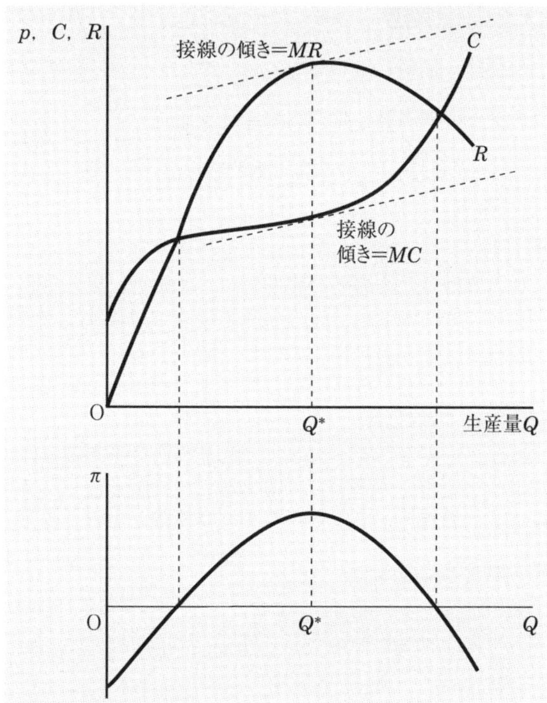

重要ポイント3 独占市場の均衡

独占企業が存在する市場において，逆需要曲線が直線の場合，**限界収入MRは逆需要関数の傾きを2倍したものになる**。これは，逆需要曲線と収入$R=aQ-bQ^2$を微分した限界収入の式を並べると，

逆需要曲線:$p=a-bD$

限界収入:$MR=a-2bQ$

となることからわかる（**重要ポイント2**で触れたように$y=D$である）。

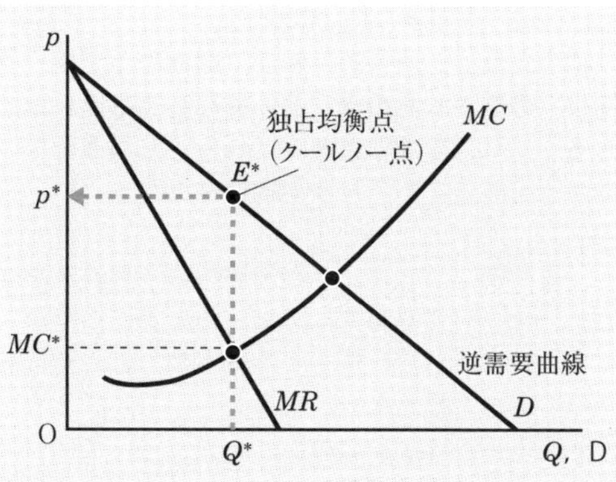

これを限界費用MCとあわせて描き込んだ上図において，独占企業の最適生産量は，**重要ポイント2**の公式$MR=MC$を満たすQ^*に決定され，価格は，**重要ポイント1**でみたように，これを逆需要曲線に代入したp^*に決められる。この生産量と価格の組合せE^*点を**独占均衡点（クールノー点）**という。

重要ポイント 4 ラーナーの独占度とマークアップ原理

上図で，価格と限界費用の差（マークアップ）の価格に占める割合$\frac{p^*-MC^*}{p^*}$を**ラーナーの独占度**と呼び次のように示される。

ラーナーの独占度：$\boldsymbol{\frac{p^*-MC^*}{p^*}}$

ラーナーの独占度は以下のような性質を持つ。

・独占度は0と1の間の値をとり，1に近いほど独占度は高い。

なお，0になるのは完全競争の場合（$p=MC$）である。

・独占度は需要の価格弾力性の逆数になる。

つまり，需要の価格変動に対する反応が小さい場合ほど独占企業はマークアップを大きくできる。

R.L.ホールとC.J.ヒッチは，実際の企業が利潤最大化理論を利用せず，平均可変費用に一定のマークアップ率を加えて価格を決定していることを示した。これを**フルコスト原理**もしくは**マークアップ原理**という。ただし，独占度が需要の価格弾力性eの逆数であることの式$\frac{p^*-MC^*}{p^*}=\frac{1}{e}$を変形すれば，$p^*=\frac{e}{e-1}MC^*$とできる。

独占均衡点では必ず$e>1$　が成立するため，$\frac{e}{e-1}$を粗マークアップ率と考えれば，限界費用MCと平均可変費用が等しい場合には，フルコスト原理と利潤最大化理論は両立できる。

重要ポイント 5 差別独占

独占企業は，消費者の属性（居住する地域，年齢，嗜好など）に従って市場を分割し，分割された市場ごとに異なる価格を設定することができるなら利潤を増加できる。これは**差別独占**と呼ばれる。差別独占は，価格差を利用した第三者による**転売が不可能であることが前提条件**となる。

具体例：たとえば，路線バスの子供料金を経済学的に解釈する。バスを運行する企業は，乗客の多寡にかかわらず定時にバスを運行する必要がある。運行する以上は，1人でも多くの乗客を乗せて，運賃収入を得たほうがよい。しかし，子どもが保有する所得は大人と比較すれば少ないので，大人にとっては負担感の小さい運賃でも子どもにとっては大きな負担に感じられてしまい，大人と同一の料金では乗らない可能性が高い。したがって，子どもには割安な運賃を設定することでバスの利用を促すことが，バスを運行する企業にとって収入を増加させる手段となるのである。

2つの市場の需要の価格弾力性をおのおのe_1, e_2とし，$e_1>e_2$であるとする。このとき，需要の価格弾力性が大きい市場1では，価格を引き下げて弾力的に需要を増加させればよいのに対し，需要の価格弾力性が小さい市場2では，需要の減少は非弾力的であるから価格を引き上げればよい。したがって，**需要の価格弾力性と逆方向に各市場の価格を設定**すればよい。つまり，**$e_1>e_2$なら$p_2>p_1$**とすればよい。

市場1の需要をy_1，市場2の需要をy_2とすると，利潤は次式のようになる。

$$\pi=R_1(y_1)+R_2(y_2)-C(y_1+y_2)$$

利潤を最大化するため，これを生産量y_1とy_2でおのおの偏微分し整理すると，

$$\frac{d\pi}{dy_1}=\frac{dR_1(y_1)}{dy_1}-\frac{dC(y_1+y_2)}{dy_1}=MR_1-MC=0$$

$$\frac{d\pi}{dy_2}=\frac{dR_2(y_2)}{dy_2}-\frac{dC(y_1+y_2)}{dy_2}=MR_2-MC=0$$

となり，次の公式を得る。

$MR_1=MC$，$MR_2=MC$

ここで，総費用$C(y_1+y_2)$は，各市場向けの生産が一括して行なわれるとの仮定を表しており，それゆえに限界費用もMC_1やMC_2ではなくMCと表している。

なお，これまで説明した差別独占を第2種価格差別とし，これに対し，市場の分割を極限まで推し進め，個々の消費者ごとに異なる価格設定をするケースを第1種価格差別（完全価格差別）と，また，異なる市場または個人に異なる価格体系を適用すること（通常は，携帯電話キャリア市場で見られるような基本料金と従量料金からなる二部料金体系について，複数の選択肢を用意するケース）を第3種価格差別という。

重要ポイント 6 売上高最大化仮説

企業行動の目標が，利潤最大化ではなく，売上（収入）の最大化であるとする。この場合，追加的な生産によって収入が得られる限りは生産を続けることになるから，限界収入がゼロとなる図中Q^*まで生産することが条件となる。

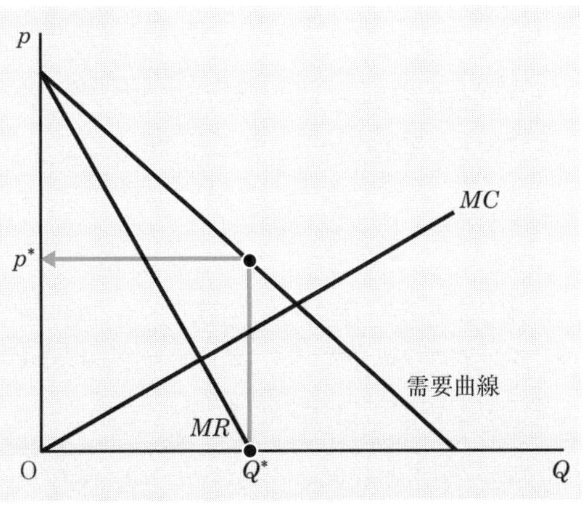

売上高最大化の公式：$MR=0$

価格は，利潤最大化の場合と同様，この生産量に対して消費者が払う最も高い水準のp^*になる。

実戦問題❶　基本レベル

＊No.1　次のグラフは，ある財を生産する企業の生産量と総収入・総費用との関係を表したものである。いずれか一方のグラフが独占企業の場合を表し，他方が完全競争下の企業の場合を表したものであるとき，おのおのの企業の利潤が最大になる生産量として妥当なもののみを挙げているのはどれか。

【国税専門官・平成16年度】

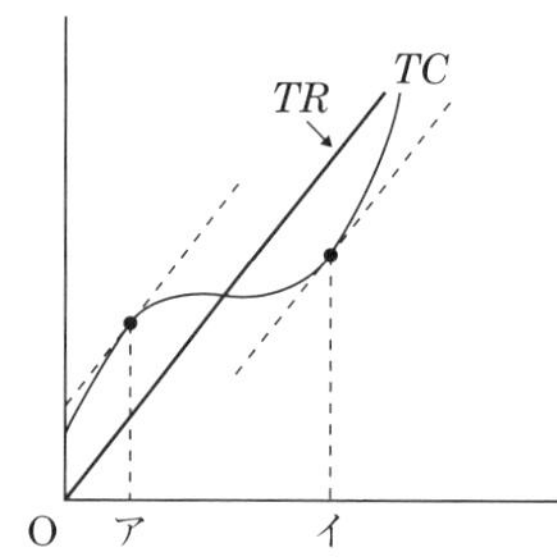

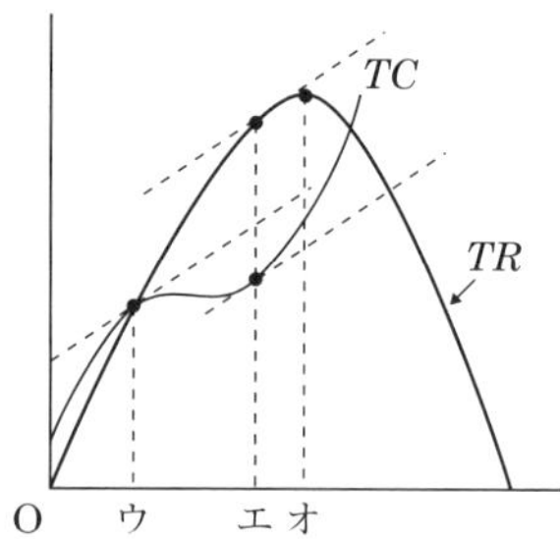

縦軸：総収入，総費用，横軸：生産量，

TR：総収入曲線，*TC*：総費用曲線，点線：各点における接線

	独占企業	完全競争下の企業
1	ア	ウ
2	イ	エ
3	イ	オ
4	エ	イ
5	オ	ア

＊No.2　ラーナーの独占度に関する記述として，妥当なのはどれか。

【地方上級（特別区）・平成25年度】

1　ラーナーの独占度は，供給の価格弾力性の逆数に等しく，独占企業の市場支配力を示す尺度である。

2　ラーナーの独占度は，独占企業の直面する需要曲線が垂直な場合，その値は無限大となる。

3　ラーナーの独占度は，独占企業が利潤最大化を達成している生産量で需要の価格弾力性が小さければ小さいほど，その値は大きくなる。

4　ラーナーの独占度とは，独占企業が平均費用に一定率の上乗せをして製品価格を決定する場合の加算の割合のことである。

5　ラーナーの独占度とは，独占市場において価格が平均費用から乖離（かいり）する度合いのことであり，独占利潤の程度を表す指標である。

* **No.3** ある独占企業において供給されるある財の生産量をQ，価格をP，平均費用をACとし，この財の需要曲線が，

$$P=16-2Q$$

で表され，また，平均費用曲線が，

$$AC=Q+4$$

で表されるとする。この独占企業が利潤を最大化する場合のラーナーの独占度の値はどれか。

【地方上級（特別区）・令和３年度】

1 $\frac{1}{3}$

2 $\frac{2}{3}$

3 $\frac{1}{4}$

4 $\frac{3}{4}$

5 $\frac{1}{6}$

＊＊
No.4 **独占企業がA・Bの２つの市場に同じ製品を供給するとき，利潤最大化行動から各市場の均衡価格の間に次の関係が成り立つ。**

$$P_A\left(1-\frac{1}{e_A}\right)=P_B\left(1-\frac{1}{e_B}\right)=\text{限界費用}$$

〔P_i：i市場の価格，e_i：i市場の需要の価格弾力性，$i=A, B$〕

このとき，２つの市場の弾力性，均衡価格，独占度の関係に関する次の記述のうち，妥当なのはどれか。ただし，限界費用は一定である。 【市役所・平成７年度】

1 A市場とB市場の需要の価格弾力性が異なったとしても，限界費用が一定である限り，２つの市場の均衡価格は等しくなる。したがって，限界費用が一定のとき，市場の独占度は等しくなる。

2 A市場の需要の価格弾力性がB市場より大きいとき，A市場での均衡価格はB市場より小さい。したがって，需要の価格弾力性が大きい市場の独占度は大きくなる。

3 A市場の需要の価格弾力性がB市場より大きいとき，A市場での均衡価格はB市場より大きい。したがって，需要の価格弾力性が大きい市場の独占度は小さくなる。

4 A市場の需要の価格弾力性がB市場より小さいとき，A市場での均衡価格はB市場より小さい。したがって，需要の価格弾力性が小さい市場の独占度は小さくなる。

5 A市場の需要の価格弾力性がB市場より小さいとき，A市場での均衡価格はB市場より大きい。したがって，需要の価格弾力性が小さい市場の独占度は大きくなる。

実戦問題1の解説

No.1 の解説　完全競争市場と独占市場

→問題はP.202　正答4

基本問題である。生産者理論における完全競争と不完全競争（独占）の違いを確認してほしい。

STEP❶　グラフの識別

総費用曲線TCは2つのグラフで同一である。したがって，総収入TR（＝価格×生産量）のグラフの形状によって，独占の場合と完全競争下の場合が識別される。

完全競争の場合，企業にとって価格は所与の定数であるから，縦軸に総収入，横軸に生産量をとった平面において，TRのグラフは価格を傾きとする直線である。

独占企業の場合，価格を逆需要曲線から決定するため，右下がりの逆需要曲線を前提とすると，生産量を増加させるほど価格は低下してしまう。この結果，独占企業の総収入曲線TRは，生産量の増加につれて，当初は増加するが減少に転じるため，そのグラフは上に凸なグラフになる。たとえば，逆需要曲線が$p=a-bD$（p：価格，D：需要，　a，b：正の定数）の場合，$TR=pQ=(a-bD)Q=aQ-bQ^2$となり（Q：生産量，均衡では需要量Dと等しくなる），最大値を持つ上に凸型のグラフになることが確認できる。以上より，左が完全競争，右が独占のグラフであることがわかる。

STEP❷　利潤最大化条件

完全競争の場合，利潤を最大化する生産量は，価格＝限界費用によって決定される。価格は総収入曲線TRの傾きで表され，限界費用は総費用曲線TCの接線の傾きで表されるため，価格＝限界費用との条件は，TRの傾き＝TCの接線の傾きと置き換えられる。つまり，TRとTCの接線が平行であるイが利潤を最大化する生産量である。なお，アでも，TRはTCの接線と平行であるが，この場合はそもそも総費用TCが総収入TRを上回っているので適切ではない（利潤は最小化される）。

独占の場合，利潤を最大化する生産量は，限界収入＝限界費用によって決定される。限界収入は総収入曲線TRの接線の傾きで表され，限界費用は総費用曲線TCの接線の傾きで表されるため，限界収入＝限界費用との条件は，TRの接線の傾き＝TCの接線の傾きと置き換えられる。つまり，TRの接線とTCの接線が平行であるエが利潤を最大化する生産量である。なお，ウでも，TCの接線はTRの接線と平行であるが，この場合は対応する生産量がTR上にないので適切ではない。

よって，正答は**4**である。

No.2 の解説　ラーナーの独占度

→問題はP.202　**正答3**

ラーナーの独占度に関する基本問題である。

1 × **ラーナーの独占度は，供給ではなく，需要の価格弾力性の逆数に等しくなる。**
なお，ラーナーの独占度は０～１の値をとる独占度の指標であるため，独占企業の市場支配力を示すものではあるとはいえる。

2 × **ラーナーの独占度は需要の価格弾力性 e の逆数 $\frac{1}{e}$ である。**
独占企業の直面する需要曲線が垂直な場合は $e=0$ であり，独占度は定義できない。なお，需要曲線が垂直な直線の場合，傾きを２倍にする限界収入が定義できないから，独占企業の利潤を最大化する生産量の公式である限界収入＝限界費用も定義できない。生産量が決定できないから価格も決定できない。

3 ◎ **ラーナーの独占度は需要の価格弾力性の逆数である。**
妥当である。需要の価格弾力性の値が小さいほど独占度の値は大きくなる。

4 × **ラーナーの独占度は，価格に占める上乗せの割合であると定義される。**
つまり，平均費用と上乗せ部分（マークアップ）の割合ではない。また，独占度における上乗せは平均費用ではなく限界費用に対するものである。

5 × **ラーナーの独占度は，価格と限界費用の乖離（かいり）の価格に占める度合いである。**
価格と平均費用の乖離は生産量１単位当たりでみた利潤であるから，独占度を価格と平均費用の乖離で定義すれば，それは独占利潤の程度を表す指標となるであろう。しかし，独占度は価格と限界費用の乖離で判断するため，これが厳密な意味での直接的な利潤の指標になるわけではない。

No.3 の解説　ラーナーの独占度

→問題はP.203　正答 1

STEP❶　独占度の定義の確認

ラーナーの独占度とは，供給独占市場における均衡点での，価格に占めるマークアップ（価格と限界費用の差）の割合のことであり，$\dfrac{P^*-MC^*}{P^*}$と定義される（P^*：均衡価格，MC^*：均衡点での限界費用）。

STEP❷　独占度の図示

独占企業の利潤を最大化する生産量は$MR=MC$（限界収入＝限界費用）を満たす。限界収入MRは，（逆）需要曲線の傾きを２倍することで，

$$MR=16-4Q$$

と得られる。一方，平均費用曲線より総費用曲線を求めると，

$$TC=AC\cdot Q=(Q+4)\,Q=Q^2+4Q$$

になるので，これを生産量で微分すれば，限界費用曲線は，

$$MC=2Q+4$$

となる。これらを表したものが下図である。

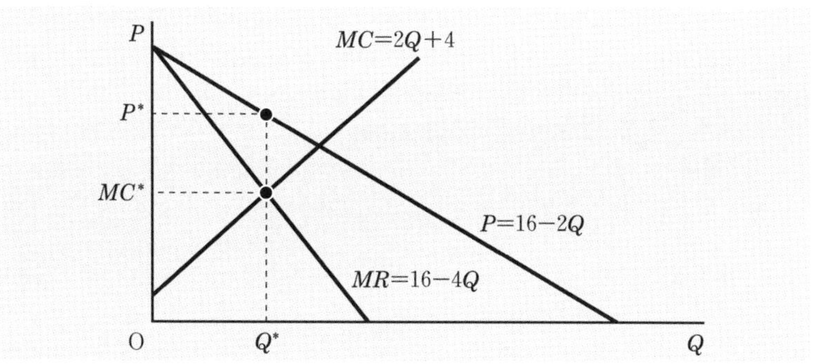

したがって，利潤を最大化する生産量は$MR=MC$より，

$$16-4Q=2Q+4 \quad \Leftrightarrow \quad Q^*=2$$

となるから，独占企業の設定する価格は，（逆）需要曲線より，

$$P^*=16-2\times2=12$$

であり，またこのときの限界費用は，

$$MC^*=2\times2+4=8$$

である。

STEP❸　独占度の計算

図より，利潤が最大化されている場合のラーナーの独占度の値は，

$$\frac{P^*-MC^*}{P^*}=\frac{12-8}{12}=\frac{1}{3}$$

である。

よって，正答は**1**である。

第3章 生産者理論（不完全競争）

No.4 の解説　差別独占市場の性質

→問題はP.204　正答5

問題の式を一般的に$P_i\left(1-\frac{1}{e_i}\right)=MC(i=A,\ B)$と書くと，需要の価格弾力性$e_i$が大きいほど$1-\frac{1}{e_i}$も大きくなるので，限界費用$MC$が一定の下では価格$P_i$を小さくすることになる。つまり，価格$P_i$は需要の価格弾力性$e_i$と逆方向に設定される。

一方，限界費用が一定の場合に価格を小さくすれば，マークアップも小さくなるので，価格に占めるマークアップの比率である独占度も小さくなる。

以上より，需要の価格弾力性が大きいほど独占度は小さくなることがわかる。なお，この結論はラーナーの独占度は需要の価格弾力性の逆数であることから直ちに導かれる。

1 × 需要の価格弾力性が異なれば，価格も異なる水準に設定される。

差別独占では，各市場の価格は需要の価格弾力性と逆方向に設定される。

2 × A市場の需要の価格弾力性が大きいなら，A市場の独占度は小さくなる。

3 × A市場の需要の価格弾力性が大きいなら，A市場での価格は小さくなる。

4 × A市場の需要の価格弾力性が小さいなら，A市場での価格は大きくなる。

5 ◎ A市場の需要の価格弾力性が小さいなら，A市場の独占度は大きくなる。

妥当である。ラーナーの独占度に関する性質よりこの事実がいえる。

(参考)

$P_A\left(1-\frac{1}{e_A}\right)=P_B\left(1-\frac{1}{e_B}\right)=MC$の導出

逆需要曲線を一般的に$p=p(y)$とし，収入を$R=p(y)y$とする。限界収入は，

$$MR=\frac{dR}{dy}=\frac{d\{p(y)\cdot y\}}{dy}=\frac{dp(y)}{dy}\cdot y+p(y)=p(y)\left[\frac{dp(y)}{dy}\cdot\frac{y}{p(y)}+1\right]$$

$$=p(y)\left(-\frac{1}{e_D}+1\right)$$

と変形できる（3つ目の等号で微分の鎖法則を用いている）ので，利潤最大化条件$MR=MC$は$p(y)\left(1-\frac{1}{e_D}\right)=MC$と表せる。これは市場ごとに成立するので，$P_A\left(1-\frac{1}{e_A}\right)=MC$と$P_B\left(1-\frac{1}{e_B}\right)=MC$となり，ここから，

$$P_A\left(1-\frac{1}{e_A}\right)=P_B\left(1-\frac{1}{e_B}\right)=MC$$

になる。

実戦問題❷ 応用レベル

＊＊＊
No.5 独占企業の直面する市場需要曲線が，

$x=\frac{6}{5}a-bp$

で示されるとする。ここで，x は数量，p は価格を表し，a，bは定数である。独占均衡において，ラーナーの独占度（L）が$L=\frac{1}{5}$であるとき，この企業が供給する数量はいくらか。

【国家一般職・平成21年度】

1 $\frac{1}{5}a$

2 $\frac{1}{5}b$

3 $\frac{a}{b}$

4 a

5 b

＊＊
No.6 ある財に対する需要曲線が，

$Q=-0.5P+16$ 〔Q：需要量，P：価格〕

であり，この財が独占企業によって供給されている。また，この独占企業の平均費用が，

$AC=X+2$ 〔AC：平均費用，X：生産量〕

である。このとき，この企業が利潤最大化行動をとる場合の利潤の大きさは，売上高を最大にする場合の利潤の大きさと比べ，どれだけ大きくなるか。

【国家一般職・平成23年度】

1 21

2 27

3 48

4 69

5 75

No.7 ＊＊ 市場が分断されているA国とB国に同一の製品を供給する独占企業を考える。この企業は，両国から得られる利潤の合計を最大化するように行動する。また，独占企業の供給量をyで表すと，独占企業の費用C，この製品に対するA国での需要D_A，B国での需要D_Bはそれぞれ以下の関数で表される。

$C=20y+100$

$D_A=120-P_A$

$D_B=80-P_B$

ここで，P_Aはこの製品のA国での価格，P_Bはこの製品のB国での価格を示している。

独占企業が各国において自由に価格設定できる場合の，この企業の総利潤はいくらか。

なお，関税や輸送費などは考えないものとする。

【国家総合職・令和４年度】

1 3000
2 3100
3 3200
4 3300
5 3400

No.8 ＊＊ Q財を生産する独占企業が需要曲線$P=100-5Q_d$（Q_d：Q財の需要量，P：Q財の価格）に直面し，この独占企業の総費用が$C=40+20Q_s$（Q_s：Q財の生産量，C：総費用）で示されるとする。この独占企業が，以下の①②③のおのおのの場合において利潤を最大化するためには，Pをいくらにすればよいか。

① 課税されない場合
② 定額10の「一括固定税」が課せられる場合
③ Q財の販売量に対して１単位当たり10の「従量税」が課せられる場合

【国税専門官・平成11年度】

	①	②	③
1	60	60	60
2	60	60	65
3	60	65	65
4	65	65	65
5	65	65	60

実戦問題2の解説

No.5の解説　ラーナーの独占度

→問題はP.209　**正答1**

本問は，ラーナーの独占度の定義式をうまく変形できること，煩雑に見える計算過程も丁寧に解き進めれば簡単な値になることの2点をクリアすれば解ける。前者は頭で考えてもなかなか思いつかない。図を描いてみるとヒントが得られやすい。

STEP❶　独占度の定義式の変換

ラーナーの独占度は，独占均衡点における価格$p(x^*)$に占めるマークアップ$(p(x^*)-MC(x^*))$の比率であり，$\dfrac{p(x^*)-MC(x^*)}{p(x^*)}$と書けるが，本問では限界費用が与えられていない。しかし，独占均衡点では，利潤最大化条件$MR=MC$は満たされているはずであるから，独占度を$\dfrac{p(x^*)-MR(x^*)}{p(x^*)}$と読み替える。

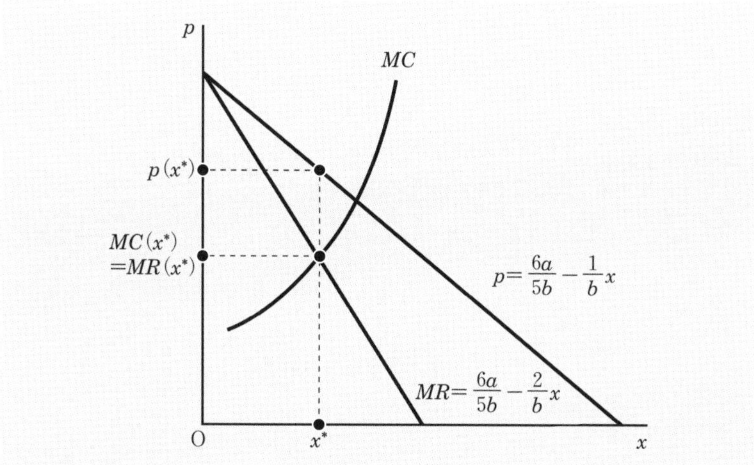

STEP❷　独占度の計算

限界収入は，逆需要曲線の傾きを2倍したものであるから，需要曲線を逆需要曲線$p=\dfrac{6a}{5b}-\dfrac{1}{b}x$と変形した上で，傾きを2倍すれば限界収入を$MR=\dfrac{6a}{5b}-\dfrac{2}{b}x$とできる。これらを独占度の式に代入すれば$\dfrac{\left(\dfrac{6a}{5b}-\dfrac{1}{b}x^*\right)-\left(\dfrac{6a}{5b}-\dfrac{2}{b}x^*\right)}{\left(\dfrac{6a}{5b}-\dfrac{1}{b}x^*\right)}$になる。問われているのは，ラーナーの独占度が$\dfrac{1}{5}$のときの企業の供給量$x$であるから，

第3章　生産者理論（不完全競争）

$$\frac{\left(\frac{6a}{5b}-\frac{1}{b}x^*\right)-\left(\frac{6a}{5b}-\frac{2}{b}x^*\right)}{\left(\frac{6a}{5b}-\frac{1}{b}x^*\right)}=\frac{1}{5}$$

をxについて，以下のように解けばよい。

$$\left(\frac{6a}{5b}-\frac{1}{b}x^*\right)-\left(\frac{6a}{5b}-\frac{2}{b}x^*\right)=\frac{1}{5}\left(\frac{6a}{5b}-\frac{1}{b}x^*\right)$$

$$\frac{1}{b}x^*=\frac{1}{5}\left(\frac{6a}{5b}-\frac{1}{b}x^*\right)$$

$$\frac{5}{b}x^*=\frac{6a}{5b}-\frac{1}{b}x^*$$

$$\frac{6}{b}x^*=\frac{6a}{5b}$$

$$x^*=\frac{6a}{5b}\times\frac{b}{6}=\frac{1}{5}a$$

よって，正答は**1**である。

No.6 の解説　利潤最大化と売上高最大化

→問題はP.209　正答2

費用を考慮せずに売上高（収入）だけを最大化するなら，利潤を最大化する場合より，より多く販売する必要があるのではないだろうか，そのためにはより安い価格を設定しないといけないのではないだろうか，単純に公式を当てはめるだけでなく，こういった予測を立てて計算を行ってほしい。結果的に経済学的なものの見方が身につくだろう。

STEP❶ 利潤の定義

比較すべき利潤πを定義する。

$$\pi=PX-C$$
$$=(-2Q+32)X-AC\cdot X$$
$$=(-2X+32)X-(X+2)X$$
$$=-3X^2+30X$$

ここで，価格Pに，需要曲線$Q=-0.5P+16$を変形した逆需要曲線$P=-2Q+32$を代入しており，需給一致条件$Q=X$を用いている。また，総費用について，$C=AC\cdot X$の関係を用いている。この式から，利潤は生産量Xがわかればよいことになる。

STEP❷ 利潤最大化行動の場合

企業が利潤最大化行動をとる場合を考える。この場合の条件は，限界収入＝限界費用（$MR=MC$）である。逆需要関数を$P=-2Q+32$の傾きを２倍にすることで，限界収入は$MR=-4X+32$とできる（ここでも需給一致条件$Q=X$を用いている）。一方，総費用は$C=AC\cdot X=(X+2)X=X^2+2X$なので，これを生産量で微分することで限界費用は$MC=2X+2$になる。これらを等しいとおけば，$-4X+32=2X+2$より，生産量を$X=5$とできる。

STEP❸ 売上高最大化行動の場合を考える

企業が売上高を最大化する行動をとる場合を考える。この場合の条件は，限界収入＝ゼロ（$MR=0$）である。利潤最大化の場合と同様，限界収入は$MR=-4X+32$であるから，これをゼロに等しいとおけば，$-4X+32=0$より，生産量を$X=8$とできる。

STEP❹ 利潤を比較する

これまでに求めた生産量を利潤の式に差し戻せば，

利潤最大化の場合：$\pi=-3X^2+30X=-3\times5^2+30\times5=75$

売上高最大化の場合：$\pi=-3X^2+30X=-3\times8^2+30\times8=48$

となり，両者を比較すれば，利潤最大化行動をとる場合，売上高を最大化する行動をとる場合より，27だけ利潤が大きくなる。

よって，正答は**2**である。

No.7 の解説　差別独占

→問題はP.210　**正答 4**

STEP❶　市場が分断されていることの考慮

この企業の供給量yを，A国市場向けのy_AとB国市場向けのy_Bとに二分し，

$$y = y_A + y_B$$

と表す。また，市場が分断されていることから，各市場を超えた転売などは不可能であると考えると，異なる価格で個別に均衡することになり，

$$y_A = D_A$$

$$y_B = D_B$$

が成立する。

STEP❷　利潤関数の定式化

この独占企業の利潤関数πは，

$$\begin{aligned}\pi &= P_A y_A + P_B y_B - C \\ &= (120 - D_A)y_A + (80 - D_B)y_B - (20y + 100) \\ &= (120 - y_A)y_A + (80 - y_B)y_B - \{20(y_A + y_B) + 100\} \quad \cdots\cdots※\end{aligned}$$

と表せる。2行目では，両国の価格P_AおよびP_Bに逆需要関数$P_A = 120 - D_A$および$P_B = 80 - D_B$を，3行目では**STEP❶**における均衡条件を，おのおの代入している。

STEP❸　利潤の最大化

利潤関数を各市場向けの供給量で微分すると，おのおのの最適な供給量を得る。

$$\frac{d\pi}{dy_A} = 120 - 2y_A - 20 = 0$$

$$\frac{d\pi}{dy_B} = 80 - 2y_B - 20 = 0$$

なお，これらは**重要ポイント5**の公式を変形した$MR_1 - MC = 0$と$MR_2 - MC = 0$を計算したものと同じである。

これらより，

$$y_A = 50$$

$$y_B = 30$$

になるから，これらの値を利潤関数（※式）に与えると，

$$\begin{aligned}\pi &= (120 - 50)50 + (80 - 30)\ 30 - \{20(50 + 30) + 100\} \\ &= 3300\end{aligned}$$

となる。

よって，正答は**4**である。

No.8 の解説　独占企業の利潤最大化と課税

→問題はP.210　正答2

独占均衡点の価格は逆需要曲線に利潤を最大化する生産量を代入して求める。したがって，先に生産量を求めることが必要となる。最適生産の条件は，$MR=MC$（限界収入＝限界費用）である。なお，以後，均衡点の数量を$Q_d=Q_s=Q$とする。

STEP❶　課税されない場合

逆需要曲線$P=100-5Q$は直線であるから，傾きを2倍すれば限界収入は$MR=100-10Q$である。一方，総費用$C=40+20Q$を生産量で微分すれば，限界費用は$MC=20$である。したがって，最適な生産量は，$MR=MC$より，$100-10Q=20$を満たす$Q=8$になる。

逆需要曲線$P=100-5Q$に生産量$Q=8$を与えれば，価格は$P=100-5\times8=60$になる。

STEP❷　定額10の一括固定税の場合

定額10の一括固定税とは，生産量や価格にかかわらず，定額の10が課せられるということであるから，企業にとって固定費用が10増加することに等しい。つまり，総費用は$C=40+20Q+10=50+20Q$になる。これを生産量で微分して限界費用を求めると，$MC=20$と，①の場合と等しくなる。需要曲線は課税によって影響を受けないので，限界収入MRも①の場合と同じである。したがって，$MR=MC$から導かれる生産量も，逆需要曲線に生産量を代入して計算される価格も①と同じである。つまり，$P=60$である。

STEP❸　1単位当たり10の従量税の場合

Q財の販売量に1単位当たり10の従量税が課せられる場合，財を販売する企業に$10\times Q$だけの税が課されることになる。これは企業の負担であるから，総費用を，

$$C=40+20Q+10Q=40+30Q$$

にする。これを生産量Qで微分すれば，限界費用は$MC=30$になる。したがって，利潤を最大化する生産量は，$MR=MC$より，$100-10Q=30$を満たす$Q=7$である。

これを逆需要曲線に戻せば，価格は，$P=100-35=65$になる。

よって，正答は**2**である。

寡占者理論

必修問題

ある財を生産する企業Aおよび企業Bからなる複占市場を考える。企業Aの費用関数C_Aと企業Bの費用関数C_Bは，それぞれ次のように示される。

$$C_A=5q_A$$

$$C_B=\frac{1}{2}q_B^2+20 \qquad 〔q_A：企業Aの生産量，q_B：企業Bの生産量〕$$

また，この財に対する逆需要関数は，以下のように示される。

$$P=180-Q \qquad 〔P：価格，Q：需要量〕$$

このとき，クールノー・ナッシュ均衡における企業Aの生産量（q_A）はいくらか。　　【財務専門官／労働基準監督官・令和３年度】

1　29
2　37
3　60
4　69
5　73

難易度　＊＊

必修問題の解説

クールノー・モデルの均衡を計算する問題は公務員試験の定番の一つである。計算量がやや多くなるため，最初は難しく感じてしまうが，結局は独占企業の公式に相当するものを２回（２企業ならば）立てて，連立すればよいのである。

STEP❶　逆需要関数の設定

本問では，すでに逆需要関数が設定されているが，需要量Qにクールノー・モデルの市場均衡条件$Q=q_A+q_B$を代入して，次のように変形しておく。

$$P=180-(q_A+q_B)=180-q_A-q_B$$

STEP❷　利潤関数の定式化

企業Aおよび企業Bの利潤関数を立て，おのおのの価格Pに逆需要曲線を代入しておく。

$$\pi_A=Pq_A-C_A=(180-q_A-q_B)q_A-5q_A$$

$$\pi_B=Pq_B-C_B=(180-q_A-q_B)q_B-\left(\frac{1}{2}q_B^2+20\right)$$

STEP❸　利潤最大化

利潤関数を，おのおの，自企業の生産量で微分してゼロに等しいと置けば，

$$\frac{d\pi_A}{dq_A}=(180-2q_A-q_B)-5=0$$

$$\frac{d\pi_B}{dq_B}=(180-q_A-2q_B)-q_B=0$$

を得る。なお，おのおのの中辺のカッコ内（第1項）は各企業の限界収入であり，第2項は限界費用である（数学的には必ずしも必要ないカッコを付したのは，限界収入であることを明確にするためである）。おのおのを整理した上で，上式を3倍したものから下式を差し引けば，

$$\begin{array}{r} 525-6q_A-3q_B=0 \\ -)\ 180-q_A-3q_B=0 \\ \hline 345-5q_A=0 \end{array}$$

より，

$$q_A=69$$

を得る。

[別解] クールノー・モデルの公式$MR_i=MC_i$（限界収入＝限界費用，$i=A,B$）を用いる。各企業の限界収入は，逆需要曲線の自企業の生産量を表す項の傾きを2倍にしたものであるから（**重要ポイント４①参照**），**STEP❶**で求めた逆需要曲線より，

$$MR_A=180-2q_A-q_B \quad , \quad MR_B=180-q_A-2q_B$$

であり，限界費用は各企業の費用関数を自企業の生産量で微分して，

$$MC_A=5 \quad , \quad MC_B=q_B$$

と得る。これらを公式に代入すれば，

$$MR_A=MC_A \quad : \quad 180-2q_A-q_B=5$$
$$MR_B=MC_B \quad : \quad 180-q_A-2q_B=q_B$$

となり，これらを連立してq_Bを消去すれば，$q_A=69$を得る。

なお，これらの式のおのおのの右辺を左辺に移項すれば，

$$175-2q_A-q_B=0$$
$$180-q_A-3q_B=0$$

となり，上記**STEP❸**の最初の２式と同じものになる。つまり，クールノーの公式はクールノー・モデルの利潤最大化を一般化したものであることになる。

正答 4

FOCUS

このテーマで出題の中心となるのがクールノー・モデルである。クールノー・モデルには前提条件が少しずつ異なる派生的なモデルがあり，同じ公式では対処できない。できるだけ，公式の背後の考え方になじんでおきたい。なお，クールノー・モデルの解は，クールノー＝ナッシュ均衡と呼ばれることも多い。テーマ13で取り上げるゲーム理論の主要な解法の一つであるナッシュ均衡と同じ原理に拠っているからである。

POINT

重要ポイント 1 寡占市場

市場価格に影響力を持つ少数の企業が存在する市場が**寡占市場**（2企業の場合は**複占**）である。寡占市場では，企業が競争せず，**カルテル**（協調的行動），**トラスト**（企業合同），**コンツェルン**（企業結合）のような行動をとるケースもある。

また，類似した財を生産する比較的多くの企業群が，おのおのブランドなどによる**製品差別化**によって競争するケースが**独占的競争**である。この場合，各企業は，自企業のブランドを選好する消費者層に対しては独占的に行動できるが，市場全体では他企業と競争することになる。

重要ポイント 2 屈折需要曲線

スウィージーは，寡占市場における企業行動について，次のように仮定する。

・**ある企業が価格を引き下げる場合，他企業も追随して価格を引き下げるが，ある企業が価格を引き上げる場合，他企業は追随しない。**

この場合，自企業の価格引下げは，他企業の追随によって相対価格は低下しないため，自企業の需要は増加しない（需要の価格弾力性は小さい）。一方，自企業の価格引上げは，他企業の放置によって相対価格が上昇するため，自企業の需要は大きく減少する（需要の価格弾力性は大きい）。つまり，自企業の直面する需要曲線は，現行価格（図中p_0）からの引下げの場合には傾きが急（非弾力的）な，引上げの場合には傾きが緩やか（弾力的）な形状となり，現行価格p_0で屈折する。これが屈折需要曲線である。この理論では，企業が価格を引き下げる誘因も引き上げる誘因も持たないため，結果として**価格硬直性**が生じる。

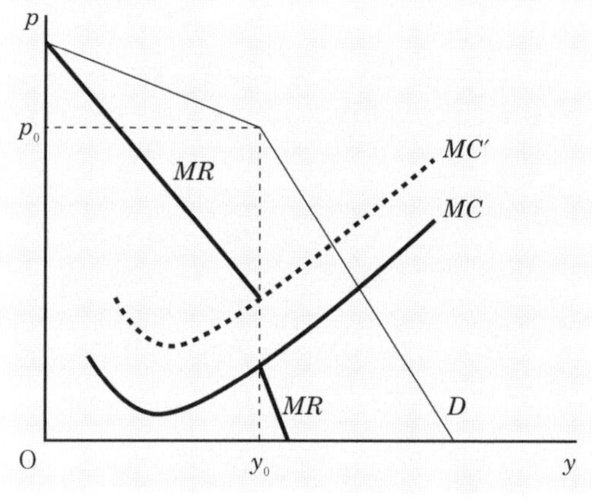

価格硬直性は次のようにも説明できる。需要曲線に対する限界収入曲線は，屈折点に対応した生産量で不連続になり，この区間内で限界費用が変動する間（図中，MCとMC'間）は，利潤を最大化する（$MR=MC$を満たす）生産量は一定のy_0となり，価格もp_0のままで硬直化する。ここで，限界収入MRの右半分は，需要曲線の屈折点の右半分をそのまま同じ傾きで縦軸切片まで延長したとして，そこから傾きを2倍することで得られる。

なお，この理論の問題点として，当初の価格がどのように決定されたのかは説明されないことや，現実の企業が，上のスウィージーの仮定どおりに行動するとは限らない（自企業の価格引上げに他企業は便乗するかもしれない）ことが挙げられる。

重要ポイント 3 クールノー・モデル

同質財を生産する複数の競争的企業が，他企業の生産量を所与として，各自の生産量を決定する状況を表す寡占市場モデルがクールノー・モデルである。

たとえば，2つの企業（企業1，企業2）が，逆需要曲線$p=a-bD$（p：価格，D：需要，a，b：正の定数）で表される市場において，おのおの最適な生産量Q_i（$i=1$，2；適宜，Q_1とQ_2を用いることをこのように表記する）を決定する問題を考える。この市場の需給一致条件は$D=Q_1+Q_2$であるから，価格を決定する逆需要曲線は，

$$p=a-bD=a-b(Q_1+Q_2)=a-bQ_1-bQ_2$$

となる。

2企業の費用関数を同形の$C_i=cQ_i+FC$（$i=1$，2）とすると，2企業の利潤は，

$$\pi_1=pQ_1-C_1=(a-bQ_1-bQ_2)Q_1-(cQ_1+FC)$$
$$=aQ_1-bQ_1^2-bQ_2Q_1-cQ_1-FC$$
$$\pi_2=pQ_2-C_2=(a-bQ_1-bQ_2)Q_2-(cQ_2+FC)$$
$$=aQ_2-bQ_1Q_2-bQ_2^2-cQ_2-FC$$

であり，他企業の生産量を定数とみなすと，自企業の利潤を最大化する条件は，

$$\frac{d\pi_1}{dQ_1}=a-2bQ_1-bQ_2-c=0$$

$$\frac{d\pi_2}{dQ_2}=a-bQ_1-2bQ_2-c=0$$

となる。これを整理すると，

$$Q_1=\frac{a-c}{2b}-\frac{1}{2}Q_2 \text{（企業1の反応関数）}$$

$$Q_2=\frac{a-c}{2b}-\frac{1}{2}Q_1 \text{（企業2の反応関数）}$$

になる。自企業の他企業に対する反応関数と呼ばれる。これらの反応関数を連立すると，各企業の最適生産量は次のように求まる。

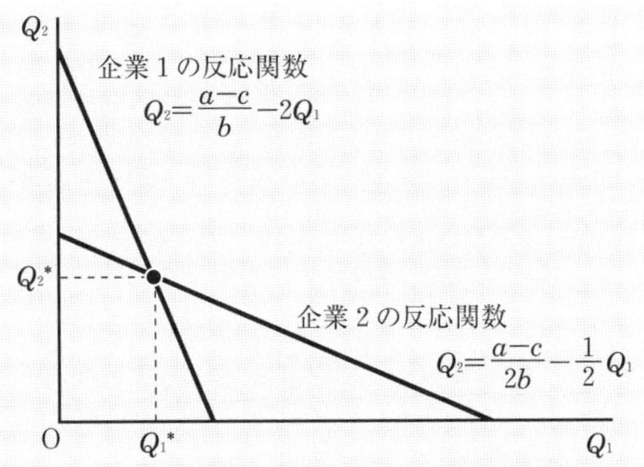

$$Q_1^*=Q_2^*=\frac{a-c}{3b}$$

この解は**テーマ13**で説明するナッシュ均衡に当たるので，**クールノー＝ナッシュ均衡解**とも呼ばれる。均衡価格は逆需要曲線より$p=a-b\frac{a-c}{3b}-b\frac{a-c}{3b}=\frac{a+2c}{3}$となる。

なお，図は，第１企業の反応関数 $Q_1=\frac{a-c}{2b}-\frac{1}{2}Q_2$ を $Q_2=\frac{a-c}{b}-2Q_1$ と変形し，第２企業の反応関数 $Q_2=\frac{a-c}{2b}-\frac{1}{2}Q_1$ と合わせて，縦軸に第２企業の生産量 Q_2，横軸に第１企業の生産量 Q_1 をとった平面上に描いたものであり，両者の交点がクールノー＝ナッシュ均衡である。

重要ポイント４ クールノー・モデルの均衡条件（公式）

重要ポイント３で求めた**クールノー・モデル**の利潤最大化条件を再掲する。

$$\frac{d\pi_1}{dQ_1}=a-2bQ_1-bQ_2-c=0$$

$$\frac{d\pi_2}{dQ_2}=a-bQ_1-2bQ_2-c=0$$

上式中辺の $a-2bQ_1-bQ_2$ は，企業１の収入 pQ_1 に逆需要曲線を代入した式を自企業の生産量で微分したものであるから，企業１の限界収入 MR_1 である。また，中辺第４項の c は企業１の総費用を自企業の生産量で微分したものであるから，企業１の限界費用 MC_1 である。これらを用いると，上式は $\frac{d\pi_1}{dx_1}=MR_1-MC_1=0$ と表せる。同様に下式は $\frac{d\pi_2}{dx_2}=MR_2-MC_2=0$ と表せる。これらを移項すれば，クールノー・モデルの均衡条件（公式）を次のように表せる。

$$\boldsymbol{MR_1=MC_1}$$
$$\boldsymbol{MR_2=MC_2}$$

この条件を利用する際，次のことを知っていると有益である。

①**各企業の限界収入 MR は，独占の場合同様，逆需要曲線の傾きを２倍にすることで得られる。**ただし，$MR_1=a-2bQ_1-bQ_2$，$MR_2=a-bQ_1-2bQ_2$ であることからわかるように，**２倍するのは自企業の生産量 Q の項のみ**である。これは，クールノー・モデルでは他企業の生産量を定数とみなすことからきている。

②**各企業の限界費用が同一であれば，各企業の最適生産量は同値になる。**上記の利潤最大化条件の上式（企業１の利潤最大化条件）において Q_1 と Q_2 を入れ替えると $a-2bQ_2-bQ_1-c=0$ になるが，この式の左辺第２項と第３項を入れ替えると $a-bQ_1-2bQ_2-c=0$ となり，利潤最大化条件の下式（企業２の利潤最大化条件）と同一になってしまう。つまり，クールノー競争を行っている各企業は互いに入れ替えても区別がつかないことになる（**対称性条件**）。なお，この対称性条件は，限界費用の値が同一でなくても，各企業の限界費用関数が同形であれば成立する。

重要ポイント5 カルテル・モデル（共謀モデル）

クールノー・モデルでの2企業が，**利潤の和を最大化する協定（カルテル）**を結ぶとする。2企業の利潤和$\pi=\pi_1+\pi_2$は，需要ポイント3と同じ逆需要関数と総費用の場合，

$$\begin{aligned}\Pi&=\pi_1+\pi_2=R_1+R_2-C_1-C_2\\&=pQ_1+pQ_2-C_1-C_2\\&=(a-bQ_1-bQ_2)Q_1+(a-bQ_1-bQ_2)Q_2-(cQ_1+FC)-(cQ_2+FC)\end{aligned}$$

になる。これを最大化するよう2企業が生産量を決定する場合の条件は，

$$\frac{d\Pi}{dQ_1}=a-2bQ_1-bQ_2-bQ_2-c=a-2bQ_1-2bQ_2-c=a-2b(Q_1+Q_2)-c=0$$

$$\frac{d\Pi}{dQ_2}=a-bQ_1-2bQ_2-bQ_1-c=a-2bQ_1-2bQ_2-c=a-2b(Q_1+Q_2)-c=0$$

である。これらを整理すれば，

$$Q_1+Q_2=\frac{a-c}{2b}$$

と求まる。また，価格は逆需要曲線より，$p=a-b\frac{a-c}{2b}=\frac{a+c}{2}$となる。

上の利潤を最大化する条件である

$$\frac{d\Pi}{dQ_1}=a-2bQ_1-2bQ_2-c=0$$

$$\frac{d\Pi}{dQ_2}=a-2bQ_1-2bQ_2-c=0$$

の中辺は，$a-2bQ_1-2bQ_2$が限界収入であり，2企業に共通である。一方，cは限界費用であるが，これが2企業で共通しているのはもとの総費用の式が共通だからであり，2企業の総費用が異なれば限界費用も異なる。以上より，上の2式は，

$$\frac{d\Pi}{dQ_1}=MR-MC_1=0$$

$$\frac{d\Pi}{dQ_2}=MR-MC_2=0$$

と表わせ，移項すれば，**カルテル・モデル**の均衡条件（公式）を次のように表せる。

$$\boldsymbol{MR=MC_1}$$
$$\boldsymbol{MR=MC_2}$$

第3章 生産者理論（不完全競争）

重要ポイント6 シュタッケルベルク・モデル

重要ポイント3のクールノー・モデルにおいて，一方の企業（リーダー）が先に生産量を決定し，これを所与として，次にもう片方の企業（フォロワー）が生産量を決めるモデルを考える。この逐次決定型のモデルを**シュタッケルベルク・モデル**という。この**モデルの均衡は先にフォロワー（追随者）の意思決定問題を解き，次いでリーダー（先導者）の意思決定問題を解く**（後向きの帰納法）。

企業2をフォロワー（追随者）とし，その利潤を，

$$\pi_2 = pQ_2 - C_2 = (a - bQ_1 - bQ_2)Q_2 - (cQ_2 + FC)$$

とする。これはクールノー・モデルと同じであり，Q_2で微分して$=0$とおけば，

$$Q_2 = \frac{a-c}{2b} - \frac{1}{2}Q_1$$

と，クールノー・モデルと同じ反応関数を得る。

次に，リーダー（先導者）である企業1の生産量を決定する。企業1の利潤は，

$$\pi_1 = pQ_1 - C_1 = (a - bQ_1 - bQ_2)Q_1 - (cQ_1 + FC)$$

である。ここで，**企業1には，企業2が上の反応関数に従って生産量を決めることをわかっていた**とすれば，π_1の式のQ_2に反応関数を代入して，

$$\pi_1 = \left[a - bQ_1 - b\left(\frac{a-c}{2b} - \frac{1}{2}Q_1\right)\right]Q_1 - (cQ_1 + FC) = -\frac{b}{2}Q_1^2 + \left(\frac{a-c}{2}\right)Q_1 - FC$$

とできる。これはQ_1のみの関数であるので，これをQ_1で微分してゼロとおくと，

$$\frac{d\pi_1}{dQ_1} = -bQ_1 + \frac{a-c}{2} = 0$$

となる。これを整理すればリーダーである企業1の最適な生産量を，

$$Q_1 = \frac{a-c}{2b}$$

とできる。これをフォロワーである企業2の反応関数に差し戻せば，企業2の最適な生産量は，

$$Q_2 = \frac{a-c}{2b} - \frac{1}{2}Q_1 = \frac{a-c}{2b} - \frac{1}{2}\cdot\frac{a-c}{2b} = \frac{a-c}{4b}$$

になる。なお，価格は，

$$p = a - bD = a - b(Q_1 + Q_2) = a - b\left(\frac{a-c}{2b} + \frac{a-c}{4b}\right) = \frac{a+3c}{4}$$

である。

重要ポイント 7 ベルトラン・モデル

製品差別化された財を生産する複数の競争的企業が，他企業の価格を所与として，各自の価格を決定する寡占市場モデルが**ベルトラン・モデル**である。

たとえば，第i企業に対する需要が$D_i=a-bp_i+cp_j$（D_i：第i企業への需要，p_i：第i企業の価格，a，b，c：正の定数，i，　$j=1,2$，$i\neq j$）で表される市場を考える。この需要曲線の右辺第３項は，**他企業の価格引上げは自企業の需要増加につながる**こと，つまり**差別化された財どうしは代替関係にある**ことを表している。また，この市場の均衡条件は，$D=Q_1+Q_2$ではなく，$D_1=Q_1$および$D_2=Q_2$となる。これは**差別化された製品ごとに需給が一致する**ことを表している。

２企業の費用関数を同形の$C_i=cQ_i+FC(i=1,\ 2)$とすると，２企業の利潤を一般的に，$\pi_i=p_iQ_i-C_i=p_iQ_i-(cQ_i+FC)$と書けるが，先の市場均衡条件$D_i=Q_i$を用いて，$\pi_i=p_iD_i-(cD_i+FC)$とし，需要曲線の式を代入すると，各企業の利潤を，

$$\pi_1=p_1(a-bp_1+cp_2)-c(a-bp_1+cp_2)-FC$$
$$=-bp_1^2+(a+cp_2+cb)p_1-ac-c^2p_2-FC$$
$$\pi_2=p_2(a-bp_2+cp_1)-c(a-bp_2+cp_1)-FC$$
$$=-bp_2^2+(a+cp_1+cb)p_2-ac-c^2p_1-FC$$

とできる。他企業の価格を定数とみなすと，自企業の利潤を最大化する条件は，

$$\frac{d\pi_1}{dp_1}=-2bp_1+a+cp_2+cb=0$$

$$\frac{d\pi_2}{dp_2}=-2bp_2+a+cp_1+cb=0$$

であるので，２企業の反応関数は，おのおの，

$$p_1=\frac{a+cb}{2b}+\frac{c}{2b}p_2$$

$$p_2=\frac{a+cb}{2b}+\frac{c}{2b}p_1$$

になる。これらを連立すると，２企業の価格を，

$$p_1=p_2=\frac{a+cb}{2b-c}$$

と得る。

第３章 生産者理論（不完全競争）

実戦問題❶　基本レベル

＊＊
No.1 ある財について，価格Pに対して，市場全体の需要曲線が$D=900-P$で示される。その財を生産するのは3つの企業だけであり，クールノー競争を行っている。また，各企業i（$i=1, 2, 3$）の総費用は，その生産量y_iに対して$C_i=100y_i$で表される。この財の均衡での価格はいくらか。　【労働基準監督官・令和元年度】

1 200　**2** 300
3 400　**4** 500
5 600

＊＊
No.2 ある財の市場の需要関数が，

$d=21-p$　〔d：需要量，p：価格〕

で示されるとする。この財は2つの企業1，2のみによって市場に供給され，それらの企業の費用関数はそれぞれ，

$c_1=2x_1$　〔c_1：企業1の総費用，x_1：企業1の生産量〕

$c_2=4x_2$　〔c_2：企業2の総費用，x_2：企業2の生産量〕

で示されるとする。

このとき，2つの企業が互いに他の企業の生産量を所与のものとして利潤の最大化を図るとすると，均衡価格はいくらか。

【国税専門官／財務専門官／労働基準監督官・平成27年度】

1 5　**2** 7
3 9　**4** 11
5 13

＊＊
No.3 同じ財を生産する企業1，企業2からなる複占市場において，需要量をD，価格をP，総費用をC，生産量をXとし，この財の市場の需要曲線が，

$D=160-P$

で表され，また，総費用曲線は企業1，企業2ともに，

$C=2X^2$

で表されるものとする（$i=1, 2$）。2つの企業が協調して，企業1，企業2の利潤の合計が最大となるように行動するとした場合，財の価格はどれか。

【地方上級（特別区）・平成27年度】

1 40　**2** 60
3 80　**4** 100
5 120

＊＊
No.4 複占市場において，2つの企業が同質の財を生産しており，その財の需要関数が，以下のように示される。

$p=42-(q_1+q_2)$ 〔p：財の価格，q_1：企業1の生産量，q_2：企業2の生産量〕

また，各企業の総費用関数は同じ形であり，以下のように示される。

$TC(q_i)=q_i^2$ （$i=1,\ 2$）〔TC：総費用〕

企業1がリーダーである場合，シュタッケルベルク均衡における企業1の生産量はいくらか。 【財務専門官／労働基準監督官・令和元年度】

1 8
2 9
3 10
4 11
5 12

＊＊＊
No.5 企業1と企業2は類似した製品を販売しており，2企業の製品の需要曲線がそれぞれ，

$d_1=160-4p_1+2p_2$
$d_2=400+p_1-3p_2$ 〔d_i：企業iの製品需要量，p_i：企業iの製品価格（$i=1,\ 2$）〕

で示されるとする。

2企業の費用関数は，

$c_1=20x_1+100$
$c_2=10x_2+200$ 〔c_i：企業iの総費用，x_i：企業iの製品生産量（$i=1,\ 2$）〕

で示されるとする。各企業は，他の企業の製品価格を所与として，自己の製品価格を利潤最大となるように決定するとき，均衡における2企業の製品価格はそれぞれいくらか。 【地方上級（全国型）・平成7年度】

	企業1	企業2
1	80	110
2	70	100
3	60	90
4	50	80
5	40	70

実戦問題❶の解説

No.1 の解説　クールノー・モデル

→問題はP.224　正答2

STEP❶　逆需要曲線の設定

価格は逆需要曲線$P=900-D$に需要量を代入して求める。3企業によるクールノー競争であるから均衡条件は$D=y_1+y_2+y_3$であるので，逆需要曲線は，

$$P=900-D=900-(y_1+y_2+y_3)=900-y_1-y_2-y_3$$

となる。したがって，価格を求めるには3企業の最適生産量がわかればよい。

STEP❷　公式の利用

3企業の最適生産量を，クールノー競争の公式$MR_i=MC_i$ $(i=1, 2, 3)$から求める。各企業の限界収入MR_iは逆需要曲線の自企業の生産量の係数のみを2倍にしたものになるから，

$$MR_1=900-2y_1-y_2-y_3,\ MR_2=900-y_1-2y_2-y_3,\ MR_3=900-y_1-y_2-2y_3$$

であり，各企業の限界収入MC_iは総費用C_iを微分することで，3企業で同一の

$$MC_1=MC_2=MC_3=100$$

であるから，これらを代入すれば，公式は以下のようになる。

$$900-2y_1-y_2-y_3=100$$
$$900-y_1-2y_2-y_3=100$$
$$900-y_1-y_2-2y_3=100$$

STEP❸　最適生産量の決定

公式の代入結果を連立すれば各企業の生産量を得るが，本問では各企業の限界費用が同一の場合，3企業とも生産量が等しくなることを用いて（**重要ポイント4②参照**），公式の1式目を，

$$900-2y_1-y_1-y_1=100$$

書き換えれば，$y_1=200$を得る。また，3企業とも等しい生産量になるのであるから，

$$y_1=y_2=y_3=200$$

であり，これを逆需要曲線に代入すれば，価格は，

$$P=900-y_1-y_2-y_3=900-200-200-200=300$$

と求まる。

なお，需要曲線を，最初から，3企業の生産量ともに等しいとして，$P=900-D=900-(y_1+y_1+y_1)$とするのは，正しい計算結果をもたらさない。

よって，正答は**2**である。

No.2 の解説　クールノー・モデル

→問題はP.224　正答3

STEP❶　逆需要曲線の設定

2つの企業が，互いに他の企業の生産量を所与のものとして，利潤の最大化を図るよう競争する状況をクールノー・モデルという。このモデルの価格は，独占の場合同様，逆需要曲線から求まる。ただし，市場の需給一致条件は，複占市場であるから$d=x_1+x_2$であり，需要関数を変形した逆需要関数

に需給一致条件を代入した，

$$p=21-d=21-(x_1+x_2)=21-x_1-x_2$$

に2つの企業の最適生産量を与えることで価格が決まる。

STEP❷ 各企業の利潤の定式化

各企業の利潤$\pi_i(i=1, 2)$は，逆需要曲線$p=21-x_1-x_2$を価格に代入すると，

$$\pi_1=px_1-c_1=(21-x_1-x_2)x_1-2x_1$$

$$\pi_2=px_2-c_2=(21-x_1-x_2)x_2-4x_2$$

になる。おのおのを自企業の生産量で微分（互いに他企業の生産量は所与であるから，計算上は定数とみなす）したものをゼロに等しいとおくと，

$$\frac{d\pi_1}{dx_1}=21-2x_1-x_2-2=0 \quad \cdots\cdots①$$

$$\frac{d\pi_2}{dx_2}=21-x_1-2x_2-4=0 \quad \cdots\cdots②$$

になる。これらを整理すれば$19-2x_1-x_2=0$および$17-x_1-2x_2=0$であり，連立することで，生産量を$x_1=7$，$x_2=5$と得る。

[別解] クールノー・モデルの均衡条件$MR_1=MC_1$，$MR_2=MC_2$を用いる。逆需要曲線$p=21-x_1-x_2$において，互いに相手の生産量は所与なので，自企業の項の傾きを2倍すると，おのおの，

$$MR_1=21-2x_1-x_2$$

$$MR_2=21-x_1-2x_2$$

になる。一方，各企業の限界費用は，総費用を生産量で微分した$MC_1=2$および$MC_2=4$である。これらを上の条件に代入した$21-2x_1-x_2=2$および$21-x_1-2x_2=4$を連立すれば，$x_1=7$，$x_2=5$を得る。

STEP❸ 価格の決定

2つの企業の最適生産量$x_1=7$，$x_2=5$を逆需要曲線に差し戻せば，価格は$p=21-7-5=9$になる。

よって，正答は**3**である。

No.3 の解説　カルテル・モデル

→問題はP.224　**正答5**

クールノー均衡の公式$MR_i=MC_i$（$i=1$，2：2企業の場合）は，差別独占の公式$MR_i=MC$やカルテル解の公式$MR=MC_i$とよく似ている。最も望ましいのは，これらの公式のもととなった利潤最大化問題を自分で解けるようにすることである。しかし，それが難しい場合，反復演習によってしっかり覚え分けてほしい。

STEP❶ 利潤の合計の定義

本問のように，市場に存在する企業の合計利潤を最大化するよう個別企業が最適な行動をとるケースは協調モデル（カルテル・モデル）である。逆需要曲線を$P=160-D$とし，ここに市場の均衡条件$D=X_1+X_2$を代入すると，

$P=160-D=160-(X_1+X_2)$

になる。これを用いると，各企業の収入R_i($i=1$，2)は，

$R_i=PX_i=\{160-(X_1+X_2)\}X_i$

と表せるので，２企業の利潤の合計Πは，

$$\Pi=\pi_1+\pi_2=R_1+R_2-C_1-C_2$$
$$=\{160-(X_1+X_2)\}X_1+\{160-(X_1+X_2)\}X_2-2X_1^2-2X_2^2$$

になる。

STEP❷ 最適生産量の計算

利潤の合計を最大化するような各企業の生産量を求める条件は，ΠをX_iで微分してゼロに等しいとおくことであるから，

$$\frac{d\Pi}{dX_1}=160-2X_1-X_2-X_2-4X_1=160-6X_1-2X_2=0$$

$$\frac{d\Pi}{dX_2}=-X_1+160-X_1-2X_2-4X_2=160-2X_1-6X_2=0$$

である。

STEP❸ 価格の計算

最適生産量を求める条件である$160-6X_1-2X_2=0$と$160-2X_1-6X_2=0$の両辺同士を足し合わせると，$320-8X_1-8X_2=0$を得る。ここから，２企業の生産量の和は，

$X_1+X_2=40$

になる。これを逆需要関数に差し戻すと，価格は，

$P=160-40=120$

である。

よって，正答は**5**である。

[別解]（公式の利用）

２つの企業が利潤の合計が最大となるように協調するのであるから，協調解の公式$MR=MC_i$（$i=1$，2）を用いる。ここで，限界収入は２企業に共通の

$MR=160-2(X_1+X_2)$

である。また，各企業の限界費用は，

$$MC_1=\frac{dC_1}{dX_1}=4X_1,\quad MC_2=\frac{dC_2}{dX_2}=4X_2$$

であるから，公式は，

$160-2X_1-2X_2=4X_1$

$160-2X_1-2X_2=4X_2$

である。各式の右辺を移項すると，

$160-6X_1-2X_2=0$

$160-2X_1-6X_2=0$

と，最適生産量を求める条件（STEP❸の１行目の式）が直接に得られる。

No.4 の解説　シュタッケルベルク・モデル

→問題はP.225　正答2

シュタッケルベルク均衡はフォロワーの最適化問題を先に求め，次にリーダーの最適化問題を逆算するとの手順を踏む。

STEP❶　フォロワーの生産量（反応関数）の計算

フォロワーである企業2の利潤関数は，価格に逆需要関数を代入して，

$$\pi_2 = pq_2 - TC(q_2) = (42 - q_1 - q_2)q_2 - q_2^2$$

と表せる。フォロワーが意思決定する時点では，リーダーは先に意思決定しているから企業1の生産量q_1を定数として，π_2をq_2で微分してゼロに等しいとおけば，

$$\frac{d\pi_2}{dq_2} = 42 - q_1 - 2q_2 - 2q_2 = 0$$

より，フォロワーである企業2が利潤を最大化する最適な行動（反応関数）を，

$$q_2 = \frac{42 - q_1}{4}$$

とできる。なお，これは企業2にクールノー均衡の公式$MR_2 = MC_2$を用いた結果に等しい。クールノー・モデルでは互いに相手の生産量を所与とするので，リーダーの生産量を所与とするフォロワーについては，同じ計算が適用できるのである。

STEP❷　リーダーの生産量の計算

リーダーである企業1の利潤最大化を考える。企業1の利潤は，

$$\pi_1 = pq_1 - TC(q_1) = (42 - q_1 - q_2)q_1 - q_1^2$$

であるが，企業2の反応関数を代入すると，

$$\pi_1 = \left(42 - q_1 - \frac{42 - q_1}{4}\right)q_1 - q_1^2 = \frac{3}{4}(42 - q_1)q_1 - q_1^2$$

になる。利潤を最大化する条件は，π_1をq_1で微分してゼロに等しいとおいた，

$$\frac{d\pi_1}{dq_1} = \frac{3}{4}(42 - 2q_1) - 2q_1 = 0$$

である。これを整理すれば，企業1の生産量を，

$$q_1 = 9$$

と求まる。

よって，正答は**2**である。

No.5 の解説　ベルトラン・モデル

→問題はP.225　**正答4**

類似した製品を販売する2企業が，他の企業の製品価格を所与として，自己の製品価格を利潤最大となるように決定するモデルはベルトラン・モデルである。したがって，まずは利潤を価格で表すことが目標となる。

STEP❶　利潤関数を定義する

企業の利潤を$\pi_i (i=1, 2)$とすると，

$$\pi_1 = p_1 x_1 - c_1 = p_1 x_1 - (20x_1 + 100)$$

$$\pi_2 = p_2 x_2 - c_2 = p_2 x_2 - (10x_2 + 200)$$

となる。この利潤関数を価格に揃える。ベルトラン・モデルでは，類似した製品のおのおので需給が均衡するから，$x_1 = d_1$および$x_2 = d_2$が成立するので，これを代入すると，利潤関数を次のように書き換えられる。

$$\begin{aligned}\pi_1 &= p_1 d_1 - (20d_1 + 100)\\ &= p_1(160 - 4p_1 + 2p_2) - 20(160 - 4p_1 + 2p_2) - 100\\ &= -4p_1^2 + (2p_2 + 240)\,p_1 - (40p_2 + 3300)\end{aligned}$$

$$\begin{aligned}\pi_2 &= p_2 d_2 - (10d_2 + 200)\\ &= p_2(400 + p_1 - 3p_2) - 10(400 + p_1 - 3p_2) - 200\\ &= -3p_2^2 + (p_1 + 430)p_2 - (10p_1 + 4200)\end{aligned}$$

なお，各式の最後の等号は，自企業で決定できない他企業の価格を定数とみなし，自企業の価格の関数としてくくり直したものである。

STEP❷　最適価格を決定する

利潤最大化のために，π_1をp_1で，π_2をp_2でおのおの微分してゼロに等しいとおくと，

$$\frac{d\pi_1}{dp_1} = -8p_1 + 2p_2 + 240 = 0$$

$$\frac{d\pi_2}{dp_2} = -6p_2 + p_1 + 430 = 0$$

を得る。おのおのを整理すると，$-4p_1 + p_2 + 120 = 0$と$p_1 - 6p_2 + 430 = 0$になるから，これらを連立すれば，

$$p_1 = 50,\ \ p_2 = 80$$

になる。

よって，正答は**4**である。

実戦問題2　応用レベル

＊＊
No.6　寡占市場における屈折需要曲線の理論に関する記述として，妥当なのはどれか。
【地方上級（東京都）・平成15年度】

1　屈折需要曲線の理論は，ある企業が製品価格の変更を行うとき，競争関係にある他企業は，価格の引上げには追随するが，価格の引下げには追随しないことを前提としている。

2　屈折需要曲線の理論は，製品の現行価格の硬直性を説明する理論であるが，その現行価格の水準が，どのようにして決定されたかについては説明していない。

3　屈折需要曲線の理論では，あらかじめ平均的費用に一定率の利潤などを付加しているため，需要の多少の変化に対しても現行価格を変更する誘引は小さいとしている。

4　屈折需要曲線の理論では，限界収入曲線が不連続となるため，限界費用曲線がこの不連続の区間を通過するようにシフトする限り，価格は変化しないが，生産量は，限界費用曲線のシフトに合わせて変化する。

5　屈折需要曲線の理論では，個別需要曲線は，それが屈折する点において必ず限界費用曲線と交差するとしている。

＊＊＊
No.7　ある財を生産する企業1と企業2からなる複占市場における数量競争について考える。図は，両企業の最適反応曲線（太線）と等利潤曲線を示したものである。

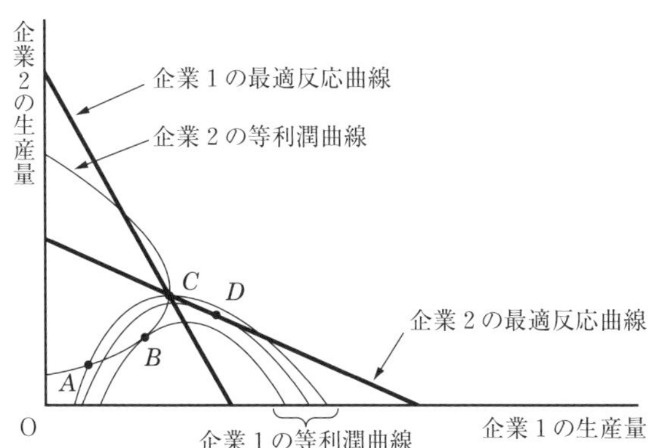

このとき，①各企業が同時に利潤の最大化を目的に自社の生産量を決定する場合のクールノー均衡における両企業の生産量を示す図中の点と，②企業1が先に生産量を決定し，その値を知ったうえで企業2が生産量を決定する場合のシュタッケルベルク均衡における両企業の生産量を示す図中の点の組合せとして妥当なのはどれか。
【国家総合職・令和2年度】

	①	②
1	A	B
2	A	D
3	C	A
4	C	B
5	C	D

＊＊
No.8 **市場に２つの企業（企業１，企業２）が存在し，単位コストc（$c>0$）で財Xを生産している。**

ここで，財Xの需要関数は，

$P=a-bx$〔P：財Xの価格，x：財Xの数量，a，b：正の定数〕

である。

この２つの企業が，拘束力のない数量カルテルを結び，それぞれの利潤の総和である，

$\pi_1(x_1, x_2)+\pi_2(x_1, x_2)$〔$\pi_i$：企業$i$の利潤，$x_i$：企業$i$の財$X$の生産量，$i$：１，２〕

を最大にするように，各企業の市場占有率を50%ずつとすることで合意したとする。ただし，市場への新規参入はないものとする。

このとき，企業がカルテルを守って「協調的に」行動した場合，およびカルテルを破り「非協調的に」行動した場合（相手企業の生産量を所与として利潤最大化を図った場合）の生産量に関する次の記述のうち，正しいのはどれか。

【国家一般職・平成18年度】

1 両企業が「協調的に」行動する場合，市場全体の生産量は$\dfrac{a-c}{3b}$である。

2 両企業が「協調的に」行動する場合，市場全体の生産量は$\dfrac{a-c}{4b}$である。

3 両企業が「非協調的に」行動する場合，市場全体の生産量は$\dfrac{3(a-c)}{8b}$である。

4 両企業が「非協調的に」行動する場合，各企業の生産量は$\dfrac{a-c}{3b}$である。

5 両企業が「非協調的に」行動する場合，各企業の生産量は$\dfrac{a-c}{4b}$である。

No.9 ＊＊ **独占的競争に関する次の記述のうち，妥当なものはどれか。**

【地方上級（東京都）・平成11年度】

1 独占的競争では，企業は他の多数の企業と競争関係にあるため，独自に価格を決定する力を有しておらず，水平な需要曲線に直面する。

2 独占的競争では，製品の差別化が存在しており，企業は価格や生産量を決定するに当たっては，自己の行動に対する他の企業の反応を考慮する。

3 独占的競争における短期均衡では，企業は製品の価格が限界費用と一致するように生産量を決定し，利潤の極大化を達成する。

4 独占的競争における長期均衡では，企業は平均費用曲線の最低点において生産を行っており，資本設備の大きさから見た最適規模での生産を達成する。

5 独占的競争における長期均衡では，企業の利潤最大化点で決定される価格は平均費用と等しくなっており，正常利潤を超える利潤はゼロとなる。

No.10 ＊＊ **不完全競争市場に関する記述として，妥当なのはどれか。**

【地方上級（特別区）・平成29年度】

1 マーク・アップ原理とは，寡占企業における価格決定の仮説で，企業が，限界費用に一定率を乗せて価格を決めるもので，ホールとヒッチにより明らかにされた。

2 参入阻止価格の理論とは，参入障壁を扱う理論の１つであり独占企業である既存企業が他の新規企業の参入を防ぐために，参入阻止価格は新規参入企業が正の利潤を出すことができないように高く設定される。

3 クールノー複占モデルとは，２つの企業が同質財を供給している複占市場で，各企業は，他企業が供給量を変更すると仮定して，自己の利潤が最大になるように供給量を決定することをいう。

4 独占的競争とは，多数の企業が存在し製品が差別化されている不完全競争のことをいい，そこでは市場への参入，退出は困難であり，各企業が右上がりの需要曲線に直面している。

5 屈折需要曲線の理論とは，寡占市場において，ある企業が価格を引き上げた場合には競争相手は追随しないが，価格を引き下げた場合には追随するという企業の予想を仮定して，価格の硬直性を説明するものである。

***
No.11 **それぞれ差別化された財を生産する企業１と企業２からなる複占市場における価格競争について考える。企業１が生産する財をX財，企業２が生産する財をY財とする。図は両企業の最適反応曲線（太線）と等利潤曲線（細線）を示したものである。**

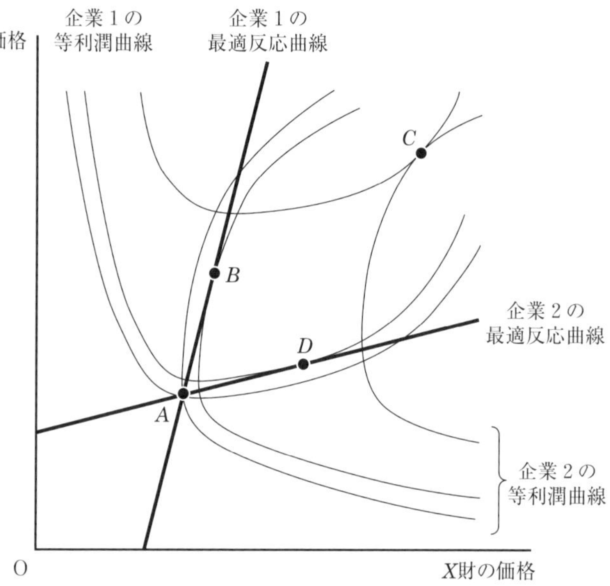

このとき，以下の①および②における両財の価格を示す図中の点の組合せとして最も妥当なのはどれか。 【国家総合職・令和５年度】

①各企業が利潤の最大化を目的に自社の生産する財の価格を決定する，同時手番の戦略型ゲームにおけるナッシュ均衡

②企業１が先にX財の価格を決定し，その値を知った上で企業２がY財の価格を決定する，逐次手番の展開型ゲームにおける部分ゲーム完全均衡

	①	②
1	*A*	*B*
2	*A*	*C*
3	*A*	*D*
4	*C*	*B*
5	*C*	*D*

実戦問題2の解説

No.6 の解説　屈折需要曲線の理論

→問題はP.231　正答2

1 × 屈折需要曲線の理論では，自企業の値下げに他企業は追随するが，自企業の値上げに他企業は追随しないことを前提としている。

2 ◎ 屈折需要曲線の理論は，当初，価格が定まっていることを前提にしている。
妥当である。屈折需要曲線の理論を提唱したスウィージーは，当初，価格が定まっていることを前提に理論を構築しており，それがどのように決定されるかは説明していない。

3 × **平均的費用に一定の利潤を加えて価格を決定するのはフルコスト原理である。**
平均「的」費用（通常は，この部分は平均可変費用である）に一定率の利潤を付加して価格を決定すると考えるのは，フルコスト原理（マークアップ原理）である。屈折需要曲線の理論において価格が硬直化するのは正しい（選択肢**4**の解説を参照）。

4 × **屈折需要曲線を図で表すと，限界収入MRに不連続部分が生じる。**
これは，屈折点の生産量Q_0の左右において逆需要曲線の傾きが異なるため，おのおのの傾きを2倍とする限界収入も傾きが異なるためである（逆需要曲線D_2部分については，これが縦軸切片まで延長されたとして，そこから傾きが2倍の限界収入を考える）。そして，限界費用がこの不連続区間内（図中のMCとMC'の間）で変化する限りは，企業は生産量を変更する誘因はない。そして，不完全競争市場では逆需要曲線に生産量を代入して価格を決めるから，生産量が変化しなければ価格も変化しない。

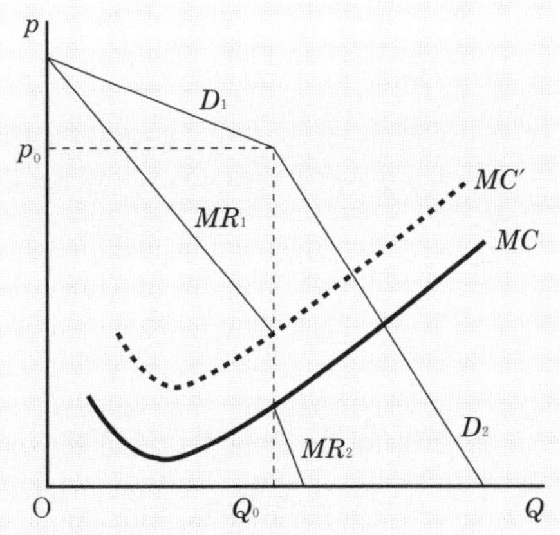

5 × **屈折需要曲線上の屈折点で限界費用と交差する根拠はない。**
この理論では，屈折点で価格が硬直化するが，選択肢の記述が正しければ，価格と限界費用が等しいとの完全競争の条件を満たすことになる。なお，屈折需要曲線の理論では，図は，市場の需要曲線ではなく，ある企業に対する個別需要曲線について描かれる。

No.7 の解説　シュタッケルベルク・モデルの図示　→問題はP.231　正答5

クールノー均衡やシュタッケルベルク均衡を図で表すのはやや難しく，出題頻度もそれほど多くはない。特にシュタッケルベルク均衡の図示は等利潤線といった新たな概念を導入する必要があるが，この点をクリアできれば理解が深まる。

STEP❶　反応曲線の図示とクールノー均衡

企業1と企業2が最適な生産量Q_i($i=1$，2）を決める競争を行っているとする。2企業の費用関数は$C_i=cQ_i+FC$（C_i：総費用，　c：限界費用，FC：固定費用）であり，市場の逆需要曲線は$p=a-bD$（p：価格，D：需要，a，b：正の定数）である。このとき，市場の需給一致条件$D=Q_1+Q_2$より，逆需要曲線は$p=a-bD=a-b(Q_1+Q_2)=a-bQ_1-bQ_2$となる。

企業2（シュタッケルベルク均衡の場合，フォロワーから先に解くことになるので，ここでも先に計算を進めておく）の利潤は，

$$\pi_2=pQ_2-C_2=(a-bQ_1-bQ_2)Q_2-(cQ_2+FC)=aQ_2-bQ_1Q_2-bQ_2^2-cQ_2-FC$$

であり，企業2の利潤π_2を最大化する条件は，これを生産量Q_2で微分してゼロに等しいとおいた，

$$Q_2=\frac{a-c}{2b}-\frac{1}{2}Q_1$$

である。これは企業1の生産量に依存して自企業の最適生産量が決まることを表しており，縦軸に企業2の生産量，横軸に企業1の生産量をとった平面において右下がりの反応曲線（このモデルでは縦軸切片$\frac{a-c}{2b}$，傾き$-\frac{1}{2}$の直線）を表している。

企業1（リーダー）の利潤は，

$$\pi_1=pQ_1-C_1=(a-bQ_1-bQ_2)Q_1-(cQ_2+FC)=aQ_1-bQ_1^2-bQ_1Q_2-cQ_1-FC$$

であり，企業1の利潤最大化条件は，π_1を生産量Q_1で微分して$=0$とおいた，

$$Q_1=\frac{a-c}{2b}-\frac{1}{2}Q_2$$

である。これは右下がりの反応曲線であるが，縦軸に企業2の生産量Q_2をとった平面上に描けるように$Q_2=\frac{a-c}{b}-2Q_1$と変形すれば，縦軸切片$\frac{a-c}{b}$，傾き-2の直線となり，企業2の反応曲線より傾きは急になる。

これらが問題の図中にある最適反応曲線であり，クールノー均衡は，計算上は関数の連立によって得られるから，図では両企業の反応曲線の交点Cになる。

STEP❷　等利潤線の性質

企業1の利潤関数$\pi_1=aQ_1-bQ_1^2-bQ_1Q_2-cQ_1-FC$を，

$$-bQ_1^2+(a-bQ_2-c)Q_1-(FC+\pi_1)=0$$

郵便はがき

料金受取人払郵便

新宿局承認

3345

差出有効期間
2025年9月
30日まで

163-8791

999

（受取人）
日本郵便 新宿郵便局
郵便私書箱第330号

(株)実務教育出版

愛読者係行

氏名	フリガナ
住所	□□□-□□□□
E-mail	

『公務員合格講座』総合案内書無料請求欄	通信講座「公務員合格講座」の総合案内書を無料でお送りします。ご希望の場合は、右記に○をおつけください。	

ご記入された個人情報は『公務員合格講座』総合案内書の送付、企画の参考のみに使用するもので、他の目的では使用いたしません。

【ご購入いただいた本のタイトルをお書きください】

タイトル

【本書の感想や、気になった点があればお書きください】

【この本を購入した理由を教えてください】（複数回答可）

① 読みやすそう・使いやすそうだから　② 人にすすめられたから

③ 値段が手頃だから　④ ボリュームが丁度いいから　⑤ デザインがいいか

⑥ その他（　　　　　　　　　　　　　　　　　　）

【この本は、何でお知りになりましたか】（複数回答可）

① ウェブ･SNS（　　　　　　）② 当社ホームページ　③ 書店　④ 生

⑤ 当社の刊行物（受験ジャーナル、書籍、パンフレット）

⑥ 学校の先生から　⑦ 先輩・知人にすすめられて

【何の試験を受験されますか】

①受験される試験（

②受験される職種（　　　　　　　　　）

【差し支えない範囲で結構ですので、下記の情報をご記入ください

◇ ご職業　① 大学生　② 大学院生　③ 高校生　④ 短大・専門学校

学校名（　　　　　　　　　　　　　）学年（　　　　年

⑤ 会社員　⑥ 公務員　⑦ 自営業　⑧ その他（

◇ 性別　男・女　　　　　　◇ 年齢（　　　　　歳）

ご協力ありがとうございました

と変形する。これは等利潤線と呼ばれ，問題文のグラフのように上に凸の形状をとる。また，企業２の生産量Q_2を一定とすると，等利潤線の左辺第３項より，企業１の利潤π_1が大きいほどグラフは下方に位置する。つまり，下方に位置する等利潤線ほど高い利潤を表している。

図中の企業２の等利潤線も同様に導出されたものであり，省略する。

STEP❸ シュタッケルベルク均衡の図示

フォロワーである企業２は，常にリーダーである企業１の生産量に最適に反応するので，常に反応曲線上の点を選択する。

一方，リーダーである企業１は，企業２の行動を織り込んで自らの利潤を最大化するため，企業２が反応関数上の点を選択することを考慮しつつ，最も利潤の高い（下方に位置する）等利潤線上の点を選択する。以上より，シュタッケルベルク均衡点はD（図中，Q_1^SとQ_2^Sの生産量の組合せ）である。

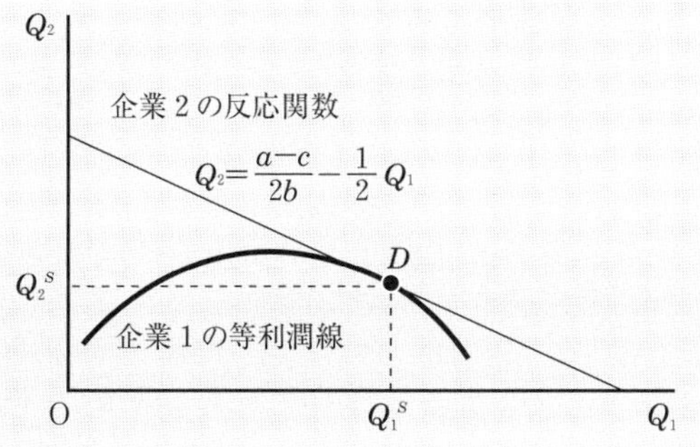

よって，正答は**5**である。

［補足］①反応関数は，利潤関数を微分してゼロに等しいとおくことで求められた。微分は傾きを求める数学的操作であるから，これは利潤関数の傾きがゼロである点，すなわち頂点を求めていたことになる。これはどのような利潤の水準についてもいえるので，反応関数は各等利潤線の頂点をつないだものであるということになる。問題文中の図において，企業１の反応関数が企業１の各等利潤線の頂点をつないで作図されていることを確認してほしい。

②クールノー均衡は，**テーマ13**で取り上げるゲーム理論でいうナッシュ均衡に当たる。ナッシュ均衡はどのプレイヤーも他のプレイヤーの戦略を所与として最適な戦略を選ぶ場合の均衡と定義されるが，ここでのクールノー・モデルでは，２企業が互いに相手の戦略を所与として利潤最大化するように生産量を選択すると読み替えられる。ここから，クールノー均衡が反応関数の交点であると同時に，等利潤線の交点でもある理由である（STEP２において，企業１の等利潤線を求める際に，企業の２の生産量を一定としたことを確認してほしい）。

No.8 の解説　クールノー・モデルとカルテル・モデル　→問題はP.232　正答4

以下の解説ではあえて公式を用いず，利潤最大化問題を解き分けることで各モデルが表していることを明確にしようとした。ただし，計算量が多くなるので，公式を用いた別解を添えた。

STEP❶　逆需要曲線および利潤関数の定義

この財の市場均衡条件は$x=x_1+x_2$であるから，逆需要曲線に代入すれば$p=a-bx=a-bx_1-bx_2$となる。これを用いれば，各企業の利潤を，

$$\pi_1(x_1,\ x_2)=px_1-(cx_1+FC_1)$$
$$=(a-bx_1-bx_2)x_1-(cx_1+FC_1)$$
$$\pi_2(x_1,\ x_2)=px_2-(cx_2+FC_2)$$
$$=(a-bx_1-bx_2)x_2-(cx_2+FC_2)$$

〔c：財Xの単位コスト，FC_i：固定費用（$i=1,\ 2$)〕

と，また，利潤の総和$\Pi=\pi_1(x_1,\ x_2)+\pi_2(x_1,\ x_2)$を，

$$\Pi=\pi_1(x_1,\ x_2)+\pi_2(x_1,\ x_2)$$
$$=R_1+R_2-C_1-C_2$$
$$=(a-bx_1-bx_2)x_1+(a-bx_1-bx_2)x_2-(cx_1+FC_1)-(cx_2+FC_2)$$

と表せる。なお，総費用が単位費用c×生産量x_iと固定費用FC_iの和であるcx_i+FC_iであるから，cは限界費用でありかつ平均可変費用であることになる。

STEP❷　2企業が「協調的」に行動する場合

「協調的」に行動する場合，各企業は生産量の市場占有率を50％ずつにするので，$x_1=x_2$になる（価格と費用が両企業で共通であるので，販売額や利潤の占有率で考えても結果は同じ)。ここで，$x_1=x_2=\frac{x}{2}$と定義すると，利潤の総和は，

$$\Pi=\pi_1(x_1,\ x_2)+\pi_2(x_1,\ x_2)=R_1+R_2-C_1-C_2$$
$$=\left(a-b\frac{x}{2}-b\frac{x}{2}\right)\frac{x}{2}+\left(a-b\frac{x}{2}-b\frac{x}{2}\right)\frac{x}{2}-\left(c\frac{x}{2}+FC_1\right)-\left(c\frac{x}{2}+FC_2\right)$$
$$=(a-bx)\frac{x}{2}+(a-bx)\frac{x}{2}-c\frac{x}{2}-FC_1-c\frac{x}{2}-FC_2$$
$$=(a-bx)\left(\frac{x}{2}+\frac{x}{2}\right)-c\left(\frac{x}{2}+\frac{x}{2}\right)-FC_1-FC_2$$
$$=(a-bx)\ x-cx-(FC_1+FC_2)$$

になる。$\frac{x}{2}+\frac{x}{2}=x$は市場全体の生産量であるので，選択肢より$x$がわかればよい。利潤の総和を最大化するような市場全体の生産量xを得る条件は，微分してゼロに等しいとおくことであるから，

$$\frac{d\Pi}{dx}=a-2bx-c=0$$

より，市場全体の最適な生産量は$x=\dfrac{a-c}{2b}$である。

[別解] 2企業がカルテルを結んで，「協調的」に行動するのであるから，カルテル解の条件である$MR=MC_1$，$MR=MC_2$を用いて解く。限界収入は，逆需要曲線の傾きを2倍にした$MR=a-2bx_1-2bx_2$である（x_1，x_2双方の傾きを2倍にすることに注意）。また，単位当たりコストがcであるので，これら企業の総費用関数cx_i+FC_iより，各企業の限界費用は，$MC_1=MC_2=c$である。以上より，上の条件は，

$$a-2bx_1-2bx_2=c, \qquad a-2bx_1-2bx_2=c$$

となる。ここで，市場占有率を50%ずつであることを$x_1=x_2=\dfrac{x}{2}$と表し，これらの式（同一の式）の一方に代入すれば，$a-2b\dfrac{x}{2}-2b\dfrac{x}{2}=c$となるので，これを整理すれば市場全体の生産量は，$x=\dfrac{a-c}{2b}$となる。

STEP③　2企業が「非協調的」に行動する場合を考える

この場合，相手企業の生産量を所与として利潤最大化を図るのであるからクールノー・モデルに相当する。クールノー均衡の条件は，他企業の生産量を定数として，各企業が利潤関数を自企業の生産量で微分してゼロに等しいとおくこと，

$$\frac{d\pi_1(x_1,\ x_2)}{dx_1}=a-2bx_1-bx_2-c=0$$

$$\frac{d\pi_2(x_1,\ x_2)}{dx_2}=a-bx_1-2bx_2-c=0$$

である。これらを連立すれば2企業の最適な生産量が求まる。たとえば上式を2倍した$2a-4bx_1-2bx_2-2c=0$から下式を引けば，$a-3bx_1-c=0$より，$x_1=\dfrac{a-c}{3b}$を得る。これをいずれかの式に差し戻せば$x_2=\dfrac{a-c}{3b}$も得られる。

したがって，市場全体の生産量は$x_1+x_2=\dfrac{a-c}{3b}+\dfrac{a-c}{3b}=\dfrac{2(a-c)}{3b}$である。

なお，限界費用関数の形状が等しい場合，結果として最適生産量も等しくなることを知っていれば，たとえば，上の式を$a-2bx_1-bx_1-c=0$とできるため，ここからも$x_1=x_2=\dfrac{a-c}{3b}$を求めることができる。

[別解] クールノー・モデルでの均衡条件$MR_1=MC_1$，$MR_2=MC_2$を用いる。各企業の限界収入は，逆需要曲線の自企業の生産量にかかる傾きを2倍にした，

$$MR_1=a-2bx_1-bx_2, \qquad MR_2=a-bx_1-2bx_2$$

である（カルテル・モデルの場合はすべての企業の生産量に係る傾き

を2倍にするので，混同しないようにすること）。また，各限界費用は，

$MC_1=c$,　　$MC_2=c$

である。以上より，クールノー・モデルの均衡条件は，

$a-2bx_1-bx_2=c$,　　$a-bx_1-2bx_2=c$

となり，これを解けば，各企業の生産量は$x_1=x_2=\frac{a-c}{3b}$，市場全体の生産量は$x_1+x_2=\frac{2(a-c)}{3b}$になる。

よって，正答は**4**である。

No.9 の解説　独占的競争

→問題はP.233　**正答5**

1 ×　個々の企業が直面する需要曲線は，独占で右下がり，完全競争で水平となる。

独占の場合（独占的競争の場合も同様），企業は1企業で市場全体の消費者に直面する。この場合，自企業が生産量を増加すれば，価格を低下させなければ生産物を消費者にすべて販売し切れなくなるため，各企業の直面する需要曲線は右下がりとなる。

一方，完全競争の場合，無数の企業のうちの特定の1企業から見ると，現在の市場価格の下で無数の消費者が存在しており，無数の需要があるように見える。この結果，完全競争下の1企業から見た需要曲線は水平になるのである。この場合でも，市場全体を見渡せば需要曲線は右下がりである。

2 ×　独占的競争下の企業は，他の企業の反応は考慮しない。

独占的競争では，各企業は自己の直面する需要に対して独占的に行動するため，他の企業の反応は考慮しないことになる。他企業の反応を考慮するのは，屈折需要曲線の理論やクールノー・モデルなどである。なお，独占的競争において製品の差別化が存在するのは正しい。

3 ×　独占的競争における短期均衡では，企業は通常の独占企業のように行動する。

したがって，限界収入と限界費用が一致するように生産量を決定する。

4 ×　独占的競争の長期均衡においては，資本設備は過剰になる。

独占的競争下において，短期的には各企業に超過利潤（独占利潤）が発生する。しかし，長期的には，他企業の新規参入によって自企業に対する需要が奪われることで超過利潤も減少し，超過利潤がゼロになる点で長期均衡が成立する。図中，長期均衡点はE点であり，独占企業が利潤を最大化する行動（限界収入と限界費用が一致する（$MR=MC$）生産量と逆需要曲線から得られる価格を選択）しても，需要曲線と平均費用曲線が接するために$P=AC$が成立し，超過利潤はゼロである。そして，この接点は一般に平均費用曲線の最低点にはならないので，資本を合理的に使用していない，つまり資本設備が過剰であることを意味する。

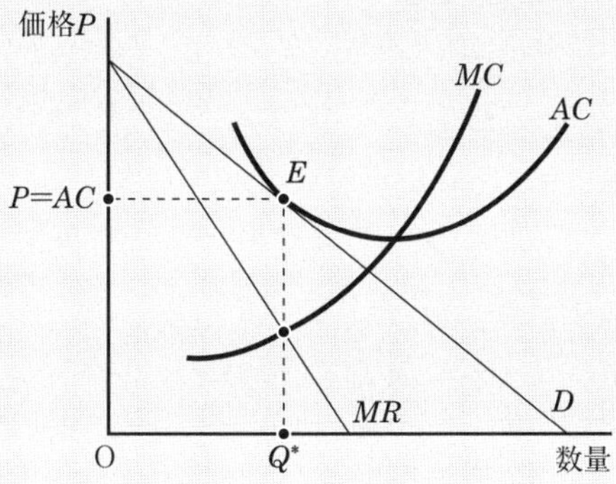

5 ◎ 独占的競争の長期均衡では利潤はゼロである。

妥当である。長期均衡では，上図のように独占企業の利潤最大化点が平均費用曲線と接する。したがって，価格は平均費用と等しくなり，利潤はゼロになる。なお，生産にかかる費用を回収できる金額のことを正常利潤と，一般的な意味での利潤を超過利潤と呼ぶことがあり，本問ではこの用法で用いられている。

No.10 の解説　不完全競争総論

→問題はP.233　正答5

不完全競争の総合的な出題であるが，このタイプの出題では単独で取り上げにくいような，ややマイナーな理論まで含まれることが多い。しかし，個々の内容を掘り下げにくい形式でもあるので，アウトラインを覚えておくだけで対処できることも多い。

1 × **マーク・アップ原理では，単位費用に一定の利潤率を加えて価格を決める。**
R.L.ホールとC.J.ヒッチは，企業が，現実の測定が困難な限界概念による意思決定ではなく，実際に計算可能な平均費用や平均可変費用を単位費用として，それにマークアップを加えて価格を決定していることを見いだした。なお，理論上は，ラーナーの独占度からマーク・アップ原理を導出すると，単位費用として限界費用を用いることになるが，もし限界費用が一定であれば，限界費用と平均可変費用は同一概念になる。

2 × **既存企業があえて低い価格を設定して，他企業の新規参入を防ぐことがある。**
このように，既存の独占企業が，他企業の新規参入を防ぐために，利潤最大化する価格より低い水準に価格を設定すると考えるのが参入阻止価格の理論である。理論上，参入阻止価格は平均費用に等しい水準となる。価格と平均費用が等しければ，生産的な参入者が実際に参入しても，ゼロの利潤しか得られないからである。企業が高めの価格を設定していれば，潜在的な参入者に，わずかに安い価格で新規参入する動機をむしろ与えてしまう。

3 × **クールノー・モデルにおいては，各企業は他企業の供給量を所与とする。**

4 × **独占的競争では，長期的には参入，退出の自由を前提としている。**
また，独占的競争の理論が右上がりの需要曲線（ギッフェン財）を想定する必要はなく，むしろ通常の右下がりの需要曲線でないと長期均衡を説明しにくい（【No. 9】の解説を参照）。

5 ◎ **屈折需要曲線の理論では，競争が存在しても価格が硬直することになる。**
妥当である。屈折需要曲線の理論とは，寡占市場において，ある企業が価格を引き上げた場合には競争相手は追随しないが，価格を引き下げた場合には追随するという企業の予想を仮定して，価格の硬直性を説明するものである。

No.11 の解説　ベルトラン・モデルの図示

→問題はP.234　**正答3**

一般に，問題文で与えられた図のように，差別化財についての価格競争（いわゆるベルトラン・モデル）の最適反応曲線（反応関数）は，企業の価格を取った平面上で右上りのグラフとして表される（**重要ポイント7**の反応関数を参照）。また，等利潤線については，上方に位置するものほど利潤が高い。これは，自企業の価格を一定とすれば，他企業の価格が高いほうが，自企業への需要が増加するからである。

STEP❶　同時手番のナッシュ均衡

一般に，ナッシュ均衡は，他のプレーヤーが最適に反応するとの前提の下で，すべてのプレーヤーが最適に反応する，つまり各プレーヤーが最適に反応しあう。したがって，ベルトラン・モデル（価格競争モデル）におけるナッシュ均衡であるベルトラン=ナッシュ均衡は，最適反応曲線どうしの交点として求められる。これは，図中のA点に相当する。

STEP❷　逐次手番の部分ゲーム完全均衡

本問において，企業1がリーダー，企業2がフォロワーとする逐次手番ゲームは，クールノー・モデルに対するシュタッケルベルク・モデルに相当する。この場合，企業1は，自らの行動に対して企業2が最適に反応することを前提に，自らの利潤を最大化する。これは，企業1が，企業2の最適反応曲線上で，最も上に位置する（利潤の高い）等利潤線上の点を選択することを意味する。つまり，D点がこれに当たる。

以上より，正答は**3**である。

ゲーム理論

必修問題

次の2つの表は，企業A，B間のゲーム1およびゲーム2について，両企業がそれぞれX，Yの戦略を選択したときの利得を示したものである。各項の左側の数字が企業Aの利得，右側が企業Bの利得である。これに関する記述として，妥当なのはどれか。ただし，A，Bの間に協力関係が成立していない状況で，両企業が純粋戦略の範囲で戦略を選択するものとする。

【地方上級（特別区）・平成28年度】

ゲーム1

		企業B	
		戦略X	戦略Y
企業A	戦略X	2，5	7，12
	戦略Y	8，10	3，9

ゲーム2

		企業B	
		戦略X	戦略Y
企業A	戦略X	6，6	15，4
	戦略Y	4，15	8，8

1　ゲーム1で，企業Aが戦略Y，企業Bが戦略Xを選択する組合せは，**支配戦略均衡**である。

2　ゲーム1の**ナッシュ均衡**は，企業Aが戦略Y，企業Bが戦略Xを選択する組合せのみである。

3　ゲーム2で，企業Aが戦略Y，企業Bが戦略Yを選択する組合せは，ナッシュ均衡で，パレート最適な状態である。

4　ゲーム2で，企業Aが戦略X，企業Bが戦略Xを選択する組合せは，ナッシュ均衡で，支配戦略均衡でもある。

5　ゲーム1，ゲーム2ともに，企業Aが戦略X，企業Bが戦略Yを選択する組合せは，ナッシュ均衡である。

難易度　＊

必修問題の解説

ナッシュ均衡は互いに相手の戦略に対して最適に反応した状態である。下表は，相手の戦略に最適に反応する戦略の利得に下線を引いたものである。したがって，両企業が下線を引いた戦略の組がナッシュ均衡である。（企業Aの戦略，企業Bの戦略）の順で表すと，ゲーム1では（X，Y）と（Y，X）が，ゲーム2では（X，X）がナッシュ均衡である。

ゲーム1

		企業B	
		戦略X	戦略Y
企業A	戦略X	2,　5	7,　12
	戦略Y	8,　10	3,　9

ゲーム2

		企業B	
		戦略X	戦略Y
企業A	戦略X	6,　6	15,　4
	戦略Y	4,　15	8,　8

ゲーム2では，企業Aは，企業Bの戦略が戦略**X**でも戦略**Y**でも，常に戦略**X**を選択するほうが利得が大きい。これを企業Aにとって戦略**X**が支配戦略であるという。この場合，同じ理由から，企業Bにとっても戦略**X**が支配戦略であるということになる。結果的に両企業が採る戦略の組合せ（戦略**X**，戦略**X**）は支配戦略均衡である。なお，ゲーム1には，企業A，Bともに支配戦略は存在せず，したがって，支配戦略均衡も存在しない。

1 × **ゲーム1には支配戦略均衡が存在しない。**
企業A，企業Bのいずれにも，相手の戦略にかかわらず，常に有利な戦略は存在しない。

2 × **ゲーム1では（X，Y）と（Y，X）の2つのナッシュ均衡が存在する。**
確率を考慮しない純粋戦略ゲームでは複数のナッシュ均衡がありうる。

3 × **ゲーム2においては（Y，Y）はナッシュ均衡ではない。**
なお，この組合せは，互いに相手の利得を低下させなければ，自分の利得を上昇させることができない。これをパレート最適という（**テーマ16参照**）。

4 ◎ **ゲーム2の（X，X）はナッシュ均衡かつ支配戦略均衡である。**
妥当である。

5 × **（X，Y）は，ゲーム1においてはナッシュ均衡であるが，ゲーム2においてはナッシュ均衡ではない。**

正答 4

FOCUS

支配戦略均衡はナッシュ均衡でもある。相手がどの戦略を採用しようとも常に有利な戦略どうしの組合せ（支配戦略均衡）であれば，互いに最適に反応しあう戦略の組合せ（ナッシュ均衡）になるからである。しかし，マクシ・ミン戦略による均衡は，利得が大きいとの意味での有利な戦略を選ぶものではないため，他の均衡とは一致しない（一致したとしても偶然である）。

POINT

重要ポイント 1 ゲーム理論の構造と分類

ある主体の意思決定と他の主体の意思決定が相互に影響を与えあうような状況の分析が**ゲーム理論**である。一般的なゲームでは，①**ゲームのプレイヤー**，②**プレイヤーのとりうる戦略**，③**戦略によって決定する利得**の３要素からゲームの構造が定まる。

ゲームは次のようないくつかの基準で分類できる。

・時間を考慮するか否か　→　**静学ゲーム**と**動学ゲーム**
・プレイヤー間で協調行動をとるか否　→　**非協力ゲーム**と**協力ゲーム**
・戦略を選択する際に確率を考慮するか否　→　**純粋戦略ゲーム**と**混合戦略ゲーム**
・ゲームの構造に関する情報がすべてのプレイヤーに共有されているか否か
　→　完備情報ゲームと不完備情報ゲーム
・ある時点までのゲームの履歴が明らかか否か
　→　完全情報ゲームと不完全情報ゲーム

重要ポイント 2 利得行列表

ゲームの構造の３要素を簡潔に表にまとめたものが**利得行列表**である。例として，「**囚人のジレンマ**」ゲームを考える。

◆囚人のジレンマ

「ある犯罪の容疑で捕まったA，Bがおのおの別室で尋問されている。検察は，物証がないため自白させようとしているが，２人が必ずしも互いを信用していないことを知っているので先に自白した者を有利に取り扱うことを保証する。ただし，２人が黙秘を通せば，検察は釈放せざるをえない」

以上の内容を，具体的に利得を数値化して次のようにまとめたものが利得行列表であり，この表に含まれる情報を各容疑者は理解しているものとする（完備情報）。また，２人は別室で尋問されているので協力できない（非協力ゲーム）。

		容疑者B	
		黙秘する	自白する
容疑者A	黙秘する	0,　0	−7,　2
	自白する	2,　−7	−5,　−5

各欄の数値は，
（容疑者Aの利得，容疑者Bの利得）
を表す。

重要ポイント 3 ゲームの解法

①支配戦略均衡

重要ポイント２のゲームでは，容疑者Aは，容疑者Bが黙秘する場合，自分が黙秘して０の利得を得るよりも自白して２の利得を得るほうが有利である。また，容疑者Bが自白する場合，自分が黙秘して－７の利得を得るよりも自白して－５の利得を得るほうが有利である。つまり，容疑者Bがどの戦略を選択しても，自分は必ず自白するほうが有利である。また，容疑者Bにとっても，容疑者Aの戦略にかかわらず，常に自白が有利な戦略である。このように，相手の戦略にかかわらず常に有利な戦略が存在すればそれを**支配戦略**といい，支配戦略でない戦略を消去した結果，特定の戦略の組合せが残れば，それを**支配戦略均衡**という。

「囚人のジレンマ」ゲームでは（容疑者Aが自白，容疑者Bが自白）が支配戦略均衡である。ただし，この帰結は2人の容疑者にとってベストなものではない。**（容疑者Aが黙秘，容疑者Bが黙秘）を選択すれば，2容疑者とも利得が上昇するからである。一般に，すべてのプレイヤーの利得を高める戦略の組合せが他に存在するにもかかわらず，その組合せではない均衡が成立することを囚人のジレンマという。**

②ナッシュ均衡

「囚人のジレンマ」ゲームで，右上の欄の容疑者Bが自白した際の利得だけ2ではなく−2とした次の利得行列表で表されるゲームを考える。

		容疑者B	
		黙秘	自白
容疑者A	黙秘	0，　0	−7，−2
	自白	2，−7	−5，−5

各欄の数値は，
（容疑者Aの利得，容疑者Bの利得）
を表す。

この場合，容疑者Aにとって，自白が支配戦略であるが，容疑者Bは，容疑者Aが黙秘するなら自分の戦略も黙秘が有利であるが，容疑者Aが自白するなら自分の戦略も自白が有利となる。したがって，容疑者Bに支配戦略は存在しない。この場合，支配戦略でないものを消去することでは均衡を1つに定められない。

ここで，**ナッシュ均衡**を次のように定義する。

◆ナッシュ均衡
「すべてのプレイヤーは，自分以外のすべてのプレイヤーがすべて最適な戦略をとったとして，それに対して自分も最適な戦略を選択する」

これに従うと，容疑者Aは自白が常に最適であるから，これを知っている容疑者Bは，容疑者Aの自白に対して最適な自白を選択する。また，ここまでのこともわかっている容疑者Aは，容疑者Bの自白に対して最適な自白を選択する。結果として，容疑者A，容疑者Bともに自白を選択するとのナッシュ均衡が成立する。ナッシュ均衡は，互いに最適になるので，その戦略を変更する誘因をどのプレイヤーも持たない。この点においてナッシュ均衡は安定的である。

ナッシュ均衡の簡単な見つけ方は，相手の戦略ごとに最適な反応に下線を引くことである。たとえば，容疑者Aは，容疑者Bが黙秘を選択するとき，自分は自白を選択する。このとき，左下の欄の容疑者Aの利得2の下に下線を引く。また，容疑者Aは，容疑者Bが自白を選択するとき，自分は自白を選択するので，右下の欄の容疑者Aの利得−5の下に下線を引く。同様に，容疑者Bについても，容疑者Aが黙秘を選択するとき，自分は黙秘を選択することを，左上の欄の容疑者Bの利得0の下に下線を引くことで表し，容疑者Aが自白を選択するとき，自分は自白を選択することを，右下の欄の容疑者Bの利得－5の下に下線を引くことで表す。

		容疑者B	
		黙秘	自白
容疑者A	黙秘	0，0	−7，−2
	自白	2，−7	−5，−5

各欄の数値は，（容疑者Aの利得，容疑者Bの利得）を表す。

ナッシュ均衡が互いに最適であるということは，互いに下線が引かれていることになるから，右下の欄，つまり容疑者Aが自白し，容疑者Bも自白するとの組合せがナッシュ均衡になる。

③マクシ・ミン原理

マクシ・ミン原理は，**各プレーヤが各戦略から得られる最小利得を最大化する戦略を選択する**ものである。たとえば，次のような利得行列表を考える。ここで，各欄内の数字はプレイヤーAの利得であるが，同時にプレイヤーBの損失も表すとする。

		プレイヤーB	
		戦略3	戦略4
プレイヤーA	戦略1	2	5
	戦略2	4	3

プレイヤーAは，戦略1を選択すれば，プレイヤーBが戦略3を選択した場合に，戦略1を選択した場合の最小利得である2しか得られない。一方で，戦略2を選択すれば，プレイヤーBが戦略4を選択した場合に，戦略2を選択した場合の最小利得である3しか得られない。その上で，プレイヤーAは，最小（ミニマム）の利得しか得られない場合でもそれが最も大きくなる（マクシマム）戦略2を選択する。

なお，プレイヤーBは，戦略3を選択すれば，プレイヤーAが戦略2を選択した場合に，戦略3を選択した場合の最大損失である4を被る。一方で，戦略4を選択すれば，プレイヤーAが戦略1を選択した場合に，戦略4を選択した場合の最大損失である5を被る。その上で，プレイヤーBは，各戦略において最大の被害を被る場合を想定したうえで，それが最も小さくなる戦略3を選択する。これはミニマックス原理と呼ばれる。

以上の考察より，プレイヤーAが戦略2を，プレイヤーBが戦略3を選択する。

重要ポイント4 混合戦略のナッシュ均衡

プレイヤーAとプレイヤーBが次の利得行列表で表されるゲームを行う。プレイヤーAの戦略は1と2の2つであるが，プレイヤーAは戦略1を確率pで，戦略2を$1-p$で選ぶ（$0 \leqq p \leqq 1$）。プレイヤーBの戦略は3と4の2つであるが，プレイヤーBは戦略3を確率qで，戦略4を確率$1-q$で選ぶものとする。このゲームでは，**確率を考慮しないナッシュ均衡は，下線の重複する欄がないために存在しない**。

		プレイヤーB	
		戦略3	戦略4
プレイヤーA	戦略1	<u>4</u>，−4	−1，<u>1</u>
	戦略2	−3，<u>3</u>	<u>2</u>，−2

確率を考慮した**混合戦略**を考える。プレイヤーAが戦略1を選ぶということは$p=1$とするということであるが，このときのプレイヤーAの利得は，プレイヤーBが戦略3を選べば4，戦略4を選べば−1であるが，おのおのが生じる確率がqと$1-q$であるから，期待利得を$q \times 4+(1-q) \times (-1)=5q-1$とできる。同様に，プレイヤーAが戦略2を選ぶ場合，つまりの$p=0$とする場合の期待利得は，$q \times (-3)+(1-q) \times 2=2-5q$となる。このとき，プレイヤーAが，期待利得を最大化するとすれば，$5q-1>2-5q$，すなわち$q>0.3$のときに戦略1（$p=1$）を選び，$5q-1<2-5q$，すなわち$q<0.3$のときに戦略2（$p=0$）を選ぶ。また，$q=0.3$のとき，企業1にとって戦略1と戦略2は無差別となる。これは，プレイヤーAは，プレイヤーBの戦略が$q>0.3$のときには$p=1$が，プレイヤーBの戦略が$q<0.3$のときには$p=0$が，プレイヤーBの戦略が$q=0.3$のときには戦略1と戦略2が無差別であるとすることが最適な反応であることを意味している。

同様に，プレイヤーBについて考えると，プレイヤーBの期待利得は，戦略3を採用する（$q=1$）場合には$p \times (-4)+(1-p) \times 3=3-7p$であり，戦略4を採用する（$q=0$）場合には$p \times 1+(1-p) \times (-2)=3p-2$である。したがって，プレイヤーBは，$3-7p>3p-2$，つまり$0.5>p$であれば戦略3を採用し，逆に，$p>0.5$であれば戦略4を採用する。つまり，プレイヤーBは，プレイヤーAの戦略が$0.5>p$であれば$q=1$を，プレイヤーAの戦略が$p>0.5$であれば$q=0$を，プレイヤーAの戦略が$p=0.5$であれば戦略3と戦略4が無差別であるとすることが最適な反応である。

2企業の最適な反応を図で表す。企業1の最適反応が太実線で，企業2の最適反応が太点線で表わされている。ナッシュ均衡は，定義より互いに最適に反応しているはずであるから，**最適な反応を表すグラフの交点が混合戦略の下でのナッシュ均衡に当たる。**

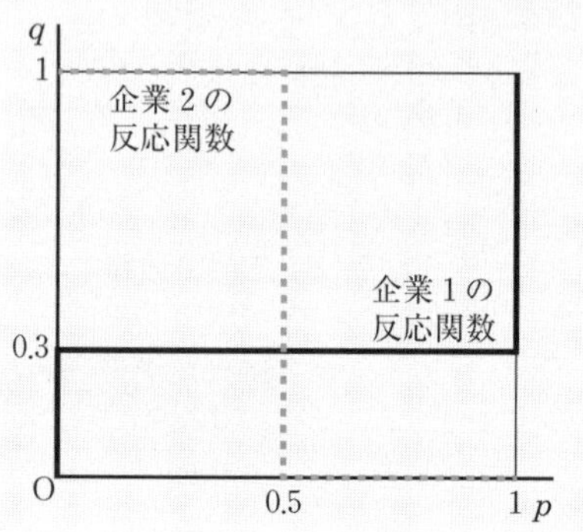

重要ポイント 5 ゲーム・ツリーとサブゲーム完全均衡

時間軸に沿って，逐次，プレイヤーが意思決定する**動学ゲーム**の例として，次のようなゲームを考える。既存の独占企業が存在する市場に潜在的参入企業が，「参入する」か「参入しない」かの戦略を決定している。そして，既存企業の戦略は参入した企業と「競争する」と「協調する」の２つである。既存企業は参入がない場合，利得の100を得るが，参入が実現した場合，参入企業と競争すれば利得は－30になる一方，協調すれば50の利得を確保できる。また，潜在的参入企業は，既存企業が「競争する」を選択すれば－30,「協調する」を選択すれば50の利得を得られる。これを下の利得行列表にまとめ，各企業の相手の戦略に対する最適反応を下線として書き込むと，**純粋戦略のナッシュ均衡は（協調する，参入する）および（競争する，参入しない）の２つになる。**

		潜在的参入企業	
		参入する	参入しない
既存企業	協調する	50，50	100，0
	競争する	－30，－30	100，0

（既存企業の利得，潜在的参入企業の利得）

動学ゲームの分析ツールが**ゲーム・ツリー（ゲームの木）**である。この参入ゲームをゲーム・ツリーとして展開したものが下図である

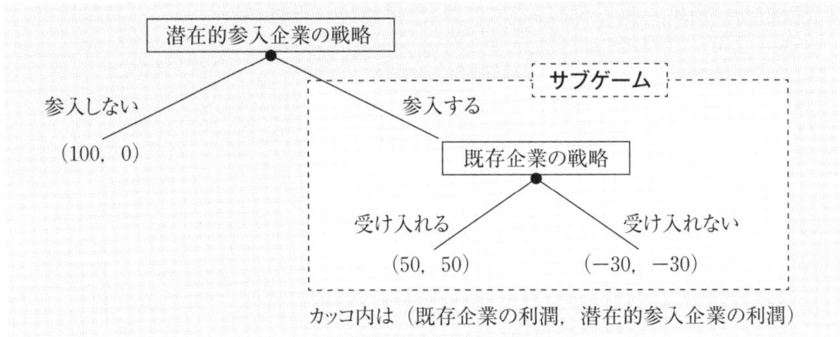

カッコ内は（既存企業の利潤，潜在的参入企業の利潤）

このゲームは，先に潜在的参入企業（リーダー）の手番があり，その戦略が「参入する」に定まれば，次に既存企業（フォロワー）の手番がくる。このような，あるプレイヤーの戦略の選択の結果として生じるゲームの先の展開の部分を**サブゲーム（部分ゲーム）**と呼ぶ（ゲームの全体は**全体ゲーム**と呼ばれる）。**全体ゲームの均衡は，先に部分ゲームを解いた後に遡って得られる**（後向きの帰納法）。

このゲームでは，潜在的参入企業が実際に参入し，部分ゲームに到達したとする。参入が起きたという事実を前提にすると，既存企業の最適な対応は「協調する」ことで50の利得を得ることである。したがって，部分ゲームの均衡は既存企業が「協調する」，潜在的参入企業が「参入する」である。ここでゲームを遡ると，潜在的参入企業は，仮に参入すれば既存企業は「協調する」であろうとの合理的判断を下すはずであると期待できる。したがって，潜在的企業は全体ゲームを，「参入しない」場合の利得0と「参入する」場合の利得50の大きいほう，もちろん「参入する」を選択する。その結果，全体ゲームの均衡も既存企業が「協調する」，潜在的参入企業が「参入する」となる。

このように**部分ゲームと整合的な全体ゲームの均衡を部分ゲーム完全均衡（サブゲーム完全均衡）という**。利得行列表から得られる全体ゲームの均衡には，もう一つ既存企業が「競争する」，潜在的参入企業が「参入しない」が存在する。「参入しない」相手と「競争する」ことは無意味に見えるが，「競争する」ことを明らかにして脅すことで「参入しない」ことを選択させる場合の均衡とも解釈できる。しかし，上の結果は，実際に参入が生じた場合，既存企業の合理的行動は「協調する」ことであるから，このことを理解している潜在的参入企業はこの脅しを信用しない。つまり，部分ゲーム完全均衡は，合理的でない均衡を排除するのである。

重要ポイント６ 繰り返しゲームとフォーク定理

企業Ａと企業Ｂが次のようなゲームを行っているとする。

		企業B	
		減産	増産
企業A	減産	7, 7	2, 15
	増産	15, 2	5, 5

(企業Aの利得, 企業Bの利得)

このゲームのナッシュ均衡は，最適戦略に引かれた下線で確認できるように，２企業がともに増産することである。しかし，このゲームが毎年繰り返される状況（繰り返しゲーム）では，２企業がともに自発的に減産を選択する，つまり囚人のジレンマを回避できることがありうることを以下で説明する。

各企業は，以下のような戦略をとるとする。

(i) 前期までの相手企業の行動が協力的（減産）である場合，今期の自企業は協調的行動（減産）をとるが，(ii) 前期に相手が非協力的行動（増産）をとれば，今期以降，自企業は永久に非協力的行動（増産）をとる。

これは**トリガー戦略（引き金戦略）**と呼ばれる。

また，n期後の利得xの割引現在価値は一般に$\frac{x}{(1+r)^n}$となる（$0<r<1$：利子率，割引現在価値については**テーマ５重要ポイント２**を参照）が，ここでは$\frac{1}{1+r}=\delta$となるような割引因子$\delta(0<\delta<1)$を用いて，n期後の利得xの割引現在価値を$\delta^n x$と表すことにする。

このとき，ある企業が今期に増産を選択すれば，今期に15の利得を得る代わりに来期以降は無限に５の利得を得ることになるため，利得の割引現在価値の総和は$15+5\delta+5\delta^2+\cdots+5\delta^\infty=15+\frac{5\delta}{1-\delta}$である。一方，減産を選択すれば今期以降，無限に７の利得を得るので，割引現在価値の総和は$7+7\delta+7\delta^2+\cdots+7\delta^\infty=\frac{7}{1-\delta}$である。

つまり，ある企業が減産を選択する条件は，

$$\frac{7}{1-\delta}>15+\frac{5\delta}{1-\delta} \quad \Leftrightarrow \quad \delta>\frac{4}{5}$$

であり，２企業がともにこの条件を満たすなら，相手企業が減産を続ける限り，自企業も減産を続け，**囚人のジレンマは回避される**。

実戦問題❶ 基本レベル

＊
No.1 **表は，プレイヤー１がAまたはBの戦略を，プレイヤー２がⅠまたはⅡの戦略をとった場合の，プレイヤー１およびプレイヤー２の受け取る利得水準を示している。表の（　）内の左側の数字はプレイヤー１の利得，右側の数字はプレイヤー２の利得である。これに関する次の記述のうち，妥当なのはどれか。ただし，両プレイヤーは協調行動をとらず，互いに相手の戦略を予想しながら，自己の利得が最大となるような戦略を選ぶものとする。** 【国家一般職・平成22年度】

		プレイヤー２	
		戦略Ⅰ	戦略Ⅱ
プレイヤー１	戦略A	$(a,\ b)$	$(-5,\ 8)$
	戦略B	$(7,\ -6)$	$\left(\frac{a}{2},\ \frac{b}{2}\right)$

1　$a=6$，$b=6$のとき，戦略の組合せ［B，Ⅱ］はナッシュ均衡であり，かつ，パレート効率的な状態である。

2　$a=6$，$b=6$のとき，戦略の組合せ［A，Ⅰ］および戦略の組合せ［B，Ⅱ］はどちらもナッシュ均衡である。

3　$a=8$，$b=10$のとき，戦略の組合せ［B，Ⅱ］はナッシュ均衡であり，かつ，パレート効率的な状態である。

4　$a=8$，$b=10$のとき，戦略の組合せ［A，Ⅰ］および戦略の組合せ［B，Ⅱ］はどちらもナッシュ均衡である。

5　$a=-12$，$b=10$のとき，戦略の組合せ［B，Ⅱ］はナッシュ均衡であり，かつ，パレート効率的な状態である。

＊
No.2 企業Pは戦略①または戦略②を採ることができ，企業Qは戦略③または戦略④を採ることができるものとする。

また，企業Pと企業Qの採る戦略とそれぞれの利得の関係は，次の表で与えられるものとする。

ただし，表の（ ）内の左側の数字が企業Pの利得であり，右側が企業Qの利得である。

		企業Q	
		戦略③	戦略④
企業P	戦略①	(a，50)	(20，b)
	戦略②	(40，c)	(d，60)

このとき，（戦略①，戦略③）が支配戦略均衡となる場合の（a，b，c，d）の条件の組合せとして妥当なのはどれか。

【国家一般職・令和４年度】

1 ($a>20$，$b<60$，$c>50$，$d<40$)
2 ($a>20$，$b<60$，$c<50$，$d>40$)
3 ($a>20$，$b<50$，$c>60$，$d<40$)
4 ($a>40$，$b<50$，$c>60$，$d<20$)
5 ($a>40$，$b<60$，$c<50$，$d>20$)

＊
No.3 個人X，Yがそれぞれ３つの戦略を持つゲームが以下の表のとおり示されるとする。この表で示された状況に関するA～Dの記述のうち，妥当なもののみをすべて挙げているのはどれか。

ただし，表の（ ）内の左側の数字は個人Xの利得を，右側の数字は個人Yの利得をそれぞれ示しており，各個人は純粋戦略をとるものとする。

【財務専門官／労働基準監督官・平成26年度】

		個人Y		
		戦略Y_1	戦略Y_2	戦略Y_3
個人X	戦略X_1	(3, 8)	(6, 3)	(5, 3)
	戦略X_2	(5, 2)	(3, 4)	(9, 2)
	戦略X_3	(6, 5)	(5, 4)	(4, 2)

A：(戦略X_1, 戦略Y_2) はナッシュ均衡であり，この組合せはパレート効率的である。

B：(戦略X_3, 戦略Y_1) はナッシュ均衡であり，この組合せはパレート効率的である。

C：マクシ・ミン戦略では，個人Xは戦略X_2を選び，個人Yは戦略Y_1を選ぶ。

D：マクシ・ミン戦略では，個人Xは戦略X_3を選び，個人Yは戦略Y_2を選ぶ。

1　A, B
2　A, C
3　A, D
4　B, C
5　B, D

＊＊
No.4　**3人の個人が各自室のクーラーの設定温度に関して，低温Lと中温Mのいずれかを選択する。各個人は低温を選べば10の効用，中温を選べば5の効用を得られるが，3人が使える電力には限りがあり，2人以上が電力を消費する低温を選ぶと停電し，効用は0になる。次のA～Dの文のうち，ナッシュ均衡をすべて選んだ組合せはどれか。**　【地方上級（全国型）・平成24年度改題】

A：3人全員が低温Lを選ぶ。

B：1人が中温M，2人が低温Lを選ぶ。

C：2人が中温M，1人が低温Lを選ぶ。

D：3人全員が中温Mを選ぶ。

1　A
2　B
3　C
4　A, C
5　B, D

実戦問題1の解説

No.1 の解説 ナッシュ均衡 →問題はP.253 正答4

問題文にある［A, Ⅰ］,［B, Ⅱ］がナッシュ均衡になる条件を考える。

①［A, Ⅰ］がナッシュ均衡となる条件

プレイヤー2が戦略Ⅰを選んだ場合にプレイヤー1が戦略Aを選んでいること，つまり$a>7$であることが必要であり，かつプレイヤー1が戦略Aを選んだ場合にプレイヤー2が戦略Ⅰを選んでいること，つまり$b>8$であることが必要である。

②［B, Ⅱ］がナッシュ均衡となる条件

プレイヤー2が戦略Ⅱを選んだ場合にプレイヤー1が戦略Bを選んでいること，つまり$\frac{a}{2}>-5$または$a>-10$であることが必要であり，かつプレイヤー1が戦略Bを選んだ場合にプレイヤー2が戦略Ⅱを選んでいること，つまり$\frac{b}{2}>-6$または$b>-12$であることが必要である。

③以上より，$a>7$かつ$b>8$の場合に［A, Ⅰ］はナッシュ均衡であり，$a>-10$かつ$b>-12$の場合に［B, Ⅱ］はナッシュ均衡であることになる。ここから，$a>7$かつ$b>8$の場合には，同時に$a>-10$かつ$b>-12$も満たされるから，［A, Ⅰ］がナッシュ均衡の場合，同時に［B, Ⅱ］もナッシュ均衡であることになる。

1 × $a=6$，$b=6$の場合，［B, Ⅱ］はパレート最適ではない。

2 × $a=6$，$b=6$の場合，［A, Ⅰ］はナッシュ均衡ではない。

$a=6$，$b=6$の場合，［B, Ⅱ］=［3, 3］はナッシュ均衡になる。しかし，この場合，各プレイヤーの双方にとってより利得の高い組合せ［A, Ⅰ］=［6, 6］が存在するため，各プレイヤーは相手の利得を低下させることなく，自分の利得を増加させる余地が存在することになる。この状態はパレート最適ではない。パレート最適については**テーマ16**参照。

3 × $a=8$，$b=10$の場合，［B, Ⅱ］はパレート最適ではない。

4 ◎ $a=8$，$b=10$であれば，［A, Ⅰ］=［8, 10］および［B, Ⅱ］=［4, 5］は双方ともナッシュ均衡になる。

妥当である。$a=8$，$b=10$の場合，［B, Ⅱ］=［4, 5］はナッシュ均衡であるが，この組合せには，各プレイヤーの双方にとってより利得の高い組合せ［A, Ⅰ］=［8, 10］が存在するため，パレート最適ではない。

5 × $a=-12$，$b=10$であれば，組合せ［A, Ⅰ］=［−12, 10］および組合せ［B, Ⅱ］=［−6, 5］は双方ともナッシュ均衡ではない。

③を参照のこと。

No.2 の解説　支配戦略均衡

→問題はP.254　正答4

STEP❶　企業Pの戦略

企業Pにとって戦略①が支配戦略であるためには，企業Qの戦略が戦略③であっても戦略④であっても，常に戦略①を選択した際の利得が戦略②を選択した際の利得を上回ることが必要である。

企業Qが戦略③を選択した際に，戦略①の利得が戦略②の利得を上回ることは，

$a > 40$

と表される。

同様に，企業Qが戦略④を選択した際に，戦略①の利得が戦略②の利得を上回ることは，

$20 > d$

と表される。したがって，企業Pにとって戦略①が支配戦略となる条件は，

$a > 40$　かつ　$20 > d$　……(1)

である。

STEP❷　企業Qの戦略

企業Qにとって戦略③が支配戦略であるためには，企業Pが戦略①を選択した際に戦略④の利得よりも戦略③の利得のほうが高く，かつ企業Pが戦略②を選択した際にも戦略④の利得よりも戦略③の利得のほうが高いことが条件となる。すなわち，

$50 > b$　かつ　$c > 60$　……(2)

である。

STEP❸　支配戦略均衡

以上より，（戦略①，戦略③）が支配戦略均衡となるのは，(1)と(2)が同時に満たされるときである。

以上より，正答は**4**である。

第3章　生産者理論（不完全競争）

No.3の解説 ナッシュ均衡とマクシ・ミン戦略 →問題はP.254 正答5

経済理論で最も用いられるナッシュ均衡は，すべてのプレイヤーが他のプレイヤーの戦略を所与として最適に反応している状態である。利得行列表を用いてナッシュ均衡を分析する場合，以下のSTEP①のように，最適な対応に下線を引くのが最も便利である。

STEP❶ ナッシュ均衡の検討

冒頭で述べたように，各個人の，他の個人の戦略に対する最適な反応に下線を引いた図で考える。

		個人Y		
		戦略Y_1	戦略Y_2	戦略Y_3
個人X	戦略X_1	(3，$\underline{8}$)	($\underline{6}$，3)	(5，3)
	戦略X_2	(5，2)	(3，$\underline{4}$)	($\underline{9}$，2)
	戦略X_3	($\underline{6}$，$\underline{5}$)	(5，4)	(4，2)

この図から，互いに下線の引かれた（戦略X_3，戦略Y_1）のみが，すべての個人が他の個人の戦略に対して最適に反応している状態であるナッシュ均衡の条件を満たす。

STEP❷ マクシ・ミン戦略の検討

マクシ・ミン戦略では，一般に，プレイヤーは自らの戦略の下での最小の利得を列挙し，その中で最も利得が大きくなる戦略を選ぶ。

本問では，個人Xにとって，戦略X_1，戦略X_2，戦略X_3でのおのおのの最小利得は，３，３，４である。したがって，個人Xはそのうちの利得の大きい戦略X_3を選ぶ。また，個人Yにとって，戦略Y_1，戦略Y_2，戦略Y_3でのおのおのの最小利得は，２，３，２である。したがって，個人Yはそのうちの利得の大きい戦略Y_2を選ぶ。

A× （戦略X_1，戦略Y_2）はナッシュ均衡ではない。

B○ （戦略X_3，戦略Y_1）はナッシュ均衡であり，パレート効率的である。

２個人がともに利得を高めるような組合せが存在しないからである。

Ａ，ＢについてはSTEP１を参照のこと。

C× マクシ・ミン戦略では，個人Xは戦略X_2は選ばない。また，個人Yは戦略Y_1は選ばない。

D○ マクシ・ミン戦略では，個人Xは戦略X_3を選び，個人Yは戦略Y_2を選ぶ。

Ｃ，ＤについてはSTEP❷を参照のこと。

よって，正答は**5**である。

No.4 の解説 ナッシュ均衡

→問題はP.255 正答4

ナッシュ均衡は，すべてのプレイヤーが最適な戦略を選択することになるので，どのプレイヤーも現在の戦略を変更する誘因は存在せず，安定的な均衡となる。

A ○ 3人全員が低温を選べば，だれも現在の戦略を変更する誘因がない。

これは，全員が他のプレイヤーの戦略に最適に反応しているためであり，ナッシュ均衡になっている。現在，停電の状態にあり，3人とも効用は0である。しかし，3人のうちのだれか1人が自分だけ中温を選択しても，停電は解消されないので，効用を上昇させることもできない。したがって，互いに，他の2人が低温を選択している状況の下では，中温でも低温でも効用は等しく，自分だけが低温を変更する理由はない。つまり，現状は，各プレイヤーが，他のプレイヤーの戦略を所与として，最適に反応している状態であるとのナッシュ均衡の定義を満たす。なお，このゲームには各人の効用がともにより高くなる別の均衡（**C**参照）が存在する。したがって，この均衡が実現すれば囚人のジレンマにあたる。

B × 戦略を変更する誘因を持つ個人が存在する状態はナッシュ均衡ではない。

低温を選んでいる2人は，他に中温，低温を選んでいる個人がいるとの現状に最適に反応していない。なぜなら，現在の効用は0であるが，自らの戦略を中温に変更すればクーラーが作動し，効用を5に高められるからである。つまり，最適な戦略に変更する誘因を持つ個人が存在する状態はナッシュ均衡ではない。

C ○ 3人とも現状の戦略を変更する誘因がない状態はナッシュ均衡である。

まず，低温を選んだ1人が現状を変更する理由はない。中温を選んでいる2人については，自らが低温を選択すると，停電に陥ってかえって効用が低下することを理解しているので，現状を変更する合理的な理由はない。むしろ，他の2人が中温，低温を選択している現状を所与とすれば，中温を選択することが最適な反応である。したがって，この状態は安定的なナッシュ均衡である。

D × 他人の戦略を所与として自分が戦略を変更する場合はナッシュ均衡ではない。

中温を選んでいる3人のうちの任意の1人にとって，他の2人が中温を選択していることを所与とすれば，自分は低温を選択することが最適戦略である。それによって効用が5から10に上昇するからである。なお，現実的には3人はもう少し合理的で，2人以上低温を選択すればむしろ効用は低下するので，現状を維持すべきであると考えるため，この状態が安定的になる可能性は高い。しかし，ナッシュ均衡の定義に従うと，現状は不安定なものになる。

よって，正答は**4**である。

実戦問題❷　応用レベル

＊＊
No.5　**企業Aは，企業Bが独占している市場に新規参入するべきか検討しており，以下のゲーム・ツリーで表される展開型ゲームを考える。Aが「不参入」を選べば，Aの利得は0，独占を維持できるBの利得は8である。また，Aが「参入」を選んだ場合は，Bが協調路線をとればAの利得が3でBの利得が4になり，BがAに対抗して価格競争を仕掛ければAの利得が－2でBの利得が0になる。この展開型ゲームについて，戦略型ゲームによるナッシュ均衡と部分ゲーム完全均衡を考える。次の記述のうち，妥当なのはどれか。ただし，純粋戦略を考えるものとする。**

【国家一般職・令和2年度】

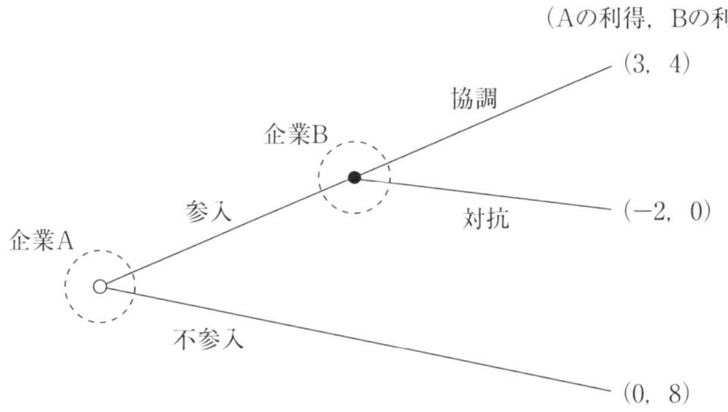

1　戦略型ゲームによるナッシュ均衡は存在しない。部分ゲーム完全均衡は「Aは参入，Bは協調」のみである。

2　戦略型ゲームによるナッシュ均衡は「Aは参入，Bは協調」のみである。部分ゲーム完全均衡は存在しない。

3　戦略型ゲームによるナッシュ均衡は「Aは参入，Bは協調」のみである。部分ゲーム完全均衡は「Aは参入，Bは協調」のみである。

4　戦略型ゲームによるナッシュ均衡は「Aは参入，Bは協調」のみである。部分ゲーム完全均衡は「Aは不参入，Bは対抗」と「Aは参入，Bは協調」である。

5　戦略型ゲームによるナッシュ均衡は「Aは不参入，Bは対抗」と「Aは参入，Bは協調」である。部分ゲーム完全均衡は「Aは参入，Bは協調」のみである。

＊＊
No.6 **個人Aと個人Bがそれぞれ2種類の戦略を持つ2人ゼロサムゲームの利得行列が，以下のように与えられているとする。利得行列の各数値は個人Bが個人Aに支払う金額を示すものとする。いま，各個人が自己の期待利得が最大となるように混合戦略をとるとき，ナッシュ均衡における個人Aの期待利得はいくらか。**

【国税専門官／財務専門官／労働基準監督官・令和2年度】

		個人B	
		戦略3	戦略4
個人A	戦略1	40	−20
	戦略2	20	40

1 0
2 10
3 20
4 25
5 30

***
No.7 図のような利得表に基づいたゲームを考える。

		プレイヤー2	
		協力（C）	裏切り（D）
プレイヤー1	協力（C）	(6, 6)	(0, 8)
	裏切り（D）	(8, 0)	(2, 2)

プレイヤー1とプレイヤー2はこのゲームを無限回繰り返してプレイする。2人のプレイヤーは将来の利得を割り引いて評価し，1期後に得られる1の利得を今期で評価するとδとなる（割引因子δ：$0<\delta<1$）。

このとき，各プレイヤーが「最初の期はCを選ぶ。その後は，2人ともCを選ぶ限り次の期もCを選ぶ。どちらかが一度でもDを選べば，次の期以降はDを選ぶ」というトリガー戦略を選び，毎期（C，C）の組合せが維持されることが部分ゲーム完全均衡となりうる最小のδはいくらか。ただし，今期から各期にaだけの利得を無限回獲得したときの利得の合計を今期で評価すると，$\dfrac{a}{1-\delta}$となる。

【国家総合職・平成30年度】

1 $\dfrac{1}{3}$

2 $\dfrac{1}{2}$

3 $\dfrac{2}{3}$

4 $\dfrac{3}{4}$

5 $\dfrac{4}{5}$

実戦問題2の解説

No.5 の解説 戦略型ゲームと展開型ゲーム →問題はP.260 正答5

一般に，戦略型ゲームとは利得行列表を用いた分析を，展開型ゲームはゲームツリーを用いた分析をさす。

STEP❶ 利得行列表の作成とナッシュ均衡

問題文の内容を利得行列表にすると，次の表のようになる。

		企業B	
		協調	対抗
企業A	参入	(3,4)	(−2,0)
	不参入	(0,8)	(0,8)

（Aの利得，Bの利得）を表す

ここで，数字の下に下線が引かれている場合，相手の戦略に対する最適な反応であることを表している。ナッシュ均衡は，互いに相手の戦略を所与として最適に反応しあう状態であるから，（Aが不参入，Bが対抗）の組合せと（Aが参入，Bが協調）の組合せがナッシュ均衡になる。

STEP❷ 部分ゲーム完全均衡

次に，問題文に示された全体ゲームから，部分ゲームを取り出す。部分ゲームは，あるプレーヤーの手番の分岐点から先の部分を指し，本問では四角で囲まれた部分に当たる。

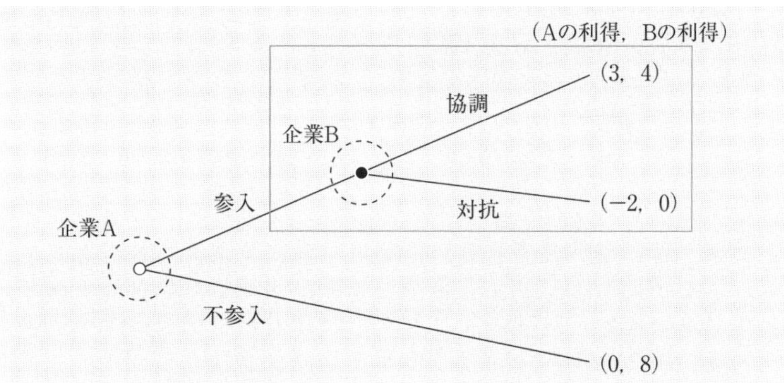

部分ゲーム完全均衡は，全体ゲームのナッシュ均衡と部分ゲームにおけるナッシュ均衡が一致するようなものである。上図の部分ゲームにおけるナッシュ均衡は，企業Bが，企業Aの参入を所与として，最適に反応するものであるから，（Aが参入，Bが協調）の組合せになる。

したがって，正答は**5**である。

（補足）部分ゲーム完全均衡の意味

部分ゲーム完全均衡は，後ろ向きの帰納法と呼ばれる考え方に基づいている。上の部分ゲームにおけるナッシュ均衡は，企業Bが，企業Aの参入を所与として，最適な協調を選択するというものであったが，これは全体ゲームに遡って，企業Ａが実際に参入した場合に，企業Ｂがどのように反応するかを分析するものであったと考えるのである。つまり，先手の企業Ａは，不参入なら０の利得，参入なら企業Ｂが協調を選択することで３の利得を得ると想定できるので，利得の大きい参入を選択し，企業Ｂが実際に協調することで，（Ａが参入，Ｂが協調）が成立するのである。

No.6 の解説　混合戦略

→問題はP.261　**正答4**

混合戦略ゲーム（確率を導入したゲーム）のナッシュ均衡を，以下では反応関数の交点として求める。概念上は，①利得行列表において，相手の戦略を所与として自分の最適な反応に下線を引いていき，両者がともに下線を引いた組合せがナッシュ均衡であることや，②クールノー・モデルにおいて，相手の生産量を所与として利潤最大化を図る各企業の反応関数を連立して均衡を得ることと同一である。

STEP❶　利得行列表の作成

利得行列の各数値は，個人Ｂが個人Ａに支払う数値であるから，個人Ａの得る利得である。個人Ａの（正の）利得は，同額の個人Ｂの負の利得になる。つまり，個人Ａの利得と個人Ｂの利得の和は各組合せでゼロになる（これをゼロサムゲームという）。このことを踏まえて問題文の利得行列を書き改めれば，次のようになる。

		個人B	
		戦略３	戦略４
個人A	戦略１	40,−40	−20 ,20
	戦略２	20,−20	40,−40

（個人Aの利得，個人Bの利得）を表す

STEP❷　個人Aの期待利得の計算

個人Ａが戦略１を選択する確率をp，戦略２を選択する確率は$1-p$とし，個人Ｂが戦略３を選択する確率をq，戦略４を選択する確率は$1-q$とする。個人Ａが戦略１を選択するときの期待利得は$q\times40+(1-q)\times(-20)=60q-20$であり，戦略２を選択するときの期待利得は$q\times20+(1-q)\times40=40-20q$である。個人Ａが戦略１を選択するのは，戦略２を選択するより期待利得が高いときであるから，この条件は$60q-20>40-20q$，つまり$q>\frac{3}{4}$のときである。逆に，個人Ａが戦略２を選択する条件は$q<\frac{3}{4}$のときである。$q=\frac{3}{4}$のとき，個人Ａにとって戦略１と戦略２は無差別である。

STEP❸　個人Bの期待利得の計算

個人Ｂが戦略３を選択するときの期待利得は$p\times(-40)+(1-p)\times(-20)=-20p-20$であり，戦略４を選択するときの期待利得は$p\times20+(1-p)\times(-40)=60p-40$である。個人Ｂが戦略３を選択するのは，戦略４を選択するより期待利得が高いときであるから，この条件は$-20p-20>60p-40$，つまり$\frac{1}{4}>p$のときである。逆に，個人Bが戦略4を選択する条件は$\frac{1}{4}<p$のときである。$\frac{1}{4}=p$のとき，個人Bにとって戦略3と戦略4は無差別である。

STEP❹ 混合戦略におけるナッシュ均衡

$q>\frac{3}{4}$のときに個人Aが戦略1を選択するということは，$q>\frac{3}{4}$のときに個人Aが$p=1$を選択するということである。同様に，$q<\frac{3}{4}$のときに個人Aは$p=0$を選択し，$q=\frac{3}{4}$のとき，個人Aにとって$0\leqq p\leqq 1$のどの値も無差別であることになる。

$\frac{1}{4}>p$のときに個人Bが戦略3を選択するということは，$\frac{1}{4}>p$のときに個人Bは$q=1$を選択するということである。同様に，$\frac{1}{4}<p$のときに個人Bは$q=0$を選択し，$\frac{1}{4}=p$のとき，個人Bにとって$0\leqq q\leqq 1$の値が無差別であることになる。

以上のことを，個人Aと個人Bの反応関数として，表したものが下図である。

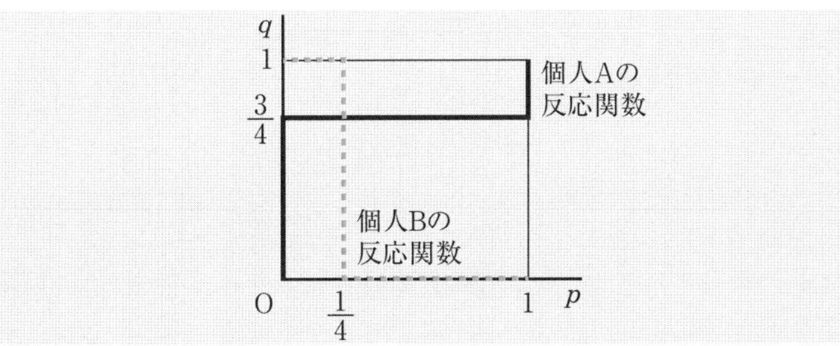

反応関数の交点は互いに最適に反応していることになるから，混合戦略におけるナッシュ均衡は，$(p,\ q)=\left(\frac{1}{4},\ \frac{3}{4}\right)$である。なお，このゲームに純粋戦略のナッシュ均衡は存在しない（図に他の交点はない。また，先の表に下線を引いても確認できる）。

以上より，正答は**4**である。

第3章 生産者理論（不完全競争）

No.7 の解説　トリガー戦略

→問題はP.262　**正答 1**

本問では，トリガー戦略について理解してほしい。割引因子は第１章の**テーマ5**で登場した割引現在価値の類似概念であるが，これを用いる出題例は本問とその類題にしか見られない一方で，割引現在価値はミクロ経済理論，マクロ経済理論だけでなく，財政学や会計学でも利用されるので，まずはそちらの理解を優先させてほしい。また，無限等比数列もマクロ経済学などで知っていると有利になる。

STEP❶ 協力の条件

プレイヤー１が戦略C（協力）を選ぶ条件は，Cを選んで利得６を得続けることの現在価値の和が，ある期に裏切りによる利得８を得て，それ以降２を得続けることの現在価値の和を上回ることである。この条件を計算するに当たり，第１期に裏切るものとする。任意のt期に裏切ったとしても，$t-1$期までの利得はt期の裏切りに左右されないため，$t=1$とするのが計算上容易であるからである。

戦略Cを無限に選択する場合の利得の現在価値の和は，

$$6+6\delta+6\delta^2+\cdots6\delta^\infty=\frac{6}{1-\delta}$$

である（問題文に与えられた無限等比数列の和の公式を用いる）。一方，裏切る場合の利得の現在価値の和は，

$$8+2\delta+2\delta^2+\cdots+2\delta^\infty=6+2+2\delta+2\delta^2+\cdots+2\delta^\infty=6+\frac{2}{1-\delta}$$

である（公式を適用するために，第１期の利得８を6+2としたことに注意）から，戦略Cを無限に選択するのは，

$$\frac{6}{1-\delta}>6+\frac{2}{1-\delta} \quad \Leftrightarrow \quad \delta>\frac{1}{3}$$

であることになる。利得の対称性からこの条件はプレイヤー２にも妥当するため，２プレイヤーとも戦略Cを選択し続けるようなδの最小値は$\frac{1}{3}$であることになる。

STEP❷ サブゲーム完全均衡の確認

サブゲーム完全均衡は，ある期以降の部分ゲームがゲーム全体のナッシュ均衡でもあるような均衡である。したがって，トリガー戦略を採用する２プレイヤーが，１期もしくは任意のt期以降に戦略Cを選択し続けることがあれば，それ以前から戦略Cを選択し続けていたことになるので，２プレイヤーがともに任意のt期以降に$\delta=\frac{1}{3}$で戦略Cを選択し続ける均衡はサブゲーム完全均衡である。

よって，正答は**1**である。

第４章
市場の理論

第4章 市場の理論

試験別出題傾向と対策

頻出度	試験名	国家総合職					国家一般職					国家専門職（国税専門官）				
	年度	21-23	24-26	27-29	30-2	3-5	21-23	24-26	27-29	30-2	3-5	21-23	24-26	27-29	30-2	3-5
	テーマ　出題数	5	6	2	4	5	1	2	2	1	1	1	1	0	2	0
B	14 市場の安定性								1			1				
A	15 余剰分析	2	2		2	1	1	1	1				1		2	
A	16 パレート最適性	3	4	2	2	4		1		1	1					

本章は，テーマ14で均衡（需給一致）が安定的に実現するかを判断し，テーマ15とテーマ16では均衡でなされる取引が望ましいものであるかどうかを分析する。

テーマ14の均衡の安定性はグラフ問題が多いが，出題の多い試験種は限定的である。難易度は低いが，むしろ差がつきにくいため，確実に理解しておきたい。

テーマ15は部分均衡分析（特定の財のみを対象とする）によって取引を評価する。そのためのツールが余剰概念である。余剰概念は取引の利益を金額で表したもので，直観的に理解しやすい。余剰概念はほぼグラフ問題（実質的には面積の計算がほとんど）で難易度は高くないが，第5章，第6章でも用いるので，ここで正確に作図できるようにしておくと，後続の章で理解がスムーズになる。なお，このテーマでは関連した課税の効果も含めている。財政学枠での出題も多いが，計算パターンはほぼ一定であるのでここでマスターしておきたい。

テーマ16は一般均衡分析（複数の財を同時に分析対象とする）によって取引を評価する。そのための基準がパレート最適性（効率性）である。これは一般的な経済状態の評価基準であるが，やや抽象的である。出題の中心は，2個人の無差別曲線を1つの図にまとめたエッジワースのボックス・ダイヤグラムである。これは無差別曲線（テーマ1）の応用であるので，必要に応じて復習してから取り組むとよい。

● 国家総合職（経済）

パレート最適性（テーマ16）が頻出であり，ほぼ例年出題がある。他の試験種ではあまり見られないこのテーマでの計算問題も多く，入念な準備が必要である。テーマ15からも2年に1度程度の出題があるが，課税の効果を問うケースが多い。このケースでの出題は相対的にオーソドックスな出題例が多い。

● 国家一般職

出題数（0～2問）と出題テーマがともに分散しており，規則性は見出しにくい。令和２年度の効用可能性フロンティアの計算問題は総合職レベルの難問であったが，前後の年度において，そのような出題例はなく，上で概説したような標準的な出題

地方上級（全国型）					地方上級（特別区）					市役所（C日程）					
21-23	24-26	27-29	30-2	3-5	21-23	24-26	27-29	30-2	3-5	21-23	24-26	27-29	30-2	3-4	
2	0	1	1	2	3	3	3	2	3	4	1	2	1	3	
1					1	1	2	2	1	1	1	1			テーマ14
		1		2	1	1	1		1	2			1	1	テーマ15
1			1		1	1			1	1		1		2	テーマ16

が中心である。基本事項を中心に幅広く学習するのがよい。

● 国家専門職（国税専門官）

出題は比較的少ないが，そのうちではテーマ15の内容からの出題が過半数を占める。令和元年度・２年度と２年連続でこのテーマから出題されているが，元年度は余剰分析，２年度は課税の効果と，同内容が連続したわけではない。なお，関連科目の財政学まで視野に入れると，特に余剰分析を利用する出題もあるので，基本事項を中心に幅広く学習しておいたほうがよい（財務専門官や労働基準監督官についても同様のことがいえる）。

● 地方上級（全国型）

原則として，本章のテーマからの出題は少なく，０の年度も多い（平成24年度～28年度，令和３年度・５年度の各年度）。平成29年度以降は２年に１回のペースで余剰分析（テーマ15）またはパレート最適性（テーマ16）から出題されている。難易度は相対的に高くないので，基本事項の学習をしておくとよい。

● 地方上級（特別区）

ほぼ隔年度に近いペースで市場の安定性（テーマ14）が，ほぼ同内容で繰り返し出題されている。一方，余剰分析（テーマ15）とパレート最適性（テーマ16）は，テーマ14の出題のない年度にいずれかが出題されている（つまり出題は１問）。難易度の点からは各テーマとも基本的なものが多い。基本事項の学習に加え，過去問のマスターが役に立つ。

● 市役所（C日程）

過去，市場の安定性（テーマ14）から，ほぼ同内容が数年周期で反復出題されていたが，出題ペースが落ち，直近の５年間，本章からの出題はなかった。そもそも，本章のテーマからの出題は少なく，0の年度も多いが，令和４年度は２問も出題された。このようなケースもあるので，基本事項の対策はしておきたい。

市場の安定性

必修問題

次の図ア～オは，縦軸に価格を，横軸に需要量・供給量をとり，市場におけるある商品の需要曲線を*DD*，供給曲線を*SS*で表したものであるが，このうちワルラス的調整過程において市場均衡が安定であり，かつ，マーシャル的調整過程において市場均衡が不安定であるものを選んだ組合せとして，妥当なのはどれか。 【地方上級（特別区）・平成30年度】

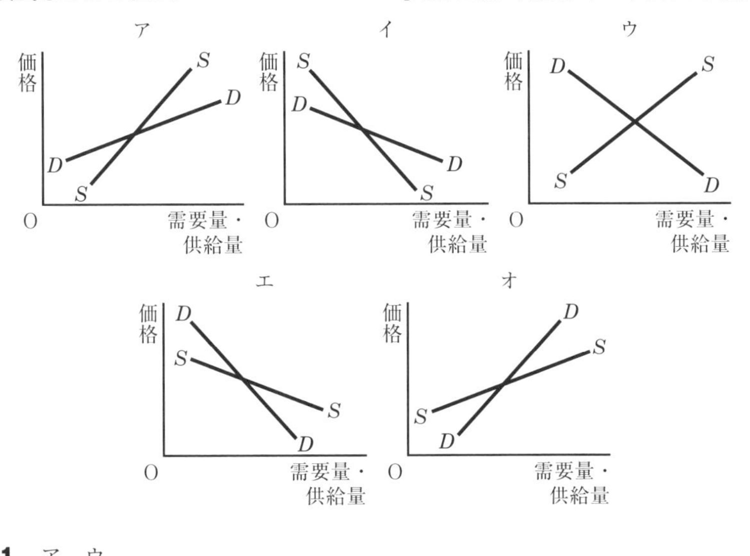

1 ア ウ
2 ア エ
3 イ エ
4 イ オ
5 ウ オ

難易度 ＊

必修問題の解説

ワルラス的調整（価格調整）過程とマーシャル的調整過程は市場メカニズムの基本であり，難易度もそれほど高くない。しかし，学習当初は誤解をしたり，両者を混同したりしがちであるため注意してほしい。

STEP❶ 典型的なワルラス的調整過程とマーシャル的調整過程

まず，典型的な右下がりの需要曲線と右上がりの供給曲線を持つ図ウで考える。

・ワルラス調整過程（左図）：超過供給で価格下落，超過需要で価格上昇

① 需要曲線と供給曲線の交点（均衡点）よりも高い価格から水平線を引く。

→ 先に需要曲線，次いで供給曲線に当たるので，超過供給が発生している。

② 供給者は，おのおのが価格をわずかに低下させて超過供給を解消しようと競争するため，市場価格も低下する。

③ この過程が繰り返されれば，市場価格は均衡水準まで低下する。

①′ 需要曲線と供給曲線の交点（均衡点）よりも低い価格から水平線を引く。

→ 先に供給曲線，次に需要曲線に当たるので，超過需要が発生している。

②′ 需要者は価格がわずかに高くても購入できないよりは望ましい。この需要者間の競争を理解している個々の生産者が価格を引き上げれば，市場価格も上昇する。

③′ この過程が繰り返されれば，市場価格は均衡水準まで上昇する。

・マーシャル調整過程（右図）：超過供給価格で数量減少，超過需要価格で数量増加

① 需要曲線と供給曲線の交点（均衡点）よりも多い数量から垂線を引く。

→ 先に需要曲線，次に供給曲線に当たる。おのおのの価格水準を需要価格，供給価格とすると，超過供給価格が発生している。

② 現在の数量をすべて販売するには価格が需要価格まで低下することを理解している供給者は，数量を減少させて超過供給価格を解消しようする。

③ この過程が繰り返されれば，数量は均衡水準まで減少する。

①′ 需要曲線と供給曲線の交点（均衡点）よりも少ない数量から垂線を引く。

→ 先に供給曲線，次に需要曲線に当たるので，超過需要価格が発生している。

②′ 高い需要価格で購入の意思のある需要者が存在することを理解した供給者が数量を増加させる結果として，超過需要価格は解消に向かう。

③′ この過程が繰り返されれば，数量は均衡水準まで増加する。

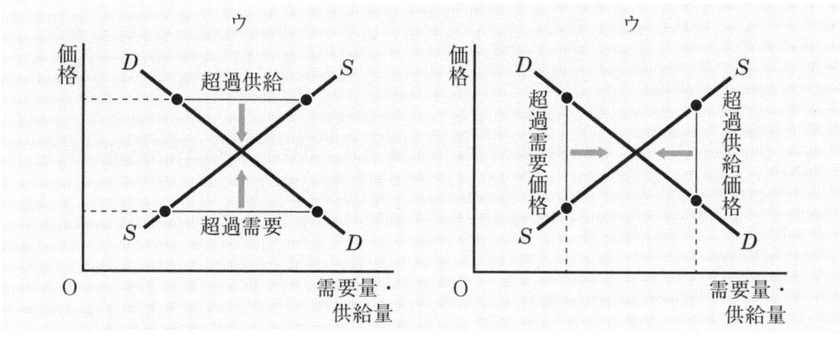

STEP❷ 特殊ケースの場合の調整過程を確認する

・ワルラス調整過程：超過供給で価格下落，超過需要で価格上昇

イとオ　均衡価格より高い価格から水平線を引くと超過供給となる。

　→　価格が低下して均衡に向かうので，市場は安定的となる。

アとエ　均衡価格より高い価格から水平線を引くと超過需要となる。

　→　価格が上昇して均衡から離れるので，市場は不安定的である。

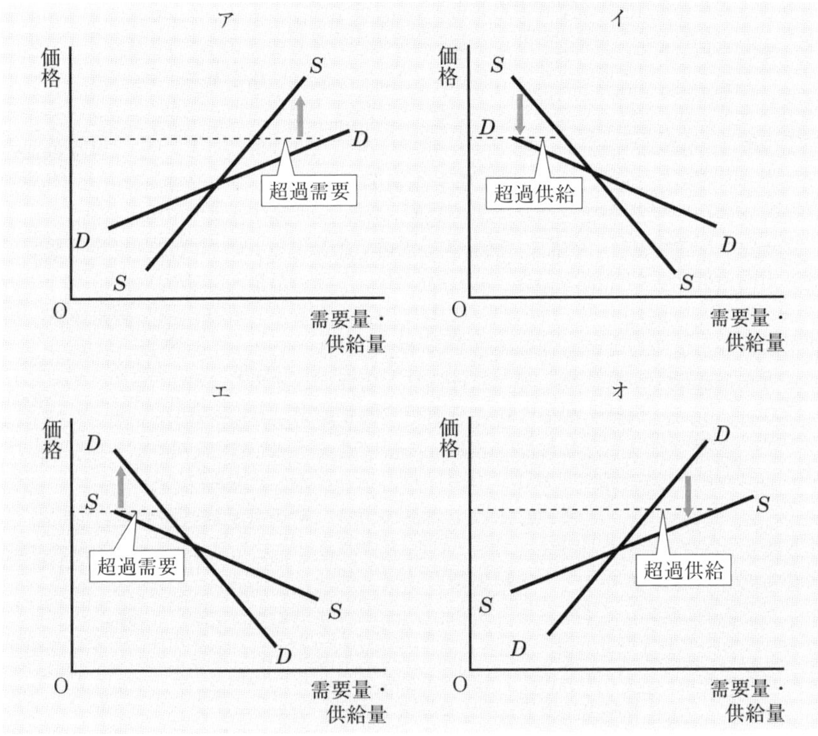

・マーシャル調整過程：超過供給価格で数量減少，超過需要価格で数量増加

アとエ　均衡より多い数量から垂線を引くと超過供給価格となる。

　→　数量が減少して均衡に向かうので，市場は安定的となる。

イとオ　均衡より多い数量から水平線を引くと超過需要価格となる。

　→　数量が増加して均衡から離れるので，市場は不安定的である。

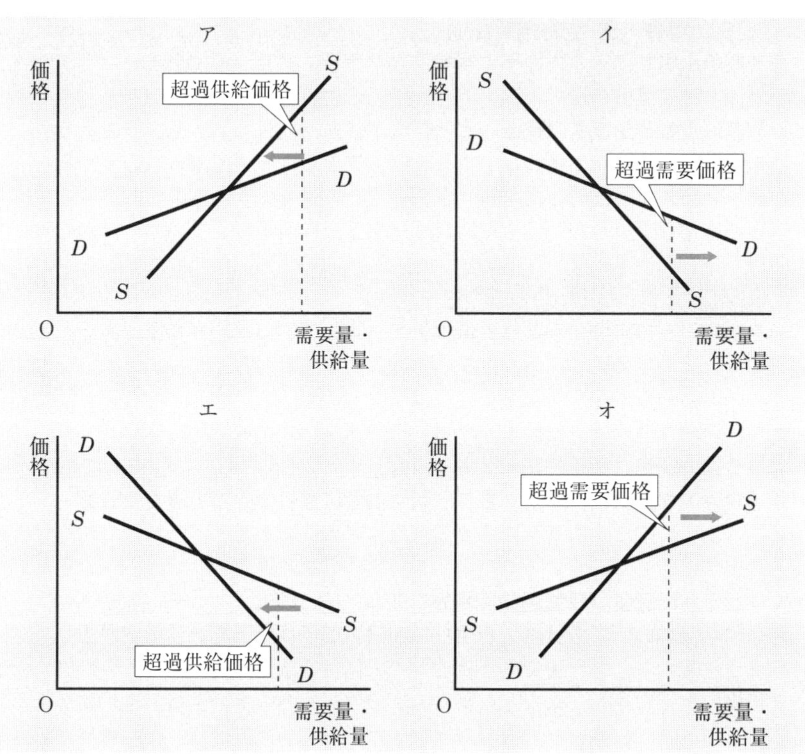

正答 4

FOCUS

ワルラス的調整は価格調整である。しかし，均衡より高いから価格が低下する，もしくは均衡より低いから価格が上昇するというものではない。あくまでも，超過供給や超過需要といった数量から価格の変動を分析するものである。また，数量調整であるマーシャル的調整も数量の多い少ないから増減を決めるのではなく，超過供給価格や超過需要価格といった価格から数量の変動を分析するものである。

POINT

重要ポイント 1 完全競争市場

完全競争市場とは次の条件をすべて満たす市場であり，条件を１つでも満たさない市場は不完全競争市場である。

・**無数の消費者と生産者の存在**：どの経済主体も**プライス・テイカー**である。
・**財の同質性**：もし製品差別化ができれば，**プライス・メイカー**になりうる。
・**市場への参入・退出の自由**：競争が機能することを保証する条件である。
・**情報の完全性**：情報が不完全であれば，適正な取引ができないおそれがある。

重要ポイント 2 均衡の安定性

ある価格の下で市場の需要量と供給量が一致している状態が均衡である。完全競争市場では，**市場メカニズム**（市場の自動調整機能）が働くが，以下の市場の調整メカニズムが均衡を導くなら，その市場は安定的である。グラフにおいては，需要曲線と供給曲線の均衡点に向かうなら，その市場は安定的である。

①ワルラス的調整（価格調整）メカニズム

超過供給の場合に価格下落が生じ，超過需要の場合に価格上昇が生じる。

ある価格の下で，消費者の需要量が生産者の供給量を上回る場合の超過分を**超過需要**，供給量が需要量を上回る場合の超過分を**超過供給**という。

②マーシャル的調整（数量調整）メカニズム

超過供給価格の下で数量減少が生じ，超過需要価格の下で数量増加が生じる。

ある数量に対して，消費者が払ってよい価格の上限（需要曲線上の価格）を需要価格，生産者が払ってほしい価格の下限（供給曲線上の価格）を供給価格とする。需要価格が供給価格を上回る場合の差額を**超過需要価格**，供給価格が需要価格を上回る場合の差額を**超過供給価格**という。

・**需要曲線*D*が右下がり・供給曲線*S*が右上がりのケース**

以下，p：価格，Q：数量，D：需要曲線，S：供給曲線とする。

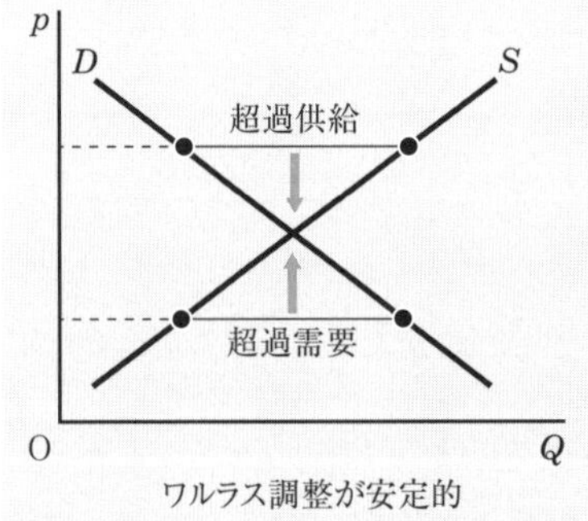

ワルラス調整が安定的

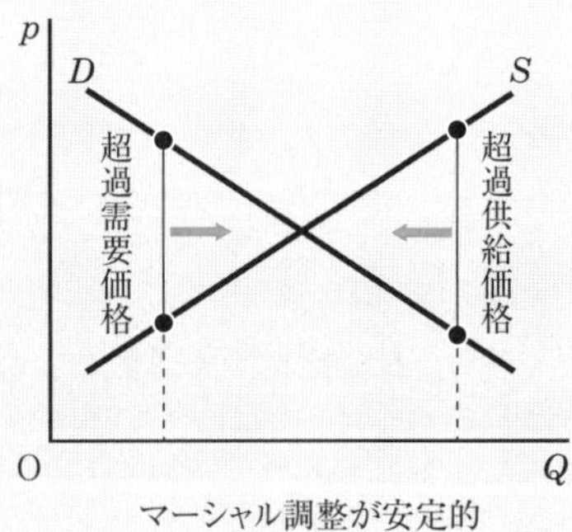

マーシャル調整が安定的

・**需要曲線D，供給曲線Sがともに右上がりのケース**

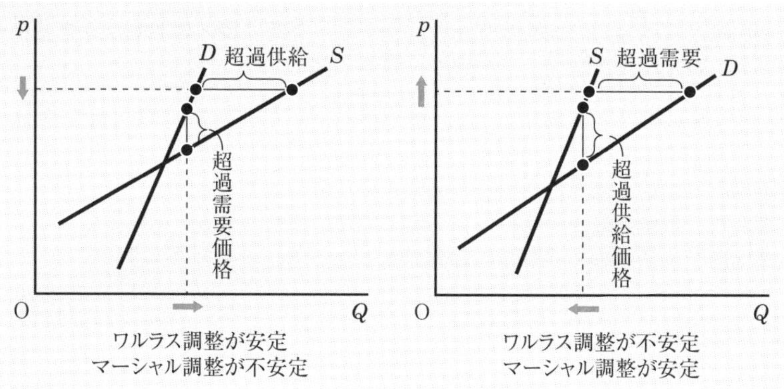

需要曲線が右上がり，すなわちギッフェン財であることが市場の不安定性の要因となるわけではない。

・**需要曲線D，供給曲線Sがともに右下がりのケース**

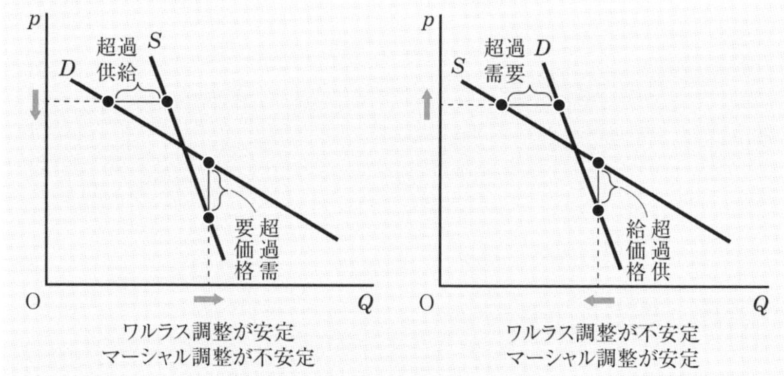

・**需要曲線Dが右上がり・供給曲線Sが右下がりのケース**

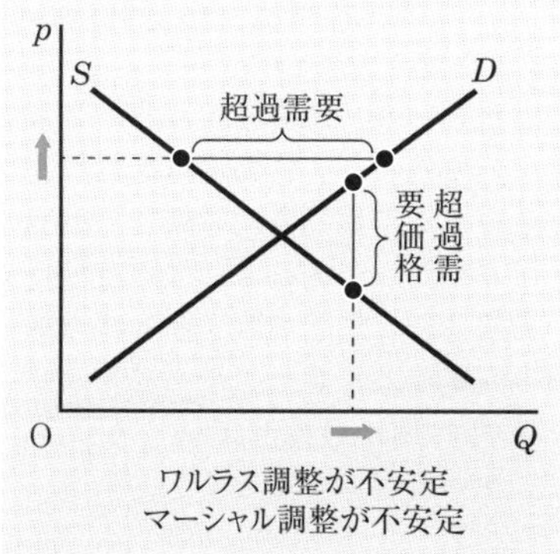

以上より，次のことがいえる。

需要曲線と供給曲線の均衡の安定性問題では，需要曲線・供給曲線の通常でない傾きの数と不安定なケースの数が一致する。

ただし，需要曲線は右下がりが，供給曲線は右上がりが通常とする。言い換えれば次のようになる。

- **需要曲線と供給曲線がともに通常の傾きの場合➡双方とも安定**
- **需要曲線と供給曲線がともに通常の傾きでない場合➡双方とも不安定**
- **需要曲線と供給曲線の一方が通常の傾きでない場合➡一方のみ安定**

重要ポイント 3 くもの巣調整メカニズム

数量調整のうち，供給量の調整に時間を要することを考慮したモデルが**くもの巣調性メカニズム**である。たとえば，コメの需要は価格に速やかに反応するが，生産者は市場価格が高くても即座に増産できないようなケースである。

ある財のt期の供給量は$t-1$期の価格に最適に反応すると考える。また，ある期の生産物はすべて市場に供給され，在庫や廃棄は考えないものとする。

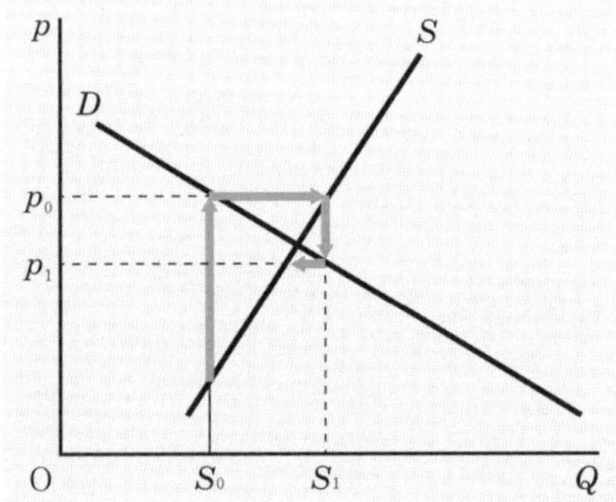

図において，0期の供給量がS_0であるとすると，0期の市場価格はp_0になる（価格p_0のとき需要がちょうどS_0になり，市場は均衡する）。ここで，生産者は1期の供給量を，0期の需要価格p_0の下で利潤最大化できる水準であるS_1に増加させる（供給曲線は限界費用曲線から導かれているため）。しかし，実際の1期の価格は，供給量S_1がちょうど需要される水準であるp_1になる。よって，2期の供給量はp_1と供給曲線の交点まで減少するであろう。**この過程を繰り返していけば，最終的には需要曲線と供給曲線の交点である市場均衡に収束し，市場は安定的となる。**

以下の図は，上と同様に0期から2期にかけての市場の変化をたどったものである。確認できるとおり，需要曲線と供給曲線がともに通常でない傾きであるにもかかわらず均衡に収束する（安定する）ケースや，需要曲線と供給曲線がともに通常の傾きであるにもかかわらず均衡から発散する（不安定になる）ケースが存在する。これらの例で共通して次のことがいえる。

正負を問わず，供給曲線の傾きが需要曲線の傾きよりも相対的に急な場合に，くもの巣調整は均衡に向かい，収束する（次項の安定性条件も参照）。

〈安定的なケース〉

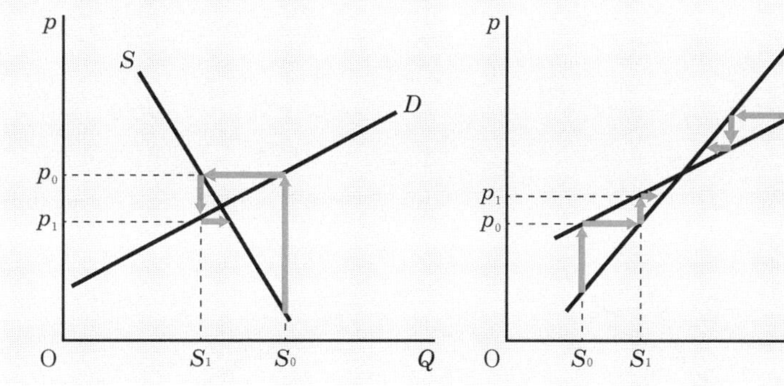

〈不安定なケース〉

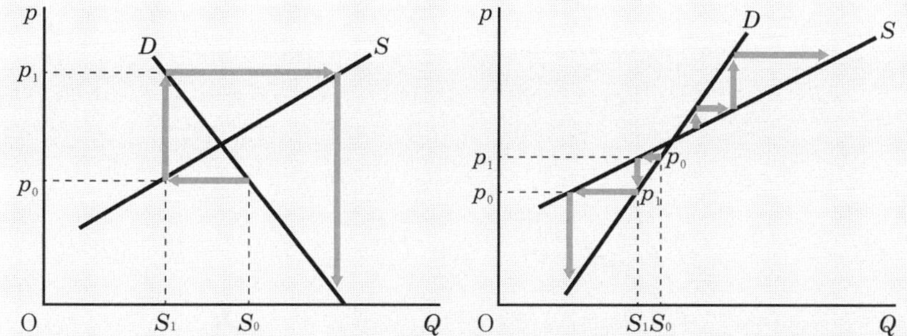

既出の3つの調整過程の安定性を保証する条件は以下のとおりである。

種　類	安 定 性 条 件
ワルラス的調整	$\frac{1}{\text{供給曲線の傾き}} > \frac{1}{\text{需要曲線の傾き}}$
マーシャル的調整	供給曲線の傾き ＞ 需要曲線の傾き
くもの巣調整	供給曲線の傾きの絶対値 ＞ 需要曲線の傾きの絶対値

なお，ここでの傾きとは，縦軸に価格，横軸に数量をとった平面においてのことであるから，たとえば，需要曲線が$D=10-2p$なら，$p=5-0.5D$に変形した式の傾きである-0.5をさす。

また，**くもの巣調整の安定性条件**は，絶対値をとっていることから，**正負に関係なく供給曲線の傾きが需要曲線の傾きより急であればよい**ということである。

実戦問題1 基本レベル

* **No.1** **次の文は，クモの巣理論に関する記述であるが，文中の空所A～Cに該当する語または語群の組合せとして，妥当なのはどれか。**

【地方上級（特別区）・平成24年度】

クモの巣理論では，農産物にみられるように，［ A ］量は価格に対して即時に反応するが，［ B ］量の調整には一定の時間がかかるとする。この理論においては，需要曲線（DD）と供給曲線（SS）との関係で，均衡が安定的になる場合と不安定になる場合とがあり，下図のうち均衡が安定的となるのは［ C ］である。

ア

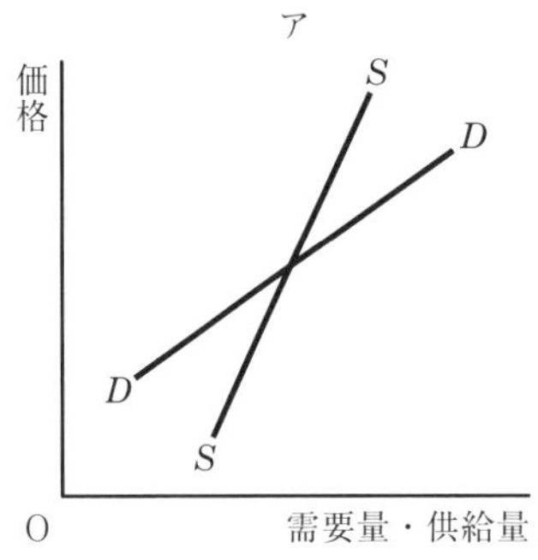

イ

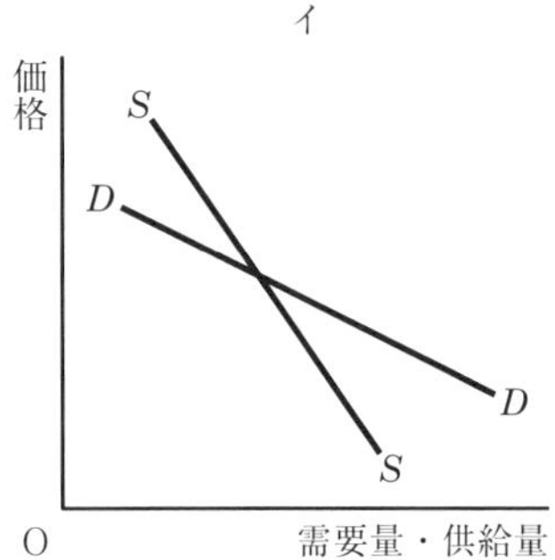

ウ

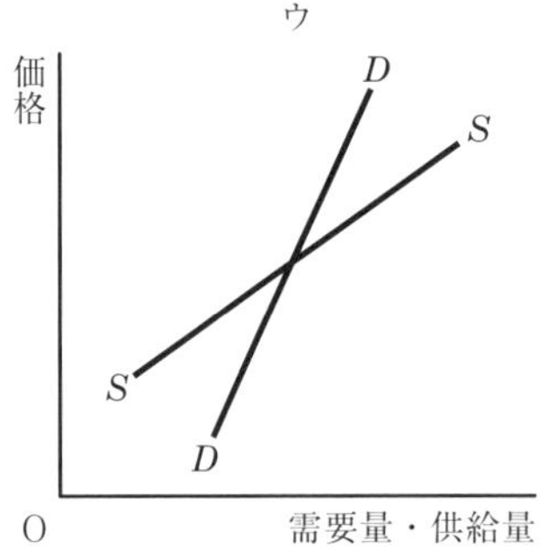

エ

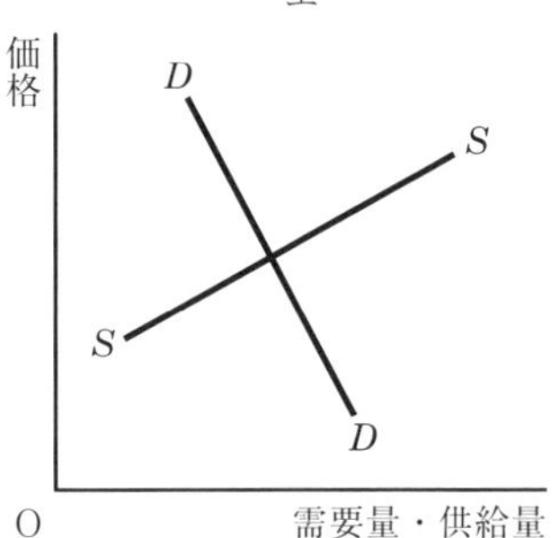

	A	B	C
1	供給	需要	ア，イ
2	供給	需要	ウ，エ
3	供給	需要	イ，ウ
4	需要	供給	ア，イ
5	需要	供給	ウ，エ

* **No.2** **需要曲線と供給曲線はともに直線であるとする。次のうち，ワルラス的にも，マーシャル的にも，くもの巣的にも安定的な均衡を持つものはどれか。**

【地方上級（全国型）・平成23年度】

1 需要曲線の傾きの値が4，供給曲線の傾きの値が3。
2 需要曲線の傾きの値が−4，供給曲線の傾きの値が−3。
3 需要曲線の傾きの値が−3，供給曲線の傾きの値が−4。
4 需要曲線の傾きの値が3，供給曲線の傾きの値が−4。
5 需要曲線の傾きの値が−3，供給曲線の傾きの値が4。

** **No.3** **クモの巣モデルが次のように与えられている。**

需要曲線：$D_t = aP_t + 7$
供給曲線：$S_t = bP_{t-1} - 2$
需給均衡：$D_t = S_t$

ここで，D_tは t 期の需要量，S_tは t 期の供給量，P_tは t 期の価格を表し，a，b はパラメータである。このとき，クモの巣調整過程が安定となる a および b の値の組合せとして正しいのはどれか。

【国税専門官・平成21年度】

	a	b
1	−3	1
2	−2	2
3	−1	3
4	1	2
5	2	3

実戦問題❶の解説

No.1 の解説　くもの巣調整理論

→問題はP.278　正答4

くもの巣調整の基礎知識を問う問題であり，調整過程の詳細を理解していなくても正答できるので，ぜひ押さえておきたい問題である。

STEP❶　くもの巣調整過程の定義

クモの巣理論は，農産物が例に挙げられているように，需要は価格に対してその期のうちに即座に変動するが，供給は来期まで数量を変更できないようなケースである（したがって，数量調整の特殊ケースであるとはいえる）。ここから，Aには需要が，Bには供給が入る。

STEP❷　くもの巣調整の安定性条件

クモの巣調整の安定性条件は，「供給曲線の傾きの絶対値＞需要曲線の傾きの絶対値」である。つまり，傾きの正負を問わず，供給曲線の傾きが需要曲線の傾きより急である場合に安定となる。ここから，Cにはアとイが入る。

よって，正答は**4**である。

No.2 の解説　市場の安定性総論

→問題はP.279　正答5

市場の安定性に関する出題において，グラフではなく，数式もしくは傾きの値がわかっている問題では，必修問題のように補助線を引くよりは，安定性条件を用いたほうが早く解答できることが多い。

STEP❶　マーシャル安定性条件：需要曲線の傾き＜供給曲線の傾き

1　需要曲線の傾きの値が4，供給曲線の傾きの値が3　→　不安定
2　需要曲線の傾きの値が−4，供給曲線の傾きの値が−3　→　安定
3　需要曲線の傾きの値が−3，供給曲線の傾きの値が−4　→　不安定
4　需要曲線の傾きの値が3，供給曲線の傾きの値が−4　→　不安定
5　需要曲線の傾きの値が−3，供給曲線の傾きの値が4　→　安定

STEP❷　くもの巣安定性条件：需要曲線の傾きの絶対値＜供給曲線の傾きの絶対値

1　需要曲線の傾きの絶対値が4，供給曲線の傾きの絶対値が3　→　不安定
2　需要曲線の傾きの絶対値が4，供給曲線の傾きの絶対値が3　→　不安定
3　需要曲線の傾きの絶対値が3，供給曲線の傾きの絶対値が4　→　安定
4　需要曲線の傾きの絶対値が3，供給曲線の傾きの絶対値が4　→　安定
5　需要曲線の傾きの絶対値が3，供給曲線の傾きの絶対値が4　→　安定

STEP❸ワルラス的安定性条件：需要曲線の傾きの逆数＜供給曲線の傾きの逆数

1　需要曲線の傾きの逆数は$\frac{1}{4}$，供給曲線の傾きの逆数は$\frac{1}{3}$　→　安定

2　需要曲線の傾きの逆数は$-\frac{1}{4}$，供給曲線の傾きの逆数は$-\frac{1}{3}$　→　不安定

3　需要曲線の傾きの逆数は$-\frac{1}{3}$，供給曲線の傾きの逆数は$-\frac{1}{4}$　→　安定

4 需要曲線の傾きの逆数は$\frac{1}{3}$，供給曲線の傾きの逆数は$-\frac{1}{4}$ → 不安定

5 需要曲線の傾きの逆数は$-\frac{1}{3}$，供給曲線の傾きの逆数は$\frac{1}{4}$ → 安定

以上より，正答は**5**である。

No.3 の解説　くもの巣調整理論　→問題はP.279　正答 1

完全競争市場では経済主体はプライス・テイカーであるので，数量を価格によって決定する。このことを，通常，数式では需要量$D=\cdots$，供給量$S=\cdots$の形で表す。しかし，グラフは，習慣上，縦軸に価格p，横軸に数量（需要量と供給量）をとるので，これらの式をおのおの$p=\cdots$に変形しておかないといけない場合が多い。数式とグラフの対応がとれるようにするには，なるべく多くの問題に当たることが重要である。

STEP❶　グラフを変形する

クモの巣安定性を数式モデルで判断する場合，上述のような式変形をしておく必要があることが多い。なぜなら，クモの巣安定性条件「供給曲線の傾きの絶対値>需要曲線の傾きの絶対値」は，縦軸に価格，横軸に数量をとった平面上のグラフについて述べられたものだからである。したがって，本問の場合，おのおの，

$$P_t=\frac{1}{a}D_t-\frac{7}{a}$$

$$P_{t-1}=\frac{1}{b}S_t+\frac{2}{b}$$

になる。

STEP❷　クモの巣安定性条件を検討する

クモの巣安定性条件「供給曲線の傾きの絶対値>需要曲線の傾きの絶対値」より，

$$\left|\frac{1}{b}\right|>\left|\frac{1}{a}\right| \quad \Leftrightarrow \quad |a|>|b|$$

よって，正答は**1**である。

［補足］

供給曲線の価格のみ$t-1$との添字が付されているのは，くもの巣モデルにおいては，t期の供給量は$t-1$期の価格に最適に反応するとの仮定を反映したものである（**重要ポイント3**参照）。

第4章 市場の理論

実戦問題❷ 応用レベル

＊＊
No.4 **ある市場において，需要曲線，供給曲線が下図のように与えられている。マーシャル的調整過程において，各均衡点a，bに関する記述として妥当なのは次のうちどれか。** 【地方上級(全国型)・平成３年度改題】

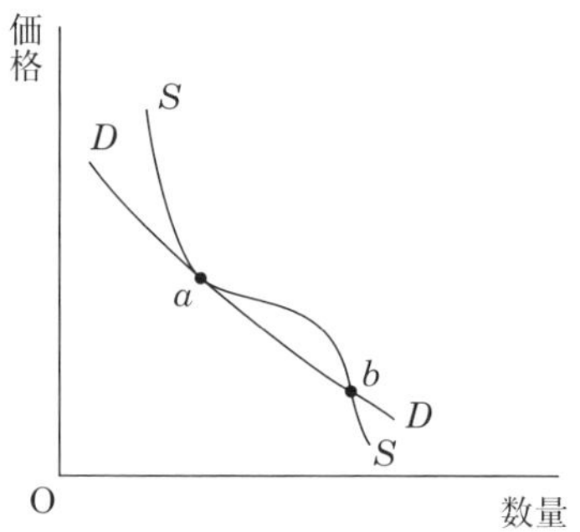

1 a点は，左方に対しても，右方に対しても不安定である。

2 a点は，左方に対しても，右方に対しても安定である。

3 a点は，左方に対しては不安定であり，右方に対しては安定である。

4 b点は，左方に対しては不安定であり，右方に対しては安定である。

5 b点は，左方に対しては安定であり，右方に対しては不安定である。

＊＊
No.5 **縦軸に価格，横軸に需給量をとった図に，需要曲線が右下がり，供給曲線が右上がりに描かれているとする。この財が上級財であるとし，買い手の所得が増加し，かつ，賃金の上昇を上回る労働の限界生産性の上昇が生じたとき，この市場の均衡価格と均衡需給量の変化に関する次の記述として，妥当なものはどれか。**

【地方上級・平成15年度】

1 需給量は増加し，価格も上昇する。

2 需給量は増加するが，価格は上昇する場合も下落する場合もありうる。

3 需給量は増加し，価格は下落する。

4 需給量は増加する場合も減少する場合もあるが，価格は上昇する。

5 需給量は減少し，価格は上昇する。

実戦問題2の解説

No.4 の解説　ワルラス的調整とマーシャル的調整　→問題はP.282　正答3

本問の特徴は，**1**～**3**の均衡点が需要曲線と供給曲線の接点になっているケースである。**4**～**5**は通常のマーシャル的調整の安定性の判別問題である。

STEP❶　選択肢1～3（a点）について

a点の近傍のみを取り出して考える。a点の左方の生産量Q_0の場合，超過供給価格が生じるので数量は減少することになるが，a点の右方の生産量Q_1の場合も，超過供給価格が生じるので数量は減少することになる。

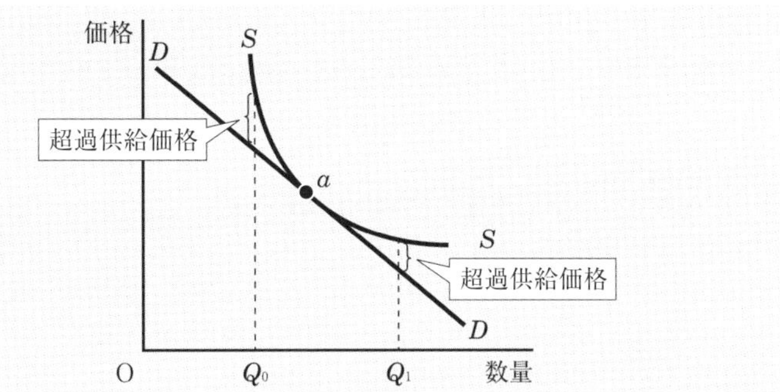

1×　a点は右方で安定となる。
a点の右方では数量の減少によって均衡に向かっていくために安定となる。

2×　a点は左方で不安定である。
a点の左方では数量の減少によって均衡から離れていくために不安定となる。

3◎　a点は，左方に対しては不安定であり，右方に対しては安定である。
妥当である。**1**および**2**の解説のとおり。

STEP❷　選択肢4～5（b点）について

b点の近傍のみを取り出して考える。b点の左方の生産量Q_2の場合，超過供給価格が生じるので数量は減少することになるが，b点の右方の生産量Q_3の場合は，超過需要価格が生じるので数量は増加することになる。

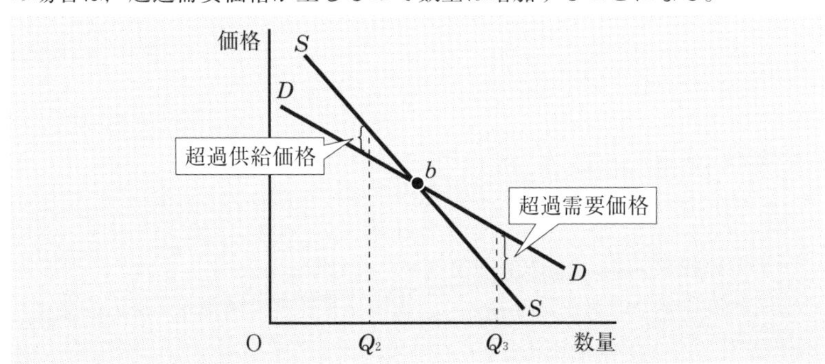

4 × *b*点は右方で不安定である。

*b*点の右方では数量の増加によって均衡から離れていくために不安定となる。

5 × *b*点は左方で不安定である。

*b*点の左方では数量の減少によって均衡から離れていくために不安定となる。なお，*b*点のように，均衡点が需要曲線と供給曲線の交点（接点ではなく）の場合，左方・右方の双方を調べる必要はない。ワルラス的調整過程の場合においても，均衡点が需要曲線と供給曲線の交点の場合，上方・下方の双方を調べる必要はない。

No.5 の解説　需要曲線と供給曲線のシフト　→問題はP.282　正答2

需要曲線と供給曲線の性質に関する基本問題である。STEP❷の説明は，理論的にやや難解に見えるが，結論である労働の限界生産性（生産の効率性の指標）が供給曲線を右下方シフトさせることを覚えておけばよい。

STEP❶　需要曲線のシフト

この財が上級財であることから，所得増加は，価格が一定であっても，需要を増加させる。これをグラフで表すと需要曲線の右シフトになる。これにより，需給量は増加，価格は上昇する。

STEP❷　供給曲線のシフト

財を供給する生産者の労働投入量は，最適労働投入の条件である$MPL=\frac{w}{p}$（労働の限界生産性＝実質賃金）を満たすよう決定される。この条件の変化率をとると，

$$\frac{\Delta MPL}{MPL}=\frac{\Delta w}{w}-\frac{\Delta p}{p}$$

を得る。この式を$\frac{\Delta p}{p}=\frac{\Delta w}{w}-\frac{\Delta MPL}{MPL}$と変形して問題文の条件と合わせて考えると，価格の変化率は負となり，供給曲線は下方シフトする。これは，供給曲線の元となる限界費用が，賃金上昇によって増加すると同時に労働の限界生産性向上によって減少する（労働投入の１単位当たりの生産物が増加すると，同じ労働投入からより多くの生産物が得られるため，生産物１単位当たりの労働投入は少なくて済み，労働コストも低下する）が，後者の影響のほうが大きいために，結果として減少することが原因である。

STEP❸　供給需要曲線と供給曲線のシフトの図示

以上より，需要曲線，供給曲線がともに右にシフトする（供給曲線が右上がりであれば，下方シフトと右方シフトは作図上は同じ）ことを，おのおの図中のDからD'，SからS'とすれば，需給量は増加するものの，おのおのの曲線のシフトの大きさによって，価格は上昇する場合も下落する場合もありうる。

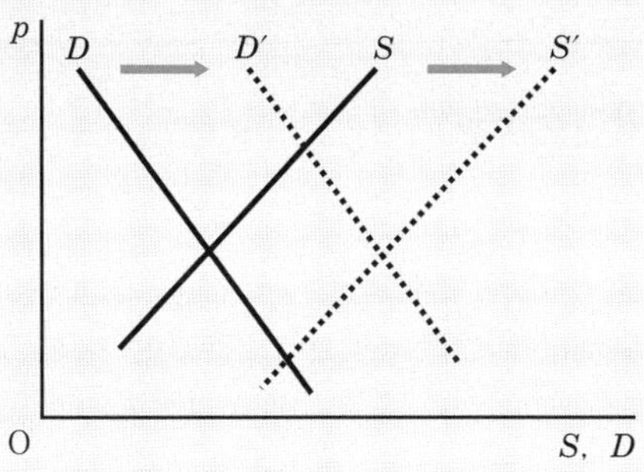

よって，正答は**2**である。

余剰分析

必修問題

ある財の市場の需要曲線と供給曲線がそれぞれ，

$d=180-p$

$s=0.8p$

で示されるとする。ここで，dは需要量，pは価格，sは供給量を表す。政府がこの財に20%の従価税を賦課したとき，経済厚生の損失の大きさはいくらか。

【国家一般職・平成25年度】

1　45

2　72

3　90

4　144

5　180

難易度　＊

必修問題の解説

経済的厚生とは経済的な意味での福利厚生の水準の指標であり，部分均衡分析における経済的厚生の代表的尺度が余剰概念である。

STEP❶　完全競争時の総余剰

課税がなく，市場が完全競争状態にある場合を考える。あらかじめ需要曲線と供給曲線はグラフで表すことを想定して，$p=180-d$，$p=1.25s$と変形しておく。取引が行われる均衡を求めると，需給一致条件$d=s$より，$180-d=1.25d$より$d=s=80$を，これを需要曲線または供給曲線に差し戻して$p=100$（図中p^*）を得る。この取引による消費者の利益である消費者余剰は△AEp^*であり，生産者の利益である生産者余剰は△OEp^*であるから，総余剰は△OAEの面積になる。

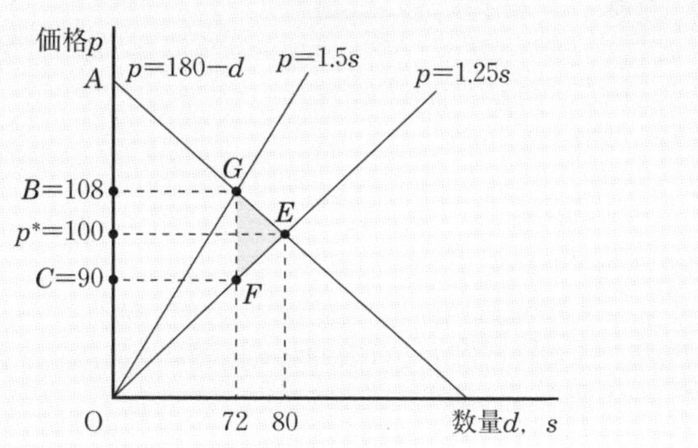

STEP❷　課税時の総余剰

20％の従価税が生産者に課される場合の総余剰を考える。この場合，供給曲線は税込み価格が1＋0.2倍になるよう，

$$p=(1+0.2)1.25s=1.5s$$

とおける。このとき，需給一致条件$d=s$より，$180-d=1.5d$となるので，$d=s=72$を得る。これを需要曲線または供給曲線に差し戻して$p=108$（図中B点）を得るが，これは税込み価格であり，税抜き価格は20％分の18を除いた90（図中C点）である。また，□$BGFC$は，縦軸が１単位当たりの税額である18であり，横軸が課税ベースとなる財の数量であるから，政府の税収を表している。この場合，消費者余剰は△ABG，生産者余剰は△OFCであるが，政府の利益である税収□$BGFC$を加えたものが総余剰である。

STEP❸総余剰の比較

総余剰は完全競争時に最大となる。したがって，課税後の総余剰と比較すると，総余剰の減少で測った課税後の経済厚生の損失がわかる。これは図中の△EFG（色の部分）の面積に相当するので，

$$\frac{(108-90)\times(80-72)}{2}=72$$

と計算できる。

正答 2

FOCUS

余剰概念による分析は，経済取引の利益を金額というわかりやすい単位で表したものであり，またグラフを用いて視覚的に示せることもあり，不完全競争，課税，市場の失敗，国際貿易など，ミクロ経済学の多くの分野で用いられる。さらに財政学や経済政策でも，しばしば用いられる。

POINT

重要ポイント 1 経済的厚生の測度

社会の構成員の，または社会全体の経済的状態の良し悪しが**経済的厚生（社会的厚生）**であり，通常，経済主体は，政府も含め，経済的厚生を改善すべく活動すると考える。

特定の財の市場のみを考察する分析を**部分均衡分析**といい，すべての財の市場を同時に考える（少なくとも，ある財とその財に関連する財の市場も同時に考える）分析を**一般均衡分析**という。たとえば，特定の１財に特化した需要曲線と供給曲線は部分均衡分析であるが，２財の関係を分析する無差別曲線は一般均衡分析である。

部分均衡分析アプローチによる代表的な経済的厚生の指標が余剰概念であり，**一般均衡アプローチによる代表的な経済的厚生の基準がパレート効率性**である。

重要ポイント 2 余剰分析

余剰とは，市場取引によって経済主体が得た利益のことである。**通常，消費者余剰と生産者余剰の和をもって総余剰（社会的余剰）と定義するが**，政府が課税等によって財の取引に介入する場合，**政府の収入も総余剰に算入する**。

・消費者余剰

消費者余剰とは**消費者の留保価格と実際の市場価格の差を集計した額**である。留保価格とは消費者が財に対して支払ってもよい金額の上限であり，ある数量に対する需要曲線の高さに相当する。したがって，消費者余剰は，需要曲線と市場価格p^*の差を均衡数量Q^*まで合計したものとなり，左図の青色部分となる。

・生産者余剰

生産者余剰とは**市場価格と限界費用の差を集計した額**である。完全競争下では限界費用曲線から供給曲線が導かれるため，生産者余剰は市場価格p^*と供給曲線の高さの差を均衡数量Q^*まで合計したものとなり，右図の青色部分となる。また，生産者余剰は売上（$=p^* \times Q^*$）から生産に要した限界費用の総額，つまり，可変費用を差し引いたものであるので，利潤＋固定費用に相当する。

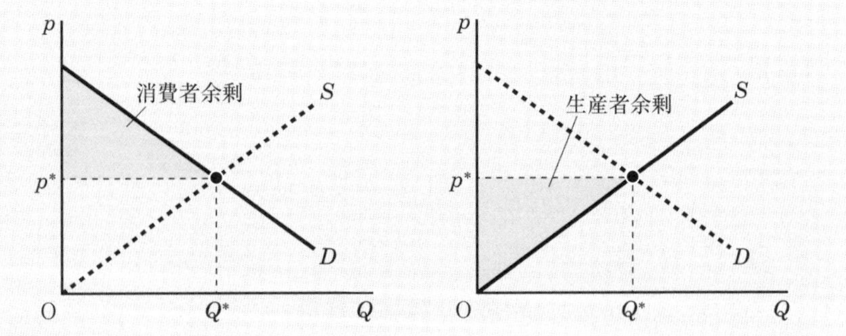

（p：価格，Q：数量，D：需要曲線，S：供給曲線）

総余剰は競争均衡の下で最大となる。したがって，プライス・メーカーが競争を阻害する，政府が財の市場取引に課税するなどの要因で競争均衡が実現しない場合には，総余剰は減少する。この**余剰損失**は**死荷重**とも呼ばれる。

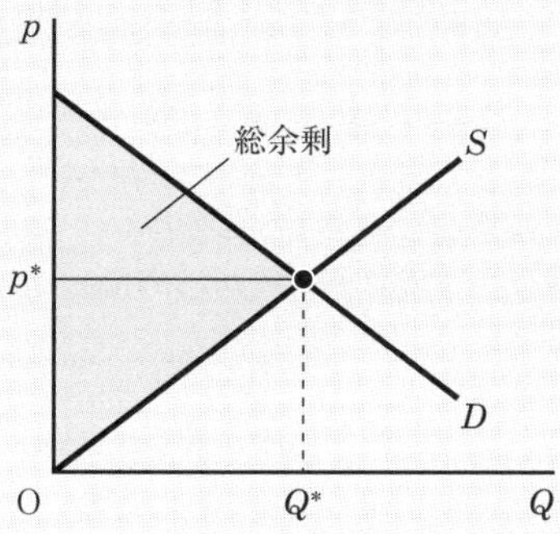

重要ポイント3 独占による余剰損失（死荷重）

独占市場の場合，均衡点は図中F点である。このとき，価格はp^*であるから，消費者が払ってもよい価格との差を均衡数量Q^*まで合計した消費者余剰は$\triangle Ap^*F$であり，価格と限界費用の差を均衡数量Q^*まで合計した生産者余剰は$\square Op^*FC$になるから，両者の和である総余剰は$\square OAFC$になる。完全競争の場合，限界費用MCを供給曲線とみなすので需要曲線との交点Eが均衡点であり，総余剰は$\triangle AEO$である。独占の場合の総余剰と完全競争の場合の総余剰を比較すれば，$\triangle CEF$だけ総余剰が減少しており，これが独占による余剰損失である。

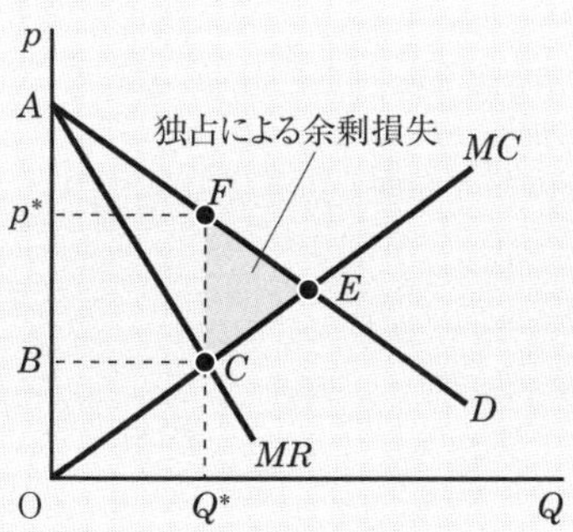

重要ポイント 4 課税による余剰損失（死荷重）

政府が財の取引に課税し，生産者に納税義務を課すケースを考える。政府が課税する手段には，数量１単位当たりに一定額を課す**従量税**と価格１単位当たりに一定の額を課す（結果として，１円当たり一定率となる）**従価税**がある。

①従量税の定式化

従量税額をt（$0<t$），限界費用曲線を$MC=a+bS$（MC：限界費用，S：供給，a，b：正の定数）とする場合，課税後の価格は税額を加えた限界費用として$p=MC+t$になるため，課税後の供給曲線は$p=MC+t=(a+bS)+t=(a+t)+bS$となる。**つまり従量税の場合，課税前の供給曲線の縦軸切片が税額分だけ大きくなる。**

②従価税の定式化

従価税率をt（$0<t<1$），限界費用曲線を$MC=a+bS$とする場合，課税後の価格は税率を加算した限界費用として$p=(1+t)MC$になるため，課税後の供給曲線は$p=(1+t)MC=(1+t)(a+bS)=(1+t)a+(1+t)bS$になる。**つまり従価税の場合，課税前の供給曲線の縦軸切片と傾きが１＋税率分だけ大きくなったものとなる。**

③課税の図示

図の見方は従量税と従価税で大差ないので，従量税のケースを考える。この場合，供給曲線が税額分だけ上方に平行シフトする（従価税の場合，上方にはシフトするが，平行にはならない）。したがって，課税後の均衡点はF点になり，市場価格（税込み）はp^*であるから，消費者余剰は$\triangle Ap^*F$になる。一方，生産者については，収入がp^*FQ^*Oであり，（税を含まない）限界費用を差し引くと$\square p^*FGC$が残る。このうち，$\square p^*FGB$については，高さが１単位当たりの税t，底辺の長さが課税ベースとなる数量Q^*であるから，$\square p^*FGB$の面積$t\times Q^*$は税収に相当する。したがって，生産者余剰は$\square p^*FGC$から$\square p^*FGB$を差し引いた$\triangle BGC$になる。ただし，政府の収入である税収$\square p^*FGB$は総余剰に加えるので，総余剰は$\square CAFG$になる。これを完全競争時の総余剰$\triangle AEC$と比較すれば，課税による余剰損失は$\triangle GFE$になる。

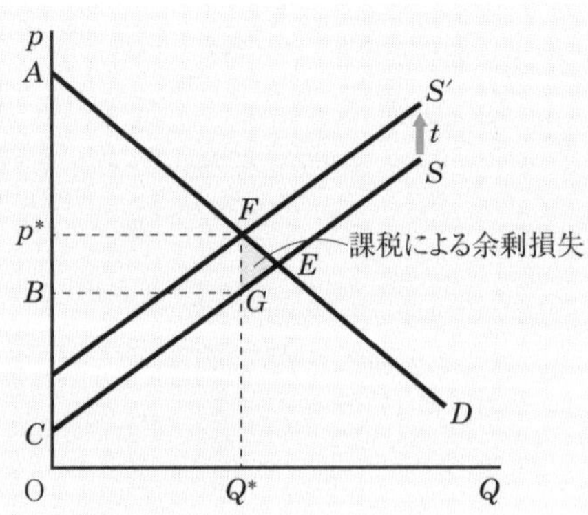

実戦問題 1　基本レベル

* **No.1** 独占市場において，ある財の需要関数が，以下のように示される。

$x_D = -\frac{1}{6}p + \frac{50}{3}$　〔x_D：需要量，p：価格〕

また，独占企業の総費用関数は，以下のように示される。

$TC(x_S) = 2x_S^2 + 20x_S + 5$　〔x_S：供給量〕

この市場の均衡における，①超過負担（死荷重）と②ラーナーの独占度の組合せとして妥当なのはどれか。

【財務専門官／労働基準監督官・令和４年度】

	①	②
1	45	$\frac{3}{7}$
2	45	$\frac{4}{7}$
3	45	1
4	90	$\frac{3}{7}$
5	90	$\frac{4}{7}$

* **No.2** ある独占企業の直面する市場の逆需要関数は，価格をp，需要量をdとすると，$p=40-d$である。一方，この独占企業の費用関数は，総費用をC，生産量をxとすると，$C=4x+5$で表されているとする。この独占企業の利潤が最大になる独占価格および独占による死荷重の組合せとして正しいのはどれか。

【国家一般職・平成24年度】

	独占価格	死荷重
1	18	98
2	18	162
3	22	98
4	22	162
5	24	98

* **No.3** **完全競争市場において，ある財の需要曲線と供給曲線がそれぞれ，**

$D=-P+100$

$S=2P-20$　〔D：需要量，S：供給量，P：価格〕

で示されるとする。この財１単位につき30の従量税が賦課された場合に，課税後の均衡における消費者と生産者の租税負担割合の組合せとして，妥当なのはどれか。

【地方上級（特別区）・平成25年度】

	消費者	生産者
1	$\frac{1}{2}$	$\frac{1}{2}$
2	$\frac{1}{3}$	$\frac{2}{3}$
3	$\frac{2}{3}$	$\frac{1}{3}$
4	$\frac{2}{5}$	$\frac{3}{5}$
5	$\frac{3}{5}$	$\frac{2}{5}$

** **No.4** **完全競争市場において，ある財の需要関数と供給関数がそれぞれ，**

$D=180-P$

$S=2P$　〔D：需要量，S：供給量，P：価格〕

で示されている。

この財に従量税を課す場合，税収が最大となるときにおける財１単位当たりの税額はいくらか。

【国税専門官／財務専門官・平成30年度】

1 50
2 60
3 70
4 80
5 90

実戦問題1の解説

No.1 の解説　独占市場の超過負担とラーナーの独占度　→問題はP.291　正答 1

STEP❶　均衡の図示

この財の逆需要関数は,

$p=100-6x_D$

であるから，限界収入関数は傾きのみを2倍にすることで,

$MR=100-12x_S$

とできる（$x_D=x_S$としている)。一方の総費用関数を微分すれば，限界費用関数MCは,

$MC=4x_S+20$

になる。これらを図示したものが次図である。

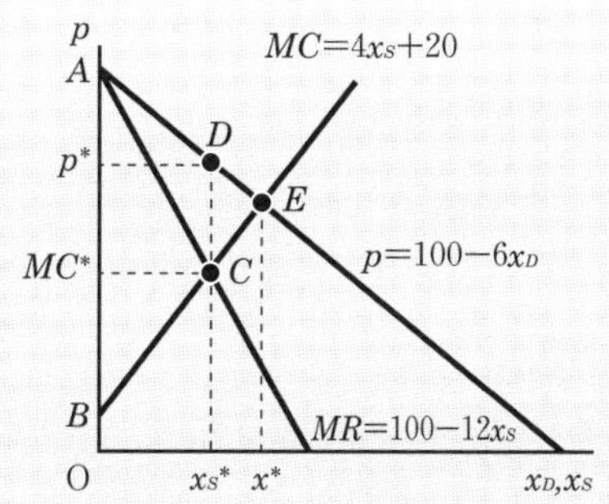

独占企業の利潤最大化条件$MR=MC$より最適生産量$x_S{}^*$は,

$100-12x_S=4x_S+20$

$x_S{}^*=5$

である。これを逆需要曲線に差し戻せば，この財の価格p^*を,

$p^*=100-6\times5=70$

とできる。また，このときの限界費用の値MC^*も,

$MC^*=4x_S+20$

とできる。

STEP❷　超過負担の計算

超過負担は，完全競争時総余剰と独占市場の場合の総余剰の差である。

完全競争の場合，消費者余剰と生産者余剰の和である総余剰が△AEBであるのに対し，独占市場の場合，消費者余剰が△ADp^*，生産者余剰が□p^*DBCであるから総余剰は両者の和の□$ADCB$であるから，その差の△DCEの面積が超過負担に相当する。また，完全競争時の生産量x^*は，需要曲線$p=100-6x_D$と供給曲線$p=4x_S+20$（限界費用曲線を$p=MC$と読み替えている）より,

$100-6x_D=4x_S+20$

となり，$x_D=x_S=x^*$とおいて得られる

$x^*=8$

になる。以上より，超過負担の値は，

$$\frac{(70-40)\times(8-5)}{2}=45$$

と求められる。

STEP❸ ラーナーの独占度の計算

ラーナーの独占度は，均衡点において，価格に占めるマークアップ（独占企業の超過利潤，つまりp^*-MC^*）の割合を表すものであるから，先に求めた値を用いて，

$$\frac{p^*-MC^*}{p^*}=\frac{70-40}{70}=\frac{3}{7}$$

と計算できる。

よって，正答は**1**である。

No.2 の解説　独占の死荷重

→問題はP.291　**正答4**

本問は，独占市場における死荷重の計算問題であるから作図が必要となる。図が正確に描ければ，直角二等辺三角形の性質から計算が楽になる。

STEP❶ 独占価格の計算

利潤最大化を図る独占企業は，$MR=MC$（限界収入＝限界費用）を満たすように生産量を決定し，逆需要曲線上で対応する価格を決定する。逆需要曲線が直線のとき，限界収入MRはその傾きを2倍したものになるから，限界収入は$MR=40-2x$になる。ここで，この企業は独占企業であるから，その生産量xは需要量dに等しいとおいている。一方で，限界費用MCは総費用を生産量で微分することで，$MC=\frac{dC}{dx}=4$と求められる。以上より，$MR=MC$を満たす生産量は，$40-2x=4$より，$x=18$であり，これを逆需要曲線に差し戻せば，価格は$p_0=40-x=40-18=22$になる。

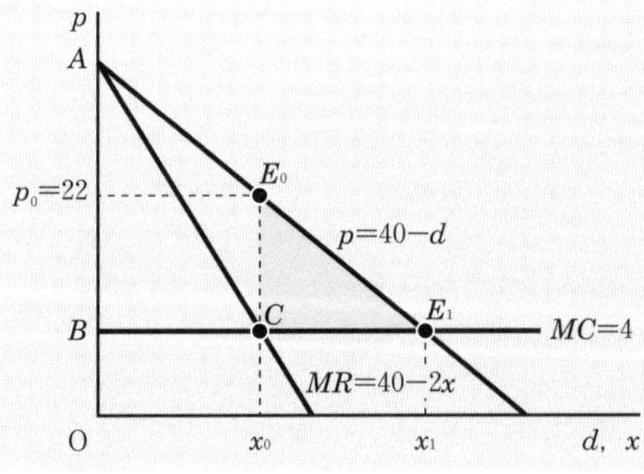

STEP❷ 死荷重の計算

この独占市場では，消費者余剰は△AE_0p_0であり，生産者余剰は□Bp_0E_0Cであるから，総余剰は□BAE_0Cである。もし，この市場が完全競争であれば，限界費用を供給曲線とみなして，需要曲線との交点E_1が均衡点となる。この場合，消費者余剰は△BAE_1，生産者余剰は0であるから，総余剰は△BAE_1である。これを独占の場合の総余剰と比較すれば，独占の場合に△CE_0E_1の死荷重が発生することがわかる。そして，この額（面積）は，△CE_0E_1が直角二等辺三角形である（逆需要曲線の傾きは−1である）ことから，$\frac{(22-4)^2}{2}=162$と求まる。

よって，正答は**4**である。

No.3 の解説 従量税の租税負担 →問題はP.292 正答3

課税を含む市場均衡に関する問題では適切に作図することが前提となる。図は，縦軸に価格をとるので，数式の変形を忘れないようにしよう。

STEP❶ 課税前の均衡

グラフで考えるので，需要曲線と供給曲線をおのおの$P=100-D$と$P=10+0.5S$としておく。課税前の需要曲線と供給曲線の均衡点（図中のE点）では，$D=S$より，$100-D=10+0.5D$を満たす$D=S=60$である。また，このときの価格は，需要曲線または供給曲線に差し戻せば$P=40$である。

STEP❷ 課税後の均衡

30の従量税の課税後，供給曲線は，$P=10+0.5S$の右辺に30を加えた，$P=40+0.5S$になる。これを需要曲線と$D=S$とおいて連立し，課税後の均衡点（図中のF点）を求めれば，価格は$P=60$，数量は$D=S=40$になる。

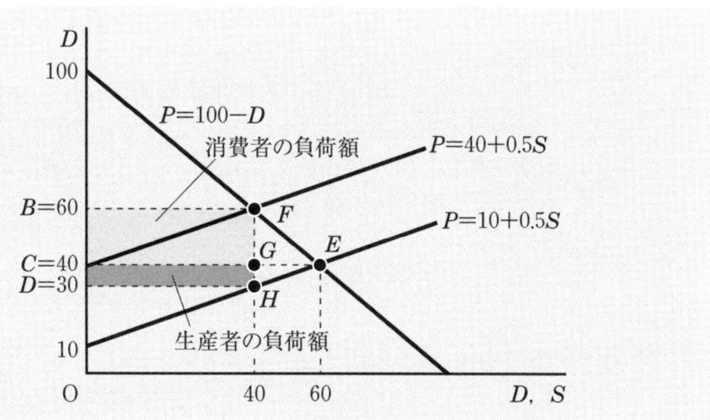

STEP❸ 租税負担の検討

課税前後で価格を比較すると20だけ上昇しているが，租税は30であるから，生産者は消費者の支払う市場価格に20だけ転嫁し，残る10を自己負担したと

いうことである。つまり，消費者と生産者の租税負担割合は，

$$\frac{20}{30}:\frac{10}{30}=\frac{2}{3}:\frac{1}{3}$$

になる。

よって，正答は**3**である。

［STEP❸の補足］ **租税負担の図示**

課税後均衡点におけるF点の60は市場における税込み価格であるが，このうち30は租税であるから，税抜きの価格はH点の30である。したがって，FHの高さは数量1単位当たりの税に相当し，□$BFHD$の面積は税収を表す。この□$BFHD$を当初価格の40（線分CE）で分割すると，当初の市場価格より課税によって価格が上昇した部分である上側の□$BFGC$は消費者の負担額になり，租税の賦課にもかかわらず，市場価格に織り込めなかった下側の□$CGHD$が生産者の負担額になる。税収総額は30×40＝1200であるが，消費者の負担額は20×40＝800，生産者の負担額は10×40＝400であるから，両者の租税負担割合は$\frac{800}{1200}:\frac{400}{1200}=\frac{2}{3}:\frac{1}{3}$になる。

No.4 の解説　従価税

→問題はP.292 **正答5**

租税に関する多くの問題のように図を適切に描くことでイメージがつかみやすくなるが，最終的にはミクロ経済理論の基礎である最大化問題に帰着することに気づけば比較的容易に解ける。

STEP❶　題意の図示

特に指定はないので，納税義務者は生産者であるものとする（消費者と考えても結果は同じ）。供給曲線を$p=0.5S$と変形すると，従量税tの賦課は供給曲線を$p=0.5S+t$にする。需要曲線も$p=180-D$と変形したうえで，これらを図のように表せば，課税後の均衡点はE点であり，税込みの市場価格はp_1になる。ここで，従量税は供給曲線の上方シフト幅になるから，市場価格から租税分を除いた税抜き価格はp_0になる。また，この場合の税収は，生産量1単位当たりの税額×数量であるから，□p_0p_1EFで表される。

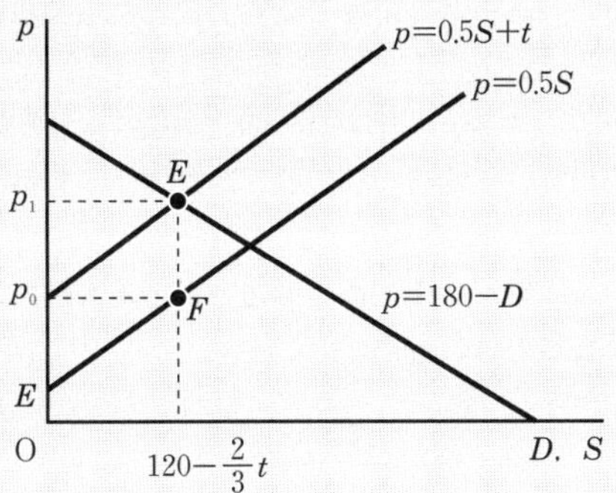

STEP❷ 税収の最大化

従量税 t が賦課された時の数量は，供給曲線 $p=0.5S+t$ と需要曲線 $p=180-D$ を，$D=S$ とおいて連立すると，$0.5D+t=180-D$ より，$D=S=120-\frac{2}{3}t$ である。したがって，税収 T は，

$$T=tD=t\left(120-\frac{2}{3}t\right)=120t-\frac{2}{3}t^2$$

と表わされる。このとき，税収 T のグラフは，図のような形状をとるので，税収 T を最大化する従量税 t^* はグラフの頂点に対応する。この点は，傾きを求めるために微分して，それがゼロに等しいとおけばよいから，

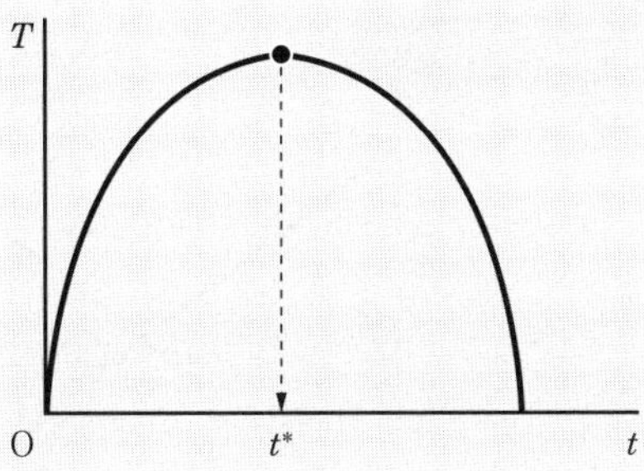

$$\frac{dT}{dt}=120-\frac{4}{3}t=0$$

より，$t^*=90$ となる。

よって，正答は**5**である。

実戦問題❷　応用レベル

＊＊
No.5 **課税前の，ある財の市場の需要関数と供給関数が以下のように示されている。**

$d=1250-20p$，　$s=33p-1600$　〔p：価格，d：需要量，s：供給量〕

この財には当初10%の従価税が課されていたが，政府はその税率を20%に引き上げた。

このとき，税率の変更による①市場価格（税込み価格）の変化と，②税収の変化の組合せとして妥当なのはどれか。　【国家総合職・令和元年度】

	①	②
1	2上昇する	70減少する
2	2上昇する	140増加する
3	3上昇する	70減少する
4	3上昇する	70増加する
5	3上昇する	140増加する

＊＊
No.6 **完全競争市場において，需要曲線と供給曲線が図のように与えられている。この市場に政府が介入して，取引価格をP_2に規制した場合と，生産者に（P_1-P_2）分の従量税を課した場合のそれぞれに関する次の記述のうち，妥当なのはどれか。**　【国家一般職・平成17年度】

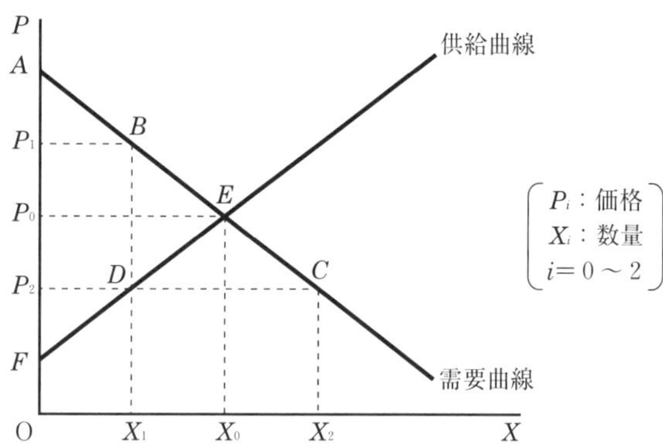

1　価格をP_2に規制した場合，生産者余剰はP_1BDFの面積になる。

2　（P_1-P_2）分の従量税を課した場合，消費者余剰はACP_2の面積になる。

3　価格をP_2に規制した場合，社会的余剰は規制前に比べてEDCの面積だけ減少する。

4　（P_1-P_2）分の従量税を課した場合，課税後の社会的余剰は$P_1BD\ P_2$の面積になる。

5　価格をP_2に規制した場合，消費者余剰は$ABDP_2$の面積になる。

＊＊
No.7 ある農産物の需要曲線と供給曲線がそれぞれ次のように示されている。

$d = -p + 110$

$s = 3p - 70$　〔d：需要量，s：供給量，p：価格〕

今，政府が補助金政策を実施し，農産物を１単位当たり50の価格で生産者から買い取り，それらをすべて30の価格で消費者に売却した。この補助金政策によって生じる死荷重の大きさはいくらか。

【国家総合職・令和３年度】

1　110
2　120
3　135
4　140
5　150

＊＊＊
No.8 ある商品について，$x = p$という供給曲線に直面している買い手独占企業がある。ここで，xは数量，pは価格を表す。この企業は，売り手から買ったこの商品を海外で転売すれば，80という価格でいくらでも販売できるとする。このとき，買い手独占によって生じる厚生の損失はいくらか。

なお，厚生の損失とは，社会的にみて最大化されている総余剰の大きさと，買い手独占における総余剰の大きさとの差のことである。

【国税専門官／財務専門官／労働基準監督官・平成25年度】

1　800
2　1000
3　1200
4　1400
5　1600

＊＊＊
No.9 図は，ある財の市場について，縦軸に価格を，横軸に需要量・供給量をとり需要曲線Dと供給曲線Sを示したものである。今，政府は，生産者からこの財をすべて購入価格p_sで購入し，消費者に対してはすべて販売価格p_dで販売する政策を実施した。それらの価格の下でのこの財の供給量をx_s，需要量をx_dとする。この政策の実施により生じる超過負担を表す領域として最も妥当なのはどれか。

ただし，$p_s > p_d$，$x_s > x_d$であるとする。また，過剰生産された$x_s - x_d$の量の財は転売することができず価値がないものとする。

【国税専門官／財務専門官／労働基準監督官・令和２年度】

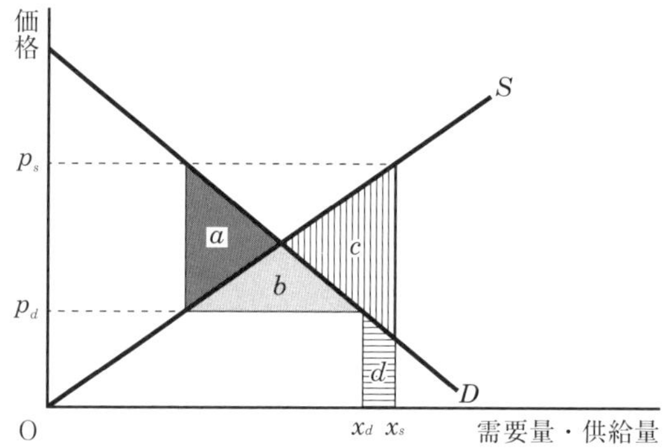

1 $a+c$

2 $a+c+d$

3 $a+d$

4 $b+c$

5 $c+d$

実戦問題2の解説

No.5 の解説　従価税

→問題はP.298　正答3

国家総合職での出題であるが，従価税の出題例として特に難解なものではない。税込み価格と税収を2度計算しなければならないが，計算練習と考えてほしい。

本問は，市場価格が税込みであるところから，納税義務者は生産者であると考える。なぜなら，納税義務者が消費者の場合，市場において税抜き価格で取引後，購入者たる消費者が納税することになるからである（なお，納税義務者として消費者を指定する出題例は少なく，生産者と消費者のいずれに納税義務を課しても，市場価格を除けばほぼ同じ結果になる）。

STEP❶　課税後の供給曲線の定義

まず，縦軸に価格p，横軸に数量dおよびsをとるために需要曲線と供給曲線を，おのおの次のように変形しておく。

$$p=\frac{1250}{20}-\frac{1}{20}d \quad , \quad p=\frac{1600}{33}+\frac{1}{33}s$$

税率を$t(0 \leqq t \leqq 1)$として，課税後の供給曲線を考える。供給曲線は限界費用曲線から導出される（**テーマ9重要ポイント4**参照）ので課税が限界費用を上昇させることは$p=(1+t)MC$と表せる。上の供給曲線のもととなった限界費用曲線を$MC=\frac{1600}{33}+\frac{1}{33}s$とすれば，一般的に，課税後の供給曲線は，$p=(1+t)MC$にこれを代入して，次のように表される。

$$p=(1+t)\left(\frac{1600}{33}+\frac{1}{33}s\right)$$
$$=(1+t)\frac{1600}{33}+(1+t)\frac{1}{33}s$$

この状況を図に表すと，次のようになる。

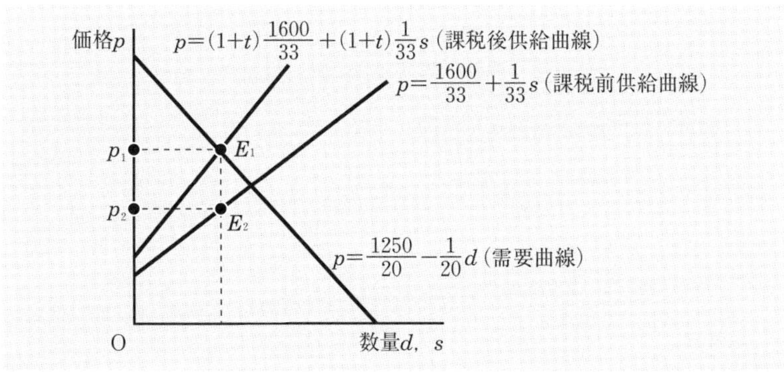

STEP❷　税込み価格の計算

需要曲線と課税後の供給曲線を$d=s$とおいて連立すると，

$$\frac{41250}{660}-\frac{33}{660}s=(1+t)\frac{32000}{660}+(1+t)\frac{20}{660}s$$

$$41250-33s=(1+t)32000+(1+t)20s$$

$$s=\frac{9250-32000t}{53+20t}$$

を得る。

（ⅰ）$t=0.1$のとき，上式にこれを代入すれば$s=110$になるので，これを課税後供給曲線または需要曲線に代入すれば，市場価格（図中p_1）は$p=57$になる。

（ⅱ）$t=0.2$のとき，上式にこれを代入すれば$s=50$になるので，これを課税後供給曲線または需要曲線に代入すれば，市場価格（図中p_1）は$p=60$になる。

つまり，従価税率の引上げによって，この財の市場価格は3上昇する。

STEP❸　税収の計算

税収は財1単位当たりの税額×数量で求められるから，図においては□$p_1E_1E_2p_2$で表される。また，財1単位当たりの税額はp_1-p_2で表されるが，$p_1=(1+t)p_2$より税抜き価格p_2は$p_2=\frac{p_1}{1+t}$であるから，財1単位当たりの税額は$p_1-p_2=p_1-\frac{p_1}{1+t}=\frac{1+t}{1+t}p_1-\frac{1}{1+t}p_1=\frac{t}{1+t}p_1$である。

（ⅰ）$t=0.1$のとき，市場の税込価格は$p_1=57$であるから，財1単位当たりの税額は$\frac{0.1}{1+0.1}\times57=\frac{0.1}{1.1}\times57=\frac{57}{11}$である。また，数量は$s=110$であるから，税収は$\frac{57}{11}\times110=570$になる。

（ⅱ）$t=0.2$のとき，市場の税込価格は$p_1=60$であるから，財1単位当たりの税額は$\frac{0.2}{1+0.2}\times60=\frac{0.2}{1.2}\times60=10$である。また，数量は$s=50$であるから，税収は$10\times50=500$になる。つまり，従価税率の引上げによって，税収は70減少することがわかる。

以上より，正答は**3**である。

No.6 の解説 従量税と価格規制

→問題はP.298 正答5

選択肢を見ると大きく二分できることに着目しよう。奇数の選択肢では，価格をP_2に規制する。この場合，生産者は供給量をX_1にするから，需要がX_2であっても超過需要X_2-X_1は満たされることなく，需要量が供給量に見合うX_1になるように，価格がP_2まで低下して，数量X_1が取引される。

偶数の選択肢では，(P_1-P_2) だけの従量税を課す。この場合，下図のように供給曲線が上方シフトし，B点（価格P_1，数量X_1）で取引が行われる。

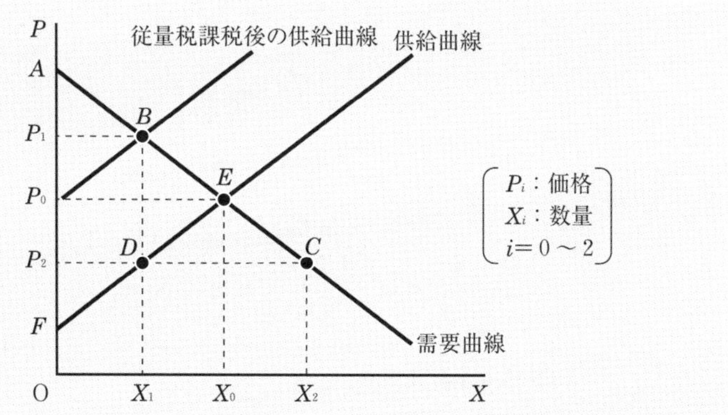

1 × **価格がP_2に規制された場合，生産者余剰は△P_2DFである。**
価格がP_2に規制された場合，供給者は生産量をX_1にする。価格と限界費用（供給曲線）の差の合計である生産者余剰は□P_2DX_1O－□FDX_1O＝△P_2DFになる。

2 × **（P_1-P_2）分の従量税を課した場合，消費者余剰はP_1ABである。**
従量税を課した場合の価格はP_1，需要量はX_1になるから，留保価格と実際に支払う価格の合計である消費者余剰は△P_1ABである。

3 × **価格をP_2に規制した場合の余剰損失は△DBEである。**
価格がP_2に規制された場合の生産者余剰は△P_2DFである（選択肢**1**参照）が，留保価格と実際に支払う価格の差の合計である消費者余剰は△P_2ABDである。両者の和である社会的余剰（総余剰）□$FABD$を，E点で均衡する完全競争時の社会的余剰△FAEと比較すると，△DBEだけ減少している。

4 × **（P_1-P_2）分の従量税を課した場合の社会的余剰は□$FABD$である。**
（P_1-P_2）分の従量税を課した場合，消費者余剰はP_1ABである（選択肢**2**参照）が，政府の税収は□P_2P_1BDになり，価格（税抜きの価格であるP_2）と限界費用の差の合計である生産者余剰は△P_2DFであるから，これらの和である社会的余剰は□$FABD$になる。

5 ◎ **価格をP_2に規制した場合，消費者余剰は□$ABDP_2$である。**
妥当である（**3**参照）。

第4章 市場の理論

No.7 の解説　二重価格制度

→問題はP.299　正答5

STEP❶　題意の図示

需要曲線と供給曲線を$d=110-p$および$p=\frac{70}{3}+\frac{1}{3}s$として図に描く。政府が，この農産物を生産者から50の価格で買い取る場合の生産量は80であり，30の価格で消費者に売却する場合の需要量は80であるから，これらの値も書き入れる。また，交点や切片などにも，適宜，記号を付しておく。

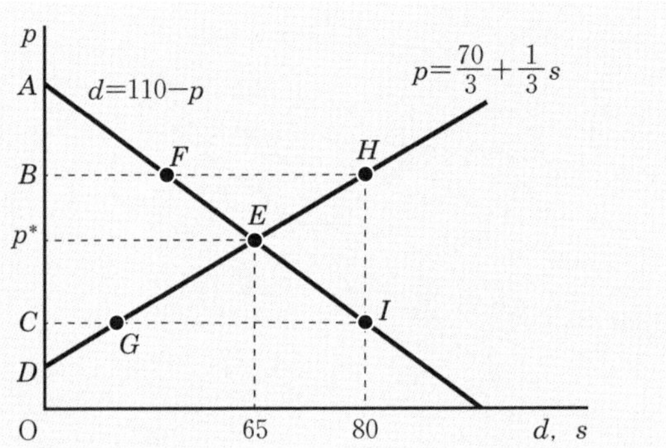

STEP❷　各経済主体の余剰の図示

消費者は価格30（点C）で数量80を需要する。この場合の消費者余剰は$\triangle AIC$である。生産者は価格50（点B）で数量80を供給する。この場合の生産者余剰は$\triangle BHD$である。また，政府は農産物１単位当たり50の価格で買い取り，30の価格で売却するのであるから，差額の20を補助金として支出している。数量は80であるから，補助金の総額は$20\times80=1600$であり，図中の$\square BHIC$に相当する。なお，このような政策を二重価格制度と呼ぶ。

STEP❸　社会的余剰および死荷重の計算

各経済主体の余剰を集計して，この政策の下での総余剰を求める。

$$\begin{aligned}\text{総余剰}&=\text{消費者余剰}+\text{生産者余剰}-\text{補助金支出}\\&=\triangle AIC+\triangle BHD-\square BHIC\\&=\triangle AED-\triangle EHI\end{aligned}$$

である。この農産物が完全競争市場で取引されるとすれば，E点で均衡し，この場合の総余剰は，

$$\begin{aligned}\text{総余剰}&=\text{消費者余剰}+\text{生産者余剰}\\&=\triangle AEp^*+\triangle DEp^*\\&=\triangle AED\end{aligned}$$

であるから，補助金政策によって生じる死荷重は$\triangle EHI$の面積に相当する。図中の各点の値が，$B=50$，$C=30$であることに留意すれば，これは，

$$\triangle EHI=(50-30)\times(80-65)\div2=150$$

である。

よって，正答は**5**である。

No.8 の解説　買い手独占

→問題はP.299　**正答 1**

単一またはごく少数の経済主体のみが財を需要する場合，買い手による需要独占（もしくは寡占）が生じる。現実の経済における事例は供給独占ほど多くはないため，出題頻度もさほど高くないが，余剰分析の理解に役立つ。

STEP❶　完全競争の場合の総余剰をみる

完全競争の場合，買い手企業は，この商品の供給曲線（限界費用曲線）と価格80が等しくなるE点まで需要し，この場合の数量である$x=80$を海外で転売する。この場合，買い手企業の余剰はゼロであり，売り手の余剰は$\triangle OEp_0$であるから，両者の和である総余剰も$\triangle OEp_0$である。この総余剰は完全競争であるから，最大である。

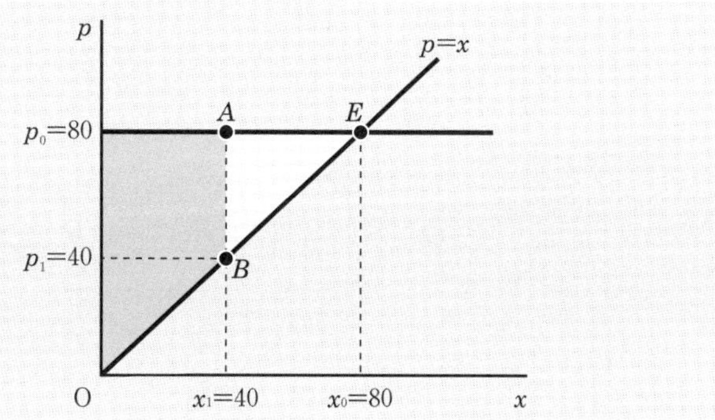

STEP❷　買い手独占の場合の総余剰

買い手独占の場合，企業は購入する財の価格p（買い値であるが，購入する財１単位当たりの費用に当たる）を決定できるので，売り手企業が売ってもよい下限まで引き下げようとする。それは売り手企業からは供給曲線$p=x$で決まる水準になる。したがって，買い手独占企業の利潤関数は，$\pi=80x-px=80x-x^2$になる。このとき，買い手独占企業の利潤を最大化する条件は$\frac{d\pi}{dx}=80-2x=0$になる。したがって，買い手独占企業は数量を$x=40$だけ，価格$p_1=40$で購入する。そして，これを$p=80$で販売するので，独占均衡点は図のA点になる。

この場合，買い手独占企業は，収入が$\square p_0Ax_1O$，限界費用の総額が$\square p_1Bx_1O$になる（買い手企業にとって，財の価格は１単位当たりの費用である）ので，その余剰は$\square p_1p_0AB$になる。一方，この商品の売り手にとって，収入が$\square p_1Bx_1O$，限界費用の総額が$\triangle OBx_1$になるので，余剰は$\triangle Op_1B$である。したがって，この市場の総余剰は$\square Op_0AB$になり，完全競争時と比較して△ABEだけ減少する。この面積が厚生の損失に当たるから，(80−40)×(80−40)÷2＝800である。

よって，正答は**1**である。

No.9 の解説　二重価格制度下の超過負担

→問題はP.300　正答5

政府が特定の財を一定の価格で買い上げ，その価格とは異なる価格（消費者価格）で売却する政策を二重価格制度という。具体例として，かつての食糧管理制度の下で，生産者米価が消費者米価より高く設定されたケースがある。これは政府による差額負担であるから，経済政策や財政学として出題される場合が多い。

STEP❶　消費者余剰と生産者余剰

以下，問題文の図に適宜，記号を添えた下図を用いて説明する（ただし，cについては便宜上c_1，c_2に分割している）。消費者は価格p_dでこの財を数量x_dだけ政府から購入するので，消費者余剰は△$(h+i+a+b)$になる。一方，生産者は価格p_sでこの財を数量x_sだけ政府に販売するので，生産者余剰は△$(i+j+a+f+g)$になる。

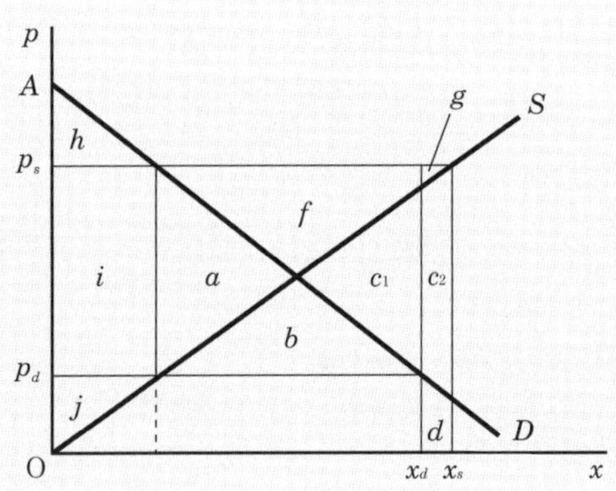

STEP❷　政府の負担額の計算

政府は生産者から購入したx_sのうちx_dまでを消費者に販売するので，その買入れ価格p_sと販売価格p_dの差額を数量1単位当たりにつき負担する。これにかかる差額負担の総額は□$(i+f+a+b+c_1)$である。さらに，過剰生産された数量x_s-x_dについては，保有していても価値がないので，買い入れ価格分のすべてが負担となる。これは□$(g+c_2+d)$に相当する。したがって，政府の負担総額は，□$(i+f+a+b+c_1)$+□$(g+c_2+d)$である。

STEP❸　超過負担の大きさ

余剰分析を行う。超過負担とは余剰損失をさす。完全競争の場合，均衡点は需要曲線Dと供給曲線Sの交点になるので，消費者余剰と生産者余剰の和は

$\triangle(h+i+j+a)$であり，これがこの市場における総余剰の最大値である。二重価格制度を採用する場合，消費者余剰と生産者余剰の和から，政府の負担を差し引くことになるので，

$$\triangle(h+i+a+b)+\triangle(i+j+a+f+g)-\{\square(i+f+a+b+c_1)+\square(g+c_2+d)\}$$

になる。

・h と j はおのおの消費者余剰と生産者余剰の一部であり，正の値をとる。

・$i+a$ は消費者余剰の一部であり，かつ生産者余剰の一部でもあるうえ，さらに政府の負担の一部でもあるから，同じ面積を消費者余剰として正値，生産者余剰として正値，政府の負担として負値と考える。結局，1回分正負が相殺されてなお1回分の正値が残る。

・$f+g$ は，生産者余剰の一部であり，かつ政府の負担でも一部でもあるので，相殺されて余剰はゼロである。同様に，b も，消費者余剰の一部であり，かつ政府の負担でも一部でもあるので，相殺されて余剰はゼロである。

・c_1+c_2+d は，政府の負担としてだけ存在し，相殺する消費者余剰も生産者余剰もないので，負値である。

以上より，二重価格制度を採用する場合の総余剰は，

$$(h+j+i+a)-(c_1+c_2+d)$$

になる。$(h+j+i+a)$ は完全競争の場合の総余剰に相当するから，余剰の損失，つまり超過負担は c_1+c_2+d（すなわち，問題文の図の $c+d$）になる。

よって，正答は**5**である。

パレート最適性

必修問題

図は2財2消費者の純粋交換経済におけるエッジワースのボックス・ダイヤグラムであり，I_Aは消費者Aの無差別曲線，I_Bは消費者Bの無差別曲線，cc'は契約曲線，dd'は予算制約線，点Eは消費者の初期保有点を表す。これに関するア～エの記述のうち，妥当なもののみをすべて挙げているのはどれか。

なお，点E，点F，点Gは予算制約線上の点であり，点Eと点Gは無差別曲線I_A，I_Bの交点である。また，点Hは無差別曲線I_A上の点であり，点Fと点Jは契約曲線上の点である。

【国家一般職・平成25年度】

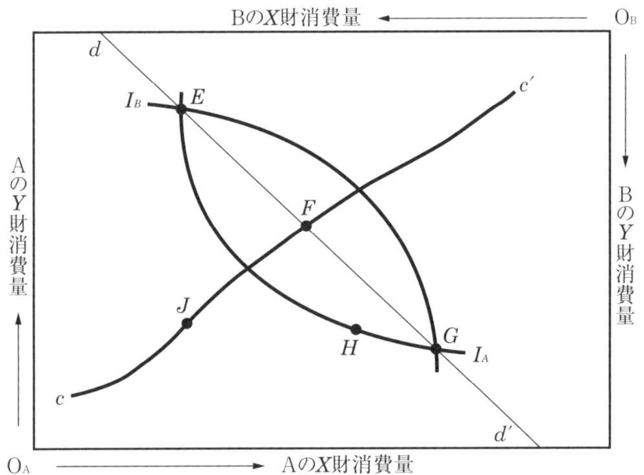

ア：点Eの配分から点Hの配分への移行は**パレート改善**であるが，点Eの配分から点Gの配分への移行はパレート改善ではない。

イ：点Fの配分では，消費者Aと消費者Bの限界代替率が等しく，**パレート効率性**が実現している。

ウ：点Gの配分は**市場均衡**として実現できるが，パレート効率的な配分ではない。

エ：点Jの配分と比べると，点Fの配分はパレート効率性の基準に照らし望ましい配分である。

1 イ

2 ア，イ

3 ウ，エ

4 ア，イ，ウ
5 ア，ウ，エ

難易度 ＊＊

必修問題の解説

エッジワースのボックス・ダイヤグラムは，財の取引を２消費者間の交換にまで簡素化したものであるが，消費者理論，特に無差別曲線の考え方になじめていないと難しく感じる。不安が残る場合，復習してから臨んだほうがよい。

次ページの図のように，無差別曲線を適宜補った図と図中の記号を用いて説明する。

ア○ **ある個人の効用上昇が，他のだれの効用も低下させずに実現できれば，パレート改善である。**

妥当である。点Eから点Hへの移行では，消費者Bの効用は，無差別曲線I_Bよりも原点から離れた位置のI_B'に移行できるため，上昇する。このとき，消費者Aの効用は，同一の無差別曲線I_A上の移動であるから，不変である。したがって，この移動では，他の消費者の効用も低下させることなく，ある消費者の効用を上昇させており，パレート改善である。一方，点Eから点Gへの移行は，２消費者とも同一の無差別曲線上の移動にすぎず，だれの効用も上昇しない。したがって，この移動はパレート改善ではない（この部分は正しい）。

イ○ **契約曲線上の点ではパレート効率性が実現している。**

妥当である。点Fは契約曲線cc'上の配分であるが，契約曲線とはパレート効率的な配分の集合である。また，パレート効率性が実現する条件は各消費者の限界代替率が等しいことであるから，契約曲線上の点Fでは，消費者Aと消費者Bの限界代替率は等しくなる。

ウ× **市場均衡は必ずパレート効率的な配分である（厚生経済学の第１定理）。**

エッジワースのボックス・ダイアグラムにおいてはボックスの大きさを財の供給量と考える。したがって，２消費者が所与の価格の下で最適消費を達成する際に，２消費者の需要量の和がボックスの大きさに等しくなっていれば，均衡である。しかし，点Gでは，２消費者ともに現在の価格（予算制約線dd'の傾きが２財価格比を表す）の下で最適消費（効用最大化）を達成していないので，点Gは市場均衡にはなりえない。また，市場均衡の条件は，２消費者の限界代替率と２財価格比がすべて等しいことであり，パレート効率性の条件は２消費者の限界代替率が等しいことであるから，パレート効率的でない市場均衡というものは存在しえない。これを厚生経済学の第１定理という。

エ × **2つのパレート効率的な配分どうしの望ましさは比較できない。**

本問の図では，点Jも点Fも契約曲線上にあるからパレート効率性が実現しているが，たとえば，点Jから点Fに移行した場合，消費者Aの効用は上昇する（消費者Aの無差別曲線はI_A''からより原点から遠いI_A'へ移行する）が消費者Bの効用は低下する（消費者Bの無差別曲線はI_B''から消費者Bの原点に近いI_B'へ移行する）。しかし，消費者Aの効用がどれだけ上昇したか，また消費者Bの効用がどれだけ低下したかはわからない（序数的効用の立場ではそもそも効用の大きさは測れない）ので，この移行が望ましいものであるかどうかは判断できない。また，逆に，点Fから点Jへの移行も同様に望ましいかどうかの判断ができない。一般的には，パレート効率的な配分どうしの移行は，必ず一方の消費者の効用上昇ともう一方の消費者の効用低下を伴うので，望ましいかどうかの判断ができない。

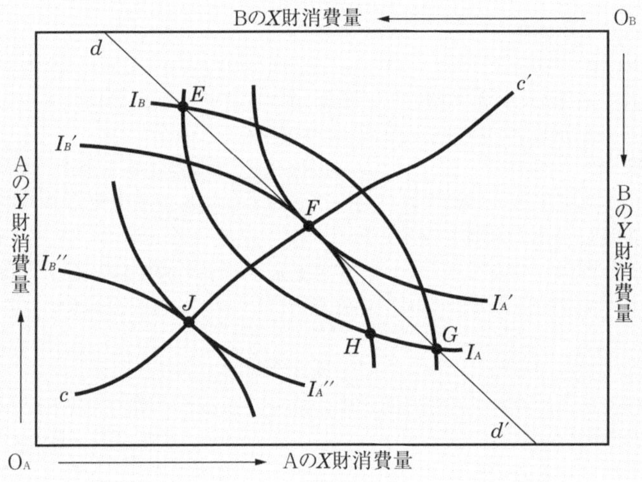

正答 2

FOCUS

前テーマの余剰の概念と同様に，経済的厚生の基準の一つがパレート最適性（効率性）である。この基準は個人間の効用が比較不可能である（序数的効用）としても，ある状態と別の状態のいずれが望ましいかを判断できるという利点を持っているが，やや抽象的な概念である。ボックス・ダイヤグラムの作図法を理解したうえで，図の見方に慣れておきたい。

POINT

重要ポイント 1 パレート最適性

個人の選好と企業の生産技術を所与として，資源配分が最も効率的な状態を**パレート最適（パレート効率的）**という。

パレート最適性の代表的な分析ツールが**エッジワースのボックス・ダイヤグラム**であり，次のような前提で考える。

・2財X，Yがおのおの$\bar{x}$，$\bar{y}$だけ外部より供給されている（生産者は考慮しない）。

・消費者i（$i=A$，B）の各財の需要量をx_i，y_iとし，$x_A+x_B=\bar{x}$および$y_A+y_B=\bar{y}$が成立するとする。つまり，2消費者のいずれにも需要のない状態は考えない。

・2消費者A，Bの選好は，原則，限界代替率が逓減する無差別曲線で表される。

$\bar{x}$を横軸の長さに，$\bar{y}$を縦軸の長さにとったボックス・ダイヤグラム（箱型図）を描き，ボックスの左下に消費者Aの原点O_Aを，右上に消費者Bの原点O_Bをとる。ボックス内の任意の点は2財の2消費者への配分を表し，O_Aからの距離で消費者Aの需要を，ボックスの残りで消費者Bの需要を表すと，消費者Bの需要は原点O_Bからの距離に等しくなる。

2人の2財の初期保有が図中E点で与えられ，2人は2財を自由に交換可能できるとする。

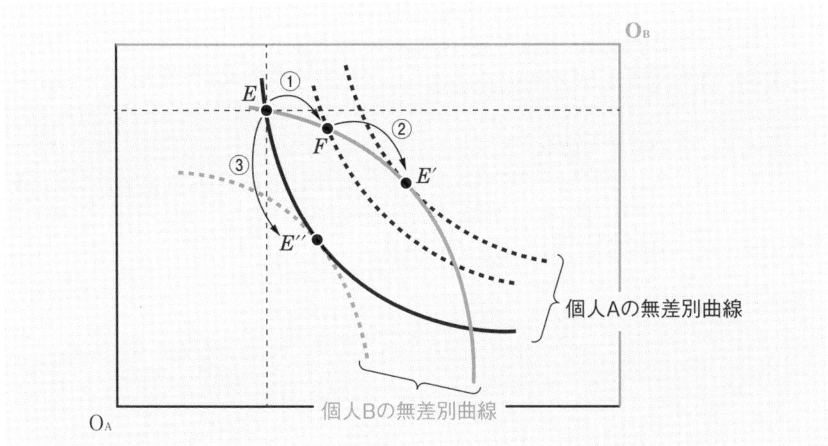

次のような交換を考える。

①消費者AがX財を渡してY財を受け取り，消費者BがY財を渡してX財を受け取ることで，***E*点から*F*点に移行**したとする。この交換により，消費者Bの効用は不変であるが，消費者Aの効用は上昇する。このように，**だれの効用（この場合は消費者Bの効用）も低下させないままある個人の効用（この場合は消費者Aの効用）を上昇させるような変化をパレート改善という**。

②上記の交換は，**さらに*E′*点へ移行**することによって，消費者Bの効用を不変に保ったまま，消費者Aの効用をさらに上昇させることができる。しかし，E'点においては，消費者Aのさらに効用を引き上げるためには，消費者Bの無差別曲線を

より消費者Bの原点O_Bに近づける，つまり消費者Bの効用を低下させることになる。このとき，**E'点は，ある消費者の効用を上昇させるには，必ず他の消費者の効用の低下を伴うような配分である。これをパレート最適という。**

③交換の別の例として，**E点からE''点への移行**を考える。この移行は，消費者Aの効用を不変に保ったまま，消費者Bの効用を上昇させているが，これ以上消費者Bの効用を上昇させようとすると，消費者Aの効用を低下させることになるので，E''点もパレート最適である。

以上より，2消費者の**無差別曲線が交差するような配分はさらなるパレート改善の余地があるが**，2消費者の**無差別曲線が1点で接するような配分はパレート改善の余地のないパレート最適な状態を達成している。**もし，2消費者の無差別曲線が1点で接するなら，接線の傾きは等しくなる。無差別曲線の接線の傾きは限界代替率MRSを表しているから，パレート最適の条件は2消費者の限界代替率が等しくなっていることである。

交換経済のパレート最適性条件：$MRS_A = MRS_B$

重要ポイント2 契約曲線と交換経済のコア

2消費者の無差別曲線が接する点は無数に存在するから，パレート最適である配分も無数に存在する。この**パレート最適な点の軌跡を契約曲線**という。

2消費者は，当初の無差別曲線より原点に近い配分は効用が低下するために交換しないため，2消費者が同意する交換は，初期保有点を通る2消費者の無差別曲線で囲まれたレンズ形の図形内の部分に限定される。この中でパレート最適である配分，つまり，**すべての消費者の効用が初期保有状態より高く，かつパレート最適な集合のことをコア配分という**（図中の太線部分）。

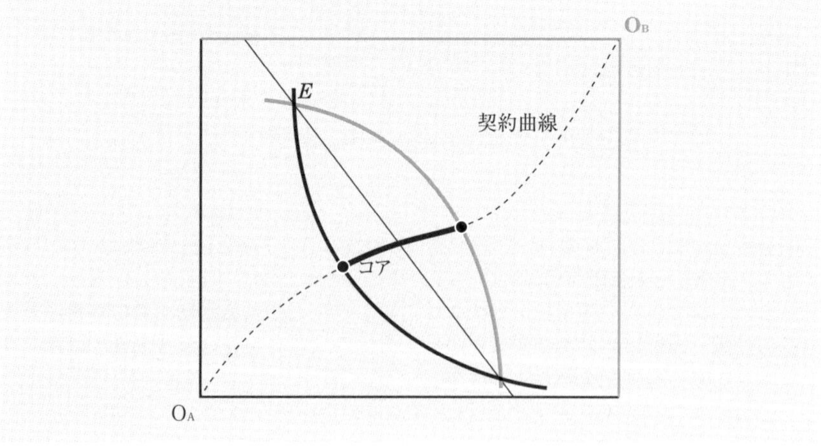

重要ポイント3 競争均衡

2消費者が市場で財を取引きするとする。各消費者の予算制約線は初期保有点を通り2財価格比を傾きとする直線である。2消費者が個別に効用を最大化した結果が図のE^*点であるとする。このとき，所与の市場価格の下でX財とY財はともに均衡している。消費者Aは初期保有のE点から消費者Aの最適点E^*に移行することで，Δyだけ市場にY財を供給し，ΔxだけX財を需要している。また，消費者Bは初期保有のE点から消費者Bの最適点E^*に移行することで，Δxだけ市場にX財を供給し，ΔyだけY財を需要している。したがって，**需要と供給が一致しているE^*点は競争均衡点である**。また，競争均衡の条件は，各消費者の限界代替率と2財価格比が等しいことで次のように表せる。

市場均衡条件：$MRS_A = MRS_B = \dfrac{p_x}{p_y}$

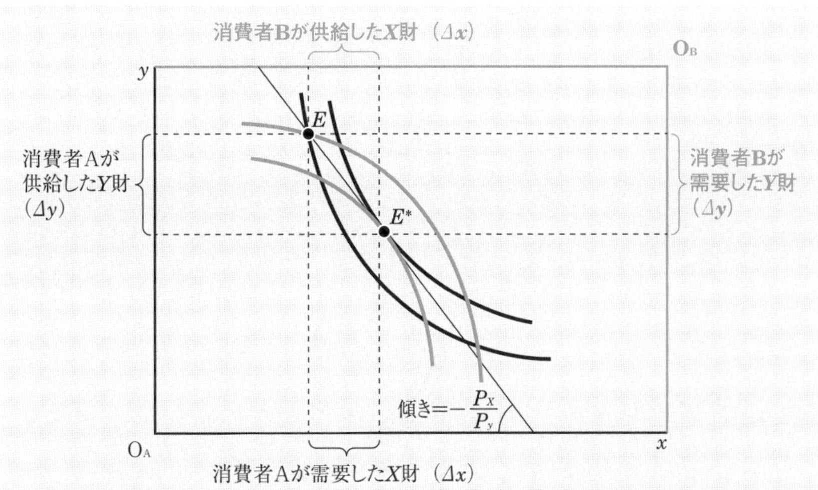

重要ポイント4 ボックス・ダイヤグラムにおける市場メカニズム

2消費者の効用最大化行動の結果が図のように消費者AがE_A点を，消費者BがE_B点を選択したとする。このとき，**X財では超過供給が，Y財では超過需要が発生している**ことになる。なぜなら，2消費者のX財需要の和がX財の総量（ボックスの横軸の長さ）に満たない（$x_A + x_B < \bar{x}$）一方，Y財に対する需要の和はY財の総量（ボックスの縦軸の長さ）を超えている（$y_A + y_B > \bar{y}$）からである。

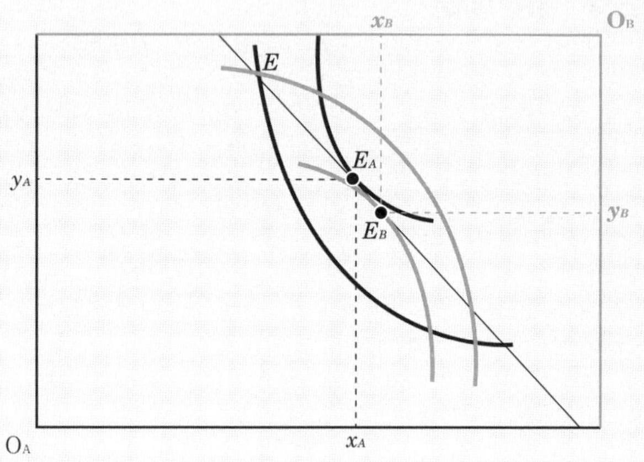

ここで市場調整メカニズムが機能すれば，X財価格は下落し，Y財価格は上昇するため，２財価格比を示す直線は初期保有点であるE点を中心に傾きが緩やかになる（次図の点線から実線への動き）。そして，結果として，E^*点のように競争均衡が達成される。

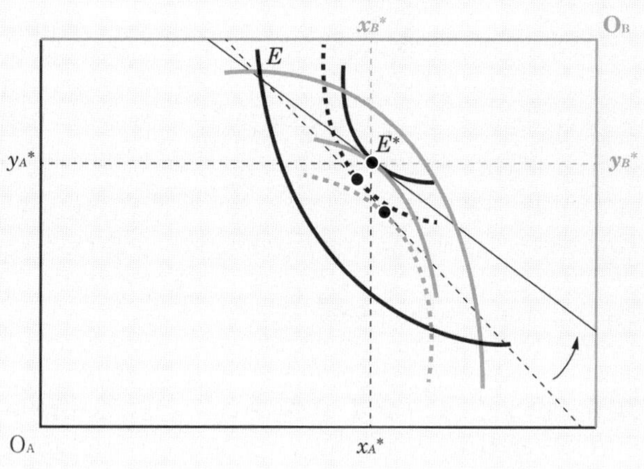

なお，価格変化に伴う最適消費点の軌跡（価格消費曲線に相当する）を**オファー・カーブ**という。したがって，**競争均衡点では２消費者のオファー・カーブが交差する**ことになる。

重要ポイント５ ワルラス法則

ボックス・ダイヤグラムにおける市場メカニズムでは，一方の財の市場が超過供給であればもう一方の財の市場は超過需要（負の超過供給）であり，一方の財の市場が均衡すればもう一方の財の市場も均衡した。

これを一般化したのが次の**ワルラス法則**である。

経済全体の n 個の市場のうちの $n-1$ 個の市場が均衡していれば，残る1個の市場も均衡する。あるいは，経済全体の n 個の市場の超過供給額の和はゼロになる。

重要ポイント 6 生産者のパレート最適

ある経済における労働と資本の総量が一定である場合，資本と労働を使用して生産できる2財の組合せの上限の軌跡を**生産可能性フロンティア（変形曲線）**といい，その内側領域を**生産可能領域**という。通常の生産可能性フロンティアは図のような形状をとるが，その傾きが徐々に急になっているのは，X財の生産量が増加するほど限界生産性が逓減し，1単位の増産に必要な生産要素の投入が多くなるため，その分だけY財の生産をより多く減少させることになるからである。

生産可能性フロンティアの接線の傾きは，X財の生産を1単位増加するのに必要なY財の生産の減少分を表しており，**限界変形率$MRT=-\dfrac{\Delta y}{\Delta x}$**と呼ばれる。

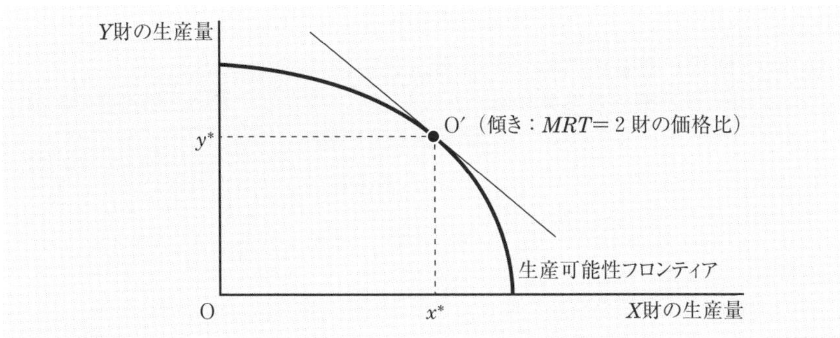

生産可能性フロンティア上において，社会全体で利潤を最大化する最適な2財の生産点は，図中O′点に決定され，この点でパレート最適が達成される。そして，この条件は次のように表せる。

$$MRT=\frac{p_x}{p_y}$$ **（限界変形率＝2財の価格比）**

補足：最適生産点の条件の導出

X財とY財の生産を，生産可能性フロンティア上のある点で行うとする。このときの社会全体の利潤は $\pi=p_x x+p_y y-TC(x)-TC(y)$ になる（x：X財の数量，y：Y財の数量，p_x：X財の価格，p_y：Y財の価格，$TC(x)$：X財の総費用，$TC(y)$：Y財の総費用)。これを$y=\frac{\pi-TC(x)-TC(y)}{p_y}-\frac{p_x}{p_y}x$と変形し，右辺第１項を縦軸切片とみなすと，全体の利潤πが大きいほど，この直線は右上にシフトする。生産可能性フロンティア上の１点で接するまで，この直線を引き上げたところで全体の利潤は最大化される。生産可能性フロンティアの傾きは限界変形率MRTであり，全体の利潤を表す直線の傾きの絶対値は2財価格比$\frac{p_x}{p_y}$であるから，両者が等しくなっている最適点を表す条件は$MRT=\frac{p_x}{p_y}$になる。

重要ポイント７ 厚生経済学の定理

市場メカニズムと社会的厚生の関係については以下の２つの定理がある。

厚生経済学の第１定理：競争均衡は必ずパレート最適である。

競争均衡の条件は$MRS_A=MRS_B=\frac{p_x}{p_y}$，パレート最適の条件は$MRS_A=MRS_B$であるから，前者が成立する場合には必ず後者も成立する。

余剰分析において，競争均衡の場合に総余剰は最大化するのであったから，**総余剰が最大化している場合にはパレート最適である**と言える。

なお，**パレート最適性は資源配分が効率的であるかどうかの評価基準であるから，配分が公平であるなどについては判断していない。**

厚生経済学の第２定理：任意のパレート最適点は，初期保有量の調整によって，市場メカニズムが達成する。

これは，たとえば政府がなんらかの基準に照らして公正な配分を定義できたとすれば，適切な初期保有の調整によって，その配分を市場によって達成可能であることを示している。

実戦問題❶ 基本レベル

＊
No.1 **次の図は，2人の消費者A，BとX財，Y財の2つの財からなる交換経済のエッジワースのボックス・ダイアグラムである。図において，横軸と縦軸の長さは，それぞれX財とY財の全体量を表す。図中のU_1，U_2，U_3は消費者Aの無差別曲線，V_1，V_2，V_3は消費者Bの無差別曲線，WW'は契約曲線，TT'は予算制約線，g点は消費者の初期保有点をそれぞれ表している。この図の説明として妥当なのはどれか。**

【地方上級（特別区）・令和5年度】

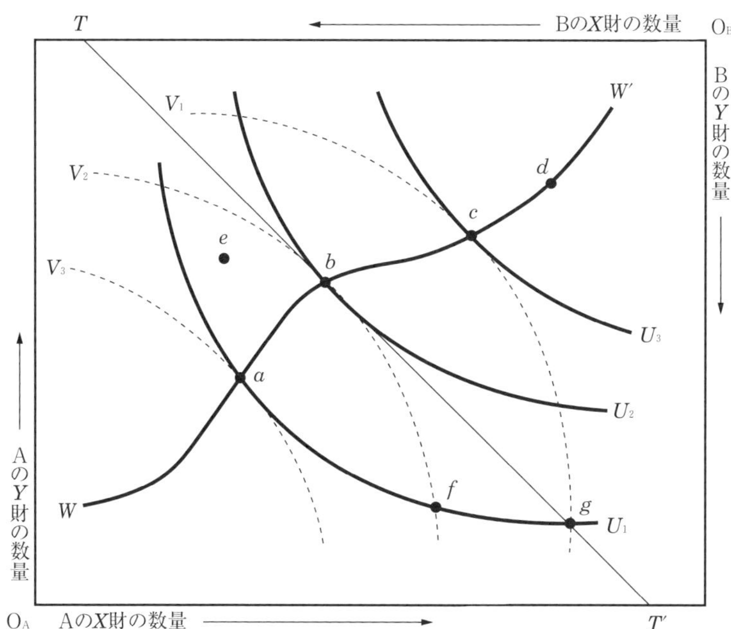

1　a点では，Aの2財の限界代替率は，Bのそれより小さく，X財，Y財をより多くAに配分すれば，配分の効率性は増加する。

2　b点は競争均衡において達成される配分であるから，a点，c点より配分の効率性の観点から望ましい配分である。

3　d点はパレート最適な配分ではあるが，A，Bの限界代替率は必ずしも等しくない。

4　e点からc点への移行はパレート改善ではないが，g点からb点への移行はパレート改善である。

5　f点と比較すると，a点，b点，c点はいずれも配分の効率性の観点から望ましい配分である。

No.2 図は，2財X，Yおよび2消費者A，Bからなる経済におけるエッジワースのボックス・ダイアグラムであり，曲線I_A，I_A'，I_A''は消費者Aの無差別曲線，曲線I_B，I_B'，I_B''は消費者Bの無差別曲線，曲線cc'は契約曲線である。E点は2消費者の財の初期保有の状態を表す。図中の財の配分に関する次の記述のうち，妥当なのはどれか。 【国税専門官・平成20年度】

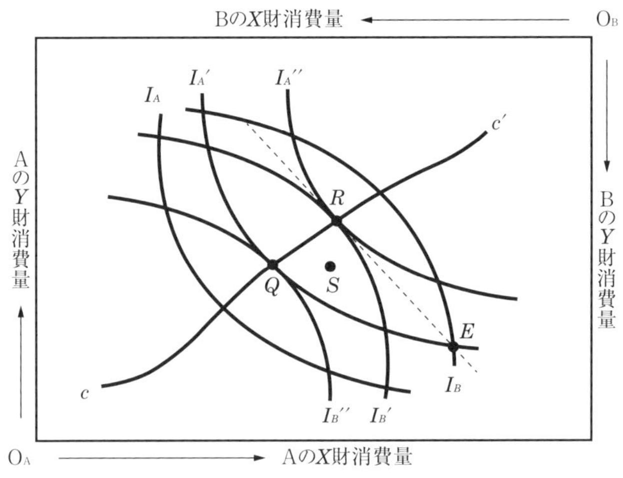

1 曲線cc'上の任意の点は適当に初期保有量を再配分することにより，市場メカニズムを通じて達成することが可能である。

2 R点の配分はパレート効率的であるが，2財がいかなる価格比であっても，競争均衡において実現する配分ではない。

3 R点の配分では2消費者の財の限界代替率は等しいが，Q点の配分ではそれらは必ずしも等しくない。

4 S点はR点に比べてパレート効率性の観点から2消費者にとって望ましい配分である。

5 ある一定の2財の価格比が与えられたとき，曲線cc'上ではいずれの点においても競争均衡が実現しており，かつ，パレート効率的である。

＊＊
No.3 **消費者1と消費者2の2人の消費者およびX財とY財の2つの財からなる純粋交換経済を考える。消費者1によるX財の消費量をx_1，Y財の消費量をy_1，消費者2によるX財の消費量をx_2，Y財の消費量をy_2とし，次のようなエッジワース・ボックスを考える。ここで，点ωは初期保有点を表している。また，消費者1の無差別曲線（I_1，I_1'，I_1''），消費者2の無差別曲線（I_2，I_2'，I_2''）が太線で，点ωを通る予算線（l，l'，l''）が細線で示されている。この図において，l上の点A，l'上の点B，l''上の点Cで2人の無差別曲線は互いに接しており，また，I_1'とI_2'の接点Bにおける共通の接線はl'であり，I_1''とI_2の接点Cにおける共通の接線はl''である。**

このエッジワース・ボックスに関する記述として妥当なのはどれか。

【国家総合職・令和3年度】

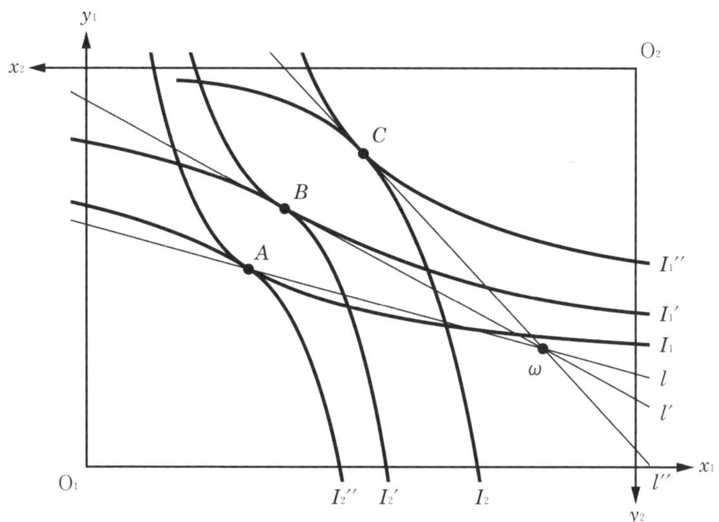

1　3点A，B，Cはすべて競争均衡配分である。また，点Bと点Cはパレート最適であるが，点Aはパレート最適ではない。

2　3点A，B，Cはすべて競争均衡配分である。また，点Aはパレート最適であるが，点Bと点Cはパレート最適ではない。

3　3点A，点B，点Cはすべてパレート最適である。また，点Bと点Cは競争均衡配分であるが，点Aは競争均衡配分ではない。

4　3点A，点B，点Cはすべてパレート最適であり，競争均衡配分である。

5　点Bと点Cはパレート最適であり，かつ，競争均衡配分であるが，点Aはパレート最適でも競争均衡配分でもない。

＊＊
No.4 図はエッジワースのボックス・ダイヤグラムであるが，これに関する次の記述のうち，妥当なものはどれか。

ただし，横軸は*X*財の初期賦存量，縦軸は*Y*財の初期賦存量を示し，左下のO_A点は主体Aの原点，右上のO_B点は主体Bの原点を表す。*UU*，*U′U′*はそれぞれ主体A，Bの無差別曲線を表す。*H*点は両主体の初期賦存量を表し，線分*MN*は*J*点で無差別曲線*UU*に接している。 【国家一般職・平成11年度】

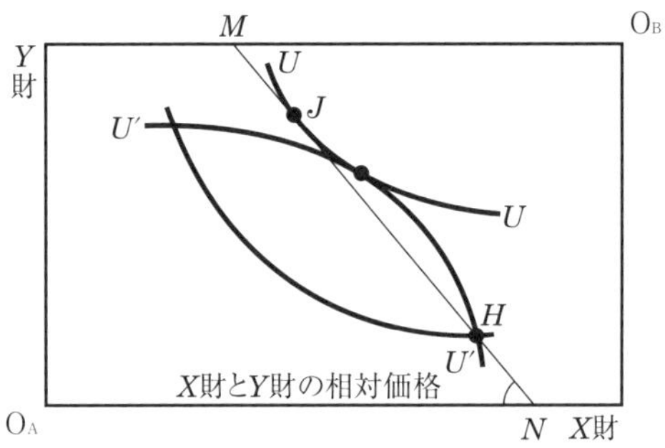

1 相対価格が線分*MN*の傾きで与えられるとき，*X*財市場では超過需要が生ずる。

2 *X*財市場が均衡すると，主体Aの効用は無差別曲線*UU*の効用水準より悪化する。

3 *J*点は主体Bのオファーカーブ上にある。

4 *J*点は契約曲線上にある。

5 *H*点に比較して，*J*点では主体Bの効用は改善する。

実戦問題1の解説

No.1 の解説　エッジワースのボックス・ダイヤグラム　→問題はP.317　正答4

1 ×　契約曲線上の配分はパレート最適である。

a点は契約曲線WW'上にある。契約曲線はパレート最適な点の集合であり，パレート最適な状態では2消費者の限界代替率は等しくなっているから，Aの限界代替率がBのそれより小さくなっていることはありえない。また，a点がすでにパレート最適であるならば，配分の変更によって配分の効率性が増加する余地はない。

2 ×　パレート最適な配分どうしでの効率性の比較はできない。

b点が競争均衡である点は正しいが，そうであれば，厚生経済学の第1定理より，b点はパレート最適でもある（**重要ポイント7**参照）。パレート最適な配分同士において，配分の効率性を比較することは不可能である（必修問題のエの解説参照）から，b点がa点やc点より望ましい配分であるとは言えない。

3 ×　パレート最適な配分においては2消費者の限界代替率は等しい。

消費者Aと消費者Bの限界代替率が等しいことがパレート最適の定義であるから，パレート最適な配分の軌跡である契約曲線上のd点において，2消費者の限界代替率が異なることはありえない。

4 ◎　効用が上昇する消費者と低下する消費者がいればパレート改善にはならない。

妥当である。e点からc点への移行では，消費者Aの効用が上昇する一方で消費者Bの効用は低下する。したがって，この移行はパレート改善ではない。一方，g点からb点への移行では，消費者A，消費者Bの効用がともに上昇するため，この移行はパレート改善である。

5 ×　効用が上昇する消費者と一定の消費者がいればパレート改善になる。

f点からa点への移行は，消費者Aの効用は一定であるが，消費者Bの効用が上昇するため，パレート改善である。f点からb点への移行は，消費者Bの効用は一定であるが，消費者Aの効用が上昇するため，これもパレート改善である。しかし，f点からc点への移行は，消費者Aの効用は上昇するが，消費者Bの効用が低下するため，パレート改善ではない。なお，ここで，消費者Aの無差別曲線はU_1からU_3へと移行しており，この幅は消費者Bの無差別曲線がV_2からV_1へと移行した幅を上回っている。しかし，このことをもって，消費者Aの効用の上昇分が消費者Bの効用の低下分を上回っている，したがって，パレート改善になっていると考えてはならない。エッジワースのボックス・ダイアグラムは軸に2財の数量を取っているのであり，無差別曲線の幅は財の数量の変化分を表してはいても，効用の水準の変化分を表しているわけではないからである。

No.2 の解説 エッジワースのボックス・ダイヤグラム →問題はP.318 正答1

厚生経済学の第1および第2定理について1題全体を充てる出題は，定理の理論的重要性に比べて少ない。ただし，本問のように選択肢の一部を判断するのに必要となるケースは一定の頻度でみられるため，概要を知っておくと役に立つ。

1 ◎ 適切な初期保有量の再配分により，任意のパレート最適点を市場は実現できる。
妥当である。これは厚生経済学の第2定理である。契約曲線 cc' はパレート最適点の集合であるから，適切な初期保有量の再配分は契約曲線上の点を実現できるともいえる。

2 × 任意のパレート最適点は，市場均衡として実現できる（厚生経済学の第2定理）。
この定理より，パレート効率的なR点は市場メカニズムによって競争均衡として実現できる。図中，初期保有E点を通る点線の傾きが2財価格比であるならば，R点は競争均衡である。

3 × パレート効率的な配分では，各消費者の限界代替率は等しくなる。
Q点は，R点同様，契約曲線上にあるため，パレート効率的（最適）であり，図にあるように2消費者の無差別曲線が接している。これは，接線の傾きである限界代替率が等しいということである。

4 × 無差別曲線は原点から離れた位置のものほど望ましい（効用水準が高い）。
R点からS点に移行すると，消費者Bの効用は無差別曲線I_B'の水準より上昇するが，消費者Aの効用は無差別曲線I_A''の水準より低下する。したがって，S点がR点より2消費者にとって望ましい配分であるとはいえない。

5 × ある2財価格比の下で，競争均衡は一意に定まる。
ある2財の価格比が与えられたとき，初期保有点を通る直線（その傾きが2財価格比である）と契約曲線の交点の1点が競争均衡になる。したがって，契約曲線上の他の点は，パレート最適ではあるが，競争均衡ではない。

No.3 の解説　エッジワースのボックス・ダイヤグラム　→問題はP.319　**正答3**

国家総合職はエッジワースのボックス・ダイヤグラムに関する問題をたびたび出題しているが，本問はこのジャンルとしては難易度が低い。**重要ポイント7**の前半やその背景にある**重要ポイント1**および**3**を整理しておけばよい。

1× 点A，点Bおよび点Cはすべてパレート最適である。

パレート最適点においては2消費者の限界代替率は等しくなるが，これはエッジワース・ボックスにおいて2消費者の無差別曲線が1点で接することを意味する。したがって，点A，点Bおよび点Cはすべてパレート最適である。なお，点Aは競争均衡点ではない（選択肢**3**の解説を参照)。

2× パレート最適でない競争均衡配分は存在しない。

厚生経済学の第1定理によると，競争均衡点は必ずパレート最適である。したがって，「競争均衡配分であるにもかかわらずパレート最適ではない」ということは論理的にありえない。

3◎ 点Bおよび点Cは競争均衡配分であるが，点Aは競争均衡配分ではない。

妥当である。ある点が競争均衡配分であるための条件は2消費者の限界代替率と2財価格比が等しいことである。これはエッジワース・ボックスにおいては，初期保有点（点ω）を通る直線が，2消費者の無差別曲線が接する点において接線になっていることである。点Aにおいては，初期保有点を通る直線は，2消費者の無差別曲線が接する点において接線になっていない。つまり，点Aは競争均衡配分ではない。

4× 点Aは競争均衡配分ではない。

点A，点Bおよび点Cはすべてパレート最適であるが，これらのうち点Aは競争均衡配分ではない。

5× 点Aは競争均衡配分ではないが，パレート最適ではある。

前半は正しいが，点Aはパレート最適であるが，競争均衡配分ではない。

No.4 の解説　エッジワースのボックス・ダイヤグラム　→問題はP.320　正答2

エッジワースのボックス・ダイヤグラムを用いた市場メカニズムに関する出題である。部分均衡分析によるもの（需要曲線と供給曲線の交点に向かうメカニズム）とは視覚的にまったく異なるものの，価格調整を通じて需給が一致するという本質的な部分は同一であることを理解しよう。

1 ×　超過需要の判断は，最適消費の合計とボックスの長さ（供給）の比較で行う。

（X財のY財に対する）相対価格$\left(\frac{P_x}{P_y}\right)$を傾きとし，初期賦存量$H$点を通る線分$MN$は予算制約線とみなせる。したがって，この予算制約の下で両主体（消費者）が図のように効用を最大化すれば，図のように主体AはJ点で，主体BはJ'点で2財を需要する。つまり，両主体の需要の和が横軸の長さに達していないX財市場では超過供給が，両主体の需要の和が縦軸の長さを超えているY財市場では超過需要が生ずる。

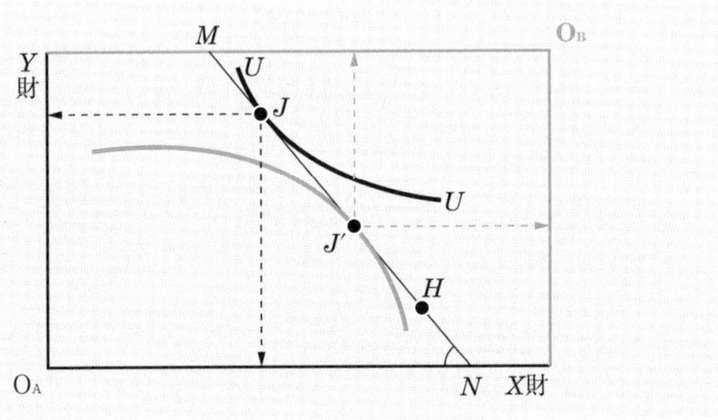

2 ◎　X財市場が均衡するような価格変化は，予算制約線の傾きの変化で表される。

妥当である。**1**でみたように，当初，X財の超過供給，Y財の超過需要が発生していたとする。市場メカニズムが働くならば，超過供給であるX財の価格は下落し，超過需要であるY財の価格は上昇するため，相対価格$\left(\frac{P_x}{P_y}\right)$は小さくなる。これは，初期賦存量$H$点を基準に予算制約線$MN$の傾きが緩やかになることを意味する。この相対価格の変化は超過供給と超過需要が解消されて均衡するまで続くので，図中，$M'N'$になり，両主体の最適消費点が一致する（両主体の無差別曲線が1点において接する）R点で均衡が実現する。均衡では，主体Bの効用は当初より上昇するが，主体Aの効用は当初より悪化する。

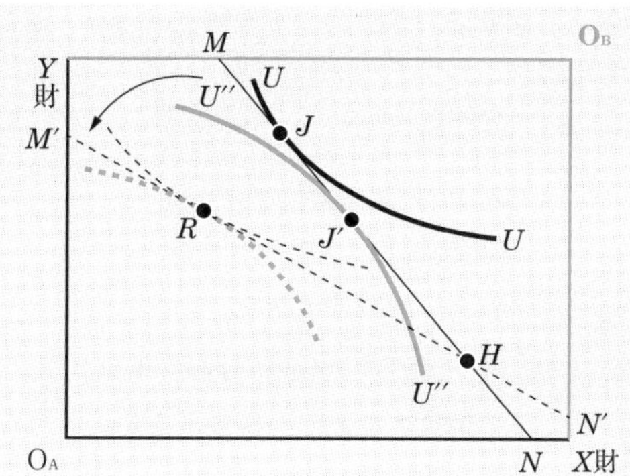

3 × **オファーカーブとは，価格変化に伴う消費者の最適消費点の変化の軌跡である。**

2の解説の図を利用すれば，*R*点と*J*点を通るグラフは，主体Bではなく，主体Aのオファーカーブであることになる（下図では必要部分のみを示している）。なお，主体Bのオファーカーブは*R*点と*J′*点を通るものになる。

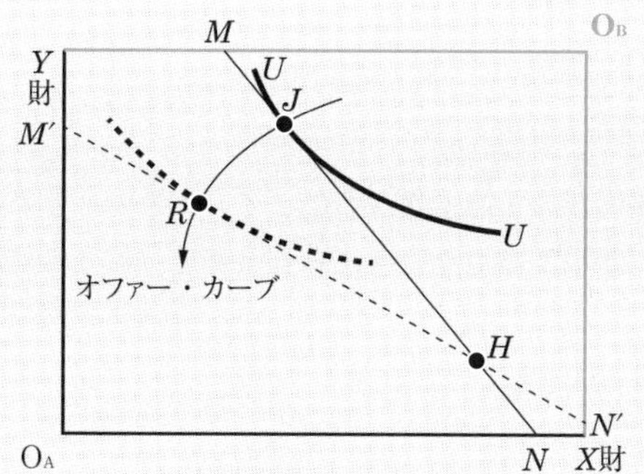

4 × **契約曲線とは2主体の無差別曲線の接点の軌跡である。**

契約曲線はパレート最適点の集合であると定義されが，エッジワースのボックス・ダイヤグラムにおいては，パレート最適点は2主体の無差別曲線の接点で表される。*J*点は2主体の無差別曲線どうしが接する点ではないので契約曲線上の点ではない。

5 × **J点を通る無差別曲線はH点を通るものよりもO_Bに近い位置にある。**

無差別曲線は効用水準の順に並ぶので，互いに交差すると，首尾一貫した選好順位を決めらない。したがって，*J*点を通る無差別曲線は，*H*点を通る無差別曲線よりも必ず主体Bの原点近くに位置し，低い効用水準を表すことになる。

実戦問題❷　応用レベル

＊＊
No.5 消費者Ａと消費者Ｂの２人の消費者，そしてX財とY財の２財からなる純粋交換経済を考える。

消費者i（$i=A$，B）の効用関数が，

$$u_i=x_iy_i \quad \left[\begin{array}{l} x_i：消費者iによるX財の消費量，x_i>0 \\ y_i：消費者iによるY財の消費量，y_i>0 \end{array}\right]$$

で与えられている。

この経済にX財が15単位，Y財が10単位だけ存在するとき，政府が消費者Ａの効用の水準を24と定めた上で消費者Ｂの効用を最大化するような配分を強制した場合における，消費者Ａの消費の組合せ（x_A，y_A）として妥当なのはどれか。

【国家総合職・平成28年度】

1　$(x_A,\ y_A)=(3,\ 8)$

2　$(x_A,\ y_A)=(4,\ 6)$

3　$(x_A,\ y_A)=(6,\ 4)$

4　$(x_A,\ y_A)=(8,\ 3)$

5　$(x_A,\ y_A)=(12,\ 2)$

＊＊
No.6 ある経済が３つの市場からなっているものとする。財１の超過需要Z_1と財２の超過需要Z_2が以下のように与えられるとき，財３の超過需要Z_3として妥当なものはどれか。

【地方上級（全国型）・平成16年度】

$$Z_1=\frac{-10P_1+6P_2+4P_3}{P_1}$$

$$Z_2=\frac{3P_1-8P_2+5P_3}{P_2} \quad 〔P_i：i財の価格（i=1，2，3），Z_i：超過需要〕$$

1　$Z_3=\dfrac{-3P_1+6P_2+9P_3}{P_3}$

2　$Z_3=\dfrac{2P_1+9P_2-11P_3}{P_3}$

3　$Z_3=\dfrac{7P_1+2P_2-9P_3}{P_3}$

4　$Z_3=\dfrac{-5P_1+P_2-7P_3}{P_3}$

5　$Z_3=\dfrac{-13P_1+14P_2-P_3}{P_3}$

＊＊＊
No.7 **消費者Aと消費者Bの２人の消費者，そしてX財とY財の２つの財からなる経済を考える。消費者AによるX財の消費者をx_A，Y財の消費量をy_A，消費者BによるX財の消費量をx_B，Y財の消費量をy_Bとすると，消費者A，Bの効用関数は，それぞれ，**

$$u_A=4x_Ay_A,\quad u_B=9x_By_B$$

である。ただし，$x_A>0$，$x_B>0$，$y_A>0$，$y_B>0$とする。また，X財の総量が16，Y財の総量が９であり，それらを２人で配分するものとする。

この経済の効用フロンティア（パレート最適な状態における２人の消費者の効用水準の組合せ）を表す式として妥当なのはどれか。 【国家一般職・令和２年度】

1 $3\sqrt{u_A}+2\sqrt{u_B}=24$

2 $3\sqrt{u_A}+2\sqrt{u_B}=36$

3 $3\sqrt{u_A}+2\sqrt{u_B}=72$

4 $5\sqrt{u_A}+3\sqrt{u_B}=24$

5 $5\sqrt{u_A}+3\sqrt{u_B}=36$

実戦問題2の解説

No.5 の解説　純粋交換経済

→問題はP.326　正答3

エッジワースのボックス・ダイヤグラムに関する計算問題の出題は比較的少ないが，適切に図を描けば解けるケースが多い。一方，本問は純粋交換経済との前提からボックス・ダイヤグラムに関する計算問題のように思えるが，実質的には特殊な制約条件をおいた効用最大化問題である。

STEP❶　題意を整理する

政府の強制的な配分は消費者Aの効用を$x_A y_A=24$と定めた上で，消費者Bの効用$U_B=x_B y_B$を最大化しようとするものである。この経済にX財が15単位，Y財が10単位だけ存在することを考慮すると，消費者Bの効用関数を$U_B=x_B y_B=(15-x_A)(10-y_A)$とできる。つまり，$x_A$，$y_A$，$x_B$，$y_B$の４変数ではなく，消費者Aに関する$x_A$，$y_A$の２変数を最適化すればよいことになる（題意に従って，x_B，y_Bではなくx_A，y_Aにそろえる）。

STEP❷　消費者Bを効用最大化する

消費者Aの効用を$y_A=\dfrac{24}{x_A}$と変形して，消費者Bの効用関数に代入すれば，

$$u_B=(15-x_A)\left(10-\frac{24}{x_A}\right)=174-10x_A-\frac{360}{x_A}$$

になる。これをx_Aで微分してゼロに等しいとおけば，

$$\frac{du_B}{dx_A}=-10+\frac{360}{x_A^2}=0$$

$$\frac{360}{x_A^2}=10 \qquad \therefore \quad x_A^2=36$$

ここから，$x_A=6$となるので，これを$x_A y_A=24$に差し戻せば$y_A=4$になる。

よって，正答は**3**である。

No.6 の解説　ワルラスの法則

→問題はP.326　正答3

ワルラス法則はマクロ経済，特に金融資産市場の分析の際に再び用いる。ここでしっかりと内容を押さえておきたい。

STEP❶　ワルラス法則の定義

ワルラス法則とは，「n個の市場のうち，$n-1$個の市場が均衡していれば残りの市場も均衡する」との内容であるが，「均衡での超過供給額はゼロである」とも言い換えられる。また，超過需要とは負の超過供給であるから，均衡では超過需要額もゼロになる。これを式で表せば$P_1Z_1+P_2Z_2+P_3Z_3=0$となる。

STEP❷　財3の超過需要Z_3の計算

先の式を変形すれば$Z_3=-\dfrac{P_1Z_1+P_2Z_2}{P_3}$となる。この式に，財１の超過需要である$Z_1=\dfrac{-10P_1+6P_2+4P_3}{P_1}$と財２の超過需要である$Z_2=\dfrac{3P_1-8P_2+5P_3}{P_2}$を代

入すれば，

$$Z_3=-\frac{P_1}{P_3}Z_1-\frac{P_2}{P_3}Z_2=-\frac{P_1}{P_3}\cdot\frac{-10P_1+6P_2+4P_3}{P_1}-\frac{P_2}{P_3}\cdot\frac{3P_1-8P_2+5P_3}{P_2}$$

$$=-\frac{-10P_1+6P_2+4P_3}{P_3}-\frac{3P_1-8P_2+5P_3}{P_3}=\frac{7P_1+2P_2-9P_3}{P_3}$$

よって，正答は**3**である。

No.7 の解説　効用可能性フロンティア

→問題はP.327　正答3

効用可能性フロンティアに関する出題は新傾向である。ただし，理論的，数学的難易度は高く，定番化する可能性は高くないと考えられる。

STEP❶　効用可能性フロンティアについて

効用可能性フロンティアとは，財の総量が一定の下で，２消費者が実現できるパレート最適な状態の組合せを，２消費者の効用をとった平面上で表したものである。

したがって，２財の総量に関する制約$16=x_A+x_B$，$9=y_A+y_B$の下で２消費者の効用関数$u_A=4x_Ay_A$，$u_B=9x_By_B$がパレート最適になる状態を求める。

STEP❷　契約曲線の導出

パレート最適な状態とは契約曲線上の２消費者の消費の組合せで表されるから，効用可能性フロンティアを求めるには，まずは契約曲線を求めることが必要になる。契約曲線はパレート最適点の集合であり，２消費者の限界代替率は等しくなっているから，まずは限界代替率MRSを求める。

消費者Aの効用関数を$y_A=\frac{u_A}{4x_A}=\frac{1}{4}u_Ax_A^{-1}$と変形して，$x_A$で微分することで限界代替率$MRS_A$を求めれば，

$$MRS_A=-\left(\frac{dy_A}{dx_A}\right)=-\left(-\frac{1}{4}u_Ax_A^{-2}\right)=\frac{1u_A}{4x_A^2}=\frac{1}{4}\frac{4x_Ay_A}{x_A^2}=\frac{y_A}{x_A}$$

となり，同様に，消費者Bの効用関数を$y_B=\frac{u_B}{9x_B}=\frac{1}{9}u_Bx_B^{-1}$と変形して，$x_B$で微分することで限界代替率$MRS_B$を求めれば，

$$MRS_B=-\left(\frac{dy_B}{dx_B}\right)=-\left(-\frac{1}{9}u_Bx_B^{-2}\right)=\frac{1u_B}{9x_B^2}=\frac{1}{9}\frac{9x_By_B}{x_B^2}=\frac{y_B}{x_B}$$

となる。以上より，パレート最適の条件$MRS_A=MRS_B$は$\frac{y_A}{x_A}=\frac{y_B}{x_B}$である。ここに財の総量$16=x_A+x_B$，$9=y_A+y_B$を，$x_B=16-x_A$，$y_B=9-y_A$と移項して代入すると，

$$\frac{y_A}{x_A}=\frac{9-y_A}{16-x_A}$$

になる。これを次のように整理する。

第4章　市場の理論

$$y_A=\frac{9-y_A}{16-x_A}x_A=\frac{x_A}{16-x_A}(9-y_A)$$

$$y_A+\frac{x_A}{16-x_A}y_A=\frac{9x_A}{16-x_A}$$

$$\frac{16-x_A}{16-x_A}y_A+\frac{x_A}{16-x_A}y_A=\frac{9x_A}{16-x_A}$$

$$\frac{16}{16-x_A}y_A=\frac{9x_A}{16-x_A}$$

$$y_A=\frac{9x_A}{16-x_A}\cdot\frac{16-x_A}{16}=\frac{9}{16}x_A$$

一般的には契約曲線は特定個人のものではないので，添字を外して，

$$y=\frac{9}{16}x$$

となる。

STEP❸ 効用可能性フロンティアの導出

効用可能性フロンティアを導くために効用関数を利用する。消費者Aの効用関数に（Aからみた）契約曲線を代入すれば，

$$u_A=4x_A\frac{9}{16}x_A=\frac{9}{4}x_A{}^2$$

になるので，これを次のように変形しておく。

$$x_A{}^2=\frac{4}{9}u_A$$

$$x_A=\sqrt{\frac{4}{9}u_A}=\frac{2}{3}\sqrt{u_A}$$

消費者Bの効用関数にも，（Bからみた）契約曲線を代入，変形しておく。

$$u_B=9x_By_B=9x_B\frac{9}{16}x_B=\frac{81}{16}x_B{}^2$$

$$x_B=\sqrt{\frac{16}{81}u_B}=\frac{4}{9}\sqrt{u_B}$$

これらを財の総量の条件$16=x_A+x_B$に与えると，

$$16=\frac{2}{3}\sqrt{u_A}+\frac{4}{9}\sqrt{u_B}$$

になるので，この式の両辺を$\frac{9}{2}$倍すれば，生産可能性フロンティアを，

$$72=3\sqrt{u_A}+2\sqrt{u_B}$$

とできる。

よって，正答は**3**である。

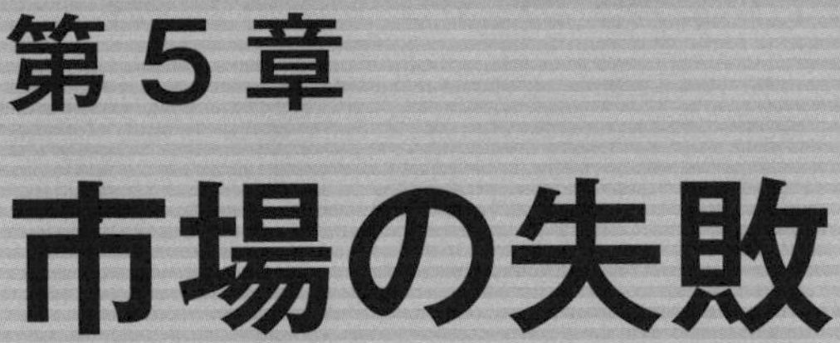

第5章
市場の失敗

第5章 市場の失敗

試験別出題傾向と対策

頻出度	試験名	国家総合職					国家一般職					国家専門職（国税専門官）				
	年度	21-23	24-26	27-29	30-2	3-5	21-23	24-26	27-29	30-2	3-5	21-23	24-26	27-29	30-2	3-5
	テーマ ＼ 出題数	2	3	5	3	4	1	1	4	2	1	0	0	1	0	0
A	17 外部効果		1	2	1	1		1	3	2						
B	18 費用逓減産業と公共財		1	2	1	1	1		1		1					
B	19 情報の非対称性	2	1	1	1	2								1		

本章からの出題は試験種による差が大きい。ほぼ出題が皆無の試験種から頻出の試験種まである。内容を見ると，国税専門官を除いて，テーマ17（外部効果）の出題が多い傾向にある。このテーマは，グラフ問題（余剰分析による死荷重の発生），知識問題（コースの定理やピグー税など負の外部効果への対策が中心）に加え，計算問題（ピグー税収など）も出題があり，多様な出題形態をとるので，十分な対策が必要である。次いで出題の多いものがテーマ18，特に公共財である。このテーマもグラフ問題，文章題，計算問題のすべての形態の出題が見られるが，財政学枠での出題も多いので，定義（私的財との違い）や最適供給の公式，リンダール均衡（『新スーパー過去問ゼミ７　財政学』テーマ17参照）など中心的な概念はしっかりと理解しておきたい。

なお，テーマ18のもう一つの内容である費用逓減産業に関しては政府の規制方法およびグラフの見方についてマスターしておくとよい。

● 国家総合職（経済）

平成24年度や令和５年度のように，本章のテーマが出題されない年度がある一方で，平成29年度や令和３年度のように３問出題されるケースもあり，総じて出題頻度は高い。特に，他の試験種では10年に１度程度の出題ペースである情報の非対称性の頻度が突出して高い。なお，外部効果におけるコースの定理や情報の非対称性に関する計算問題が出題されるのも他の試験種では見られない傾向である。

● 国家一般職

本章からの出題が見られるようになったのはほぼ平成26年度以降であるが，外部効果に偏っており，５問中２問が外部効果であった年度も2度存在する。しかし，令和２年度以降は出題がほぼ途絶えている。なお，令和3年度に公共財の内容を含む問題が出題されたが，どちらかといえば社会的厚生の分析を中心とした第4章の内容を中心としたものであった。

	地方上級（全国型）					地方上級（特別区）					市役所（C日程）				
	21-23	24-26	27-29	30-2	3-5	21-23	24-26	27-29	30-2	3-5	21-23	24-26	27-29	30-2	3-4
	1	3	1	2	3	1	2	1	2	3	2	2	4	1	2
テーマ17	1		1	2	1		1	1	1	1	1		2	1	
テーマ18		3					1			2	1	2	1		2
テーマ19					2	1			1				1		

● 国家専門職（国税専門官）

国税専門官試験では，過去15年間，本章からの出題は実質的にない。平成27年度に，選択肢の3つに市場の失敗に関する選択肢を含む問題が出されたが，どちらかというと市場における企業行動に焦点を当てた出題であった。なお，直近5年において，財務専門官・労働基準監督官試験においてもほぼ出題はない（選択肢の1つで市場の失敗に言及した出題が若干例あるのみ）。

● 地方上級（全国型）

大方の年度において本章から1問の出題が見られるが，０の年度も多い。直近3年度では情報の非対称性が2度出題されているが，このテーマからはそれ以前の12年間にわたって存在しなかった。その他では，外部性が連続した６年のうちで４度，公共財が連続した３年のうち２度とかなり偏った出題傾向である。出題形態では，計算，文章の双方が出題されるが，時事的要素を含む出題も見られるため，幅広い知識を身につけておいたほうがよい。

● 地方上級（特別区）

本章からの出題は，平均すれば2年に1度程度であるが，直近の5年で見ると必ず出題されている。テーマとしては外部効果が多く，文章題と計算問題の双方が出題されている。その他のテーマは，特に偏ることなく出題されているので，満遍なく学習しておくのがよい。

● 市役所（C日程）

令和元年度，令和2年度と本章からの出題が見られなかったが，令和3年度以降は出題が復活している。内容としては，外部効果，次いで費用逓減産業の出題が多い。計算問題も見られるが，多くは時事問題と絡めた知識を問う文章題である。例えば，ごみ処理の有料化，汚染物質の排出，教育のもたらす（正の）外部効果，公益企業の生産などである。時事と合わせて，外部効果，公共財・費用逓減産業の基本知識は身につけておいたほうがよい。

17 外部効果

必修問題

完全競争市場において，市場全体の私的総費用が，

$PC=X^2+20X+10$　〔PC：私的総費用の大きさ，X：財の生産量〕

と表されるものとし，生産に伴う外部不経済から，

$C=\frac{1}{2}X^2$　〔C：外部不経済による費用〕

が社会的に発生するとする。

また，この市場の需要関数が，

$X=-\frac{1}{2}P+50$　〔P：財の価格〕

で表されるとき，政府がこの市場に対して，生産量１単位につきTの課税をする場合，総余剰が最大となる「T」と「税収」の組合せとして，妥当なのはどれか。　【地方上級（特別区）・令和２年度】

	T	税収
1	8	100
2	8	120
3	16	104
4	16	208
5	16	256

難易度　＊＊

必修問題の解説

市場の失敗の中でも出題頻度の高い外部効果（外部経済）の基本事項を確認できる出題である。生産者の私的総費用に負の外部効果（外部不経済）を加えれば社会的総費用になる点，作図する場合には微分して限界費用に直す点，また総余剰を最大化するには最適な均衡を実現するように課税する点を必ず確認しておこう。

STEP❶ 題意の図示

この財を生産するに当たって追加的に生じる外部不経済を加えると，社会的総費用関数SCは，

$$SC=PC+C=X^2+20X+10+\frac{1}{2}X^2=\frac{3}{2}X^2+20X+10$$

になる。この社会的総費用関数SCおよび私的総費用関数PCのおのおのを生産量で微分すれば，社会的限界費用関数SMCおよび私的限界費用関数PMCは，

$SMC=3X+20$

$PMC=2X+20$

になる。これらを変形した需要曲線$p=100-2X$とともに表したものが次図である。

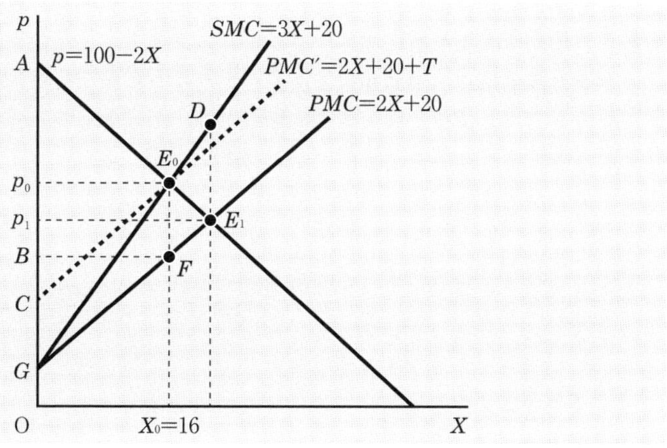

STEP❷ 余剰分析

完全競争下では，生産者は外部不経済に伴う追加的費用を負担しようとはしないため，私的限界費用関数PMCが市場の供給曲線になり，競争均衡は点E_1になる。この場合の総余剰は，消費者余剰$\triangle p_1AE_1$と生産者余剰$\triangle Gp_1E_1$の和から負の外部経済による損失$\triangle GDE_1$を差し引いた，$\triangle GAE_0-\triangle E_0DE_1$になる。

生産者が外部不経済の費用を負担する場合，社会的余剰が最大化される。この場合，社会的限界費用関数SMCが市場の供給曲線になるから，均衡（最適均衡）は点E_0である。この場合は外部不経済による損失が発生しないから，総余剰は消費者余剰$\triangle p_0AE_0$と生産者余剰$\triangle Gp_0E_0$の和の$\triangle GAE_0$になる。

最適均衡点E_0を実現するよう，生産物１単位当たりの課税（ピグー税と呼ばれる）Tを課すと，私的限界費用曲線PMCは$PMC' = 2X + 20 + T$となる（図中の点線)。この場合，均衡点はE_0であり，総余剰は，

消費者余剰＋生産者余剰＋税収 －負の外部経済による損失＝総余剰

$\triangle p_0AE_0$ ＋ $\triangle BFG$ ＋ $\square Bp_0E_0F$ － $\triangle GE_0F$ ＝$\triangle GAE_0$

になり，生産者が外部不経済の費用を負担する場合と同じになる。なお，生産者余剰は売上げ$\square p_0E_0X_0G$から納税額（政府から見れば税収）$\square Bp_0E_0F$および私的限界費用の合計$\triangle GFX_0$を差し引いたものとして求めているが，税収は１単位当たりの税額T（図中E_0F）に数量X（図中X_0）を乗じたものである。

STEP❸　税収の計算

最適均衡点における数量は，需要曲線$p = 100 - 2X$と社会的限界費用曲線$SMC = 3X + 20$の交点であるから，右辺同士を等しいとおけば，$100 - 2X = 3X + 20$より$X = 16$である。このときの市場価格（税込み）p_0は需要曲線$p = 100 - 2q$（または社会的限界費用曲線）に$X = 16$を差し戻せば$p_0 = 100 - 2 \times 16 = 68$である。また，税抜き価格$B$は私的限界費用関数$PMC = 2X + 20$に$X = 16$を代入することで52となり，生産物１単位当たりの税額が$68 - 52 = 16$と分かる。したがって，１単位当たりの税額Tに数量Xを乗じたものである税収は，

$$TX = 16 \times 16 = 256$$

である。

なお，税収は，私的限界費用に加えられた税を集計すれば$\square CE_0FG$とも表すことができる。$\square Bp_0E_0F$とは，底辺をE_0Fとすれば，これを共有する高さX_0の等しい２つの四角形になるので，面積すなわち税収は同額になる。

よって，正答は**5**である。

正答 5

F O C U S

外部効果（外部経済）の問題は余剰分析の応用として出題されることが多い。また，本問のように，外部効果への政策対応としてのピグー税（いわゆる環境税に相当）の出題も多いが，租税の賦課も余剰分析を利用したことを思い出そう。出題が数式で表現されていても，余剰分析については図を用いて分析するのが最も効果的である。

POINT

重要ポイント 1 外部効果の定義

ある経済主体の行動が，市場を通すことなく，他の経済主体に経済的影響を及ぼすことを外部効果という。外部経済または外部性とも呼ばれる。マイナスの影響を与える場合，負の外部効果や外部不経済などと呼ばれる。

[補足] 外部性には，以下のような特殊ケースがあり，本テーマで取り扱う通常のケースは，区別が必要な場合，技術的外部性と呼ばれる。

・金銭的外部効果：ある経済主体の市場取引の影響が，直接には取引のない別の経済主体に価格メカニズムを通じた影響を及ぼすことをという。たとえば，新駅建設予定地の近辺の地価が，土地を取引しなくても上昇するようなケースである。

・マーシャル外部性：同一産業に属する企業が1か所に集中して立地した場合に，原材料の調達コストや情報の収集コストを互いに低下させることができる。このような集積のメリットをマーシャル外部性と呼び，米国のIT関連企業がシリコンバレーに集積しているのが典型例である。

・ネットワーク外部性：電話，インターネットのプロバイダやSNSなどでは，加入者数の多いネットワークに加入するほうが利便性は高い。つまり，自らの加入が間接的に他の加入者の効用を上昇させる。これをネットワーク外部性という。

重要ポイント 2 負の外部効果

例として，ある完全競争市場において企業による財の生産が公害を発生させており，住民（消費者）に健康被害を及ぼしている。企業は，技術的には公害を発生させずに生産可能であるが，その場合は追加的な費用負担が必要なため，どの企業も自企業のみが公害対策の費用を負担しようとはしない状況を想定する。また，公害対策の費用は，生産物1単位当たりにつき一定額を要するものとする。この状況を表した次図において，公害対策費用を含めない，財の生産のみに要する限界費用を**私的限界費用*PMC***，これを含めた限界費用を**社会的限界費用*SMC***としている。なお，この財の需要曲線は右下がり，限界費用曲線は右上がりを想定する。

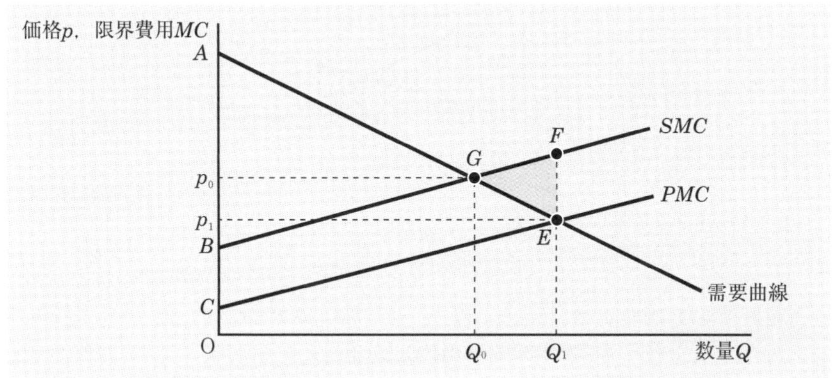

この財が完全競争市場下で取引される場合，各企業は自企業だけが公害対策費用を負担することを避ける結果，私的限界費用PMCが市場の供給曲線となり，E点で均衡する。このとき，消費者余剰は$\triangle p_1AE$，生産者余剰は$\triangle Cp_1E$であるが，公害被害が$\square CBFE$分だけ発生する。この被害は生産者が公害対策を行ったならば要した費用が，それが行われなかったために消費者に被害を与えたと考えるものであり，負の外部効果に当たる。負の外部性を負の余剰と考えれば，総余剰は$\triangle p_1AE + \triangle Cp_1E - \square CBFE = \triangle BAG - \triangle GFE$になる。

もし，**各企業が公害対策費用を負担する場合**，社会的限界費用SMCが市場の供給曲線となり，G点で均衡する。このとき，消費者余剰は$\triangle p_0AG$，生産者余剰は$\triangle Bp_0G$であるから，総余剰は$\triangle BAG$である。

総余剰を比較すれば，完全競争の場合に$\triangle GFE$だけ小さい。**完全競争が総余剰の最大化を実現しないため，外部効果の存在は市場の失敗である**。逆に，公害対策を企業が負担する場合に総余剰は大きくなるので，G点が最適均衡である。

重要ポイント 3 正の外部効果

例として，果樹園に隣接して養蜂業者がハチミツを生産しているケースを考える。この場合，養蜂業者のハチミツ生産費用が安価なものになったとしても，それは社会的には果樹園経営者が果実の生産に際してかけた費用の一部がハチミツに回っているのであり，社会全体でハチミツの費用が削減されるわけではない。この内容を，果実への需要曲線が右下がり，また，右上がりの果実生産の限界費用のうち，ハチミツの発生に向けられる部分を含めたものを私的限界費用PMC，その部分を除いたものを社会的限界費用SMCとして，果実の市場を表したものが下図である。

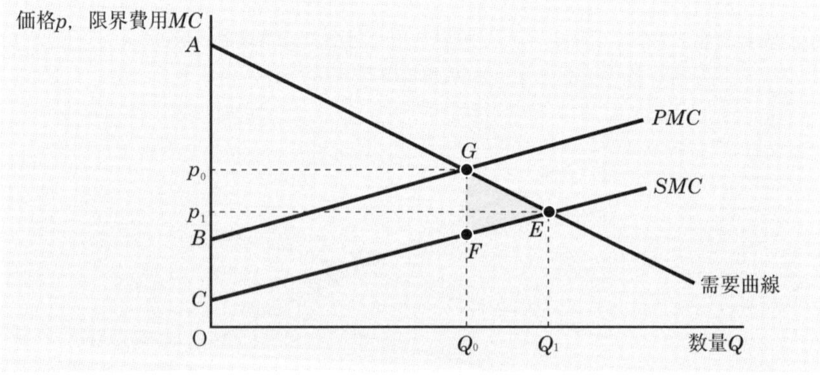

この財が市場で自由に取引される場合，果実の生産者はハチミツにかかる費用だけを分離できないため，私的限界費用PMCが市場の供給曲線となり，G点で均衡する。このとき，消費者余剰は$\triangle p_0AG$，生産者余剰は$\triangle Bp_0G$であるが，生産者の費用のうち$\square CBGF$分はハチミツに回る部分であるから，隣接する養蜂業者の利益

である。この利益は生産者が果実の生産費用から分離できないために，結果として養蜂業者の代わりに支払わざるをえなかったものであり，正の外部効果に当たる。正の外部効果は養蜂業者の正の余剰であるからこれを加えた総余剰は$\triangle p_0AG+\triangle Bp_0G+\square CBGF=\square AGFC$になる。

もし，果実の生産者が限界費用のうちのハチミツに回る部分を負担しなくてすむなら，社会的限界費用SMCが市場の供給曲線となり，E点で均衡する。このとき，消費者余剰は$\triangle p_1AE$，生産者余剰は$\triangle Cp_1E$であるから，総余剰は$\triangle CAE$である。

総余剰を比較すれば，完全競争の場合に$\triangle GFE$だけ小さくなっている。**完全競争が総余剰の最大化を実現しないため，正の外部効果の存在も市場の失敗である**。むしろハチミツの費用を果実の生産者が負担しない場合のE点が最適均衡である。

重要ポイント 4 コースの定理

外部効果について，当事者となる経済主体間の交渉は，取引費用がなければ，パレート最適を達成する。これを**コースの定理**という。**重要ポイント2**の公害被害でいえば，企業が消費者に被害を補償することと，企業に公害を発生させる財の生産を中止させる代わりに消費者が損失を補填することの結果はいずれもパレート最適であるということである。もちろんどの経済主体が外部効果の費用を負担するかによって当事者の所得分配は変化するが，エッジワースのボックス・ダイヤグラムで明らかにされたように，資源の総量が一定でも複数のパレート最適な状態が存在しうるため，コースの定理は当事者間の交渉がいずれかのパレート最適を実現することを述べているのである。

重要ポイント5 ピグー税

社会的限界費用と私的限界費用の差額（*SMC*－*PMC*）を租税として企業に課すことで，外部性に相当する費用を企業に負担させる政策を**ピグー税**という。

重要ポイント2の公害の例に対して，財の数量1単位当たり一定額の従量的なピグー税tを社会的限界費用*SMC*と私的限界費用*PMC*の差だけ，つまり，**$SMC-PMC=t$を生産者に課す**ケースを考える。このとき，生産者の負担する限界費用は$PMC+t$，つまり*SMC*に一致する。これを表した下図を用いて余剰分析を行う。課税後，均衡点は需要曲線と課税後の私的限界費用$PMC+t$の交点である*G*点になるので，消費者余剰が$\triangle p_0AG$，生産者余剰が$\triangle CHp_0'$，税収が$\square p_0'p_0GH$，負の外部効果（公害の被害）が$\square CBGH$となる。重複する部分を整理すると，$\triangle p_0AG+\triangle CHp_0'+\square p_0'p_0GH-\square CBGH=\triangle BAG$となり，**ちょうど生産者が社会的限界費用を負担して最適均衡が実現する場合と同じ総余剰になる**。なお，$\square p_0'p_0GH$と$\square CBGH$は底辺*GH*を共有する高さの等しい長方形と平行四辺形であるから，ピグー税の収入はちょうど負の外部効果と同額になり，相殺されることになる。

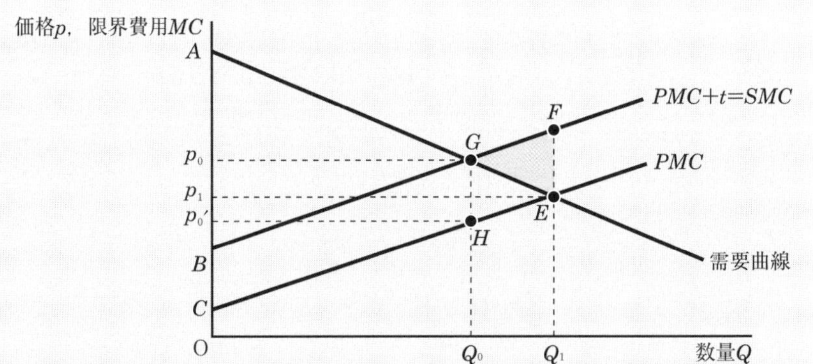

なお，正の外部性のケースにおいては，社会的限界費用と私的限界費用の差額（*SMC*－*PMC*）は負になるが，この場合の負のピグー税は**補助金**と解釈する。**重要ポイント3**の果実の生産の例でいえば，私的限界費用*PMC*を社会的限界費用*SMC*まで引き下げることで，最適均衡である*E*点が実現できるのである。

重要ポイント6 合併解

外部効果を及ぼす主体と受ける主体が同一経済主体に統合されれば，その主体は外部効果の費用を含めて行動するはずである。重要ポイント2の例でいえば，もし近隣住民が公害を発生させる企業の所有者（株主）であれば，自らに被害を及ぼさないよう，公害対策を含めた社会的な限界費用を用いて生産させるであろう。また，**重要ポイント3**の例では，果実の生産者がハチミツの生産者を兼ねるとすれば，果樹を育てる際に含まれるハチミツの費用も果実とハチミツの合計利潤を算定する際に含まれることになる。いずれのケースにおいても，外部性の費用が統合された経済主体によって負担される結果，最適均衡が実現する。

重要ポイント7 取引市場の創設

CO_2のような温室効果ガスが地球環境に悪影響を与えた結果，島嶼（とうしょ）国家が水没するなど人類の生存に問題が生じるケースを考える。ここで，企業が排出できる温室効果ガスの総量を定めたうえで，各企業に個別の排出枠を設定する。さらに，技術開発などによって排出を削減し，枠に余裕が生じた場合に，必要とする他企業に枠を売却できるような取引市場を設ける。また，枠を購入した企業はその分の温室効果ガスを排出する権利を有するとする。この市場が完全競争市場の要件を満たせば，結果としてパレート最適が実現することになる。これが**排出権取引市場**である。この制度は，好況などによって排出量の増加が見込まれる際には排出権価格が上昇してそれを抑制する，また，排出権を購入せずに済むように技術開発を促すなどの効果が見込まれる。

なお，これは温室効果ガスを入手するのではなく手放すことに対価を求めるものであるから，温室効果ガスを負の価格で取引しているともいえる。このような取引の比較的身近な例がゴミ袋の有料化制度である（たとえば，自治体の指定するゴミ袋を購入させる制度は，ゴミ袋という排出枠を取引しているともいえる）。

実戦問題❶　基本レベル

＊
No.1 **下の図は，完全競争市場において企業が外部不経済を発生させているときの状況を，縦軸に価格を，横軸に数量をとり，需要曲線を*D*，私的限界費用曲線を*PMC*，社会的限界費用曲線を*SMC*で表したものである。この場合の余剰に関する記述として，妥当なのはどれか。**　　【地方上級（特別区）・平成25年度】

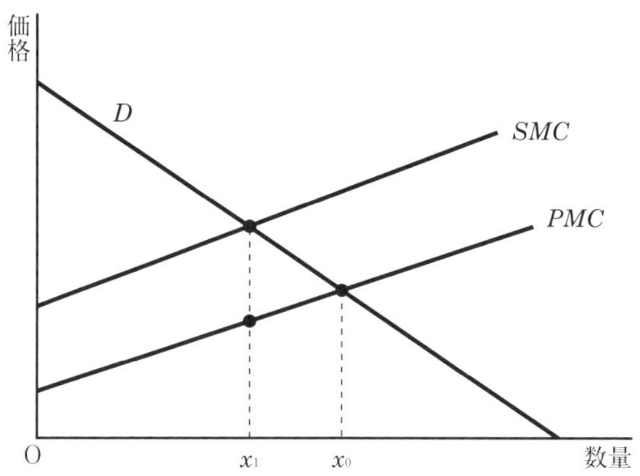

1　生産量がx_0のとき，企業に補助金を支給して生産量をx_1に減少させると，生産者余剰は増加するが，社会全体の余剰は減少する。

2　生産量がx_0のとき，企業に補助金を支給して生産量をx_1に減少させると，消費者余剰と社会全体の余剰とは，ともに減少する。

3　生産量がx_1のとき，企業に補助金を支給して生産量を増加させると，社会全体の余剰は増加する。

4　生産量がx_0のとき，企業に課税して生産量をx_1に減少させると，社会全体の余剰は増加するが，生産者余剰は減少する。

5　生産量がx_1のとき，企業に課税して生産量をx_1よりも減少させると，社会全体の余剰は増加するが，消費者余剰は減少する。

＊＊
No.2 **ある企業は*X*財を価格100の下で生産しており，その企業の費用関数は以下のように示される。**

$C(x)=2x^2$　〔$C(x)$：総費用，x：*X*財の生産量〕

また，この企業は*X*財を１単位生産するごとに，社会に環境被害として60だけの損害額を生じさせるものとする。

このとき，社会の総余剰を最大にする生産量x_1と，企業の利潤を最大にする生産量x_2の組合せ（x_1，x_2）として妥当なのはどれか。　　【国家一般職・令和元年度】

1　$(x_1,\ x_2)=(8,\ 20)$

2　$(x_1,\ x_2)=(8,\ 25)$

3 $(x_1, x_2) = (10, 20)$

4 $(x_1, x_2) = (10, 25)$

5 $(x_1, x_2) = (12, 20)$

No.3 ＊ **下図は，外部経済を発生させるある産業における需要曲線DD'，私的限界費用曲線PMC，社会的限界費用曲線SMCを示している。この図に関する記述として，妥当なのはどれか。** 【地方上級（東京都）・平成17年度】

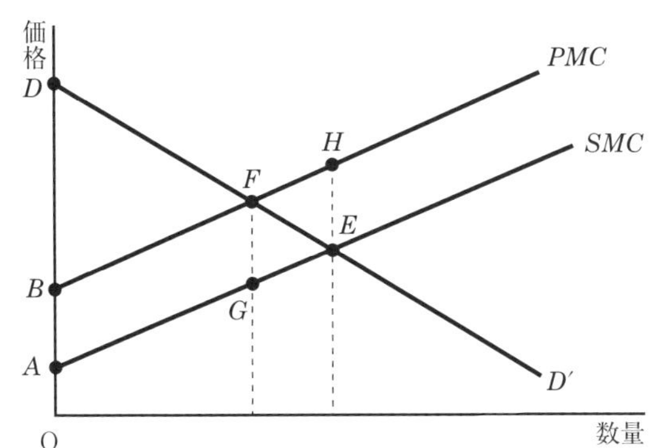

1 完全競争均衡における消費者余剰と生産者余剰の和はBDFであり，外部経済は$ABHE$である。

2 完全競争均衡における消費者余剰と生産者余剰の和はBDFであり，外部経済はEFHである。

3 完全競争均衡における消費者余剰と生産者余剰の和はADEであり，外部経済はEFHである。

4 この産業が1単位増産するごとに，政府がHEに等しい補助金を与えることにより，社会的厚生を$ABFG$だけ高めることができる。

5 この産業が1単位増産するごとに，政府がHEに等しい補助金を与えることにより，社会的厚生をEGFだけ高めることができる。

第5章 市場の失敗

**
No.4 **外部効果に関する記述として妥当なのはどれか。**

【国税専門官・平成17年度】

1 コースの定理によれば，外部性が存在しても取引費用がない場合には，資源配分は損害賠償に関する法的制度によって変化することはなく，当事者間の交渉により常に効率的な資源配分が実現する。

2 コースの定理は，外部性の問題は政府の介入なしでは解決しえないことを示すものであり，この定理に基づいた解決策は，利害関係のある当事者が多い場合よりも少ない場合のほうがより有効であると考えられる。

3 企業の生産活動に伴う環境汚染の問題は外部不経済の典型例であるが，企業が多数存在し，それぞれの企業が異なる費用関数を持つ場合，資源配分の問題を課税によって解決することはできても補助金によって解決することはできない。

4 企業の生産活動に伴う環境汚染の問題は外部不経済の典型例であるが，企業が多数存在し，それぞれの企業が異なる費用関数を持つ場合であっても，政府が一律の排出基準を設定することにより企業全体の限界費用と社会的な限界費用を一致させることができる。

5 外部効果に対するピグー的政策とは，外部効果を発生させる企業に対して，政府が具体的な生産量を指導する政策であり，課税や補助金政策よりも効率的に社会的に望ましい資源配分を達成すると考えられている。

**
No.5 **完全競争市場の下で，ある産業における市場全体の私的総費用関数が，**

$$PTC=2q^2+10 \quad \text{〔}PTC\text{：私的総費用の大きさ，}q\text{：財の生産量〕}$$

で表されるものとする。

この財を生産するに当たって，外部不経済が存在し，

$$C=q^2 \quad \text{〔}C\text{：外部不経済による費用〕}$$

の費用が追加的に生じるとする。

一方，この市場の需要関数が，

$$q=-\frac{1}{2}p+48 \quad \text{〔}p\text{：財の価格〕}$$

で表されるものとする。

今，政府が，社会的余剰を最大化するために，この産業に対し生産物１単位当たりの課税を行った。この場合の税収の大きさはいくらか。

【国家一般職・平成28年度】

1 144　**2** 192
3 256　**4** 288
5 384

実戦問題 1 の解説

No.1 の解説　外部不経済に対する補助金と課税の比較　→問題はP.342　正答4

完全競争市場であるから，政府がなんらかの政策を実施しない限り，企業は私的限界費用（*PMC*）のみを負担する。この場合，*PMC*が供給曲線になるので，市場は*E*点で競争均衡が成立する。余剰分析を行うと，消費者余剰は△AEp_0，生産者余剰は△Cp_0Eであるが，外部不経済による負の余剰が□*CBGE*だけ発生するので，総余剰（社会全体の余剰）は△AEp_0＋△Cp_0E－□*CBGE*＝△*BAF*－△*EFG*になる。

なんらかの理由で企業が社会的限界費用（*SMC*）を負担する場合，*SMC*が供給曲線になるので，市場は*F*点で均衡する。余剰分析を行うと，消費者余剰は△AFp_1，生産者余剰は△BFp_1であり，総余剰は△*ABF*になる。

したがって，両者を比較すると，完全競争の場合に余剰損失が△*FGE*だけ発生することになり，余剰損失を発生させない*F*点が最適均衡である。

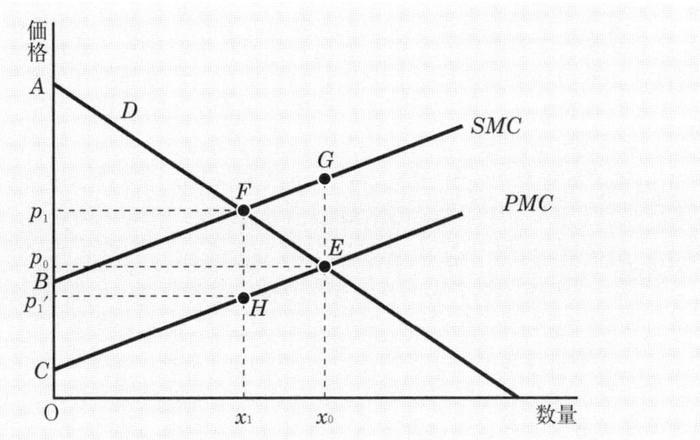

STEP❶　選択肢1～3について

社会的限界費用と私的限界費用の差（*SMC*－*PMC*）を生産者に補助金として支給すると最適均衡を実現する。企業が支給された補助金（□*CBFH*）を外部不経済の費用に充て，企業の限界費用が社会的限界費用になる場合，均衡点は*F*点となり，生産量がx_1，価格はp_1になる。余剰分析をすれば，消費者余剰が△p_1AF，生産者余剰は□Cp_1FH（補助金収入を含む）となり，総余剰はここから政府の補助金支出□*CBFH*を差し引いた△*BAF*になるから，最適均衡の場合と同じ総余剰になる。

1 ×　総余剰（社会全体の余剰）は生産量がx_1のときに最大となる。

総余剰は生産量がx_0のときには△*BAF*－△*EFG*であるが，生産量がx_1のときには△*BAF*に増加する。また，生産者余剰は生産量がx_1のときに□Cp_1FH，生産量がx_0のときに△Cp_0Eであり，どちらが大きいかは不確定である。

2 ×　生産量がx_0からx_1に減少すると，総余剰は増加する。

消費者余剰は生産量がx_0のときに△AEp_0，生産量がx_1のときに△AFp_1であるから減少するが，総余剰は**1**で確認したように増加する。

3 ×　総余剰は生産量がx_1のときに最大となる。

生産量をx_1から変化させると，最大化されていた総余剰は減少する。

STEP❷　選択肢4・5について

社会的限界費用と私的限界費用の差（$SMC-PMC$）に相当するピグー税tを賦課する場合を前図で考える。企業の限界費用は$PMC+t=SMC$になるので，生産量はx_1，価格はp_1になる。余剰分析をすれば，消費者余剰が△p_1AF，生産者余剰が△$p_1'HC$であり，加えて税収が□$p_1'p_1FH$であるが，外部不経済が□$CBFH$だけ発生する。ここで，税収□$p_1'p_1FH$と外部不経済□$CBFH$は底辺FHを共有する同じ高さの長方形と平行四辺形であるので面積が等しいことに注意すると，総余剰は，△p_1AF＋△$p_1'HC$＋□$p_1'p_1FH$－□$CBFH$＝△BAFになる。つまり，最適均衡の場合と同じ総余剰になる。

4 ◎　外部不経済が発生する場合，競争均衡の下では生産者余剰は過剰になる。

妥当である。生産量がx_0の場合の生産者余剰は△Cp_0Eであるが，生産量がx_1の場合の生産者余剰は△$p_1'HC$に減少する。これは，企業が外部不経済の費用を負担しない場合に過剰な余剰を得ていたことを表している。

5 ×　最適均衡の場合に総余剰は最大になる。

生産量がx_1のときの均衡であるF点は最適均衡であり，総余剰は最大である。したがって，ここから生産量を変更すると総余剰は減少する。このことをSMCにtの税を賦課する場合を表した下図で確認する。この場合の均衡点はJ点になり，価格はp_2，数量はx_2になる。余剰分析を行うと，消費者余剰は△AJp_2，生産者余剰は△KJp_2，税収が□$CKJM$になり，負の外部効果が□$CBLM$になるので，整理すると総余剰は△AJp_2＋△KJp_2＋□$CKJM$－□$CBLM$＝□$BAJL$＝△BAF－△LJFになる。つまり，最適な生産量x_1の場合に比べて△LJFだけの余剰損失が発生することになる。

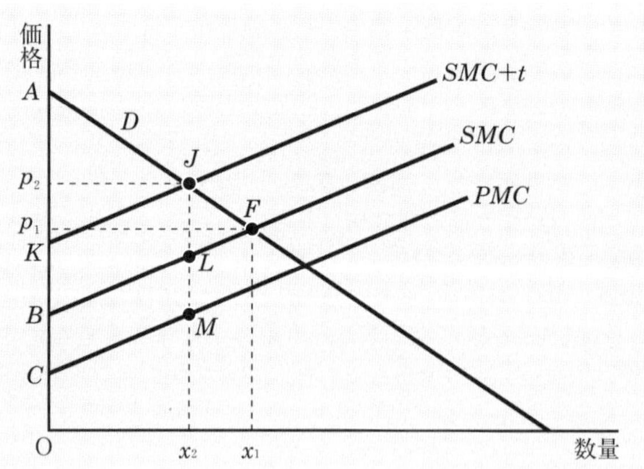

No.2 の解説　負の外部効果

→問題はP.342　正答4

図が描ければさほど難しくない問題であるが，需要曲線が与えられていない点や限界費用ではなく総費用が与えられているので微分して限界費用を求めておかなければならない点など，細部にいくつかの注意点がある。

STEP❶　題意の図示

企業の総費用関数C（私的総費用関数PTC）を微分すれば，私的限界費用PMCを，

$$PMC=4x$$

とできる。ここで，X財を1単位生産するごとに，社会に環境被害として60だけの損害額を発生させることを考慮すれば，社会的な限界費用関数SMCは，

$$SMC=4x+60$$

となる。また，この財の価格は100であることと合わせて，以上のことを図のように描く。

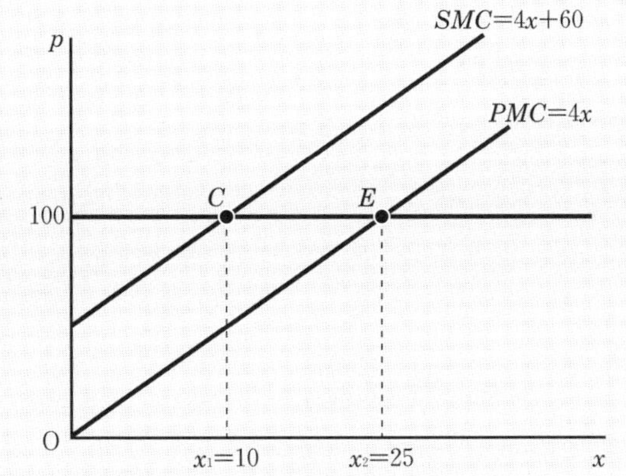

STEP❷　総余剰を最大にする生産量と利潤を最大にする生産量の計算

社会の総余剰を最大化する生産量x_1は環境被害（負の外部性）を考慮した限界費用関数SMCの下で実現するような生産量である。したがって，これは価格$p=100$の下で企業にとって最適となる$p=SMC$を満たすC点に対応した生産量であり，$100=4x+60$より$x_1=10$である。

企業の利潤を最大化するような生産量は，環境被害（負の外部性）を考慮しない限界費用関数PMCの下で実現するような生産量である。したがって，これは価格$p=100$の下で企業にとって最適となる$p=PMC$を満たすE点に対応した生産量であり，$100=4x$より$x_2=25$である。

よって，正答は**4**である。

第5章 市場の失敗

No.3 の解説　外部経済

→問題はP.343　**正答5**

正の外部効果（外部経済）に関する出題である。私的限界費用*PMC*と社会的限界費用*SMC*の位置関係，発生する余剰損失の位置などが負の外部効果（外部不経済）と異なるので，混同しないよう注意が必要である。

STEP❶　選択肢1～3について

完全競争均衡とは経済主体が私的限界費用に基づいて行動する場合の均衡であり，本問では*F*点である。この場合，消費者余剰は△p_0DF，生産者余剰は△Bp_0Fであるが，私的限界費用と社会的限界費用の差分だけ外部経済として他者の利益になるから，これを表す□*ABFG*を加えると，総余剰（社会的厚生）は□*ADFG*になる。なお，下図では価格p_0およびp_1を加えている。

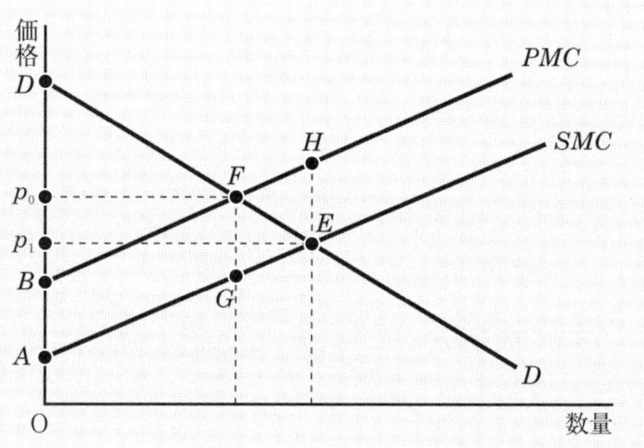

1 ×　**完全競争均衡における外部経済は*ABHE*ではなく*ABFG*の面積に当たる。**

2 ×　**完全競争均衡における外部経済は*EFH*ではなく*ABFG*の面積に当たる。**

3 ×　**完全競争均衡における消費者余剰と生産者余剰の和は*BDF*の面積に当たる。**
消費者余剰は△p_0DF，生産者余剰は△Bp_0Fであるから，その和は△*BDF*になる。

STEP❷　選択肢4・5について

政府が生産量１単位当たりにつき*HE*の補助金を与えれば，私的限界費用*PMC*は社会的限界費用*SMC*の水準まで低下する。このときには外部経済は発生しない（発生した分が政府の負の余剰である補助金支出と相殺されると考えればよい）が，消費者余剰は△p_1DEに，生産者余剰は△Ap_1Eになり，その和である総余剰（社会的厚生）は△*ADE*になる。つまり，完全競争均衡時と比較して△*EGF*だけ増加する。したがって，本問では問われていないが，完全競争均衡では△*EGF*の余剰損失が発生しており，補助金が与えられた場合の*E*点が総余剰を最大化する最適均衡となる。

4 ×　**政府の補助金は総余剰を*ABFG*ではなく*EGF*だけ高める。**

5 ◎　**政府の補助金は総余剰を*EGF*だけ高め，社会的に最適な状態を実現する。**

No.4 の解説 負の外部効果に対する諸対応法

→問題はP.344 正答 1

本問は外部性に関する政策についての知識を問う問題である。本問によってコースの定理やピグー的政策の前提や内容を確認できる。

1 ◎ コースの定理は，適切に所有権が設定されていることが前提となる。

妥当である。たとえば，大気汚染を考える。清浄な大気を享受する権利が消費者にあれば，汚染物質を排出した企業が汚染を回復するための費用負担を負うべきことになる一方，大気を使用する権利が企業に帰属していれば被害を回復するための費用負担は被害を受ける消費者が負うべきということになる（極端な例であるが)。このように，コースの定理には所有権が法的制度によって明確に規定されていることが，前提として要求されている。

2 × コースの定理は当事者のみの交渉によってパレート最適は達成される。

コースの定理は，適切な所有権が法的に保障されていれば，それ以上に行政や司法の介入を要求してない。ただし，一般には当事者の数が多いほうが，合意を得るために必要な取引費用は発生しやすいであろう。

3 × 負の外部効果は，課税によっても補助金によっても解決できる。

負または正の外部効果を発生させる経済主体（企業）が異なる費用関数を持つ場合，それを市場全体で集計することが困難である。しかし，理論上，社会的限界費用と私的限界費用の差額を課税（ピグー税）することで解決できる場合，補助金支出でも同じ結果を実現できる。

4 × 個々の企業の限界費用が異なれば，一律の基準でパレート最適を実現することはできない。

個々の企業の私的限界費用関数が異なれば，一律の排出基準の設定では個々の企業が社会的限界費用を実現するわけではないから，これを集計しても市場全体で望ましい社会的限界費用が実現するわけでもない。

5 × ピグー的政策は，課税もしくは補助金で実現する政策である。

したがって，ピグー的政策は，課税や補助金の結果として生産量が変動するとしても，生産量を直接に規制する政策ではない。

No.5 の解説　外部不経済

→問題はP.344　正答４

外部不経済は，社会的にはだれかが負担しなければならない費用（社会的費用）と特定の経済主体が実際に払う費用（私的費用）の乖離によって生じる。典型的には，環境被害をもたらす企業が財の生産にかかる費用は支払っても，環境対策費用は払わないために，被害を受けた消費者に負担が生じるケース（いわゆる公害）が考えられる。企業が払うべきと考えられる費用と実際に企業が払うであろう費用を限界概念を用いて図示することがポイントである。

STEP❶　題意の図示

この財を生産するに当たって追加的に生じる外部不経済を加えると，社会的総費用関数STCは，

$$STC=PTC+C=2q^2+10+q^2=3q^2+10$$

になる。この社会的総費用関数STCおよび私的総費用関数PTCのおのおのを生産量で微分すれば，社会的限界費用関数SMCおよび私的限界費用関数PMCは，

$$SMC=6q$$

$$PMC=4q$$

になる。これらを変形した需要曲線$p=96-2q$とともに表したものが下図である。

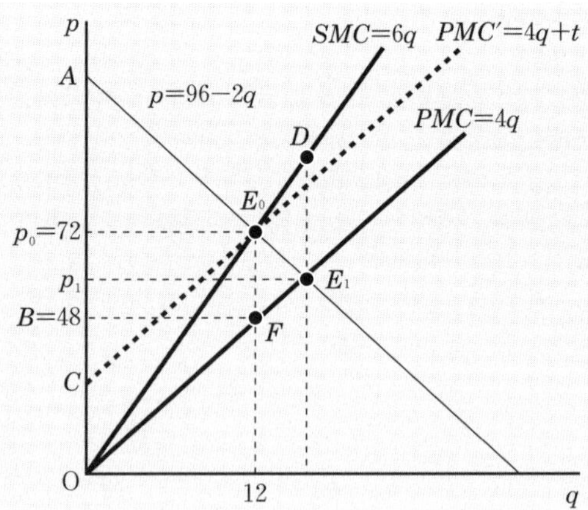

STEP❷　余剰分析

完全競争下では，各企業は外部不経済に伴う追加的費用を負担しようとはしないため，私的限界費用関数PMCが市場の供給曲線になり，競争均衡は点E_1になる。この場合の総余剰は，消費者余剰$\triangle p_1AE_1$と生産者余剰$\triangle \mathrm{O}p_1E_1$の和から負の外部経済による損失$\triangle \mathrm{O}DE_1$を差し引いた，$\triangle \mathrm{O}AE_0-\triangle E_0DE_1$になる。

社会的余剰が最大化されるのは，各企業が外部不経済の費用を負担する場合であり，この場合は社会的限界費用関数SMCが市場の供給曲線になるから，均衡（最適均衡）は点E_0である。この場合は外部不経済による損失が発生しないから，総余剰は消費者余剰$\triangle p_0AE_0$と生産者余剰$\triangle Op_0E_0$の和の$\triangle OAE_0$になる。

最適均衡点E_0を実現するよう，生産物１単位当たりの課税（ピグー税と呼ばれる）tを課すと，私的限界費用曲線PMCは$PMC'=4q+t$となる（図中の点線）。この場合の税収は$\square Bp_0E_0F$に相当する。

STEP❸　税収の計算

最適均衡点における数量は，需要曲線$p=96-2q$と社会的限界費用曲線$SMC=6q$の交点であるから，右辺どうしを等しいとおけば，$96-2q=6q$より$q=12$である。このときの市場価格（税込み）p_0は需要曲線$p=96-2q$（または社会的限界費用曲線）に$q=12$を差し戻せば$p_0=96-2\times12=72$である。また，税抜き価格（B点）は私的限界費用関数$PMC=4q$に$q=12$を代入することで48となり，生産物１単位当たりの税額が72－48＝24とわかる。したがって，税収Tは，

$$T=tq=24\times12=288$$

である。

よって，正答は**4**である。

実戦問題❷　応用レベル

＊＊
No.6 生産の外部不経済が存在する経済において，企業Aと企業Bの費用関数が次のように表されているものとする。

$C_A = X_A^2 + 30X_A$　　〔C_A：企業Aの総費用，X_A：企業Aの生産量〕

$C_B = X_B^2 + X_A \cdot X_B$　　〔C_B：企業Bの総費用，X_B：企業Bの生産量〕

また，企業Aの生産する財の価格は80，企業Bの生産する財の価格は70で，一定であるとする。

このとき，各企業がそれぞれ，相手企業の生産量を所与として利潤最大化を行っている状態から，両企業の利潤の合計が最大化されている状態に移行するために，企業*A*が減らさなければならない生産量として，妥当なのはどれか。

【地方上級（特別区）・令和５年度】

1　10
2　15
3　20
4　25
5　30

＊＊＊
No.7 企業Ａは*X*財を，企業Ｂは*Y*財を生産している。企業Ａが企業Ｂに外部不経済を与えており，企業Ａと企業Ｂの費用関数はそれぞれ，

$C_A(x) = x^2$

$C_B(y,\ x) = y^2 + x^2$

で与えられている。ここで x は企業Ａの生産量，y は企業Ｂの生産量を表す。*X*財と*Y*財の市場価格はそれぞれ60，30であり，常に一定であるものとする。

生産者余剰が最大となる資源配分の状態を実現するため，政府が企業Ａに対して*X*財の生産量１単位当たり t の租税を賦課するとき，t の値として，正しいのはどれか。ただし，企業は個別に利潤最大化を図るものとする。

【国税専門官・平成19年度】

1　10
2　15
3　20
4　25
5　30

＊＊
No.8 ある経済では，X財とY財が生産されており，その生産可能性フロンティアは次式で表される。

$x+y=30$ 〔x：X財の生産量，y：Y財の生産量，$x \geqq 0$，$y \geqq 0$〕

Y財の生産ではCO_2は発生しないが，X財の生産ではCO_2が発生し，X財の生産量とCO_2の発生量の関係は次式で表される。

$z=2x$ 〔z：CO_2の発生量〕

この経済の社会的厚生関数が次式で表されるとき，社会的厚生を最大化するX財の生産量として，妥当なものはどれか。

$W=xy(60-z)$ 〔W：社会的厚生の水準〕

【地方上級（全国型）・平成28年度】

1 5
2 10
3 15
4 20
5 25

＊＊＊
No.9 外部不経済をもたらす企業Ａの収益と住民が被る被害がそれぞれ以下のように表せるとする。

$$R=30y-\frac{y^2}{2}$$

$$L=\frac{y^2}{4}$$ 〔R＝企業Ａの収益，L＝住民が被る被害，y＝企業Ａの操業水準〕

ここで，Ａの自由な操業水準を出発点として，企業と住民が外部不経済の費用負担について交渉する場合を考える。交渉の結果としてありうる操業水準および補償額の組合せとして妥当なのは次のうちどれか。 【国家総合職・平成16年度】

	操業水準	補償額
1	20	住民が企業に50支払う
2	20	住民が企業に25支払う
3	15	住民が企業に100支払う
4	15	企業が住民に25支払う
5	20	企業が住民に100支払う

第5章 市場の失敗

実戦問題❷の解説

No.6 の解説　負の外部効果の合併解　→問題はP.352　**正答2**

本問では，企業Bの費用関数が$C_B = X_B^2 + X_A X_B$であるから，企業Aの生産量X_Aを含んでいる。これは企業Aの生産量の増加が企業Bの費用を増加させる点において，企業Aが企業Bに外部不経済を与えていることを表している。

STEP❶　相手企業の生産量を所与とする場合の企業Aの生産量

相手企業の生産量を所与とする場合，企業Aの費用関数には企業Bの生産量は含まれない（つまり，企業Bは企業Aに外部不経済を与えていない）ため，相手企業である企業Bの生産量を所与とするとの条件は特段の意味を持たない。この場合，企業Aの最適な生産量は，利潤関数

$$\pi_A = 80X_A - (X_A^2 + 30X_A)$$

において，利潤を最大化する条件である，

$$\frac{d\pi_A}{dX_A} = 80 - 2X_A - 30 = 0$$

を満たす，

$$X_A = 25$$

である。

STEP❷　両企業の利潤の合計を最大化する場合の企業Aの生産量

各企業の利潤π_i（i＝A, B）は，それぞれ，

$$\pi_A = 80X_A - (X_A^2 + 30X_A)$$

$$\pi_B = 70X_B - (X_B^2 + X_A X_B)$$

であるから，両企業の利潤の合計Πは，

$$\Pi = 80X_A - (X_A^2 + 30X_A) + 70X_B - (X_B^2 + X_A X_B)$$

である。このΠを最大化する２企業の生産量は，

$$\frac{d\Pi}{dx_A} = 80 - 2X_A - 30 - X_B = 0$$

$$\frac{d\Pi}{dx_B} = 70 - 2X_B - X_A = 0$$

の条件を満たすことになる。これを連立すれば，

$$X_A = 10$$

を得る。

STEP❸　企業Aの生産量の比較

企業Aの生産量は，企業Bの生産量を所与とする場合に$X_A = 25$であり，両企業の利潤の合計を最大化する場合に$X_A = 10$であるから，両者を比較すれば，後者の場合に15だけ生産量を減少させることが必要となる。

よって，正答は**2**である。

No.7 の解説 負の外部効果への課税

→問題はP.352 正答5

企業Bの費用関数が$C_B(y, x)=y^2+x^2$であり，企業Aの生産量が増加するほど企業Bの費用負担が大きくなることから，企業Aが企業Bに負の外部効果を与えていることがわかる。また，生産者余剰は利潤と固定費用の和であるが，本問では固定費用が存在しないから（2企業の生産量x，yがゼロなら費用もゼロになる），生産者余剰として2企業の利潤の和を想定することになる。つまり，外部性の合併解に関する問題である。

STEP❶ 各企業が個別に利潤最大化するときの生産量

企業Aと企業Bの利潤関数は，

$$\pi_A=60x-x^2$$

$$\pi_B=30y-(y^2+x^2)$$

と表せる。各企業が個別に利潤最大化する際の利潤最大化条件は，

$$\frac{d\pi_A}{dx}=60-2x=0$$

$$\frac{d\pi_B}{dy}=30-2y=0$$

であり，ここから各企業の生産量は$x=30$，$y=15$になる。

STEP❷ 生産者余剰の最大化

生産者余剰が最大となるのは，2企業の利潤の和が最大化される場合なので，

$$\pi=\pi_A+\pi_B=60x-x^2+30y-(y^2+x^2)$$

を最大化するように企業Aと企業Bは生産量を決める。その条件は，

$$\frac{d\pi}{dx}=60-2x-2x=0$$

$$\frac{d\pi}{dy}=30-2y=0$$

であり，生産量は$x=15$，$y=15$になる。つまり，企業Aは，個別に利潤最大化する場合には，社会的に望ましい生産量を15だけ上回る生産を行うのである。

STEP❸ 課税による生産者余剰の最大化

企業Aの生産量が$x=15$になるよう，政府がtの従量課税を行なう場合を考える。企業Aの利潤は，

$$\pi_A=60x-x^2-tx$$

と表せる。企業Aは，tを所与として利潤を最大化するが，その条件は，

$$\frac{d\pi_A}{dx}=60-2x-t=0$$

であるから，生産量は$x=30-0.5t$である。政府は$x=15$を実現したいのであるから，これを代入すれば$t=30$とできる。

よって，正答は**5**である。

No.8 の解説　社会的厚生の最大化

→問題はP.353　**正答2**

社会的厚生関数は2財の生産量x，yが多いほど，またCO_2の発生量zが少ないほど社会的厚生が高まることを表している。X財の生産量が増加するほどCO_2の発生も増加するから，この両者のトレードオフ，さらにCO_2を発生させることなく生産できるY財との兼合いを考慮して社会的厚生を最大化する。

STEP❶　社会的厚生関数の整理

生産可能性フロンティアを変形すれば，2財の生産量x，yの関係は，

$$y=30-x$$

とできる。この式とX財の生産量xとCO_2の発生量zの関係を表す，

$$z=2x$$

を，社会的厚生関数に代入すれば，次のようにX財の生産量xのみの関数になる。

$$W=x(30-x)(60-2x)=1800x-120x^2+2x^3$$

STEP❷　社会的厚生の最大化

社会的厚生を最大化する条件は，微分してゼロに等しいとおくことであるから，

$$\frac{dW}{dx}=1800-240x+6x^2=0$$

$$x^2-40x+300=(x-10)(x-30)=0$$

より，$x=10$である。$x=30$のとき，CO_2の発生量が$z=60$となり，社会的厚生はゼロになる。

よって，正答は**2**である。

No.9 の解説　外部不経済の交渉解

→問題はP.353　**正答1**

コースの定理は，取引費用がなければ，当事者間の自発的な交渉によってだれが被害に関する費用を負担しても社会的に望ましい資源配分を達成するというものである。ただし，だれが費用を負担するかによって所得分配は変化する。本問はこの事実を確認するものである。

STEP❶　企業の操業水準

この企業が住民の被害Lを無視して収益Rを最大化する場合，$\frac{dR}{dy}=30-y=0$より，生産量は，$y'=30$になる。一方，社会的に望ましい生産量は，住民被害という社会的費用を差し引いた，$R-L=30y-\frac{y^2}{2}-\frac{y^2}{4}$を微分してゼロに等しいとおくことで，$y^*=20$になる。したがって，企業が自由に操業した場合，10だけ多く生産することになる。

なお，住民は企業Aの操業に伴う被害Lと，それを食い止めるために生産を抑制させる場合に企業Aに補填する逸失利益の和を総費用Cとみなして，

$$C=\frac{y^2}{4}+\left[450-\left(30y-\frac{y^2}{2}\right)\right]$$

とし，これを最小化しようとする。最右辺第１項は被害を表し，第２項は自由な操業時の利潤450と選択させたい生産量yの下での利潤の差を表している。このCを最小化する生産量は，$\frac{dC}{dy}=\frac{y}{2}-30+y=0$を満たす，$y^*=20$になるが，これは企業Aが住民被害を考慮した場合の社会的に最適な生産量に等しい。

STEP❷ 住民による企業への，もしくは企業による住民への補償額

企業Aが自由に操業を行う場合，収益は$R=30\times30-\frac{30^2}{2}=450$であり，生産量を$y^*=20$に制約される場合，収益は$R=30\times20-\frac{20^2}{2}=400$へと50だけ減少する。よって，企業が自由に操業する権利を有する場合に，住民が企業に生産量を$y^*=20$に制限させるには50の逸失利益の補填が必要となる。

一方，住民が考える最適な生産量$y^*=20$の場合，住民の被害は$L^*=\frac{20^2}{4}=100$であるが，企業が自由に操業する場合の住民の被害は$L'=\frac{30^2}{4}=225$であるから，企業が自由に操業する代わりに住民に行う補償は125になる。

以上より，交渉結果は，住民が企業に50支払うケース，もしくは企業が住民に125払うケースのいずれかとなる。

よって，正答は**1**である。

費用逓減産業と公共財

必修問題

だれかが消費してもほかの人の消費可能量が減らない性質（非競合性）と，特定の個人の利用を排除できない性質（非排除性）を満たす財を公共財，これらの性質のうちいずれか一方のみを満たす財を準公共財という。公共財と準公共財に関する次の記述のうち，妥当なもののみをすべて挙げているのはどれか。

【市役所・令和４年度】

ア：公共財はいったん供給されると皆が消費できるため，公共財が社会全体にもたらす**限界便益**は各個人の限界便益の合計となる。

イ：準公共財のうち，消費が競合する財を**共有資源**という。人々が自由に共有資源を消費すると，消費量は社会的に最適な水準になる。

ウ：準公共財のうち排除可能な財を**クラブ財**という。クラブ財は利用者から対価を徴収することができるため，民間企業によって供給することが可能である。

エ：特定の地域のみに影響を与える公共財を**地方公共財**という。地方公共財に対する選好が地域ごとに大きく異なる場合，地方分権化定理によると，地方公共財は地方政府が供給するよりも中央政府がどの地域にも供給することが望ましい。

オ：地球環境を維持することや国家安全保障を確保することの便益は国境を越えるため，これらを**国際公共財**とみなすことができる。各国が自国の利益を追求すると，国際公共財の供給量は社会的に最適な水準を上回る。

1　ア，ウ
2　ア，エ
3　イ，エ
4　イ，オ
5　ウ，オ

難易度　＊

必修問題の解説

公共財とそれに関連する概念に関する出題である。

ア○ 公共財が社会全体にもたらす限界便益は各個人の限界便益の合計となる。
妥当である。なお，一般には，個人によって公共財から得られる限界便益は異なる。

イ× 共有資源とは，非競合性を満たさない準公共財のことである。
たとえば，公海上の好漁場を考える。だれもがその場で漁を行うことができる（非排除性を満たす）が，個々の漁業者が利潤最大化を図ると，乱獲によって漁業資源は減少してしまうため，結果的には自らの漁獲量が減少してしまう（非競合性を満たさない）。つまり，前半は正しいが，この例からわかるように，人々が自由に共有資源（コモンプール財ともいう）を消費すると，社会全体での消費は過大な水準となる。これをコモンズ（共有地）の悲劇という。

ウ○ クラブ財とは，非排除性を満たさない準公共財のことである。
妥当である。たとえば，有料の会員制クラブを考える。会費を払わない者はクラブに参加することができない（非排除性を満たさない）が，クラブの参加者はクラブのサービスを自由に享受できる（非競合性を満たす）。この場合，クラブの運営者は利用者から対価を得ることができるため，このようなクラブ財は民間企業による供給が可能である。

エ× 特定の地域のみに便益が及ぶ公共財を地方公共財という。
地方公共財の例として，管轄できる範囲内において，治安維持などの警察サービスを提供できる交番が挙げられる。オーツによる地方分権化定理（**重要ポイント7**）とは，地方公共財に対する選好が地域ごと異なる場合，地方公共財の供給は中央政府が一括して行うよりも地方政府が個別に行うほうが望ましいことを示すものである。

オ× 便益が及ぶ範囲が国境を越えるような公共財を国際公共財という。
国際公共財は，通常の公共財と同様，ある国が他国の供給した公共財にフリーライドすることが可能となるので，国際公共財の供給量は最適水準より過少となる可能性がある。

正答 1

FOCUS

費用逓減産業は，水道・電気・ガス，通信，交通といったいわゆる公益事業であることが多い。しかし，これらは純粋公共財の定義（重要ポイント4）を満たさないので，理論上は私的財の一種である。また，私的財であるがゆえに，政府による規制を受けることが多いにせよ，民間企業に供給がゆだねられていることが多いのである。一方，公共財は政府が供給する。両者を混同しないようにしてほしい。

POINT

重要ポイント 1 費用逓減産業（自然独占産業）

規模に関して収穫逓増である（規模の経済性が存在する）場合，資本と労働の投入量を一斉にλ倍にしたときに生産量はλ倍を上回る。すなわち総費用はλ倍になるが，生産量はλ倍を上回るのであるから，平均費用は減少する。このように生産量の増加とともに平均費用が減少する産業を**費用逓減産業**と呼ぶ。

費用逓減産業の例として，電力・ガスなどのエネルギー産業，水道業，電気通信産業や鉄道業・航空業など交通産業が挙げられる。これらのネットワーク形成が必要な産業は事業開始前にネットワークを整備するための大きな固定費用が必要となる一方，事業開始後に生産量を増加させるほど平均費用が低下する。

このような産業では，巨額の固定費用が参入障壁となりがちなうえ，生産量の大きい企業が費用面で優位に立てるので，市場で独占的地位を確立することが多い。これを**自然独占**という。しばしば自然独占と費用逓減産業は同義として用いられる。

重要ポイント 2 費用逓減産業の余剰分析

通常の平均費用のグラフはU字型であるから，費用逓減産業はその右下がり部分が拡大した産業ともいえる。これを表した下図を用いて余剰分析を行う（p：価格，Q：生産量，AC：平均費用，MC：限界費用，MR：限界収入）。

もし，完全競争市場が成立したとすれば，限界費用曲線が供給曲線になるので，これと需要曲線の交点であるE点が競争均衡になる。この場合，価格はp_0，数量はQ_0になるから，消費者余剰は△p_0AE，生産者余剰はp_0BEに囲まれた部分の面積に相当する負の余剰（収入□Op_0 EQ_0 から限界費用曲線のBEより下の部分を差し引く）であり，総余剰はBAEになる。

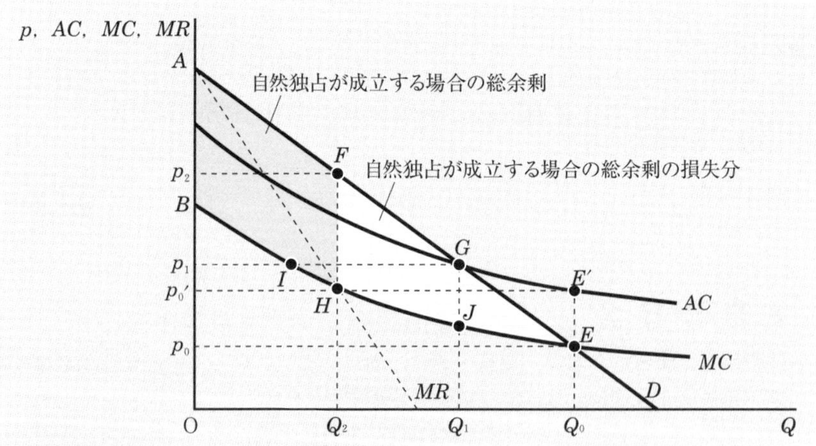

自然独占が成立する場合，通常の独占企業と同様に，$MR=MC$を満たす生産量Q_2から逆需要曲線Dに沿って価格をp_2に決定するため，**均衡はF点になる**。この場合の消費者余剰は△p_2AF，生産者余剰はBp_2FHになるので，総余剰は$BAFH$であ

る。したがって，**自然独占は*HFE*分の余剰損失を発生させる**。市場を放任するとむしろ最適でない状態になるため，費用逓減産業は**市場の失敗**の一例なのである。

重要ポイント3 費用逓減産業に対する規制

費用逓減産業には，**重要ポイント1**での例からわかるように，社会生活に必要なインフラストラクチャーに係る公益性の高い事業が多い。したがって，企業に独占価格を設定させることは望ましくない。しかし，多数の企業が参入すると，設備投資が重複するとの非効率が生じる。したがって，政府は企業に独占権を許認可する代わりに以下のような価格規制をかける。

(1)限界費用価格形成原理

重要ポイント2の**完全競争と同じ水準の価格p_0に規制**する。このとき数量はQ_0になる。この場合，**パレート最適な生産量**が達成されるが，**必然的に企業に赤字が発生**する（価格p_0は平均費用p_0を下回る）ため，企業を存続させるためには政府が補助金によって赤字を補填する必要がある。

なお，この規制による赤字は，収入□Op_0EQ_0から総費用□O$p_0'E'Q_0$（平均費用AC×生産量Q）を差し引いた□$p_0p_0'E'E$になる。

(2)平均費用価格形成原理

価格を平均費用に等しくしたときに需給が一致するように，企業を規制すると，図中，G点に対応した価格p_1，生産量Q_1になる。価格と平均費用，つまり生産量1単位当たりの収入と費用が等しいので，**企業に赤字は発生せず，独立採算制を採用できる**。その反面，**パレート最適にはならず，余剰損失が発生する。**

余剰損失が発生することを確認する。均衡がG点の場合，消費者余剰は△p_1AG，生産者余剰は$-p_1BI+IGJ$の面積（収入□Op_1GQ_1から限界費用のBJより下の部分を差し引く）になるので，総余剰は$BAGJ$になり，完全競争成立時（限界費用価格形成原理採用時）と比べて，JGEだけの余剰損失が発生する。

資源配分の効率性という観点からは，平均費用価格形成原理はセカンド・ベストな政策であるが，限界費用が実際には測定しにくいこともあり，実際にはこちらが採用されるケースが多い。わが国の電力産業などで採用されている**総括原価方式**もほぼこの原理に基づく。

重要ポイント4 公共財

(1)定義

P.サミュエルソンによれば，**純粋公共財**とは**消費の非競合性（共同消費）**と，**非排除性（排除不可能性）**をともに有する財である。

非競合性：ある個人の消費によって他の個人の消費が妨げられないという性質。
非排除性：対価を支払わない者の消費を妨げることが不可能か，技術的に困難であるという性質。

いずれか一方の性質のみを持つ財は**準公共財**，双方の性質とも持たない通常の財は**私的財**と呼ぶ。したがって，電力や公共交通機関が公共的であっても，私的な消費量が計測できる財は公共財ではない。純粋公共財の例としては，一般道路や警察・国防，さらには司法制度や貨幣制度を挙げることができる。

また，準公共財のうち，非競合性は持つが，非排除性のないものを**クラブ財**，逆に非排除性は持つが，非競合性のないものを**コモンプール財**という。

	非競合性なし	非競合性あり
非排除性あり	**コモンプール財** 水産資源，森林資源など	**純粋公共財** 一般道路，警察，国防など
非排除性なし	**私的財** 食料，衣服，住居，自動車，家電製品など	**クラブ財** 有料放送，有料道路など

⑵価値財

消費者が財の性質を正確に認識しにくいために公的に供給される財（適正水準まで消費を引き上げる義務教育や適正水準まで消費を引き下げるタバコなど）は**価値財**と呼ばれ，私的財ではあるが広義の公共財とみなされることがある。

⑶フリーライダー問題

一般に公共財は，その性質上，対価を支払わずに消費しようとする**フリーライダー**が発生するため，民間企業の採算に乗りにくい。それゆえに公共財は市場の失敗の一例であり，政府が供給せざるをえない。次頁で政府による最適供給問題を考える。

重要ポイント5 公共財の最適供給（部分均衡分析）

公共財のみの部分均衡分析によって最適供給を求めるが，比較のために私的財を考える。私的財では，すべての消費者に共通の価格の下で，個々の消費者がおのおのの選好に従って数量を決定する。このことから，下左図のように，**私的財の消費者全体の需要曲線は，個々人の需要曲線を水平方向に集計することで得られる。**

一方，公共財では，すべての消費者に共通の数量が供給されるが各消費者が得られる効用は異なる。したがって，同じ数量でも消費者によって支払ってもよい額は異なり，それらの和が消費者全体で公共財に対して支払ってもよい額になる。ここから，下右図のように，**公共財の消費者全体の需要曲線は，個々の消費者の需要曲線を垂直方向に集計することで得られる。**なお，公共財に対して支払ってよい額については，価格ではなく**限界便益**（追加１単位の公共財に対して支払ってもよい額）MBとの概念を用いることが多い。以下は，社会に２消費者Ａ，Ｂが存在するケースについて上記の内容を図示したものである。

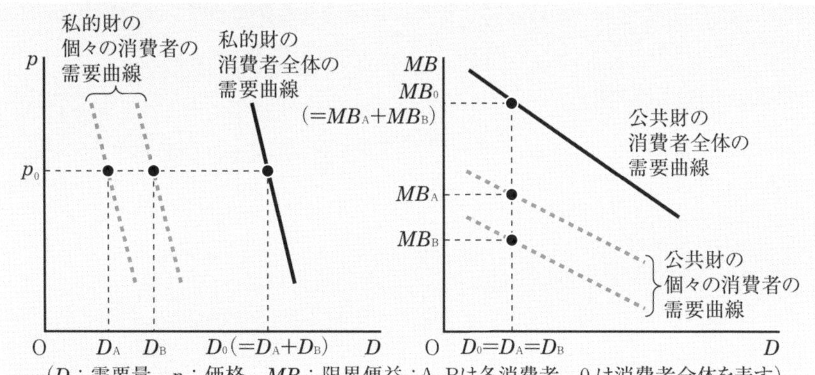

(D：需要量，p：価格，MB：限界便益；A, Bは各消費者，0は消費者全体を表す)

上で求めた公共財の需要曲線に限界費用曲線を描いた下図において，公共財の最適供給量はE点に対応したD^*である。図中のこの点においては，公共財に対して消費者が全体として支払える金額（限界便益の和）と限界費用が等しくなっている。したがって，これ以上の数量は消費者が支払える金額以上の限界費用をかけないと供給できないため，望ましくないのである。

ここから，最適供給量を求める公式として，

$$MB_A + MB_B = MC$$

がいえ，これは**ボーエン条件**と呼ばれる。

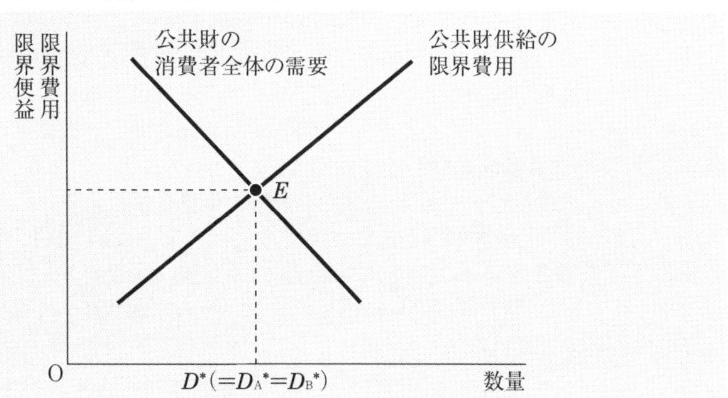

重要ポイント6 公共財の最適供給（一般均衡分析）

公共財に私的財も含めた一般均衡分析によって公共財の最適な生産を考える。横軸に公共財x，縦軸に私的財yの数量をとって平面に生産可能性フロンティアFF'と社会的な無差別曲線Iを描く。生産可能性フロンティアの範囲内で効用を最も高めると，社会的な無差別曲線と生産可能性フロンティアは1点で接する。このE点では，前者の接線の傾きである限界代替率MRSと後者の接線の傾きである限界変

形率MRTが等しくなっている。このことは社会的な限界代替率が２消費者A，Bの限界代替率に分解できるとすると，

$$MRS_A + MRS_B = MRT$$

と表せる。これが**サミュエルソン条件**と呼ばれる，公共財供給の最適条件である。

なお，限界代替率とは効用を一定に保つような公共財と私的財の交換比率であるから，減少させてもよい私的財の数量で測った１単位当たりの公共財の便益と考えることができ，限界変形率とは１単位の公共財生産のために減少させなければならない私的財の数量であるから，減少する私的財の数量で測った公共財の限界費用と考えることもできる。つまり，サミュエルソン条件とボーエン条件は同内容といえる。

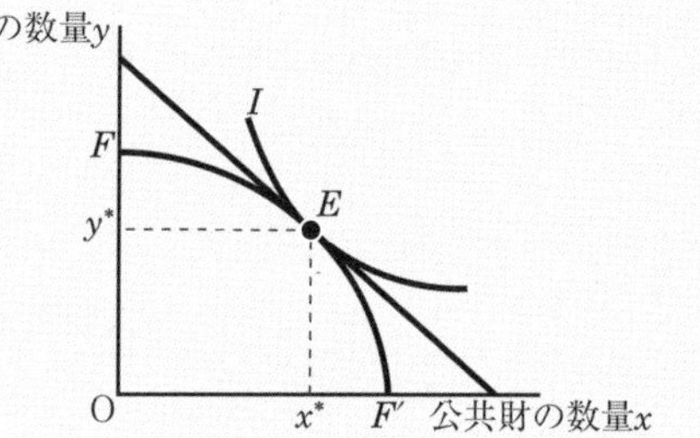

重要ポイント７ オーツの地方分権定理

公共財は，中央政府が画一的に供給するより，地方政府が個別に供給するほうが望ましい。これをオーツの地方分権定理という。以下，これを説明する。

２つの地方A，Bでは，公共財から得られる限界便益がおのおのD_AおよびD_Bと異なっており，各地方政府はそれを知っているが，中央政府はそれを知らず，平均的な限界便益$\overline{D}$のみ知っているとする。また，この公共財は，供給者を問わず一定の限界費用OJで供給され，費用は各地域住民から徴収されるとする。

まず，国が両地域に公共財を一括して供給する場合を考える。この場合の供給量はE点（限界便益と限界費用が一致する水準）に対応した$\overline{x}$になり，両地域ともに$\overline{x}$の公共財を利用できる。この場合，地域Aの純便益は，総便益□O$CK\overline{x}$から費用総額O$JE\overline{x}$を差し引いた△CFJ－△FEKになる。一方，地域Bの純便益は，総便益がO$AH\overline{x}$から費用総額O$JE\overline{x}$を差し引いた□$AHEJ$になる。

次に，この公共財を各地方政府が供給する場合を考える。地域Aでは，F点に対応したx_Aが供給され，そこから得られる純便益は，総便益□OCFx_Aから費用総額□OJFx_Aを差し引いた△CFJである。地域Bでは，限界費用と限界便益が一致するのはG点に対応したx_Bが供給され，そこから得られる純便益は，総便益□OAGx_Bから費用総額□OJGx_Bを差し引いた△AGJになる。

両者を比較すると，地域Aでは，中央政府が供給する場合の純便益△CFJ－△FEKは地方公共政府が供給する場合の純便益△CFJより△FEKだけ少ない。地域Bでは，中央政府が供給する場合の純便益□$AHEJ$は地方政府が供給する場合の純便

益△AGJより△HEGだけ少ない。つまり，中央政府による公共財の供給は，それが過小な場合にも過剰な場合にも社会的な損失を発生させるのである。

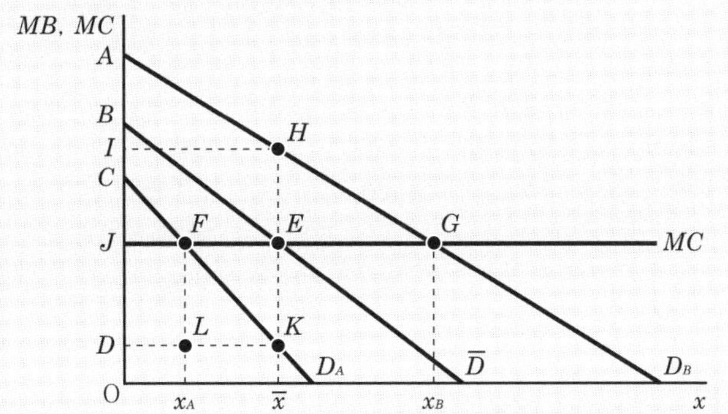

実戦問題❶　基本レベル

＊
No.1　次の文は，費用逓減産業の価格決定に関する記述であるが，文中の空所ア～エに該当する語の組合せとして，妥当なのはどれか。

【地方上級（特別区）・平成24年度】

下の図は，縦軸に価格および費用を，横軸に生産量をとり，ある費用逓減産業の需要曲線をD，平均費用曲線をAC，限界費用曲線をMC，限界収入曲線をMRで表したものである。この産業が独占企業によって営まれ，政府による規制を受けないとすると，この企業に利潤最大化をもたらす生産量は［ア］であり，そのときの価格は［イ］となる。一方，限界費用価格形成原理に基づくと，価格は［ウ］に決定され，この企業には［エ］の損失が発生する。

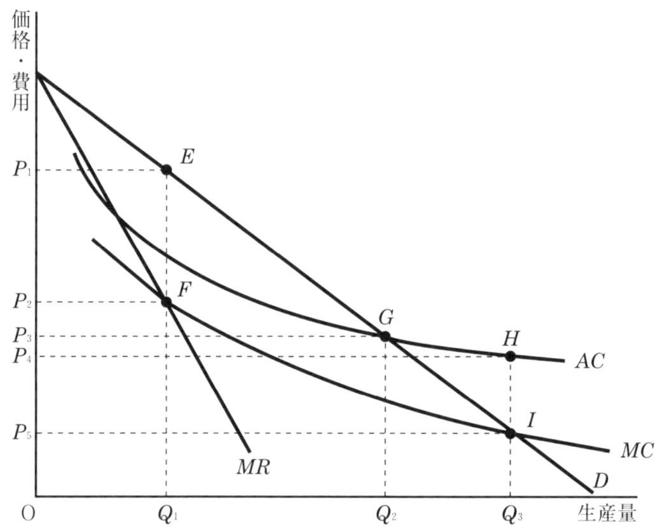

	ア	イ	ウ	エ
1	Q_1	P_1	P_4	P_4P_3GH
2	Q_1	P_1	P_5	P_5P_4HI
3	Q_2	P_3	P_4	$\mathrm{O}P_5IQ_3$
4	Q_2	P_3	P_5	P_5P_4HI
5	Q_3	P_4	P_2	P_2P_1EF

＊＊
No.2 **図は，ある売り手独占市場における市場需要曲線，限界収入曲線，限界費用曲線，平均費用曲線を描いたものである。このとき，市場の均衡に関する次の記述のうち，妥当なのはどれか。**

ただし，xを数量，pを価格としたとき，市場需要曲線が$x=20-2p$，限界収入（MR）が$MR=10-x$，限界費用（MC）が$MC=2$，平均費用（AC）が$AC=2+\frac{24}{x}$と表されている。 【国家一般職・平成26年度】

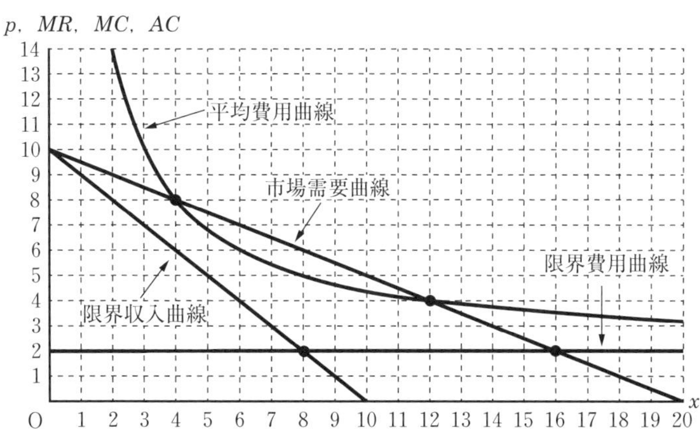

1　売り手独占者が価格支配力を行使したときの均衡における価格は８，数量は４である。

2　売り手独占者が価格支配力を行使したときの均衡における利潤は８である。

3　売り手独占者に対して，政府が独立採算（利潤も赤字もない状態）を義務付けたときの均衡における価格は２，数量は16である。

4　売り手独占者が価格支配力を行使せず，限界費用価格形成原理によって決定したときの均衡における価格は２，数量は８である。

5　売り手独占者が価格支配力を行使せず，限界費用価格形成原理によって決定したときの均衡における利潤は12である。

**
No.3 **ある財の市場の需要関数が$D(p)=16-p$（D：需要，p：価格）で示され，この財を費用関数が$C(y)=4y+32$（C：費用，y：生産量）である独占企業が生産している。独占による死荷重を小さくするために，政府が，この企業に対して平均費用での価格設定をさせる平均費用価格規制を行ったとすると，死荷重の大きさはいくらになるか。** 【労働基準監督官・平成27年度】

1 4
2 8
3 16
4 18
5 24

**
No.4 **100人からなる社会において，ある公共財に対する各個人の限界便益P_i（$i=1, 2, \cdots, 100$）は，その需要量Dに関して$P_i=10-2D$で表され，100人とも同じである。また，この公共財をSだけ供給するには，限界費用$MC=300S$が必要である。この公共財の社会的に最適な供給量はいくらか。**

【労働基準監督官・平成29年度】

1 1
2 2
3 4
4 5
5 6

実戦問題1の解説

No.1 の解説　費用逓減産業　→問題はP.366　正答2

費用逓減産業とは，生産量の増加とともに平均費用が減少する産業のことである。したがって，生産量の多い企業ほど1単位当たりの費用が低くなり，結果として自然独占が生じやすい。ただし，費用逓減産業はインフラ産業や公益事業と呼ばれる産業に属することが多く，政府がなんらかの規制を設けることが多い。

STEP❶　政府の規制がない場合

費用逓減産業の場合，政府が規制をかけず市場を自由放任すれば，完全競争ではなく企業が独占企業として振る舞う。つまり限界収入MRと限界費用MCが等しくなる生産量Q_1（**ア**の答え）を生産し，逆需要曲線から価格P_1（**イ**の答え）を設定する。

STEP❷　限界費用価格形成原理による規制の場合

政府がこの企業に限界費用価格形成原理に基づいた規制をかける場合，価格と限界費用が等しくなる（$P=MC$を満たす）ように需給が均衡する。つまり競争均衡と同じ状態になるから，限界費用MCを供給曲線とみなして，これと需要曲線の交点であるI点が均衡点になる。この場合の生産量と価格はおのおの図中のQ_3とP_5（**ウ**の答え）である。しかし，この規制はパレート最適を達成する（厚生経済学の第1定理）ものの，必ず企業に損失を発生させる。損失（負の利潤）は収入から総費用を差し引くことで求めることができるが，収入は価格×生産量で，総費用は平均費用×生産量でおのおの求めることができるから，

$$\square P_5IQ_3\mathrm{O}-\square P_4HQ_3\mathrm{O}=\square P_4HIP_5$$

になる（**エ**の答え）。

No.2 の解説　費用逓減産業の計算　→問題はP.367　正答2

グラフを参考にするタイプの費用逓減産業の計算問題である。**1**および**2**が自然独占のケース，**3**が平均費用価格形成原理のケース（独立採算で利潤ゼロであるところから判断する），**4**および**5**が限界費用形成原理のケースである。

1×　自然独占の均衡における価格は6，数量は8である。

売り手独占者が価格支配力を行使するとき，独占企業の利潤最大化条件$MR=MC$に代入すれば，$10-x=2$より数量は$x=8$であり，価格は逆需要曲線$p=10-0.5x$に数量を代入して$p=6$となる。

2◎　利潤関数$\pi=px-C$より，利潤は8である。

妥当である。総費用Cは，定義より$C-AC\cdot x=\left(2+\dfrac{24}{x}\right)x=2x+24$である。

これを用いると上の利潤πが定義できるので，ここに**1**で求めた$p=6$，$x=8$を与えると，$\pi=6\times8-(2\times8+24)=8$になる。

3 × **平均費用価格形成原理の均衡点は，需要曲線と平均費用曲線の交点である。**

したがって，逆需要曲線$p=10-0.5x$と平均費用$AC=2+\frac{24}{x}$の右辺同士を等しいとおけば$10-0.5x=2+\frac{24}{x}$になる。これを整理した$x^2-16x+48=0$を因数分解すれば$(x-4)(x-12)=0$となるので，数量を$x=12$とできる。これを逆需要曲線に差し戻せば$p=4$になる。なお，$x=4$の解は価格が$p=8$になるが，これは自然独占の場合より高く，このような水準を選択する意味がない。

4 × **限界費用価格形成原理の均衡点は，需要曲線と限界費用曲線の交点である。**

したがって，逆需要曲線$p=10-0.5x$と平均費用$MC=2$の右辺どうしを等しいとおけば数量を$x=16$とでき，これを逆需要曲線に差し戻せば$p=2$になる。

5 × **費用逓減産業に限界費用価格形成原理を適用すれば，利潤は負値である。**

利潤関数$\pi=px-(2x+24)$に**4**で求めた$p=2$，$x=16$を与えると，$\pi=2\times 16-(2\times 16+24)=-24$になる。

No.3 の解説　平均費用価格規制

→問題はP.368　**正答2**

問題文を一読すると「独占」状態と「平均費用価格規制」を比較するようにも見えるが，そうではない。余剰損失は，資源配分が最適な状態で総余剰が最大である状態と実際の状態を比較するものだからである。また，費用逓減産業において資源配分が最適となるのは限界費用価格形成原理の場合である。したがって，本問は，平均費用価格形成原理の場合（E_1点）の総余剰と限界費用価格形成原理の場合（E_0点）の総余剰を比較して余剰損失を求める問題であり，計算上，独占状態を求める必要はない。以下，問題文の内容を表した次のグラフで説明する。

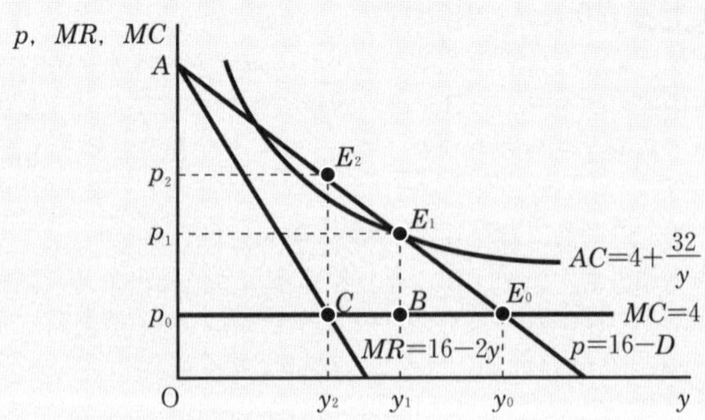

STEP❶　限界費用価格形成原理の場合

問題の費用関数より限界費用関数MCは$MC=4$，逆需要関数は$p=16-D$になる。

限界費用価格形成原理の場合，逆需要関数と限界費用関数の交点で均衡するので，両式の右辺どうしを等しいとおけば，$16-D=4$より，数量が$y_0=12$と求まる（均衡なので，需要量Dと生産量yは等しくなる）。
この場合の総余剰は，消費者余剰$\triangle AE_0p_0$，生産者余剰ゼロ（収入$\square p_0E_0y_0\mathrm{O}$から限界費用の総額$\square p_0E_0y_0\mathrm{O}$を差し引いたもの）の和として$\triangle AE_0p_0$になる。

STEP❷　平均費用価格形成原理の場合

問題の費用関数より平均費用関数ACは$AC=4+\dfrac{32}{y}$である。平均費用価格形成原理に基づく規制を行った場合，平均費用曲線と逆需要曲線の交点で均衡するので，両式の右辺どうしを等しいとおけば，$16-D=4+\dfrac{32}{y}$を得る。ここで，需要量Dと生産量yを等しいとおいて整理すると，$(y-4)(y-8)=0$より，数量が$y_1=8$と求まる。また，逆需要曲線より，価格は$p_1=8$である。なお，$y=4$，$p=12$の場合，図中の需要関数と平均費用関数の左上の交点に当たるが，これは独占価格p_2よりも高価格となり，企業が選択する意味がない。
この場合，消費者余剰は$\triangle AE_1p_1$，生産者余剰は$\square p_1E_1Bp_0$なので，両者の和である総余剰は$\square AE_1Bp_0$になる。これを限界費用価格形成原理の場合と比較すると，死荷重は$\triangle E_1E_0B$になり，

$$\frac{(8-4)(12-8)}{2}=8$$

と求められる。
　よって，正答は**2**である。

No.4 の解説　公共財の最適供給

→問題はP.368　**正答2**

　公共財の最適供給を求める問題であるから，その条件「限界便益の和＝限界費用」を用いればよい。

STEP❶　社会全体の限界便益

社会全体の限界便益を$P=P_1+\cdots+P_{100}$とおけば，

$$P=(10-2D)+\cdots+(10-2D)=100\times(10-2D)=1000-200D$$

となる。

STEP❷　社会的に最適な供給量

先に求めた社会全体の限界便益を$P=1000-200D$を限界費用$MC=300S$と等しいとおいて，$D=S$とすれば，均衡での最適な供給量を，

$$1000-200S=300S$$

より，$S=2$とできる。
　よって，正答は**2**である。

第5章 市場の失敗

実戦問題❷　応用レベル

＊＊＊
No.5　A，Bの２人からなる社会を考える。この２人の公共財に対する限界評価が，それぞれ以下の式で表されているとする。

$V_A=100-Q_A$　　（$Q_A\geqq 100$のとき，$V_A=0$）

$V_B=80-2Q_B$　　（$Q_B\geqq 40$のとき，$V_B=0$）

ただし，V_AはAの限界評価，V_BはBの限界評価，Q_AはAの公共財の消費量，Q_BはBの公共財の消費量である。

このとき，公共財の限界費用（MC）が，(1) 90のときと，(2) 30のときのそれぞれのパレート最適な公共財の水準の組合せとして妥当なのはどれか。

【国家一般職・平成27年度】

	(1)	(2)
1	5	30
2	10	30
3	30	30
4	30	60
5	30	70

＊＊
No.6　価格支配力を持ち，平均費用の逓減が著しい，ある独占企業について，この企業の生産物に対する逆需要関数$p(x)$，費用関数$C(x)$がそれぞれ，

$p(x)=500-x$

$C(x)=100x+30000$

で示されているとする。

この企業が利潤を最大化した場合の価格をp_A，政府からの限界費用価格規制を受けた場合の価格をp_Bとすると，p_Aとp_Bの関係に関する次の記述のうち，妥当なのはどれか。

【国家一般職・令和３年度】

1　p_Aのほうがp_Bより250小さい。

2　p_Aのほうがp_Bより200小さい。

3　p_Aのほうがp_Bより200大きい。

4　p_Aのほうがp_Bより250大きい。

5　p_Aとp_Bは同じ大きさである。

＊＊
No.7 自然独占に対する価格規制に関する次の記述のうち，妥当なものはどれか。
【地方上級（全国型）・平成26年度】

1 自然独占における企業は費用逓減産業とも呼ばれており，限界費用価格形成原理による価格規制の場合には利潤はマイナスになるが，平均費用価格形成原理による価格規制の場合には利潤はゼロになる。

2 プライスキャップ規制は，自然独占における企業の設定する料金の上限を定めるものではなく，料金の変化率に上限を定めるものである。

3 ヤードスティック規制とは，複数の事業者間の平均費用を比較して算出された基準となる標準的な費用をもとに料金を定める方法であり，事業者間での競争を阻害するというデメリットがある。

4 ピークロード料金とは，需要の時間的・季節的なピークに応じて料金を設定する方法であり，需要量が高い時期には低い料金を，需要量が低い時期には高い料金を設定する。

5 二部料金とは，固定費用を基本料金により徴収し，可変費用を従量料金により徴収する方法であり，自然独占における企業に対して費用を削減しようとするインセンティブを与えるというメリットがある。

実戦問題2の解説

No.5 の解説　公共財の最適供給

→問題はP.372　正答5

公共財の最適供給の条件は，各個人の限界評価（限界便益）の和が限界費用に等しいことである。本問は同じ計算を２度させる意味に気づかないと解けない。この点は図にすればわかりやすい。公共財の最適供給の条件を図にすると，各個人の限界評価関数のグラフを縦方向に集計して求める社会全体の限界評価関数（需要関数）と限界費用関数（政府による公共財の供給関数に相当する）の交点になる。

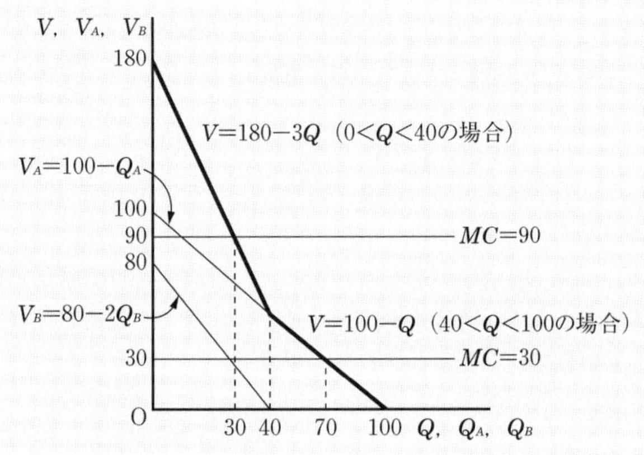

図からわかるように，40単位までは，A，Bの２人ともが公共財を需要するので，社会全体の限界評価関数は，

$$V=V_A+V_B=100-Q_A+80-2Q_B=100-Q+80-2Q=180-3Q$$

になる（V：社会全体の限界評価，Q：公共財の供給量）。ここで，公共財の数量を$Q_A=Q_B=Q$としているが，これは消費の非競合性を表している。

しかし，40単位以上では，Aのみが公共財を需要し，Bが公共財を需要しない。これはBの公共財に対する限界評価がゼロになることを意味しているので，結果としてAの限界評価関数が社会全体の限界評価関数になる。つまり，

$$V=V_A+0=100-Q_A+0=100-Q$$

になる。以上より，太線で表された社会全体の限界評価関数は（$Q=40$，$V=60$）の点で屈折することになる。

STEP❶　（1）MC＝90のケース

限界費用MCが90であれば，$V=180-3Q$と交差するので，このときの最適な公共財の供給水準は，

$$180-3Q=90 \quad \Leftrightarrow \quad Q=30$$

になる。

STEP❷ （2）MC＝30のケース

一方，限界費用MCが30であれば，$V=100-Q$と交差するので，このときの最適な公共財の供給水準は，

$$100-Q=30 \quad \Leftrightarrow \quad Q=70$$

になる。

よって，正答は**5**である。

No.6 の解説　限界費用価格規制

→問題はP.372　正答3

STEP❶　題意の図示

費用逓減産業に関する出題である。与えられた費用関数より，限界費用MCおよび平均費用ACは，

$$MC=100$$

$$AC=100+\frac{30000}{x}$$

である。また，逆需要曲線$p=500-x$およびその傾きを2倍にした限界収入曲線$MR=500-2x$と合わせて作図すれば，図のようになる。

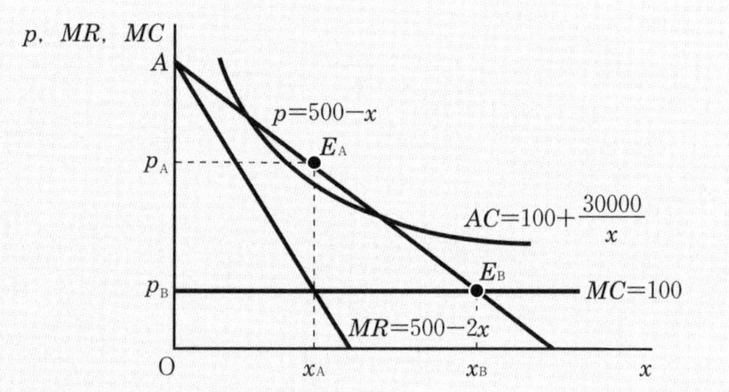

STEP❷　独占企業が利潤を最大化する場合の価格

独占企業が利潤を最大化する場合，生産量を限界収入MRと限界費用MCの等しくなる水準（図中x_A）に決定し，その生産量を逆需要曲線に差し戻した水準に価格を決定する（図中p_A）。この場合，$MR=MC$，すなわち$500-2x=100$を満たす$x_A=200$に生産量が定まるから，これを逆需要曲線に代入すれば，価格p_Aは，

$$p_A=500-200=300$$

になる。

STEP❸　独占企業が規制を受けた場合の価格

政府が限界費用価格規制を行う場合，限界費用曲線と需要曲線の交点（図中E_B点）で均衡するように生産量および価格が定まる（図中x_Bおよびp_B）。

一方，限界費用価格規制の場合，価格p_Bは図より直ちに，

$$p_B=100$$

とわかる。したがって，p_Aはp_Bより200だけ大きい。

よって，正答は**3**である。

No.7 の解説　費用逓減産業における諸規制　→問題はP.373　**正答 1**

経済理論というよりは経済政策に属する出題である。出題頻度は低いが，一般常識に近い内容のものも含まれるので，知っておくと有益なものが多い。

1◎ **限界費用価格形成原理はパレート最適になるが，企業に赤字が発生する。**
妥当である。平均費用価格形成原理は，企業に赤字は発生せず利潤ゼロになるが，パレート最適にはならない。

2× **プライスキャップ規制は，その名のとおり価格の上限を定めるものである。**
なお，インフレ率に応じて上限を改訂する制度を採用すると，結果的に価格の引上げ率に上限を定めるものにもなる。なお，同規制はわが国では電気通信事業者などに適用されている。

3× **ヤードスティック規制は事業者間での競争は促進するための制度である。**
ヤードスティック規制は，複数の事業者間で最も効率的な事業者の水準に価格を規制するものであり，他の事業者はその水準まで効率化を図ることになる。たとえば，わが国の鉄道事業においては，計量経済学的な手法（回帰分析）によって標準的な費用を導くことで価格の基準を定めており，用いた各事業者のデータを公表することで，むしろ間接的な競争を促している。

4× **ピークロード料金は，混雑現象による弊害を解消するためのものである。**
上の定義より，ピークロード料金は，需要量が高い際には高い価格で需要を減少させ，需要量が低い時期には低い価格で需要を増加させるものになる。有料道路の渋滞解消などにも応用できるが，実際的な例としては，常に設備を稼働させる必要のある発電所が夜間の大口需要者に電力料金の割引を行うことで，電力需要の平準化をさせるケースが挙げられる。

5× **二部料金では，企業は費用を削減するインセンティブを持たない。**
限界費用が一定（この場合，平均可変費用も同額になる）のとき，限界費用価格形成原理を採用すると，ちょうど固定費用分の負の利潤（赤字）が企業に発生する。そこで固定費用を基本料金により徴収し，可変費用を従量料金により徴収するとちょうど利潤がゼロになる。このため，（公営民営を問わず）公益性の強い事業（水道，電気，通信など）においてしばしば適用される制度であるが，要した費用を回収できる制度であるから，事業者は費用を削減するインセンティブを持たない。

情報の非対称性

必修問題

「道徳的危険」と「逆選択」に関する次の記述のうち，妥当なものはどれか。

【地方上級（全国型）・平成11年度】

1 自動車保険で保険料を引き上げると，良質なドライバーが多く加入することになるため，**道徳的危険**と呼ばれる損失を増加させる。

2 強制加入の医療保険は，健康な人も病気がちな人も加入することとなるので，**逆選択**の問題を生ずる。

3 金融市場において優良な借り手と不良な借り手を区別するのは困難であることから，貸倒れによって道徳的危険と呼ばれる損失が発生する。

4 預金保険機構があると，銀行経営者は，よりリスクの大きい融資を行いがちになり，**道徳的危険**と呼ばれる損失を増加させる。

5 労働市場において企業が職歴や学歴等によって労働者を区別することは，労働者の能力を正しく評価することを妨げるから，**逆選択**の原因となる。

難易度 ＊＊

必修問題の解説

「道徳的危険」と「逆選択」は情報の非対称性が原因となって生じる問題である。

道徳的危険：取引きの当事者についての情報が一方に欠けている場合，取引きの成立後に，情報量の多い主体が相手の利益に反する行動をとること。

逆選択：取引きの当事者の一方に財や取引きの契約に性質に関する情報が欠如していることが原因で，情報量の少ない経済主体に望ましくない取引きが成立すること。

1 × **保険料を引き上げると，良質なドライバーの多くは加入しない。**
保険会社にとって良質なドライバーとは事故のリスクが低く，保険金を支払う可能性の低いドライバーである。しかし，保険会社は良質なドライバーとそうでないドライバーを見分ける情報がないので情報の非対称性が生じる。自動車保険の保険料を引き上げると，良質なドライバーは保険に加入せず，事故の確率の高い悪質なドライバーの割合が多くなり，保険会社にとって望ましくない契約ばかりが成立する。つまり，これは逆選択である。

2 × **選択の余地のない強制加入の保険に，正しい選択も逆選択も生じない。**

民間の医療保険であれば，病気がちの人を加入させない，逆に病気がちな人を知らずに加入させてしまうといった選択の問題が生じるが，強制加入では，すべての人に加入が義務づけられるために逆選択の問題は起こらない。

3 ×　損失が発生する望ましくない融資の実行は逆選択の例である。
銀行が優良な借り手と不良な借り手を区別できないために貸し倒れが発生してしまうのは逆選択の例である。融資後の相手の行動を金融機関が十分チェックできないために，融資を受けた企業の経営が不適切になったせいで貸し倒れが発生したとすれば，これは道徳的危険の例になる。

4 ◎　銀行が預金保険に加入したことで過大なリスクをとるのは道徳的危険である。
妥当である。預金保険機構に加入したことで，加入しない場合には行わないようなハイリスクな融資を行うように銀行の行動が変化するおそれがある。これは道徳的危険の例である。この問題を回避するため，預金保険機構は破綻した銀行ではなく預金者を保護する。
預金保険機構：1971年に民間銀行と日本銀行および政府が出資して設立された，預金者保護と信用秩序の維持を目的とする認可法人。銀行の破綻時に預金者に払い戻し（ペイオフ）を行う（上限1,000万円とその利子）。

5 ×　企業が労働者の職歴や学歴等を参照するのは逆選択を回避するためである。
たとえば企業が面接によって労働者の能力を十分に知ることが困難であるなら，望ましくない人材を採用してしまうとの逆選択が生じるおそれがある。学歴や職歴を参照するのは逆選択を回避するためである。なお，情報の少ない経済主体がなんらかの基準により対象を選別することをスクリーニングという。逆に，情報を保有する側がそれを伝達して適切な取引きを促すことをシグナリングという。

正答 4

FOCUS

情報の非対称がもたらす２大問題である道徳的危険（モラル・ハザード）と逆選択は同時に発生することがある。情報を有する側がそれを悪用すればモラル・ハザードであり，情報を持たない側が強いられるのが逆選択である。識別が難しいときがあるが，一般にモラル・ハザードは取引成立後に経済主体の行動が変化することで生じることが多い（保険加入後にリスキーな行動をとるなど）のが一つの識別ポイントである。

POINT

重要ポイント 1 情報の不完全性

完全競争市場では，取引きに必要な情報をすべて保有している（完全情報）ことが前提であるが，現実の経済においてはしばしば**情報の不完全性**が生じる。この場合，非効率な取引きによってパレート最適を実現しない。

情報の不完全性の１つのタイプは**テーマ６**で取り上げた**（情報の）不確実性**であり，もう１つのタイプがここで取り上げる**情報の非対称性**である。情報の非対称性のもたらす問題には**道徳的危険**と**逆選択**がある。

重要ポイント 2 道徳的危険（モラル・ハザード）

市場取引の当事者の一方に，取引相手の性質に関する情報が欠如している場合に，取引相手の行動が事後的に変化することで生じる問題を，道徳的危険（モラル・ハザード）という。

例として，政府の支援を当てにして放漫な経営を行う金融機関のせいで政府が過剰な財政支出を強いられたり，実際には病弱な個人が過去の病歴を隠匿して健康保険に加入した場合に，その個人が健康管理をなおざりにした結果，保険会社が過剰な保険金支払いを余儀なくされるような事態が考えられる。前者では，財政が逼迫すれば結果的に支援そのものを行う余地がなくなるであろうし，後者では，過剰な保険金支払いが保険会社の経営を圧迫してしまえば，保険市場が成立しなくなり，結局個人が保険に加入できなくなるおそれさえある。

これらの例は，個々の経済主体が，一般通念上，道徳的には問題があると思われるが，**経済合理的ではある行動をとることで，結果的に社会的に望ましくない状態をもたらしている**。

モラル・ハザードに対する回避策は，不利益を被るおそれのある側が情報を獲得することである。先の例では，政府が金融機関の経営に関する情報を開示することを義務付けたり，定期的に健康診断の結果を報告してもらうことなどが考えられる。これらのような対策を一般的に**モニタリング**という。

なお，通常，**モニタリングにはコストがかかる**。たとえば，株主は，経営者が株主の利益に資する経営を行っているのか，自らの報酬を最大化するような経営を行っているのか判断が難しい（プリンシパル・エージェント問題）。しかし，経営者をモニタリングする費用（エージェンシーコスト）が大きすぎると，それが行われないとの問題が発生する（エージェンシー問題）。

重要ポイント3 逆選択（アドヴァース・セレクション）

市場取引の当事者の一方に，財や取引きの性質に関する情報が不足しているとき，望ましくない財が取引きされる，望ましくない契約がなされることが逆選択（アドヴァース・セレクション）である。

逆選択の有名な例に，G.アカロフの**レモンの原理**がある。中古車市場においては，中古車ディーラーは自らの整備した中古車の質について熟知しているが，消費者はきれいに塗装されていれば車の走行性能については判断できないことが多いため，不良中古車を買わされてしまいがちである。この乗ってみないと性能がわからない不良中古車を，表皮が厚いため切ってみないと新鮮かどうか判断できないレモンにたとえたものがレモンの原理である（**逆選択とレモンの原理は同じ意味で使うことが多い**）。

消費者が質のわからない中古車を買い控えると，中古車市場そのものが崩壊するおそれがあるように，逆選択も，モラル・ハザードと同様に，**個人の合理的行動が社会にとっては望ましくない結果を引き起こす**。

逆選択への対策も，情報の獲得である。レモンの原理でいえば，返品や無償の修理に応じることで信用できるディーラーであるとの情報を発信したり，あるいは業界団体や監督官庁の設けた基準に適合した中古車のみを流通させたりすることが考えられる。前者のような情報の発信を**シグナリング**と，後者のような選別を**スクリーニング**という。

なお，自己選抜（セルフ・セレクション）も逆選択の回避策の一つである。たとえば，携帯電話会社が，基本料金と従量料金の二部料金を採用する際に，しばしば複数プランを提示して，ユーザーに選択させるのがこの例である。携帯電話会社は，高い基本料金を払うつもりのあるユーザーとそうするつもりのないユーザーを識別する手段として，ユーザー本人に自己の選好を表明させているのである。

実戦問題1　基本レベル

*
No.1 情報の不完全性に関するA～Dの記述のうち，妥当なものを選んだ組合せはどれか。
【地方上級（特別区）・平成23年度】

A：モラル・ハザードとは，契約の成立そのものが人間の行動を変化させ，契約前に想定した条件が適合しなくなるケースをいい，たとえば，「自動車保険に入ることで事故に対する注意が低下する現象」などが挙げられる。

B：シグナリングとは，品質のよい物を選ぼうとして，逆に品質の悪い物を選んでしまう可能性を防ぐための方法として，情報を持つ側が品質を表すシグナルを発信することをいい，たとえば，「衣料やバッグのブランド」などが挙げられる。

C：逆選択とは，情報を持たない側が複数の契約条件を提示し，その中から相手に選択させることにより相手の属性を顕示させる方法をいい，たとえば，「2種類の契約形態を用意した保険契約」などが挙げられる。

D：自己選択とは，情報の所在の偏りのせいで，本来の当事者の意図に反して質の悪いものばかりが市場で選択されてしまう現象をいい，たとえば，「中古車市場に性能が悪い車ばかりになること」などが挙げられる。

1　A　B
2　A　C
3　A　D
4　B　C
5　B　D

*
No.2 情報が完全ではない市場において，しばしば「道徳的危険」（moral hazard）と呼ばれる現象が発生するが，その例として妥当なのはどれか。
【国税専門官・平成5年度】

1　雨天により，野球観戦を予定していた人々の多くが映画館に押し寄せることによって，映画館が非常に混雑すること。

2　中古車市場において，「レモン」と呼ばれる品質不良車があふれること。

3　消費者金融を利用する人の中には，資力が一定水準に満たず，ローン返済能力に乏しい者がかなり多く存在すること。

4　講義内容は優秀でないにもかかわらず，成績の甘い教師が学生から歓迎されること。

5　高額の火災保険に加入すると，防火訓練の実施回数が減ったり，防災設備の整備を怠ったりするようになること。

＊＊
No.3 **不確実な状況下での経済行動に関する次の記述のうち，妥当なのはどれか。**

【国家総合職・平成18年度】

1 労働契約において，一般に雇用主である企業よりも被雇用者である労働者のほうが危険回避的であるとされている。このような仮定からすると，期待賃金を一定とした場合，固定的な賃金体系よりも業績連動型の賃金体系のほうが労働者にとって好まれる賃金制度となる。

2 保険市場における「逆選択」とは，消費者が保険会社を選ぶのではなく，保険会社がリスクの低い消費者を選別して保険契約を結ぶことをいう。このような状況では，リスクの高い消費者は，モラルハザードが生じて保険に加入しなくなる。

3 危険回避的な者と危険中立的な者が取引きする場合には，危険回避的な者がリスクを引き受けることで双方の効用を高めることが可能となる。たとえば，小売店よりも製造業者のほうが危険回避的であるような商品では，返品制が合理性をもつ。

4 中古車販売においては，中古車の売り手側と買い手側には情報の非対称性があるとされている。そのような状況の中で，売り手が，販売する自動車に無料で修理を行う保証期間を設定することは，売り手と買い手の情報格差を縮小することにつながる。

5 観光地では他の地域と比較して割高な価格設定がなされていることがある。このような現象に対する一つの説明として，観光地のような人が多く集まる場所においては個人個人の可動性が高く，価格探索のコストが低いためであるとの指摘がなされる。

実戦問題1の解説

No.1 の解説　道徳的危険と逆選択
→問題はP.382　正答1

情報の不完全の中でも特に情報の非対称性のもたらす問題とその対策に特化した出題である。ただし，「AとはBである。」という説明文の名称（A）と説明（B）がシャッフルされている選択肢があるだけであるから，感覚的に解けてしまうかもしれない。むしろ，そのような場合にこそ重要ポイントを読み返して，正確な理解を心掛けてほしい。

A○ モラル・ハザードは，取引（契約）後に生じることが特徴である。

B○ シグナリングは，逆選択による選ばれないリスクを回避できる。
重要ポイント3のレモンの原理でいえば，ユーザーが，整備に要した費用を踏まえた価格の優良ディーラーの中古車ではなく，安価なだけの不良中古車を購入すれば，優良ディーラーは損失を被り，事業は成り立たない。このような場合，優良ディーラーが，取り扱っている中古車が優良であることを適切にシグナリングできれば，逆選択を回避するための有効な手段となる。

C× 自己選択とは，情報を持つ側に自己の属性を開示させることである。
たとえば，医療保険において，保険会社が「保険料は安いが，病気の際に支払われる保険金も安い」プランと「保険料は高いが，病気の際に支払われる保険金も高い」プランを提示した場合，病気にかかるリスクの高い加入者は自発的に後者を選ぶことになる。これにより保険会社とリスクの高い加入者の双方にとって望ましい契約が成立する。したがって，本肢は逆選択ではなく，自己選択の説明である。なお，自己選択は**テーマ11の重要ポイント5**で触れた第3種価格差別とほぼ同内容である。

D× 質の悪いものばかりが市場で選択されてしまう現象を逆選択という。

よって，正答は**1**である。

No.2 の解説　道徳的危険と逆選択
→問題はP.382　正答5

情報の非対称性がもたらす2つの問題である道徳的危険と逆選択を識別させる問題であるが，選択肢の多くは単に情報の非対称性とは関係のないものである。間違って深い意味を読み取ってしまうようなことがなければ易しい問題といえる。

1× 混雑現象は情報の非対称性が原因ではないので，道徳的危険とも関係がない。
全天候型でない野球場はその事実を隠してはいないし，通常の屋内の映画館もその事実を隠してはいない。また，雨が降っているという情報も特定の経済主体にのみ知られた情報ではない。したがって，雨天の際に映画館が混雑することは，経済主体が合理的に予期できることであり，道徳的危険ではない。

2× レモンの例で説明されるのは逆選択（レモンの原理）である。
中古車市場で「レモン（不良中古車）」が出回ることは，経済主体にとって望ましくない財が取引きされる事例であるから，これは道徳的危険ではなく，逆選択の例である。

3 × **消費者金融を返済能力の低い人が利用するのは，情報の問題ではない。**
通常の銀行が債務不履行というリスクの低い借り手に低い金利で融資し，消費者金融がリスクの高い借り手に高い金利で融資することは，各人の持つリスクという情報に応じた金利が設定されているということであり，情報の不完全性の問題ではない。したがって，道徳的危険の例でもない。資力が低く，ローン返済能力に乏しい者が消費者金融を利用せざるをえないのは，それ自体が社会問題であるにせよ，道徳的危険という経済理論が説明するものではない。

4 × **道徳的危険は教師と学生の間に情報の非対称性がなければ発生しない。**
「講義内容は優秀でないにもかかわらず，成績の甘い教師」という情報を熟知したうえで，その教師を学生が歓迎したとしても，承知の上であえて選んでいるのであるから，これも情報の非対称性は生じていない。したがって，道徳的危険も生じない。おそらく学生の意欲の低さは社会的な問題であろうが，情報の非対称性が取り扱うような経済問題ではない。

5 ◎ **道徳的危険は，取引（契約）成立後に生じるとの特徴がある。**
妥当である。保険の加入者が保険加入後に安心して防火を怠るような行動をとるかもしれない点について，保険会社は情報を持たない。したがって，保険の加入者が怠惰であれば，保険の提供がそのような加入者の失火による経済的損失のリスクを高める。これは道徳的危険の例である。

No.3 の解説　道徳的危険と逆選択

→問題はP.383　**正答4**

1 × **一般に，企業よりも資産規模の小さい労働者のほうが危険回避的である。**
たとえば，$u=\sqrt{x}$の危険回避型の効用関数（テーマ6参照）を持つ労働者が，必ず100の賃金を得る契約と50％の確率で200，50％の確率で0の所得を得る契約を提示されたとする。これらは賃金の期待値は100で等しいが，前者の効用が10であるのに対し，後者の期待効用は$0.5\times\sqrt{200}+0.5\times\sqrt{0}\fallingdotseq 7$であり，前者，つまり固定賃金のほうが効用は高いので労働者に好まれる。なお，相対的な危険回避度は資産規模の小さい経済主体で高くなる（逆に資産規模の大きい経済主体は相対的に危険愛好度が高い）。ここでは，企業より労働者のほうが，通常は保有する資産が少ないので，危険回避的な行動を選択するのである。

2 × **保険会社がリスクの低い消費者を選別できるなら「逆選択」は起きない。**
保険会社の利潤は，加入者からの保険料とリスクに直面した加入者への保険金支払いの差である。したがって，もし保険金支払いのリスクの低い消費者を選別して加入させることができるなら，それは保険会社にとって逆選択ではなく経済的に正しい選択である。実際には，保険会社は，だれがリスクの低い消費者であるかという情報を完全には保有できないために，リスクの高い消費者も加入させ，結果的に利潤を低下させてしまう。これが逆選択である。

なお，リスクの高い消費者が保険に加入後に，リスクに対する備えを怠るようになることがあれば，それがモラル・ハザードである。

3 × **危険回避的とはリスクを引き受けることを望まないということである。**

字義通り解釈すれば，危険回避的な者でなく，危険中立的な者がリスクを引き受けるはずである。たとえば，危険回避的な小売店が製造業者の製品を店頭に陳列するのをためらう場合，売れ行きがよくない場合に製造業者が返品を受け付ける形でリスクをとれば，製品が売れた場合に製造業者と小売店（とおそらく購入した消費者）のいずれもが利益を得ることができる。これが成立するには，小売店ではなく製造業者が返品による在庫を抱えるリスクを負うことが必要である。なお，一般的には製造業者は小売店より資産規模が大きいので，**1**と同様に，資産規模の大きい経済主体がリスクをとればよいことになる。

4 ◎ **売り手による保証期間の設定はシグナリングの例である。**

妥当である。中古車販売においては，中古車の売り手側は質を知っているが，買い手側は知らないとの状況が起きやすい。この場合，質の高い中古車を適切な価格で販売する側が，無料修理期間を設定すれば，消費者に安心感を与えるのみならず，修理の必要の少ない中古車を販売しているとの情報を送り，買い手との情報格差を縮小していることになる。これはシグナリングの典型的な例である。

5 × **観光地の財が割高であるのは周知の事実であり，不確実な状況ではない。**

観光地のような人が多く集まる場所において割高な価格設定がなされていることが多い。これは，人が多く個々人の可動性が低いため，観光すべき時間をロスするという意味での価格探索のコストが高くつくならば，あまり探索せずに割高な価格を受け入れたほうがよいと考えるからである。この場合，消費者が観光地から離れれば割高でない財が販売されていることを知っていても，移動のコストをかければさらに割高になると考えているのであれば，そもそも情報が不確実な状況でもない。

実戦問題❷　応用レベル

＊＊＊
No.4 株主がプリンシパルで経営者がエージェントであるモラル・ハザード問題を考える。経営者が努力する場合は会社の利益は確率$\frac{3}{4}$で20,000，確率$\frac{1}{4}$で10,000となる。経営者が努力しない場合は会社の利益は確率$\frac{1}{4}$で20,000，確率$\frac{3}{4}$で10,000となる。努力した場合の経営者のコストは8で，努力しなかった場合のコストは0とする。経営者の効用は以下のように示され，経営者は期待効用を最大化するように行動する。

$u=\sqrt{w}-d$　〔u：効用，w：報酬，d：経営者のコスト〕

ここで，経営者はこの会社で働いた場合の期待効用が35を下回る場合には，この会社で働かず，その場合の会社の利益は0とする。

また，株主は経営者が努力したかどうかは観察できないが，会社の利益は観察できる。会社の利益が20,000のときの経営者に対する報酬をw_G，利益が10,000のときの報酬をw_Bとする。

このとき，次の報酬制度（w_G，w_B）のうち，会社の利益から経営者の報酬を引いたものの期待値が最大になるのはどれか。　【国家総合職・令和元年度】

1　$(w_G,\ w_B)=(1{,}600,\ 900)$
2　$(w_G,\ w_B)=(1{,}600,\ 1{,}600)$
3　$(w_G,\ w_B)=(2{,}500,\ 900)$
4　$(w_G,\ w_B)=(2{,}500,\ 1{,}600)$
5　$(w_G,\ w_B)=(2{,}500,\ 2{,}500)$

＊＊＊
No.5 中古車市場を考える。中古車には優良車と不良車があり，優良車が故障する確率はp_g，不良車が故障する確率はp_bであり，$p_g < p_b$とする。売り手にとって，故障なく走る車の価値は$V_s(>0)$であり，故障する車の価値は０である。潜在的な買い手にとって，故障なく走る車の価値は$V_b(>0)$であり，故障する車の価値は０である。$V_s < V_b$とする。また，売り手は車の質，すなわち優良車か不良車かを知っている一方，潜在的な買い手は車の質は知らないが，販売される優良車と不良車の比率が１：１であると認識しているとする。さらに，潜在的な買い手の数は売り手の数よりも多いものとし，いずれも危険中立的とする。

このとき，この市場において不良車のみが取引される条件として正しいのはどれか。　　【国家総合職・平成19年度】

1　$(1-p_g)V_s < (1-p_b)V_b$

2　$(1-p_b)V_b < (1-p_g)V_s$

3　$\dfrac{(1-p_b)V_b}{2} < (1-p_g)V_s$

4　$(1-p_b)V_b < \dfrac{(1-p_g)V_s + (1-p_b)V_s}{2}$

5　$\dfrac{(1-p_g)V_b + (1-p_b)V_b}{2} < (1-p_g)V_s$

実戦問題2の解説

No.4 の解説　道徳的危険の計算

→問題はP.387　正答3

株主に雇用された経営者が努力水準を選択し，それに関する情報を得られない株主が代理変数としての会社の利益を用いて経営者に対する報酬を決めるとの手順で解く。

STEP❶　経営者の会社経営への参加条件

会社の利益をゼロにしないためには，経営者が働くことを選択するのが条件になる。これは，努力せずに働いてもそのときの期待効用が35を下回らないとの条件である。努力しない場合，経営者のコストは$d=0$であるが，$\frac{1}{4}$の確率で会社の利益が20,000になり，W_Gの報酬を得るので効用$u=\sqrt{W_G}-0$を得ることになり，$\frac{3}{4}$の確率で会社の利益が10,000になり，W_Bの報酬を得るので効用$u=\sqrt{W_B}-0$を得ることになる。つまり，努力しない場合の経営者の期待効用は$\frac{1}{4}(\sqrt{W_G}-0)+\frac{3}{4}(\sqrt{W_B}-0)$となり，これが35を上回るとの条件は，

$$\frac{1}{4}(\sqrt{W_G}-0)+\frac{3}{4}(\sqrt{W_B}-0)\geqq 35$$

$$\sqrt{W_G}+3\sqrt{W_B}\geqq 140 \quad \cdots\cdots①$$

となる。

STEP❷　株主の利潤最大化条件

会社の利益から経営者の報酬を引いたものである利潤πを最大化するのは，経営者が努力した場合である。経営者に努力させるための条件は，経営者が努力した場合の期待効用が努力しない場合の期待効用を上回っていることである。経営者が努力する場合，$d=8$のコストを要するが，$\frac{3}{4}$の確率で会社の利益が20,000になり，W_Gの報酬を得るので効用$u=\sqrt{W_G}-8$を得ることになり，$\frac{1}{4}$の確率で会社の利益が10,000になり，W_Bの報酬を得るので効用$u=\sqrt{W_B}-0$を得ることになる。つまり，努力する場合の経営者の期待効用は$\frac{3}{4}(\sqrt{W_G}-8)+\frac{1}{4}(\sqrt{W_B}-8)$となる。努力した場合の期待効用が努力しない場合の期待効用を上回るとの条件は，

$$\frac{3}{4}(\sqrt{W_G}-8)+\frac{1}{4}(\sqrt{W_B}-8)\geqq\frac{3}{4}(\sqrt{W_B}-0)+\frac{1}{4}(\sqrt{W_G}-0)$$

$$\sqrt{W_G}-\sqrt{W_B}\geqq 16 \quad \cdots\cdots②$$

である。①，②の条件を共に満たすのは，**3**のみである。

No.5 の解説　逆選択の条件

→問題はP.388　正答5

逆選択の問題であるが，必ずそれが起きるというのではなく，起きる条件を計算する問題である。

STEP❶　買い手の意思決定

買い手が任意の１台の中古車を購入した際の期待価値 $E[V_b]$ を考える。それが優良車である場合，確率 $1-p_g$ で V_b の価値を，確率 p_g で０の価値を持つことになる（たとえ優良な中古車でも確率 p_g で故障すると仮定されていることに注意すること）が，不良車である場合，確率 $1-p_b$ で V_b の価値を，確率 p_b で０の価値を持つことになる。そして，優良車と不良車の比率は半々である，つまり両者の出現確率が0.5ずつであると考えているのであるから，

$$E[V_b]=0.5\times\{(1-p_g)\times V_b+p_g\times 0\}+0.5\times\{(1-p_b)\times V_b+p_b\times 0\}$$
$$=0.5(1-p_g)V_b+0.5(1-p_b)\times V_b$$
$$=\frac{(1-p_g)V_b+(1-p_b)V_b}{2}$$

であり，合理的消費者はこれ以上の価値を任意の１台の中古車には認めない。

STEP❷　売り手の意思決定

自分の販売しようとする中古車が優良車か不良車かを承知している売り手は，優良な中古車の期待価値 $E[V_s]$ を，

$$E[V_s]=(1-p_g)\times V_S+p_g\times 0=(1-p_g)V_S$$

と考え，それ以下では取引しようとはしないであろう。ゆえに，これ以下で販売される中古車はすべて不良中古車であることになる。

STEP❸　市場で不良車のみが取引される条件

STEP❶より，消費者は中古車の価格が $E[V_b]$ までであれば購入するが，STEP❷より，売り手が不良車のみを販売するのは，価格が $E[V_s]$ を下回っている場合である。つまり，中古車市場で不良車のみが販売されるのは，取引価格が $E[V_b]<E[V_s]$ となるようなケース，つまり，

$$\frac{(1-p_g)V_b+(1-p_b)V_b}{2}<(1-p_g)V_S$$

の場合である。

よって，正答は**5**である。

第６章
ミクロ貿易論

テーマ 20 比較優位
テーマ 21 自由貿易と保護貿易

第6章 ミクロ貿易論

試験別出題傾向と対策

試験名		国家総合職					国家一般職					国家専門職（国税専門官）				
年度		21-23	24-26	27-29	30-2	3-5	21-23	24-26	27-29	30-2	3-5	21-23	24-26	27-29	30-2	3-5
頻出度	テーマ　出題数	0	0	0	0	0	1	0	1	0	0	2	1	1	1	0
B	20 比較優位								1			1	1			
B	21 自由貿易と保護貿易						1					1		1	1	

本章の取り扱う内容は比較的範囲が狭い。テーマ20では，貿易における輸出入の方向性を定める比較優位に関する出題が中心となるが，なかでも最も出題頻度の高い理論が比較生産費説である。貿易の生じる価格帯，比較優位と劣位などを問う計算問題が中心であるが，どちらの数学的には容易であり，理論的な意味がわかっていればさほどの困難は生じない。次いで問われるものがヘクシャー=オリーンの理論であるが，関連するいくつかの定理をあわせても頻繁に出題されるわけではない。なお，試験種による難易度，出題形態の差はあまりない。

テーマ21では，自由貿易と比較した保護貿易政策（輸入関税が多い）の効果を，計算によってまたは余剰分析によって問う出題が大半を占める。また，このタイプの出題のほとんどが小国の仮定をおくが，この点を把握すれば計算，余剰分析ともに難易度はさほど高くない。むしろ差がつきにくいので，取りこぼしのないようにすべき分野である。こちらも試験種による差異は大きなものではない。

● 国家総合職（経済）

経済区分では選択科目の国際経済学（３問）が存在するので，経済理論枠では出題されない。法律区分，政治・国際区分もほぼ同様である。

● 国家一般職

平成28年度以降においては出題が存在しない。それ以前においては，おおむね５年に１度のペースであるが，特に周期性はない。出題内容自体は比較的オーソドックスである。ありうる出題に備えて，基本事項はきちんと学習しておきたい。

● 国家専門職（国税専門官）

令和元年度以降は本章からの出題が０である。ただし，それ以前はおおむね３年に１度の頻度であった。ミクロ経済学が２問であることを考慮すると，かなりの出題頻度である。出題されていた時期において内容面での偏りは少ないが，難易度は高くないので，基本事項を中心に総合的に学習しておくのがよい。

	地方上級（全国型）					地方上級（特別区）					市役所（C日程）					
	21-23	24-26	27-29	30-2	3-5	21-23	24-26	27-29	30-2	3-5	21-23	24-26	27-29	30-2	3-4	
出題数	4	3	2	1	1	1	1	1	2	0	2	1	1	0	2	
	2	1			1	1	1	1	1		1	1			1	テーマ20
	2	2	2	1					1		1		1		1	テーマ21

● 地方上級（全国型）

かつては出題頻度が高く，出題形態も多様（知識，グラフ，計算いずれもあり）で，内容的にも難易度が高めの出題が見られた。自由貿易協定締結の効果や大国による関税賦課などのケースである。時事的な内容を反映した出題も多かった。しかし，最近は出題ペースが落ち，平成29～令和元年度，令和４・５年度の出題はない。ただし，再度の出題も想定されるので，あわせて学習しておくとよい。

● 地方上級（特別区）

ほぼ１年おきのペースの出題であったが直近３年の出題はない。出題されていた時期においては，比較優位に関する理論（テーマ20）の頻度が高かった。この試験種の他の章の場合と同様，過去の出題と類似した内容が問われるケースが多い。したがって，再び出題される場合，過去と同様の傾向になる可能性が強いため，比較優位は確実にマスターしておきつつ，他のテーマの基本事項は理解しておきたい。

● 市役所（C日程）

出題頻度は低く，内容は基本的なものがほとんどである（比較生産費説，関税の効果など）。このような傾向から，基本事項の着実な理解によって正答できる。

比較優位

必修問題

リカードの比較生産費説に基づいて，2国A，Bおよび2財x，yからなる経済を考える。生産要素は労働のみであり，各国における各財1単位当たりの生産に必要な労働量は以下の表のように示される。また，2財x，yは両国間で自由に取引され，国際市場は競争的であるとする。両国間で労働の移動はないものとする。

このとき，次の2財の価格比$\left(\frac{P_x}{P_y}\right)$の組合せのうち，いずれの価格比も両国間に貿易が生じる範囲内にあるものはどれか。ただし，2財x，yの価格は，それぞれP_x，P_yである。

	x	y
A	4	6
B	10	5

【国家一般職・平成27年度】

1 $\frac{1}{2}$, $\frac{3}{2}$

2 $\frac{1}{2}$, 2

3 $\frac{2}{5}$, $\frac{6}{5}$

4 $\frac{2}{5}$, $\frac{7}{3}$

5 $\frac{3}{4}$, $\frac{5}{3}$

難易度　＊

必修問題の解説

リカードの比較生産費説の典型的な問題である。このテーマの出題はパターンがそれほど多いわけではなく，難易度の差も小さい。必ずしも正確に理解できなくても解けるようになるので，まずは解法パターンを身につけよう。

STEP❶　A国の２財価格比

閉鎖経済下では，A国での，２財の１単位当たりの生産に必要な労働量が，x財は４時間，y財は６時間である（労働量の計測単位は時間でなくても人数等でもよい）。この場合の，２財価格比$\frac{P_x}{P_y}$は$\frac{4}{6}=\frac{2}{3}$になる。なぜなら，４時間の労働でx財が１単位，y財が$\frac{4}{6}=\frac{2}{3}$単位生産できるため，１単位のx財には１単位のy財の$\frac{2}{3}$倍の価値があるということになるからである。

STEP❷　B国の２財価格比

同様に，閉鎖経済下では，B国での，２財の１単位当たりの生産に必要な労働量が，x財は10時間，y財は５時間である。この場合，10時間の労働でx財が１単位，y財が$\frac{10}{5}=2$単位生産できるため，１単位のx財には１単位のy財の２倍の価値があることになり，２財価格比$\frac{P_x}{P_y}$は$\frac{10}{5}=2$になる。

STEP❸　貿易開始後の２財価格比

自由貿易（問題文には，競争的な市場で自由に取引できるとある）であるから，ある財の相対価格が高い国ではそれが安い国から輸入された財が流入するので価格が低下する一方，その財の相対価格が安い国ではそれが高い国へ財が輸出されて財が流出するので価格が上昇する。その結果，２財価格比は閉鎖経済において相対価格が安い国と高い国の間の水準に決まる。したがって，貿易開始後の２財価格比は$\frac{2}{3}\leqq\frac{p_x}{p_y}\leqq 2$の範囲に収まる。つまり，これを満たす**5**が正答である。

正答 5

FOCUS

貿易理論では，ある財について外国より競争力があり輸出国になる状況を，比較優位を持つという。代表的なものに19世紀のリカードによる比較生産費説と，20世紀のヘクシャー＝オリーンの定理があるが，出題頻度は前者にかなり偏っている。比較生産費説の表の解釈のしかたは必ずマスターしておこう。

POINT

重要ポイント 1 比較生産費説（比較優位と絶対優位）

リカードの比較生産費説に従って，貿易の方向性を決定する。

・当初は閉鎖経済の**2国A，Bが完全競争市場でおのおの2財*X*，*Y*を生産する。**

・**生産要素は労働のみ**である。各国内では労働の移動は自由で賃金率は一定であるが，労働の国際移動は不可能である。

・生産技術は規模に関して収穫一定（すべての生産要素をλ倍すると生産量もλ倍）であり，**財1単位の生産に必要な労働投入量（労働投入係数）は一定**である。

・貿易に際しては輸送費などのコストは考慮しない。

以上の前提の下，必要労働投入量が次の表で示されたケースを考える。

	*X*財	*Y*財
A国	2	1
B国	5	2

表より，A国は，*X*財をB国の$\frac{2}{5}$の労働投入量で，*Y*財をB国の$\frac{1}{2}$の労働投入量で生産できるので，いずれの財も少ない労働量で生産できるA国が2財とも輸出できるように思われる。アダム・スミスは，これを**絶対優位**として，2財ともA国が輸出するとした。これは**絶対生産費説**と呼ばれるが，理論上，正しくない。

リカードの比較生産費説によると，次のような双方向貿易が起きる。

A国では，*X*財1単位の生産に2単位の労働が，*Y*財1単位の生産には1単位の労働が必要である。逆に言うと，1単位の労働からは，0.5単位の*X*財，または1単位の*Y*財が生産できるため，これらは等価値になるから，0.5単位の*X*財と1単位の*Y*財が交換可能である。

B国では，*X*財を1単位生産するのに5単位の労働が，*Y*財を1単位生産するのに2単位の労働が必要である。逆に言うと，1単位の労働からは，0.2単位の*X*財，または0.5単位の*Y*財が生産できる。したがって，0.2単位の*X*財と0.5単位の*Y*財，同じことであるが1単位の*X*財と2.5単位の*Y*財が交換可能である。

A国からB国に1単位の*X*財を持ち込むと，B国では2.5単位の*Y*財と交換できる。同じ交換をA国内で行うより，*Y*財0.5単位分の利益を得るのである。一方，B国は*Y*財を自国内で交換しても$\frac{1}{2.5}$＝0.4単位の*X*財としか交換できないが，A国に持ち込むと，0.5単位の*X*財と交換できるため，*X*財0.1単位分の利益を得る。

つまり，A国は*X*財を，B国は*Y*財を輸出する貿易によって互いに利益を得る。これが比較生産費説であり，A国は*X*財に，B国は*Y*財に**比較優位**を持つという。

重要ポイント2 比較生産費説（貿易が成立する価格）

自由貿易時の価格を考える。仮に，国際的な２財価格比が外生的に与えられるとして，貿易が成立する条件を整理する。

A国では，同じ１単位の労働から生産される0.5単位のX財と１単位のY財が等価交換されるとする。これを，$p_x x = p_y y$（x：X財の数量，y：Y財の数量，p_x：X財価格，p_y：Y財価格）より$0.5p_x = 1p_y$とすれば，２財価格比は$\frac{p_x}{p_y}=\frac{y}{x}=\frac{1}{0.5}=2$になる。同様に，B国では，0.2単位のX財と0.5単位のY財が交換されるから，$p_x x = p_y y$より，２財価格比は$\frac{p_x}{p_y}=\frac{y}{x}=\frac{0.5}{0.2}=2.5$になる。

この場合のA国の行動を考える。X財のY財に対する相対価格がA国で２倍であるがB国では2.5倍であるので，A国内で販売するより輸出してB国で販売することで利益を得る。一般には，世界価格比が２を超えると輸出によって利益を得られる。もし，世界価格比が２倍未満であれば，むしろ輸入によって利益を得られる。また，世界価格比がちょうど２であれば，輸出入することとしないことが無差別になる。つまり，A国は，X財について，世界価格比が２を超えると比較優位を持ち，２倍未満であれば比較劣位となる。

B国は，Y財の2.5倍するB国のX財を購入するより，Y財の２倍で済むA国のX財を購入するほうが有利である。一般に，世界価格比が2.5未満になると輸入によって利益を得られ，世界価格比が2.5倍を超えると輸出によって利益を得られる。また，世界価格比が2.5であれば，輸出入することとしないことが無差別になる。

また，財をどれだけ生産しても財１単位当たりの労働投入量は一定であるから，貿易による利益はそれ以上生産できなくなるまで続く。したがって，原則，２国は**比較優位を持つ財のみを生産する。これを完全特化といい，貿易開始後も比較優位を持たない（比較劣位にある）財の生産も続行する場合を不完全特化という。**これを用いて上記の内容を整理したのが次の表である。

世界価格比	２未満	２	２超過2.5未満	2.5	2.5超過
A国	Y財に特化	不完全特化	X財に特化		
B国	Y財に特化			不完全特化	X財に特化

貿易は輸送費などを考慮しなければ，両国で２財の価格を均等化させるが，当初の２財価格比が低いA国よりさらに低い２未満の世界価格が生じるケースと，当初の２財価格比が高いB国よりさらに高い2.5を超える世界価格が生じるケースは現実的ではないから，貿易が発生するケースは次の条件になる。

A国の当初の２財価格比　≦　世界価格比　≦　B国の当初の２財価格比

重要ポイント 3 比較生産費説の図解

A国の総労働量を100とし，横軸にX財の数量x，縦軸にY財の数量yをとってグラフを描く。X財，Y財の労働投入係数が重要ポイント１の表の場合，A国のX財の最大生産量は50であり，Y財の最大生産量は100である。また，Y財の生産を２単位減少させれば，１単位のX財の生産が可能となるから，２財の限界変形率は$MRT=-\frac{\Delta Y}{\Delta X}=2$である。ここからA国の生産可能性フロンティアは$y=100-2x$となる（直線$AB$）。

貿易前，A国は生産可能性フロンティアABと社会的無差別曲線が接するE_0点で２財を生産し，かつ消費する。

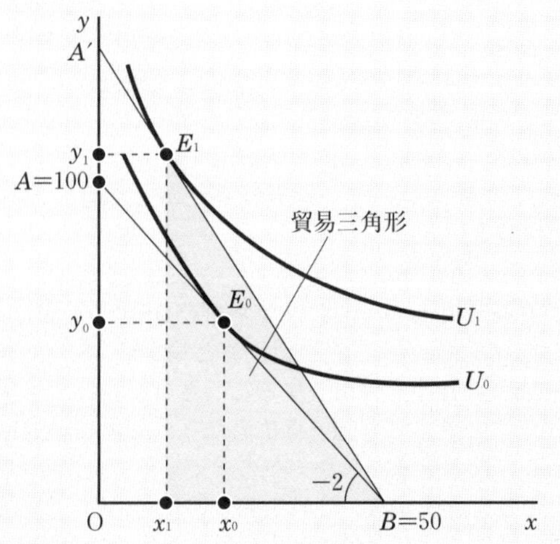

両国の貿易開始後，A国がX財を輸出し，Y財を輸入する際の世界価格比は$2\leqq\frac{p_x}{p_y}\leqq2.5$であるから，消費者の消費可能量領域は$A'B$に拡張され，より効用水準の高い$E_1$点が最適消費点となる。また，A国はX財の生産に特化するので，生産可能性フロンティアABのX財の端点Bで生産する。X財については，Bが生産量x_1が消費量になるので，両者の差$B-x_1$が輸出である。Y財については，生産量がゼロで，y_1が消費量になるので，両者の差$0-y_1$が輸入に当たる。

ここで，Δx_1E_1Bは**貿易三角形**と呼ばれ，横軸が輸出量，縦軸が輸入量になっている。輸出量をΔx，輸入量をΔyとおけば，傾きが２財価格比であるこの三角形は，$\Delta y=-\frac{p_x}{p_y}\times(-\Delta x)$と表されるが，移項すれば$p_x\Delta x=p_y\Delta y$となるので，比較生産費説では，各国の貿易収支は均衡することになる。

また，貿易三角形の式は$\frac{p_x}{p_y}=\frac{y}{x}$とも変形できる。左辺は輸出財価格が輸入財価格の何倍に当たるかを，右辺は輸出財１単位当たりで輸入財何単位と交換できるかを表しており，この式はその国の貿易の有利さを表す**交易条件**と呼ばれる。

重要ポイント 4　ヘクシャー＝オリーンの定理とレオンチェフの逆説

生産要素に労働だけでなく資本も考慮した貿易モデルがヘクシャー＝オリーンの理論である（リカードの比較生産費説は労働しか考慮していない）。

・労働量をL，資本量をKとし，$\frac{K}{L}$を資本の（労働に対する）相対的要素賦存度と定義する。Ａ国の資本賦存度がＢ国より高い場合，Ａ国を（相対的）資本豊富国といい，Ｂ国を労働豊富国という$\left(\frac{K}{L}\text{が小さければ}\frac{L}{K}\text{は大きい}\right)$。

・生産に際しての資本の投入が労働の投入より高い財を資本集約財，低い財を労働集約財という。

このとき，次の**ヘクシャー＝オリーン**の定理が成立する。

資本豊富国は資本集約財に，労働豊富国は労働集約財の輸出国となる。

資本豊富国は資本レンタル価格が相対的に安価であるので，資本集約財の生産に比較優位を持ち，労働豊富国は賃金率が相対的に安価になるので，労働集約財に比較優位を持つことになる。

しかし，レオンチェフは，統計データを用いて分析した結果，**資本豊富国である米国が労働集約財を輸出している**との，ヘクシャー＝オリーンの定理に反することを見出した。これを**レオンチェフの逆説（パラドックス）**という。

重要ポイント 5 ヘクシャー＝オリーンの定理の関連定理

ヘクシャー＝オリーンの定理同様，資本と労働を導入した貿易モデルからは，次のような定理が導かれる。

要素価格均等化定理：自由貿易を行う２国では，生産要素の国際移動が存在しなくても，要素価格は等しくなる。

たとえば，安い労働力を用いた安価な財を輸入すれば，その国の同じ産業は生産が減少するので，失業が発生して賃金率が低下することになり，一方で輸出国では増産によって賃金率が上昇するので，結果として賃金率は均等化する方向に向かう。

リプチンスキーの定理：ある生産要素の増大は，その生産要素を集約的に用いて生産している財の輸出を増加させる。

たとえば，労働力が多く，賃金率の低い国で，さらに労働力が増加すれば，ますます賃金率が低下する結果，さらに労働集約財の生産が進むことになる。

ストルパー＝サミュエルソンの定理：ある財価格の上昇は，その財の生産に集約的に用いられている生産要素の価格を上昇させる。

たとえば，労働集約財の価格上昇は，その財の生産の増大を促すので，集約的に用いる労働需要を増加させる結果，労働の要素価格（賃金率）を上昇させる。

実戦問題1 基本レベル

＊
No.1 労働力のみで生産される財Xと財Yがあり，A国とB国でそれらの財を1単位生産するのに必要な労働投入量は，表のとおりである。リカードの比較生産費説を前提とすると，A国とB国の間で貿易が生じる場合の財の相対価格$\frac{P_x}{P_y}$の範囲として最も妥当なのはどれか。

ただし，P_xは財Xの価格，P_yは財Yの価格を表す。また，両国間で労働力の移動はないものとする。　　【労働基準監督官・令和元年度】

	財X	財Y
A国	5	2
B国	8	3

1 $\frac{3}{8}<\frac{P_x}{P_y}<\frac{2}{5}$

2 $\frac{5}{8}<\frac{P_x}{P_y}<\frac{2}{3}$

3 $\frac{3}{2}<\frac{P_x}{P_y}<\frac{8}{5}$

4 $\frac{5}{3}<\frac{P_x}{P_y}<4$

5 $\frac{5}{2}<\frac{P_x}{P_y}<\frac{8}{3}$

No.2 ＊ A国とB国の2国，x財とy財の2財からなるリカードの貿易モデルにおいて，次の図のaa'線，bb'線は，それぞれA国，B国の2財の生産可能性フロンティアを表している。x財とy財の価格をそれぞれp_x，p_yとすると，2国間で貿易が行われるための2財の価格比$\frac{P_x}{P_y}$の範囲として，妥当なのはどれか。

【地方上級（特別区）・平成26年度】

1 $\frac{1}{3}<\frac{p_x}{p_y}<\frac{1}{2}$

2 $\frac{1}{3}<\frac{p_x}{p_y}<1$

3 $\frac{1}{2}<\frac{p_x}{p_y}<1$

4 $\frac{1}{2}<\frac{p_x}{p_y}<\frac{3}{2}$

5 $\frac{2}{3}<\frac{p_x}{p_y}<\frac{4}{3}$

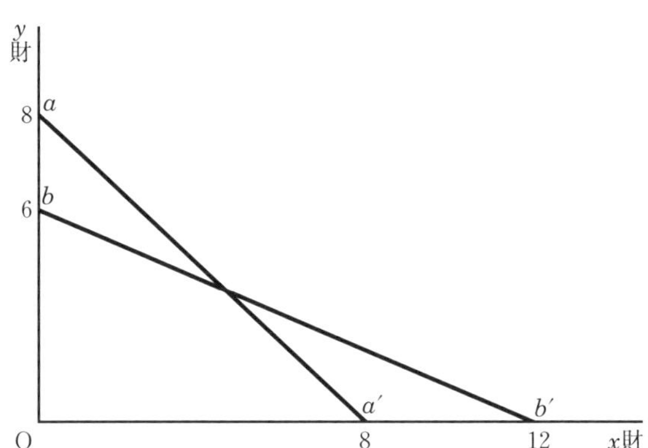

No.3 ＊＊ A国とB国の2国，y_1財とy_2財の2財からなるリカードの貿易モデルを考える。生産要素は労働のみであり，各財を1単位生産するために投入される労働量は以下の表のように示される。y_1財，y_2財の価格をそれぞれp_1，p_2と表す。このモデルに関する次の記述のうち，妥当なのはどれか。

【国税専門官・平成21年度】

	A国	B国
y_1財	4	3
y_2財	2	1

1 $\frac{p_1}{p_2}=\frac{1}{2}$であるとき，A国は$y_1$財，$y_2$財の両財を生産する。

2 $\frac{p_1}{p_2}=\frac{1}{3}$であるとき，B国は$y_1$財，$y_2$財の両財を生産する。

3 $\frac{1}{2}<\frac{p_1}{p_2}<\frac{3}{4}$であるとき，A国は$y_2$財の生産に完全特化する一方，B国は$y_1$財の生産に完全特化し，両国の間で貿易が行われる。

4 $\frac{1}{3}<\frac{p_1}{p_2}<\frac{1}{2}$であるとき，A国は$y_1$財の生産に完全特化する一方，B国は$y_2$財の

生産に完全特化し，両国の間で貿易が行われる。

5　$2<\frac{p_1}{p_2}<3$であるとき，A国はy_1財の生産に完全特化する一方，B国はy_2財の生産に完全特化し，両国の間で貿易が行われる。

＊＊
No.4　**ヘクシャー＝オリーンの定理に関する記述として，妥当なのはどれか。**

【地方上級（特別区）・平成30年度】

1　ヘクシャー＝オリーンの定理では，各国間で異なる生産技術を持つと仮定すると，各国はそれぞれ比較優位にあるほうの財の生産に完全特化することによって，互いに貿易を通じて各国の利益を増加できるとした。

2　ヘクシャー＝オリーンの定理では，比較優位の原因を生産要素の存在量に求め，各国が相対的に豊富に存在する資源をより集約的に投入して生産する財に比較優位を持つとした。

3　ヘクシャー＝オリーンの定理では，財の価格の上昇は，その財の生産により集約的に投入される生産要素の価格を上昇させ，他の生産要素の価格を下落させるとした。

4　ヘクシャー＝オリーンの定理では，財の価格が一定に保たれるならば，ある資源の総量が増加すると，その資源をより集約的に投入して生産する財の生産量が増加し，他の財の生産量が減少するとした。

5　ヘクシャー＝オリーンの定理では，アメリカにおける実証研究の結果から，資本豊富国と考えられていたアメリカが労働集約的な財を輸出し，資本集約的な財を輸入しているとした。

実戦問題1の解説

No.1 の解説　比較生産費説

→問題はP.401　正答5

必修問題と同傾向であるが，より簡便に解く。

STEP❶　2財価格比の導出

一般に，比較生産費説に用いられる表は，各国で各財を1単位生産するのに必要な労働投入量を表すが，労働投入量の比をとれば，これが相対価格（2財価格比）になる（〈参考〉）。したがって，貿易開始前の2財価格比は，A国で$\frac{P_x}{P_y}=\frac{5}{2}$，B国で$\frac{P_x}{P_y}=\frac{8}{3}$になる。

STEP❷　貿易が生じる範囲を特定

貿易を開始すれば，相対価格は均等化するが，これは貿易前の相対価格の高い国の水準と安い国の水準の間に決まるから，

$$\frac{5}{2}<\frac{P_x}{P_y}<\frac{8}{3}$$

になる。

よって，正答は**5**である。

〈参考〉各国内で労働力の産業間の移動は自由であるとすると，各国で産業間の賃金率は均等化する。この場合，財1単位当たりの労働投入量の比は財1単位の生産に必要な賃金の比になるので，労働のみを生産要素として考慮するリカード・モデルにおいては，賃金の比は限界費用の比であることになる。完全競争市場を仮定すれば，これを2財の価格比であるとみなせることになる。

No.2 の解説　比較生産費説

→問題はP.402　正答3

貿易の発生する範囲を求める問題である。解法を覚えれば非常に易しい。

STEP❶　生産可能性フロンティアの意味

一般に，市場均衡における2財価格比は生産可能性フロンティア上の最適点における接線の傾き（の絶対値）に等しくなる（**テーマ16重要ポイント6**参照）。したがって，生産可能性フロンティアが直線で表される場合，傾きは一定であるから，その傾きが2財価格比となる。

STEP❷　貿易が行われる条件

A国では生産可能性フロンティアである直線aa'の傾き（の絶対値）は1であり，B国では生産可能性フロンティアである直線bb'の傾き（の絶対値）は$\frac{1}{2}$であるから，それがおのおのの国での2財価格比になる。2国が貿易を開始すると，2財価格比は，貿易開始前の価格比の間になることになるので，その条件は，

$$\frac{1}{2}<\frac{P_x}{P_y}<1 \text{である。}$$

よって，正答は**3**である。

No.3 の解説　比較生産費説

→問題はP.402　**正答5**

貿易が行われる価格比の範囲を定める問題の変形であるが，条件に含まれる不等号と等号の意味を確認する。なお，【No. 1】とは表の縦横の項目が逆になっている。過去の出題では，縦横どちらに国と財をとるか必ずしも一貫していないので，国単位で2財を比較するという原理を覚えておこう。

STEP❶　貿易を行う条件

2国で各財を1単位生産するために投入される労働量の比をとると，2財価格比になることを用いると，A国では$\frac{p_1}{p_2}=2$，B国では$\frac{p_1}{p_2}=3$になり，A国はy_1財に，B国はy_2財に比較優位を持つ。そして，貿易が行われる条件は$2\leqq\frac{p_1}{p_2}\leqq 3$である。

STEP❷　貿易を行う条件の分解

上の条件を場合分けする。

① $2<\frac{p_1}{p_2}<3$のとき

両国は比較優位を持つ財の生産に完全特化し，比較劣位の財は生産しない。

② $2=\frac{p_1}{p_2}$のとき

A国は不完全特化となり，比較優位を持つy_1財だけでなく，比較劣位のy_2財も生産する。一方，$\frac{p_1}{p_2}<3$を満たすB国はy_2財に完全特化する。

③ $\frac{p_1}{p_2}=3$のとき

B国は不完全特化となり，比較優位を持つy_2財だけでなく，比較劣位のy_1財も生産する。一方，$2<\frac{p_1}{p_2}$を満たすA国はy_1財に完全特化する。

以上のことを正しく述べているのは，**5**のみである。

No.4 の解説　ヘクシャー＝オリーンの定理

→問題はP.403　正答2

本問の場合，正答でない選択肢も説明自体は誤っておらず，他のなんらかの定理の説明となっている。ヘクシャー＝オリーンの定理でないとすれば何であるかを答えられるようになってほしい。

1 × **生産技術の差が貿易を決定するとするのは，リカードの比較生産費説である。**
また，一般的には各国が比較優位を持つ財の生産に完全特化することになるのも比較生産費説の特徴である。

2 ◎ **ヘクシャー＝オリーンの定理では，比較優位は資源の存在量で決まる。**
妥当である。ヘクシャー＝オリーンの定理では，各国が相対的に豊富に存在する資源をより集約的に投入して生産する財に比較優位を持つとする。なお，本問では，他の選択肢も含め，「資源」と「生産要素」を同義に用いている。

3 × **財価格と要素価格の関係を示すのは，ストルパー＝サミュエルソンの定理である。**
ストルパー＝サミュエルソンの定理によると，ある財の価格上昇は，その財の生産を増加させるので，その財の生産に集約的に投入される生産要素の需要を増加させ，その生産要素の価格を上昇させる。

4 × **資源の存在量と財の生産量の関係を示すのは，リプチンスキーの定理である。**
リプチンスキーの定理によると，たとえば，労働の総量が増加すると，労働集約財の生産を増加させることができる。ただし，労働集約財の生産にも資本は必要であるから，資本集約財の生産に用いられていた資本を労働集約財の生産に移動させる必要が生じる。この結果，資本集約財の生産は減少することになるのである。

5 × **レオンチェフは米国のデータでヘクシャー＝オリーンの定理を検証した。**
検証の結果，資本豊富国であるアメリカは労働集約的な財を輸出しており，ヘクシャー＝オリーンの定理とは合致しないとの結果を得た。これをレオンチェフの逆説という。

実戦問題❷ 応用レベル

＊＊ No.5 A国とB国は労働を投入して，食料品と衣料品を生産し，消費している。このとき，A国では労働1単位から食料品2単位と衣料品4単位を生産できるのに対し，B国では労働1単位から食料品3単位と衣料品9単位とを生産できる。A国とB国の間で貿易が行われた結果，A国は食料品に完全特化し，B国は不完全特化したと仮定する。このとき，両国の貿易パターンに関する次の記述のうち，妥当なものはどれか。

【国家一般職・平成11年度】

1 A国は食料品と衣料品の双方に絶対優位を持つ。

2 A国は食料品と衣料品の双方を生産する。

3 B国は食料品に比較優位を持つ。

4 B国は食料品を輸出し，衣料品を輸入する。

5 A国と貿易を行っても，B国の厚生は自給自足時と変わらない。

＊＊ No.6 国際貿易理論に関する記述として，妥当なのはどれか。

【地方上級（特別区）・平成28年度】

1 リカードの比較生産費説では，自由貿易を行う場合において，2国が同じ生産関数を持ち，各国が特定の財の生産に完全特化しなくても，自国に相対的に豊富に存在する資源を集約的に投入して生産する財に比較優位を持つとした。

2 ヘクシャー＝オリーンの定理では，財の価格の上昇は，その財の生産により集約的に投入される生産要素の価格を上昇させ，他の生産要素の価格を下落させるとした。

3 リプチンスキーの定理では，財の価格が一定に保たれるならば，資本賦存量が増加すると，資本集約的である財の生産量が増加し，労働集約的である財の生産量が減少するとした。

4 ストルパー＝サミュエルソンの定理では，2国の間で異なる生産技術を持つと仮定すると，各国はそれぞれが比較優位にあるほうの財の生産に完全特化して，互いに貿易を通じて，厚生を増大させるとした。

5 レオンチェフの逆説とは，アメリカが労働に豊富な国であるとみなされていたため，アメリカは労働集約的な財を輸入し，資本集約的な財を輸出しているという計測結果が，リカードの比較生産費説と矛盾することをいう。

＊＊
No.7 国際貿易理論に関する次の文章のA，Bに入る語句の組合せとして妥当なのはどれか。

「ヘクシャー＝オリーンの定理によれば，国際貿易は国と国との間で［ A ］に差異があることから発生する。リプチンスキーの定理によれば，ある国が資本と労働を用いて資本集約的な財と労働集約的な財の２種類の財を生産している場合，財の価格が不変のままでその国の資本が増加した場合には，［ B ］。」

【国税専門官・平成18年度】

	A	B
1	生産技術	集約的な財の生産は増加し，労働集約的な財の生産は減少する
2	生産技術	両財の生産は共に増加するが，資本集約的な財の増加率のほうが大きい
3	生産技術	資本集約的な財の生産は増加するが，労働集約的な財の生産の増減は不明である
4	生産要素の賦存量	資本集約的な財の生産は増加し，労働集約的な財の生産は減少する
5	生産要素の賦存量	両財の生産は共に増加するが，資本集約的な財の増加率のほうが大きい

実戦問題 2 の解説

No.5 の解説　比較生産費説

→問題はP.407　正答5

自分で比較生産費説の表を書く問題であるが，ちょっとしたわながある。本来，比較生産費説の表は１単位の財を生産するのに必要な労働投入量を書き込むが，本問では労働１単位当たりの生産量である。したがって，逆数をとってから表を作成しなければならない。

A国では労働１単位から食料品２単位と衣料品４単位を生産できるということは，食料品１単位を生産するのに労働$\frac{1}{2}$単位が必要であり，衣料品１単位を生産するのに労働$\frac{1}{4}$単位が必要であることになる。また，B国では労働１単位から食料品３単位と衣料品９単位とを生産できるということは，食料品１単位を生産するのに労働$\frac{1}{3}$単位が必要であり，衣料品１単位を生産するのに労働$\frac{1}{9}$単位が必要であることになる。これを表にすると次のようになる。

	食料品	衣料品
A国	$\frac{1}{2}$	$\frac{1}{4}$
B国	$\frac{1}{3}$	$\frac{1}{9}$

1×　B国は食料品と衣料品の双方で絶対優位を持つ。

B国は食料品と衣料品の双方を少ない労働投入量で生産できる。これを絶対優位という。

2×　完全特化とは比較優位にある財のみを生産することである。

したがって，食料品と衣料品の２財をともに生産することはありえない。

3×　A国は食料品に比較優位を持つ。

食料品の比較優位を考える。食料品の相対価格は，A国では$\dfrac{\frac{1}{2}}{\frac{1}{4}}=2$，B国では$\dfrac{\frac{1}{3}}{\frac{1}{9}}=3$であるから，相対価格の低いA国が食料品に比較優位を持つ。

4×　２国２財モデルでは，ある国が同時に２財に比較優位を持つことはない。

3で計算したように，A国が食料品に比較優位を持つ。つまり，A国が食料品の輸出国になるので，B国が食料品を輸出することはありえない。なお，食料品の相対価格と衣料品の相対価格は逆数の関係になるので，食料品の相対価格がＡ国で低い場合，必ず衣料品の相対価格はＢ国で低くなる。

5◎ 不完全特化の場合，その国の厚生は貿易前と変わらない。

妥当である。Ｂ国が不完全特化するのは，相対価格が貿易前（自給自足経済）と貿易後で変わらない場合である。この場合，消費可能領域が貿易前後で不変となるので（**重要ポイント３**参照），社会的な無差別曲線も貿易前と同じ水準になるため，効用で測った厚生も変化しない。

No.6 の解説　貿易理論総論

→問題はP.407　**正答３**

1× 相対的に豊富な資源に着目するのはヘクシャー＝オリーンの定理である。

リカードの比較生産費説では，生産要素（資源）としては労働のみを考慮して，相対的な生産技術の差（労働投入係数の差）によって比較優位が決まるとするが，ヘクシャー＝オリーンの定理では資本と労働の２つの生産要素を想定し，相対的な資源の差から比較優位が決まるとする。

2× 財価格と要素価格の関係を表すのはストルパー＝サミュエルソンの定理である。

ある財の価格上昇は，その財の生産増加とその財に集約的に投入される生産要素の価格を上昇させる。他の生産要素を集約的に用いる財の生産は減少するから，他の生産要素の価格を下落させることになる。

3◎ 生産要素と財の生産量の関係を表しているのはリプチンスキーの定理である。

妥当である。資本賦存量が増加すると，資本集約的である財の生産量が増加するが，一方で労働集約的である財の生産量が減少する。通常，資本集約財の生産にも一定の労働力が必要となるので，労働力を資本集約的な財の生産に回すことになる労働集約財の生産は減少せざるをえないのである。

4× 生産技術の差が比較優位を決めると考えるのは比較生産費説である。

２国間での生産技術の差は，労働投入係数の違いとして表現される。また，貿易前後で２財の相対価格が変化しない限り不完全特化は生じないので，一般に輸入によって価格が変化する限り，リカードの比較生産費説では貿易を行う２国は自国が比較優位を持つ財に完全特化する。

5× レオンチェフの逆説はヘクシャー＝オリーンの定理との矛盾のことである。

レオンチェフの逆説は，相対的資本豊富国のアメリカが労働集約的な財を輸出しているという計測結果が，ヘクシャー＝オリーンの定理と合致しないことである。

No.7 の解説 ヘクシャー＝オリーンの定理

→問題はP.408 正答 4

ヘクシャー＝オリーンの定理とリプチンスキーの定理の2つのみを取り上げた，比較的珍しいタイプの出題である。国際貿易論の出題では，一般には，1つの理論を掘り下げて問うか5つの選択肢でさまざまな理論を広く浅めに問うかのいずれかのパターンが多い。また，1つの理論を掘り下げるタイプの出題はそのほとんどが比較生産費説を問うものである。

STEP❶ ヘクシャー＝オリーンの定理の確認

ヘクシャー＝オリーンの定理とは，各国の生産要素の相対的な賦存量（存在量）の違いに注目する理論である。相対的労働豊富国は賃金率が相対的に低くなるために労働集約的な財に比較優位を持ち，相対的資本豊富国は資本レンタル価格が安くなるために資本集約財の生産に比較優位を持つとする理論である。よって，Aには，生産要素の賦存量が入る。なお，生産技術の差によって貿易が発生すると考えるのは，リカードの比較生産費説である。

STEP❷ リプチンスキーの定理の確認

リプチンスキーの定理であり，これは「ある国の要素賦存量が増加した場合，その財を集約的に用いる財の生産が増加する」というものであり，その際，増加しなかった生産要素を集約的に用いる財の生産は減少する。これは，資本の増加は資本集約財の生産を増加させるが，資本だけでは生産を増加させられないため，労働の投入も増加させることになる。その労働は，労働集約的な産業から資本集約財産業に移動させることになるため，労働集約財の生産が減少することになるのである。

なお，ここで財の価格が一定であるとの仮定をおくのは，資本集約財と労働集約財のいずれの価格が変化するにせよ，その影響で生産量も変化し，それに伴って生産要素の投入も影響を受けてしまい，要素賦存量の変化の影響のみを見ることができなくなるからである。

よって，正答は**4**である。

自由貿易と保護貿易

必修問題

小国における，ある財の国内市場における需要曲線と供給曲線がそれぞれ図のように示されており，海外との自由貿易がない場合の国内市場における均衡点はEである。また，この財の世界市場における価格はp^*である。この国が自由貿易を行った場合の記述として最も妥当なのはどれか。

【労働基準監督官・平成25年度】

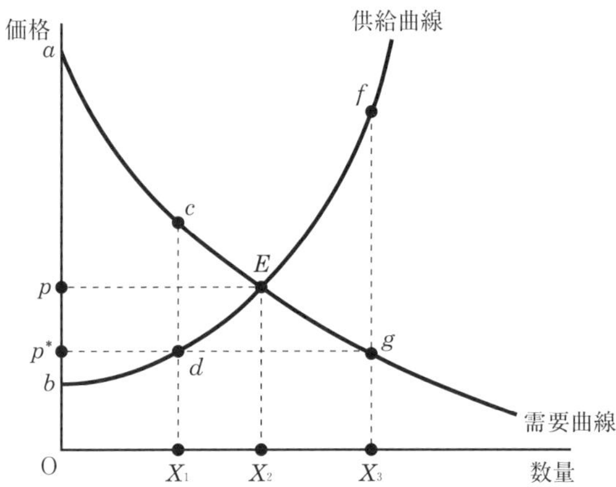

1 世界市場の価格にかかわらず，国内市場での均衡点Eにおいて総余剰はbEaで囲まれた部分となり最大であるため，自由貿易を行ったとしても**貿易による利益**は得られない。

2 自由貿易により，**世界市場での価格**p^*で取引が行われるので，需要量はX_3，国内生産量はX_1，輸入量は（X_3-X_1）となり，貿易の利益がdgEで囲まれた部分だけ発生する。

3 世界市場での価格p^*が国内価格pよりも低いため，自由貿易により，消費者余剰はp^*dcaで囲まれた部分，生産者余剰はbdp^*で囲まれた部分となるため，**貿易の利益**がdEcで囲まれた部分だけ発生する。

4 世界市場での価格p^*は国内価格pよりも低いため，自由貿易により，消費者余剰はpEaで囲まれた部分，生産者余剰はdgfで囲まれた部分となり，自由貿易により**総余剰**が増える。

5 自由貿易によって国内価格pが成立しなくなるため，消費者にも生産者にも帰属しない**死荷重**がEgfで囲まれた部分だけ発生する。

難易度 ＊

必修問題の解説

貿易を行った場合，小国であれば世界市場での価格（以下，世界価格）p^*は一定になる。なぜなら，自国の貿易量の変動が世界価格に影響を与えないような国を小国と呼ぶからである。そして，自国の価格も世界価格に一致することになる。

なお，本問では世界価格が国内価格より低いので財を輸入するが，世界価格が国内価格より高いなら財を輸出する（ただし，輸出に関する出題は極めて少ない）。

1 × 自由貿易は，自国の価格を世界価格まで下落させる。
したがって，貿易開始後も均衡点がEのままではありえない。また，少なくとも安価な財を輸入できる消費者に利益は生じる（**2**の解説参照）。

2 ◎ 自由貿易の場合，輸入量は需要量と国内生産量の差である。
妥当である。自由貿易により，国内でも世界価格p^*で取引すると，需要量はX_3，国内での供給量はX_1であるから，供給不足に当たるX_3-X_1が輸入量となる。この場合，消費者余剰はagp^*，生産者余剰はbdp^*であるため，総余剰は$agdb$で囲まれた部分になる。貿易がない場合，国内均衡点Eの下で，消費者余剰はaEp，生産者余剰はbEpであるため，総余剰はaEbである。したがって，自由貿易は$\triangle gdE$だけ総余剰が増加させる。これが貿易の利益である。

3 × 貿易の利益はgdEで囲まれた部分だけ発生する。
総余剰で測った自由貿易の利益は，**2**で確認したようにdEcではなくgdEで囲まれた部分の面積である。

4 × 自由貿易により，世界価格p^*の下で需要量はX_3，国内の供給量はX_1になる。
したがって，消費者余剰は$\triangle agp^*$，生産者余剰は$\triangle bdp^*$になる。

5 × 自由貿易は，総余剰を増加させるので，死荷重（余剰損失）は発生しない。
貿易前後で消費者余剰はaEpからagp^*，に増加し，生産者余剰はbEpからbdp^*に減少するが，前者の増加のほうが大きいので総余剰は増加する。

正答 2

FOCUS

現実には保護貿易の手段は多様であるが，出題は関税が過半を占める。また，小国を仮定とすることで分析を容易にしているものがほとんどである。小国の自由貿易や関税の効果の余剰分析は，比較的パターンが決まっておりマスターしやすい。出題頻度も高いほうなので確実に理解しよう。ただし，難易度が比較的高くないが差もつきにくいので，輸入数量割当なども理解しておきたい。

POINT

重要ポイント 1 自由貿易の利益

世界経済に占める経済規模が小さく，**自国の輸出入量の変動が世界価格に影響を及ぼさないことを小国の仮定という**。この場合，自国は一定の世界価格で望むだけの輸入を行うことができる。

貿易開始前，小国のある財の市場が次の図のように表されるとする。この市場は，価格p_0のE点で均衡し，総余剰が$\triangle ABE$になる（消費者余剰が$\triangle AEp_0$，生産者余剰が$\triangle BEp_0$）。ここで，この小国が貿易を開始して，世界価格p^Wで外国から財を自由に輸入する。この価格p^Wの下で，国内の生産者はS_1だけの生産を行うが，国内需要はD_1であるため，その差のD_1-S_1だけの輸入を行うことになる。このとき，この小国の総余剰は，生産者余剰が$\triangle BEp_0$から$\triangle BCp^W$に減少しているが，消費者余剰が$\triangle AEp_0$から$\triangle ADp^W$に増加するため，差し引き**$\triangle CDE$だけの総余剰が増加する**。これが**自由貿易の利益**である。

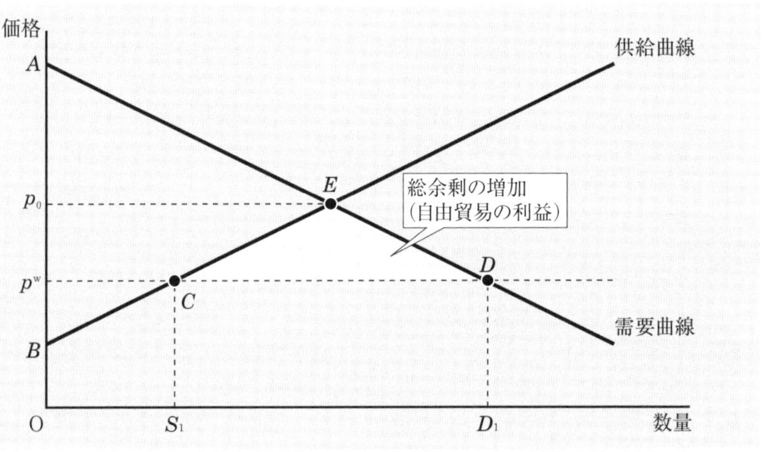

重要ポイント2 輸入関税（関税）

生産者保護のため，輸入財に対して関税を賦課する。生産量1単位当たりの関税をtとすると，国内での輸入財価格は，下図の$p_1=p^W+t$になる。このとき，国内需要量はD_2，国内生産量はS_2になり，輸入量はD_2-S_2になる。このとき消費者余剰は$\triangle AGp_1$に，生産者余剰は$\triangle BFp_1$になるが，関税tに輸入量を乗じた税収$\square FGIH$が政府の余剰になる。これらの和である**総余剰を自由貿易時と比較すると，$\triangle CFH+\triangle GID$分だけ余剰損失が生じる**。

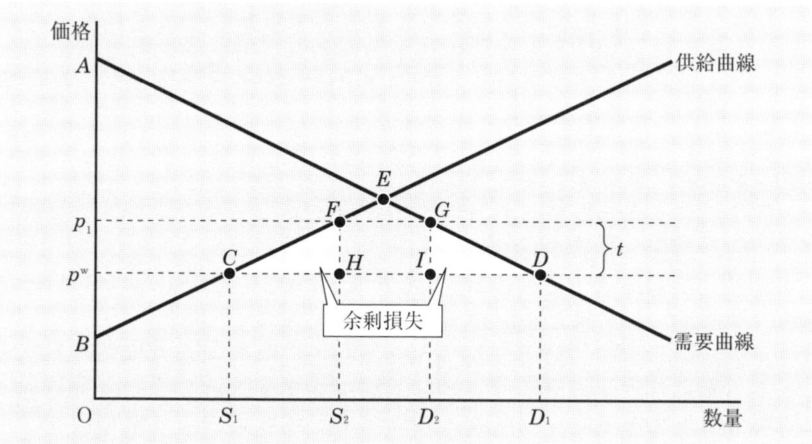

重要ポイント3 輸入数量制限（輸入割当）

政府が，輸入財の価格はp^Wのまま，数量を一定に制限するケースを考える。**重要ポイント2**の関税賦課時の輸入量であるD_2-S_2と同量に輸入量を固定する。このとき，国内市場の供給曲線は，国内の供給曲線に割当量分だけ右シフトした図のS'になる。

この場合，当初，p^WでD_2-S_2だけ輸入することになるから，需要量D_1，国内生産量S_1に対して，D_1-D_2およびS_2-S_1分だけの超過需要が発生する。

したがって，市場メカニズムによって価格はp_1まで上昇し，需要量D_2は，国内生産量S_2と輸入量D_2-S_2の和に等しくなり，均衡する。そして，消費者余剰は$\triangle AGp_1$に，生産者余剰は$\triangle BFp_1$になり，$\square FGIH$は輸入業者の利益になる（輸入業者はp^Wで仕入れp_1で販売するので，内外価格差益×輸入量の利益を得る）。$\square FGIH$は関税賦課時の税収に等しいから，政府から輸入業者に所得分配先が変化するだけで総余剰は等しくなり，**関税賦課時と同様に$\triangle CFH+\triangle GID$の余剰損失が発生する**。これを関税と輸入数量制限の**同値定理（同一性命題）**という。

なお，輸入制限を，輸入量D_2-S_2に固定するのではなく，これを上限とすると解してもよいが，輸入業者は差益を得るために上限まで輸入するので，効果は等しい。

第6章 ミクロ貿易論

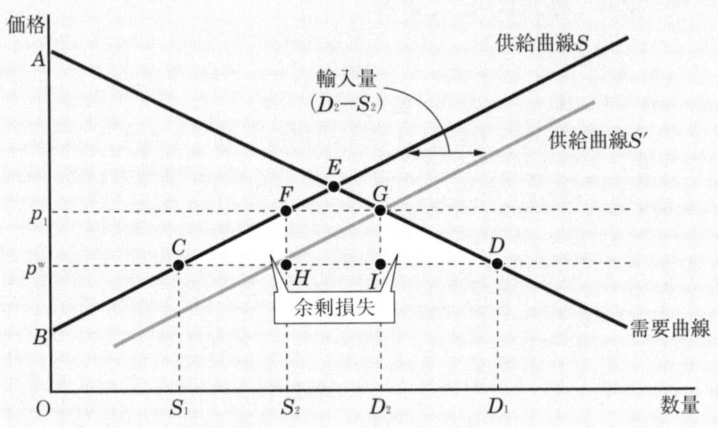

重要ポイント 4 生産補助金

政府が，自由貿易の下でも関税tを課した場合と同じ生産量S_2になるように，生産量1単位当たりsの補助金を与えるとする。この場合，供給曲線はSからS''に下方シフトするが，財の価格はp^Wであるため，国内の生産量はS_2，国内需要はD_1となり，輸入量は自由貿易時のD_1-S_1からD_1-S_2に減少する。このとき，消費者余剰は自由貿易時と同じ△ADp^Wであるが，生産者余剰は△BCp^Wから△OHp^Wへと増加する。ただし，政府の補助金支出が□$BOHF$なのでこれを差し引いて，総余剰は$ADHFB$で囲まれた部分の面積となり，**自由貿易時の*ADCB*と比較して△*CFH*だけ減少する**。

ただし，関税と数量制限の場合の余剰損失は△CFH＋△GIDであるから，総余剰の点から見て，生産補助金はこれらより△GID分だけ大きい。

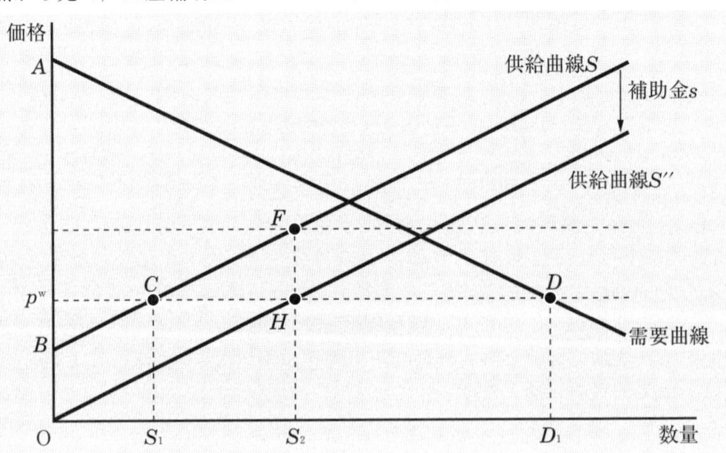

重要ポイント5 一般均衡モデルによる輸入関税賦課の効果

①自由貿易の利益

テーマ20重要ポイント3のモデルを，より一般的な原点に対して凹型の生産可能性フロンティア（図中，曲線FF）で考える。

貿易開始前，X財とY財の2財価格比が$\left(\frac{p_x}{p_y}\right)_0$であり，2財の生産量と消費量が$E^*$点（$x^*$，$y^*$）で一致しており，効用は無差別曲線$U^*$に対応した水準であったとする。

この経済が**貿易を開始**すると，比較劣位であるX財価格の低下と比較優位であるY財価格の上昇によって2財価格比が$\left(\frac{p_x}{p_y}\right)_1$になり，国内の生産量は，生産可能性フロンティア上のE_0点（x_0 y_0）に変化する。また，E_0点を通る直線AAは傾きが2財価格比であるから，これをこの経済の予算制約線とみなすと，最適な消費量はE_3点（x_3，y_3）になり，生産と消費の差が貿易量になる。つまり，X財をx_3-x_0だけ輸入しY財をy_0-y_3だけ輸出する。ここで，輸出と輸入の大きさを2辺とする△E_0G E_3が貿易三角形である。また，貿易の結果，消費者の無差別曲線はより高い効用水準U_0に移行している。これが自由貿易の利益である。

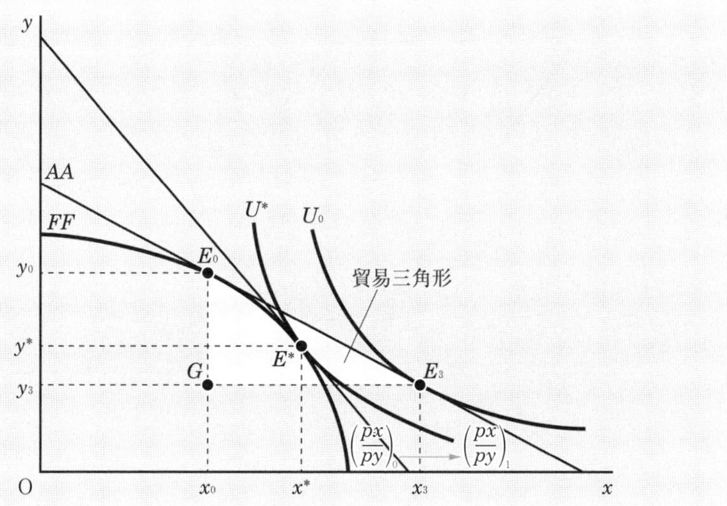

②関税賦課の効果

①のように自由貿易を行っている経済（下図では，貿易前の状態は消去している）が，生産者保護のためにX財に輸入関税を賦課したため，X財の国内価格が上昇し，2財価格比$\frac{p_x}{p_y}$が直線BBの傾きまで急になったとする。この結果，国内での2財の生産量はE_1点になり，X財はx_1まで増産される。

しかし，小国が関税を賦課することによって国際価格が変化することはないから，この国の予算を世界価格で評価すれば生産点E_1を通る自由貿易時の価格比（AAの傾き）を通る直線$A'A'$で表されることになる。

よって，この国の最適な消費点はこの予算制約線$A'A'$上にあることになるが，消費者は国際価格ではなく，X財に関税を賦課された国内価格（直線BBの傾きで表される）で消費を行うことになる。

消費者の最適消費点は，直面する価格比と無差別曲線の傾きである限界代替率が等しくなるような点に決定されることになるから，予算制約線$A'A'$上の点で，直線BBと同じ傾きを持つ接線が引ける点まで無差別曲線が左下方に移動することによって得られるE_2点になる。

この場合，比較優位にない財の生産が拡大することによる所得水準の低下が予算制約線にあたる直線のAAから$A'A'$への下方シフトで示され，さらに消費者は関税が賦課されていなければ，たとえ予算制約線が$A'A'$であっても無差別曲線はE_2点を通るものよりも右上方に位置する，より効用の高いもの（図中，点線）に対応した消費を行えたはずである。

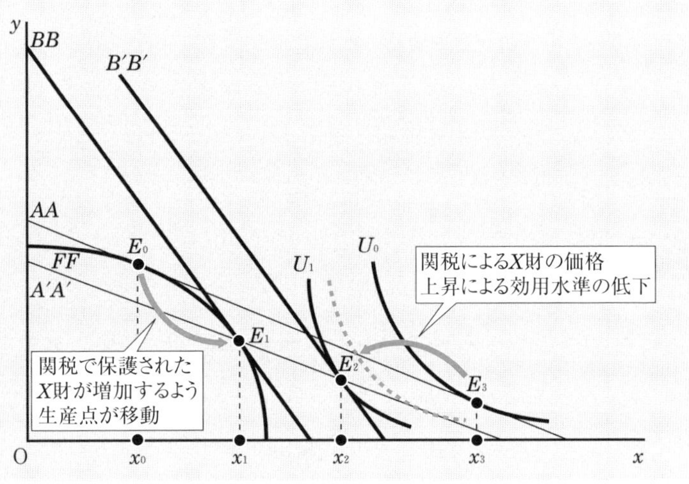

実戦問題❶ 基本レベル

＊
No.1 この国はある財の輸入について小国であると仮定し，その財の需要曲線と国内生産者の供給曲線がそれぞれ，価格をPとして，

$D=600-6P$ 〔D：需要量〕

$S=4P-200$ 〔S：国内生産者供給量〕

で表されるとする。当初自由貿易の下で，この財の国際価格は60であったが，この国の政府がこの財に輸入１単位当たり10の関税を賦課したとすると，そのときに発生する厚生損失はいくらか。 【地方上級（特別区）・令和元年度】

1 200
2 300
3 500
4 1000
5 1500

＊＊
No.2 小国であるＡ国におけるX財の需要曲線と供給曲線が次のように示されるとする。

$D=900-4P$

$S=6P-200$ 〔D：需要量，S：国内供給量，P：価格〕

ここでＡ国において，X財に対して１単位当たり20の関税を賦課した場合の輸入数量と，輸入割当を行った場合にX財の国内価格が関税賦課時と同じになる輸入割当量はそれぞれいくつか。

ただし，X財の国際価格は70であり，X財市場は完全競争状態にあるものとする。

【国家一般職・平成15年度】

	関税賦課時の輸入数量	輸入割当量
1	100	200
2	200	200
3	200	300
4	400	400
5	500	400

＊＊
No.3 小国AにおけるX財の需要関数および供給関数が次のように示されている。

$D = 450 - 2P$

$S = 3P - 100$ 〔D：需要量，S：供給量，P：価格〕

またX財の国際価格は50であり，当初は自由貿易が行われていた。ここで，A国において政府は，国内のX財の生産者を保護するため，X財の輸入数量を200に制限することとした。

このときA国において輸入制限を行ったことにより発生する死荷重の大きさはいくらか。【国税専門官／財務専門官／労働基準監督官・平成30年度】

1 450
2 600
3 750
4 900
5 1,000

実戦問題 1 の解説

No.1 の解説　関税の効果

→問題はP.419　正答3

ある特定の財の市場のみの部分均衡分析の場合，一般には社会的厚生は総余剰で測られるから，作図によって分析すればよい。

STEP❶　自由貿易時の総余剰

与えられた需要曲線と供給曲線を，おのおの，$p=100-\frac{1}{6}D$ と $p=50+\frac{1}{4}S$ と変形し，図を描く。自由貿易の場合，国際価格 $p^W=60$ の下で，需要量が D_0，生産量が S_0 になる（両者の差の輸入量 D_0-S_0 を供給量に加えると需給が一致する）。この場合，総余剰は，消費者余剰△AGp^W と生産者余剰の△BCp^W の和である $AGCB$ になる。

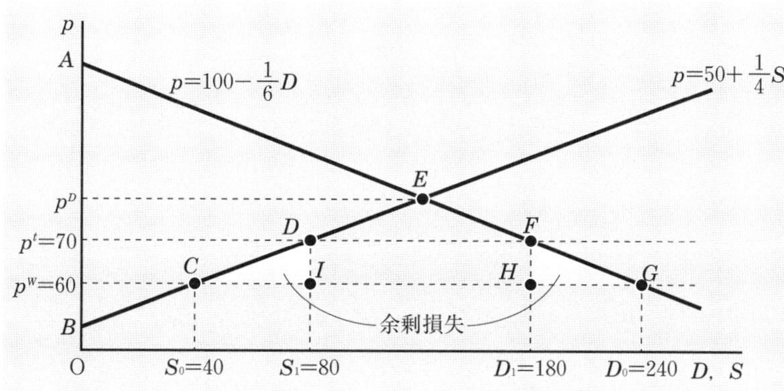

STEP❷　関税賦課時の総余剰

10の関税賦課後，国内価格は $p^t=70$ になるから，需要量は D_1，生産量は S_1 となる。この場合の総余剰は，消費者余剰△AFp^t と生産者余剰の△BDp^t に関税収入□$DFHI$ を加えたものになるから，自由貿易時より△CDI＋△HFG だけ減少する。

供給曲線に，価格 $p=60$ または $p=70$ を与えると，$S_0=40$ および $S_1=80$ が求まり，需要曲線に価格 $p=60$ または $p=70$ を与えると，$D_0=240$ および $D_1=180$ が求まる。ここから，△$CDI=40\times10\div2=200$，△$HFG=60\times10\div2=300$ となり，関税賦課後の社会的厚生（総余剰）の減少は，

$$\frac{(70-60)(80-40)}{2}+\frac{(70-60)(240-180)}{2}=500\text{である。}$$

よって，正答は**3**である。

第6章 ミクロ貿易論

No.2 の解説　輸入割当

→問題はP.419　正答2

関税を課した場合の輸入数量と，同額まで価格が上昇するような輸入割当は，輸入量は等しくなる（同値定理）。覚えていれば，正答は選択肢**2**と**4**の2択になる。

STEP❶　関税賦課の場合

需要曲線と供給曲線を，おのおの，$p=225-\frac{1}{4}D$と$p=\frac{100}{3}+\frac{1}{6}S$と変形してグラフに表す。また，国際価格70の$X$財に20の関税を賦課するのであるから，$X$財の国内価格は90になる。これらを需要曲線と供給曲線に代入すると，需要量$D=900-4\times90=540$と（国内の）供給量$6\times90-200=340$になるから，関税賦課時の輸入数量は両者の差である200になる。

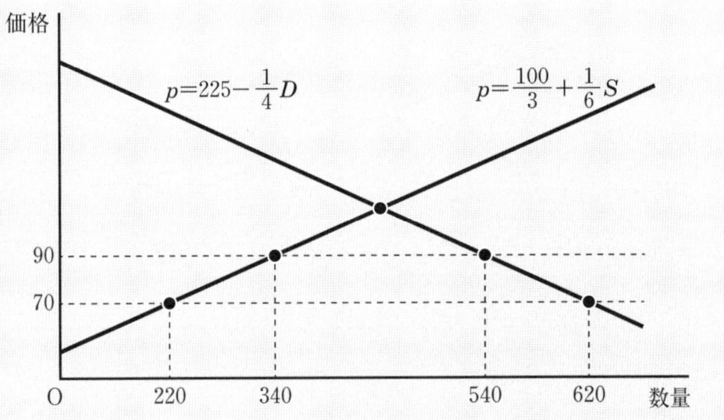

STEP❷　輸入割当の場合

輸入割当量をMとおくと，均衡では$D=S+M$（需要量＝国内供給量＋輸入割当量）が成立する。その際の価格が90になるのであれば，

$D=900-4\times90=540$

$S=6\times90-200=340$

であるから，輸入割当量$M=200$でなければならないことになる。

よって，正答は**2**である。

No.3 の解説　輸入制限の効果

→問題はP.420　正答5

STEP❶　題意の図示

問題文の需要曲線と供給曲線を，おのおの，$P=225-0.5D$，$P=\frac{100}{3}+\frac{1}{3}S$と変形して，グラフを描く。また，200までの輸入制限を200の輸入数量割当と読み替えると（**重要ポイント3**参照），国内の供給は200だけ輸入で代替されて減少することになるので，これを$S-200=3P-100$とし，これも$P=-$

$\frac{100}{3}+\frac{1}{3}S$と変形して描き加える。

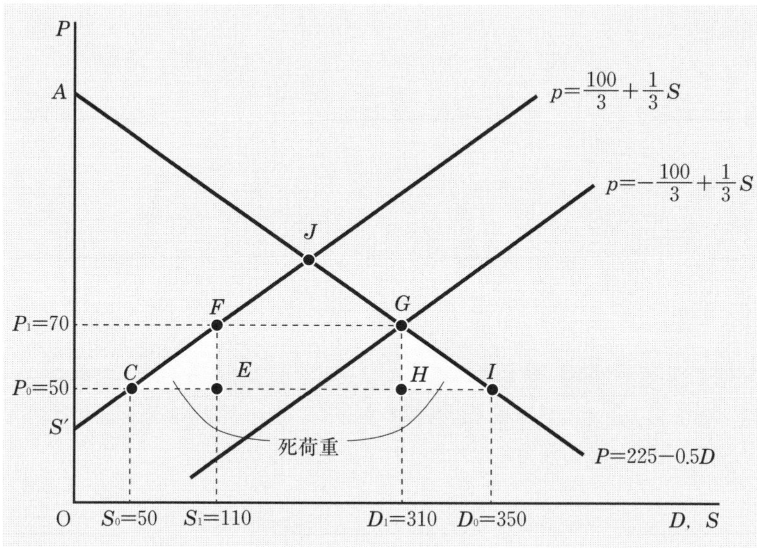

STEP❷　輸入制限前後の余剰の比較

輸入数量制限（割当）後，均衡点はGであり，総余剰は，消費者余剰△AGP_1，生産者余剰△$FS'P_1$と輸入業者の利益（国内価格P_1と国際価格P_0の差益に数量を乗じたもの）である□$EFGH$の和になる。一方，自由貿易の場合，均衡点はIになるので，総余剰は，消費者余剰△AIP_0と生産者余剰△$CS'P_0$の和になる。比較すれば，両者の差として，死荷重は△CEFと△IHGの和になる。

STEP❸　輸入制限後の死荷重の計算

この財の価格が国際価格$P_0=50$の場合，国内生産量は$S_0=3\times50-100=50$，需要量は$D_0=450-2\times50=350$である。

輸入制限が200の場合，均衡において，$D=S+M$が成立するので，$D=450-2P$，$S=3P-100$および$M=200$を代入すると，$450-2\times P=3\times P-100+200$になるので，これを解くと図中の$P=70$となり（図中$P_1$），この場合，国内生産量は$S_1=3\times70-100=110$，需要量は$D_1=450-2\times70=310$である。

これらより，求めたい死荷重は，

$$\frac{(110-50)\times20}{2}+\frac{(350-310)\times20}{2}=600+400=1000$$

になる。

よって，正答は**5**である。

実戦問題❷　応用レベル

＊＊
No.4　**ある小国における製品Xの国内の需要関数は，$P=15-X$〔P：価格，X：需要量〕，供給関数は，$P=2S+3$〔P：価格，S：供給量〕であり，この財の国際価格は5で一定であるとする。**

政府が，この財1単位当たりについて一定額の関税をかける場合の，関税収入が最大になる税額として妥当なものはどれか。　【地方上級（全国型）・平成8年度】

1　2
2　2.5
3　3
4　3.5
5　4

＊＊
No.5　**次の図は，ある国の貿易を禁止している農産物の国内需要曲線と国内供給曲線を示したものである。この農産物の国際価格がRであるとき，次の文の空欄ア～エに当てはまる語句の組合せとして妥当なものはどれか。**

【地方上級（全国型）・平成23年度】

この国が農産物の貿易を自由化すると，消費者余剰は［ア］し，生産者余剰は［イ］する。ここで，貿易の自由化の条件として国内生産者に対して農産物1単位当たりQRの補助金を与えるとき，政府の補助金総額は［ウ］となり，貿易前に比べて社会的余剰は［エ］。

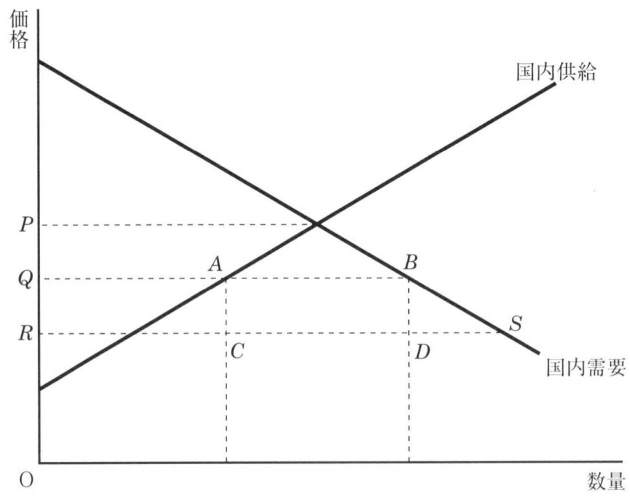

	ア	イ	ウ	エ
1	増大	縮小	*QBDR*	縮小する
2	増大	縮小	*QACR*	増大する
3	増大	増大	*QACR*	増大する
4	縮小	増大	*QBDR*	増大する
5	縮小	増大	*QACR*	縮小する

＊＊
No.6 次の図は，ある小国における財の国内需要曲線と国内生産者の供給曲線（S_1，S_2）を描いたものである。この図に関する説明の空欄ア～ウに当てはまる語句の組合せとして，妥当なものはどれか。 【地方上級（全国型）・平成28年度】

国際価格がOFである財を考える。当初，この国ではこの財の貿易を禁止しており，国内生産者の供給曲線はS_1であった。この国が自由貿易を開始したところ，国内生産者の供給曲線はS_2に変化した。このとき，国内の消費者余剰は［ア］の面積だけ増える。一方，国内の生産者余剰は［イ］の面積分増えるものの，［ウ］の面積分減少する。

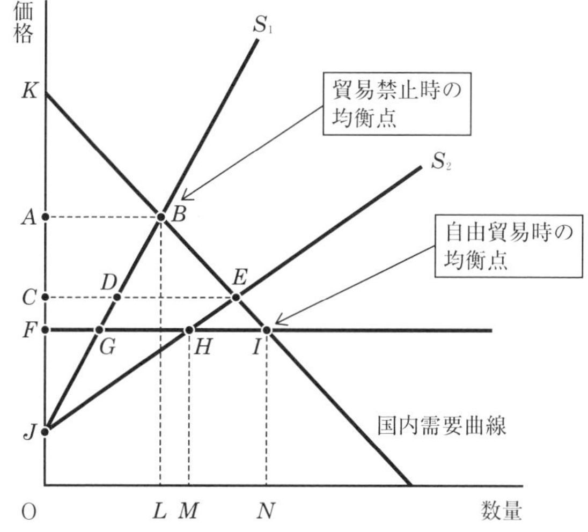

	ア	イ	ウ
1	*ABDC*	*BCE*	*ABGF*
2	*ABDC*	*GHJ*	*CDHF*
3	*ABIF*	*BCE*	*CDHF*
4	*ABIF*	*GHJ*	*ABGF*
5	*ABIF*	*ECGH*	*CDFH*

第6章 ミクロ貿易論

＊＊
No.7 小国である某国は，X財およびY財のみを輸入，生産，消費し，X財のみに関税を課しているとする。図ｉの点a，b，c，dがそれぞれ図iiの点ア，イ，ウ，エのいずれかに相当するとき，正しい組合せは次のうちどれか。

ただし，X財のY財に対する価格比は，図iiの交易条件線の傾きの大きさも示すものとする。　　　　【国税専門官・平成15年度改題】

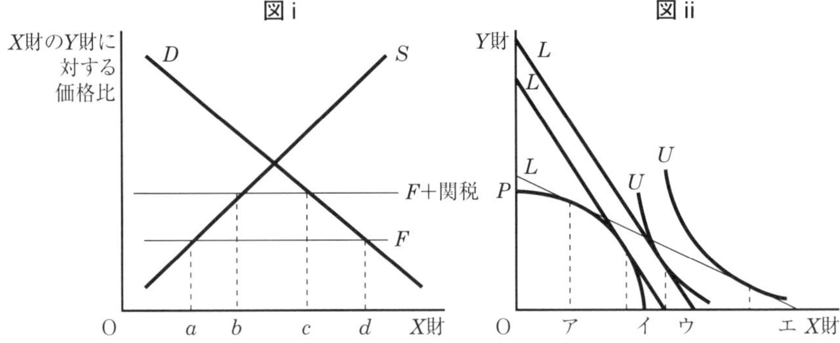

［D：国内需要曲線，S：国内供給曲線，F：X財のY財に対する世界価格比，
P：国内生産可能性曲線，U：消費無差別曲線，L：交易条件線］

	a	b	c	d
1	ア	イ	ウ	エ
2	イ	ウ	エ	ア
3	ウ	エ	ア	イ
4	エ	ア	イ	ウ
5	エ	ウ	イ	ア

実戦問題2の解説

No.4 の解説　関税収入最大化

→問題はP.424　正答3

小国の貿易理論に関する基礎的知識は必要であるが，本質的には消費者理論や生産者理論の最大化問題と同様の構造である。最大化したい税収を図から適切に定義できると解ける。

STEP❶　題意の図示

需要関数$P=15-X_D$および供給関数$P=2X_S+3$を図示し，国際価格5および関税tを賦課した国内での価格$5+t$も書き込む。なお，説明の便宜上，説問では需要量も供給量もXで表されているが，おのおのX_DをX_Sと書き分けることにする。

関税賦課後の価格$5+t$の下での需要量$X_D{}^*$と供給量$X_S{}^*$の差が輸入量であり，これに輸入量1単位当たりの関税tを乗じたものが関税収入Tになる。

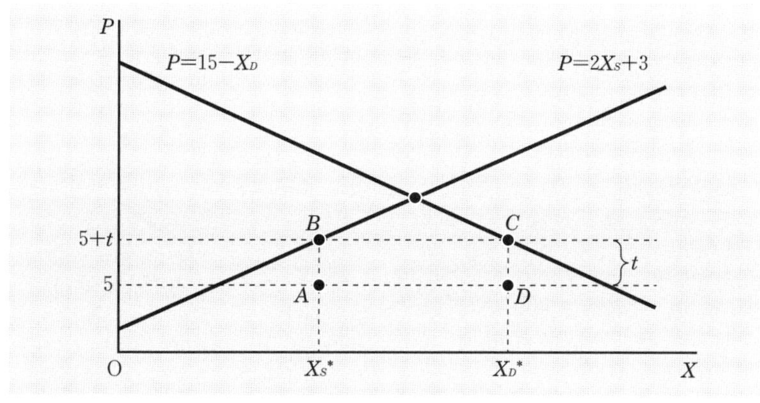

STEP❷　関税収入の計算

需要関数と供給関数を，おのおの，$X_D=15-P$，$X_S=0.5P-1.5$と変形し，ここに価格$5+t$を代入すれば，$X_D{}^*=15-(5+t)=10-t$，$X_S{}^*=1+0.5t$になるので，関税の賦課対象となる輸入量Mは，

$$M=X_D{}^*-X_S{}^*=(10-t)-(1+0.5t)=9-1.5t$$

とできる。したがって，関税収入Tは，

$$T=tM=t(9-1.5t)=9t-1.5t^2$$

と表せる。関税収入Tは税率tの2次関数であるので，Tの最大値を求める条件は，

$$\frac{dT}{dt}=9-3t=0$$

を満たす$t=3$である。

よって，正答は**3**である。

第6章 ミクロ貿易論

No.5 の解説　生産補助金の効果

→問題はP.424　正答2

保護貿易政策に関する出題は関税が多く，補助金に関する出題は少ない。また，輸入割当と異なって，総余剰は関税を賦課する場合には等しくはならないので，要注意である。

STEP❶　自由貿易に伴う余剰の変化

説明の便宜上，下図のように記号を付加する。この国の自由化前の均衡点は*E*点である。この場合，消費者余剰△*FEP*，生産者余剰△*GEP*である。

ここで，農産物の貿易を自由化すると，農産物価格は国際価格である*R*まで下落する。この場合，消費量は*S*点に対応した水準まで増加するから，消費者余剰は△*FSR*になる。一方，生産量は*H*点に対応した水準まで減少するから，生産者余剰は△*GHR*になる。

消費者余剰を比較すると，△*FEP*から△*FSR*に増大している（**ア**の答え）。一方，生産者余剰を比較すると，△*GEP*から△*GHR*に縮小している（**イ**の答え）。

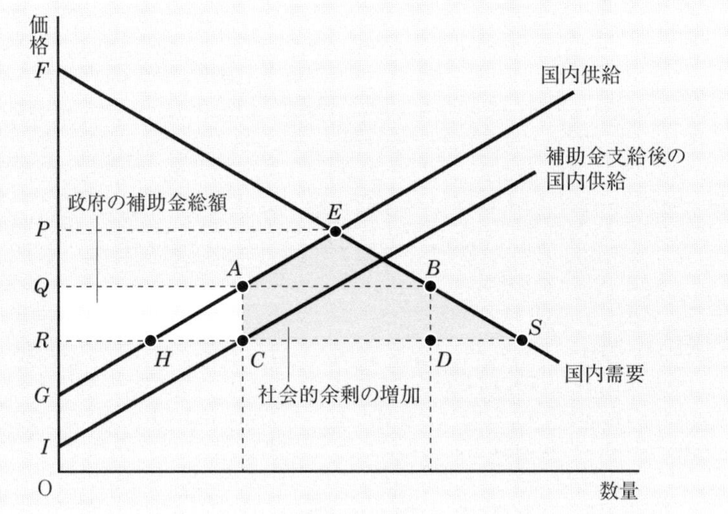

STEP❷　補助金支給に伴う余剰の変化

政府が国内生産者に対して農産物１単位当たり*QR*の補助金を与えると，国内供給曲線が補助金*QR*（＝*AC*）分だけ下方に平行シフトする。なお，この政策は，関税や輸入割当と異なって，世界価格を*R*から変化させることはない。

世界価格が変化しないため，消費者は補助金の有無にかかわらず需要曲線上の*S*点で消費できるので，消費者余剰は自由貿易の場合と同じ△*FSR*のままである。しかし，国内生産は，世界価格Rの下で生産量をC点に対応した水準にすることができ，生産者余剰は△RCIとなる。
この場合の政府の支給する補助金総額は，単位当たりの補助金QR（$=AC$）に生産量RC（$=QA$）を乗じた□$QACR$となる（**ウ**の答え）。この補助金総額は平行四辺形$GACI$に等しい（両者は，底辺ACを共有し，高さの等しい四角形である）から，この場合の社会的余剰は，△FSR＋△RCI−□$GACI$となり，点$FSCAG$で囲まれた図形の面積に相当することになる。これを貿易前と比較すると，□$AESC$だけ社会的余剰が増大する（**エ**の答え）ことになる。

よって，正答は**2**である。

No.6 の解説 自由貿易の効果 →問題はP.425 正答4

一見，複雑に見えるグラフであるが，貿易開始後は以前の供給曲線S_1を図から消去して考えればよいだけである。

STEP❶ 貿易開始前の総余剰

貿易開始前（貿易禁止時）の均衡点は，供給曲線S_1と国内需要曲線の交点であるBである。したがって，消費者余剰は△AKB，生産者余剰は△JABである。

STEP❷ 貿易開始後の総余剰

貿易開始後，この財の価格はFの水準になる。なぜなら，小国が貿易を開始すると，世界価格に影響を与えることなく自由に財を輸入できるので，自由貿易時の均衡点がIなら，消費者はその水準の世界価格に直面していたはずだからである。また，世界価格がFの水準であれば，需要量Nに対して，国内生産者の供給量は変化後の国内供給曲線S_2に対応したMになる（両者の差の$M-N$が輸入量になる）。この場合，消費者余剰は△FKI，生産者余剰は△JFHになる。

STEP❸ 貿易開始前後の総余剰の比較

消費者余剰は，貿易開始前では△AKB，貿易開始後では△FKIであるから，比較すれば□$ABIF$だけ増加している（**ア**の答え）。一方，生産者余剰は，貿易開始前には△JAB，貿易開始後では△JFHであるから，比較すれば，数量が増加したことでGHJ増加している（**イ**の答え）が，価格が低下したことで$ABGF$だけ減少している（**ウ**の答え）。

よって，正答は**4**である。

No.7 の解説 関税の効果

→問題はP.426 正答 1

1財の市場の分析である部分均衡分析とすべての財を同時に分析する一般均衡分析の関係を問う，比較的珍しいタイプの出題である。頻出とはいえない生産可能性フロンティアの見方を学ぶのに役立つ。

STEP❶ 部分均衡分析による関税の効果

図 i において，関税を賦課するとX財の国内価格が上昇する。輸出財と輸入財を同時に分析する図 ii との対比で縦軸は2財価格比になっているが，Y財価格は変化しないので，解答上はX財価格の関税賦課による上昇と考えて差し支えない。

そして，X財は，関税賦課による価格上昇によって，国内供給はaからbへと増加する一方，国内需要がdからcへと減少している。

STEP❷ 一般均衡分析による関税の効果（生産側）

図 ii では，直線Lが交易条件線と呼ばれているが，無差別曲線にも接していることからわかるように，傾きが2財価格比（X財価格／Y財価格）である。なお，通常，交易条件とは輸出財／輸入財価格をさすが，本問ではX財価格は輸入財の価格であり，やや特殊な用例ではあるが，解答には影響しない。したがって，X財への関税賦課による価格上昇は交易条件線の傾きを急にすることがわかる。

生産可能性フロンティアは，その国に存在する生産要素を用いて生産できる2財の組合せである生産可能集合の上限を示したものであり，その接線の角度（の絶対値）である限界変形率と2財価格比が等しくなる点で効率的な生産が達成される。したがって，生産可能性フロンティアと傾きが2財価格比である交易条件線の交点で最適生産が達成されることになり，X財の生産量は関税賦課前のア点から賦課後はイ点へと増加する。

STEP❸ 一般均衡分析による関税の効果（消費側）

関税賦課前，この小国はア点で生産しているが，これを世界価格で評価したものが生産可能性フロンティア上のア点に対応した交易条件線である。これは，この小国の生産物を売買することで達成可能な2財の組合せを表しており，この小国の予算制約線とみなせる。したがって，消費者はこの予算制約線上で効用を最大化すると，無差別曲線と予算制約線が1点で接するエ点をX財の消費量として選択する。なお，生産量はア点であるので，エ点との差は輸入によって埋められることになる。

関税賦課後の小国の所得はイ点に対応する生産量を関税賦課前の世界価格で評価したものになる。したがって，イ点に対応する傾きの緩やかな交易条件線が消費者にとっての予算制約線に当たる。しかし，消費者にとっては関税賦課後の価格で消費しなければならないので，この予算制約線上において，急な傾きの交易条件線と同じ傾きを持つ無差別曲線上の点であるウ点が最適消費点になる。つまり，関税賦課によって，X財の消費量はエ点からウ点へと減少する。

STEP❹ 部分均衡分析と一般均衡分析の対応

図ⅰにおいては，X財は，関税賦課による価格上昇によって，国内供給はaからbへと増加する一方，国内需要がdからcへと減少している。

図ⅱにおいては，X財は，関税賦課による価格上昇によって，最適生産がアからイへと増加する一方，最適消費はエからウへと減少している。

以上より，供給側ではaとア，bとイが，需要側ではcとウ，dとエが対応する。

よって，正答は**1**である。

索　引

●本書の内容に関するお問合せについて

『新スーパー過去問ゼミ』シリーズに関するお知らせ，また追補・訂正情報がある場合は，小社ブックスサイト（jitsumu.hondana.jp）に掲載します。サイト中の本書ページに正誤表・訂正表がない場合や訂正表に該当箇所が掲載されていない場合は，書名，発行年月日，お客様の名前・連絡先，該当箇所のページ番号と具体的な誤りの内容・理由等をご記入のうえ，郵便，FAX，メールにてお問合せください。

〒163-8671 東京都新宿区新宿1-1-12　実務教育出版 第二編集部問合せ窓口

FAX：03-5369-2237　　E-mail：jitsumu_2hen@jitsumu.co.jp

【ご注意】

※電話でのお問合せは，一切受け付けておりません。

※内容の正誤以外のお問合せ（詳しい解説・受験指導のご要望等）には対応できません。

公務員試験

新スーパー過去問ゼミ７　ミクロ経済学

2023年９月25日　初版第１刷発行　〈検印省略〉

2024年１月10日　初版第２刷発行

編　者　資格試験研究会

発行者　小山隆之

発行所　株式会社 実務教育出版

〒163-8671　東京都新宿区新宿1-1-12

☎ 編集　03-3355-1812　　販売　03-3355-1951

振替　00160-0-78270

組　版　編集室クルー

印　刷　図書印刷

製　本　ブックアート

ISBN 978-4-7889-3757-4 C0030　Printed in Japan